UN FÉMINISME SOUS TUTELLE

Les protestantes françaises

1810-1960

Du même auteur :

Sois belle et achète, (Geneviève Rocard) avec Colette Gutman, Denoël, 1968.

Image de la femme dans les mass média, rapport d'études, présenté à Vienne (COE) en juin 1971.

La dynamique sociale des associations, la genèse de l'Association catholique de la jeunesse française, la Ligue de l'enseignement, les Unions chrétiennes de jeunes gens, collection du Centre d'études sociologiques, 1978.

Les Cultures populaires, (direction, avec Raymond Labourie), Privat, 1978.

Éducation populaire, histoires et pouvoirs, Les Éditions ouvrières, 1981.

Profession : animateur, Éditions Privat, 1989.

Des élites de société pour demain, Ères, 1996.

Le Guide de l'animateur socioculturel, Dunod, 1996, (réédité en 2001).

Dictionnaire biographique des militants, de l'éducation populaire à l'action culturelle, (direction, avec Madeleine Romer), L'Harmattan, 1996.

L'Éducation populaire au tournant des années 70, (direction), L'Harmattan, 2001.

Geneviève Poujol

UN FÉMINISME SOUS TUTELLE

Les protestantes françaises
1810-1960

Les Éditions de Paris

J'ai été élevée dans la croyance à la disparité comme à l'égalité des sexes. J'ai vécu au milieu de femmes aussi distinguées que les hommes dont elles partageaient les travaux et secondaient de tout leur pouvoir les nobles ambitions. Pour mon compte et d'après mon observation personnelle, je reconnais, même dans de semblables conditions, l'infériorité féminine, non seulement comme étendue et puissance des facultés intellectuelles, mais comme valeurs et forces morales.

HENRIETTE DE WITT-GUIZOT, 1889.

N.B. : Les astérisques signalent, la première fois qu'elles sont citées, les personnes figurant dans le répertoire biographique (p. 185 à p. 267).

INTRODUCTION

Les femmes protestantes et l'histoire

Rendre compte de la nature du féminisme protestant tel qu'il s'énonce, du milieu du XIXe siècle jusqu'aux années soixante du XXe siècle, tel est le but que nous nous sommes fixé[1]. Pour cela, nous avons travaillé sur des publications de l'époque[2] et non sur archives faute de les avoir trouvées. Une exception toutefois, le Journal de notre grand-mère, tenu de 1884 à 1934[3]. Cette archive familiale nous a incitée à approfondir les rôles tenus par les femmes en remontant plus avant, où d'autres que nous avaient pu travailler. Nous étions familière alors de l'étude du militantisme[4] et de trajets de militants tels que peuvent les faire apparaître des biographies[5]. Dans la perspective de contribuer, à la suite de Michelle Perrot, à l'histoire des femmes, nous avons centré notre attention sur les femmes protestantes et leurs pratiques militantes depuis le premier tiers du XIXe siècle. Allions-nous trouver cette « avance » protestante en matière de féminisme comme nous l'avions repérée en matière d'éducation populaire[6] ? Nous ne pourrons conclure sur ce point car, parler en termes d'avance ou de retard aurait nécessité que nous puissions comparer les protestantes avec d'autres groupes sociaux, les femmes catholiques en particulier. Tout au plus pourrons-nous conclure sur la réalité d'un mythe bien établi sur les liens privilégiés qu'aurait entretenus le protestantisme avec le féminisme. « La Réforme a-t-elle été bénéfique pour la femme ? », Liliane Crété[7] répond oui, « parce qu'en glorifiant son rôle de femme au foyer, en lui donnant la suprême autorité en tant que mère et maîtresse de maison, en prônant son instruction, en plaçant la Bible entre ses mains, en lui accordant le divorce en cas d'adultère, de mauvais traitements ou d'abandon, les Réformateurs lui concédèrent une valeur, un sens des responsabilités, un esprit d'entreprise et une liberté de pensée, qui allèrent bien au-delà de ce qu'ils avaient sans doute souhaité ». Liliane Crété fait sans doute une bonne analyse, mais ce qu'elle ne nous dit pas, c'est pourquoi cette évolution a été si longue à venir. Quatre siècles, c'est long pour que l'émancipation devienne en partie réalité. Quels ont été les freins à l'expression d'un féminisme parmi les protestantes et aussi les protestants dans leur ensemble. Quelles sont les femmes, quels sont les hommes qui ont permis, au fur et à mesure que la société changeait, qu'une autre parole soit dite, et qu'un autre regard soit porté sur les femmes ? En rendre compte, telle est notre ambition. Notre interrogation se situe dans le terrain « mitoyen », comme le souligne Denis Pelletier, de l'histoire sociale et de l'histoire religieuse et voudrait concilier deux aspects complémentaires relatifs aux pratiques dites charitables : « Comment inscrire le militantisme chrétien dans une histoire générale du militantisme et de sa place dans la société française ? Quel rôle donner aux croyances et aux pratiques religieuses dans la dynamique des transformations sociales[8] ? » Ce faisant, nous nous inscrivons dans la voie ouverte par Jean Baubérot, en soulignant le lien entre le Christianisme social et le Réveil d'inspiration évangélique et à la réflexion qu'il suscite sur le rapport entre théologie protestante et engagement social et sur la fonction de ce dernier dans la structuration de l'identité protestante[9]. Restait à faire appel aux historiens du protestantisme pour situer le contexte social et religieux de la période que nous étudions.

Une minorité agissante, héritière de son histoire

Les protestants, à toutes les époques, ont gardé en mémoire qu'ils sont minoritaires en France, parce qu'ils ont été persécutés. Persécution que n'ont pas connue leurs voisins anglais et allemands. Le poids de l'histoire est important pour expliquer la culture protestante. Patrick Cabanel résume ainsi leurs attitudes : « Ils sont les héritiers d'une mémoire radicalement séparée de celle du reste de la communauté nationale, et ils ne partagent tout à fait ni les mêmes références ni le même paysage [le leur est dépourvu de clocher d'église] ni les mêmes cimetières ni la même langue[10]. » Les protestants adopteront souvent des attitudes de minoritaires, ce fut le cas quand ils furent confrontés au problème du suffrage des femmes notamment.

Les protestants, au début du XXe siècle, formaient 1 ou 2 % de la population française. André Encrevé[11] arrive à un total de 830 000 à 850 000 personnes en 1850, soit environ 2,35 % de la population totale. Ce qui est certain à cette date, c'est le nombre de lieux de culte : 1 341, et le nombre de pasteurs : 858 en 1878. La perte de l'Alsace et de la Lorraine a affaibli encore la représentation protestante dans la population française. Les protestants dans leur ensemble ne représentaient alors que 1,6 % des Français.

Condamnés au silence et à la non-existence « civile » pendant plus d'un siècle, les protestants à l'aube du XIXe siècle, vont retrouver leur place dans la société. En avril 1802 (loi du 18 germinal an X), les cultes protestants sont autorisés.

Dans cette organisation, l'Église locale n'a pas d'existence reconnue. En effet, seul le Consistoire qui réunit 6 000 âmes est reconnu par l'État, celui-ci le charge de nommer les pasteurs et de correspondre avec lui ; les pasteurs sont proposés à l'acceptation du gouvernement par des notables, ils sont salariés de l'État.

Demandée dès 1831, la reconstitution de l'Église locale ayant son conseil presbytéral, ne fut obtenue des pouvoirs publics qu'en 1852. Cette reconstitution impliquait la nomination des membres laïques des conseils presbytéraux et des consistoires, non plus par les plus imposés, mais par tous les hommes protestants âgés de plus de 25 ans.

Cette reconstitution de l'Église locale, autrement dit des paroisses, coïncide avec une plus grande place et une plus grande visibilité de la femme du pasteur (chapitre 3) et avec l'apparition ça et là en France d'Unions de jeunes gens comme de jeunes filles. Pourquoi avoir choisi ce mot *union* ? Parce que ces organisations de jeunes voulaient passer outre aux divisions théologiques et ecclésiastiques qui morcelaient le protestantisme, non seulement entre luthériens, baptistes, méthodistes et réformés, mais entre évangéliques et libéraux.

Un protestantisme rural

Entre 1800 et 1870, le protestantisme est avant tout rural. Le protestantisme initial, à la suite des persécutions, n'avait conservé en France que deux îlots encore solides : « L'Alsace relativement épargnée du côté luthérien et la région du Midi, du côté de l'Église réformée. En Alsace, le Bas-Rhin dépasse en densité protestante les départements cévenols, jusqu'à la guerre de 1870 où une grande quantité d'Alsaciens dont 100 000 protestants émigrent vers les autres départements français. À Paris, le quartier du Luxembourg attirera les intellectuels alsaciens[12]. » Ces deux pôles accusent de grandes différences sociales.

Les protestants n'ont pas encore découvert la question sociale[13] : ce sera le fait d'une nouvelle classe moyenne qui se constituera plus tard dans ces mêmes « pôles » du protestantisme français.

Daniel Robert a étudié la composition sociale des pasteurs nouvellement consacrés, à deux périodes différentes de ce début du siècle. Il constate que 117 sont nés dans une grande ville et conclut à propos du corps pastoral : « Corps rural, peu intellectuel et en grande majorité pauvre. » Quelques années plus tard, les milieux aisés : propriétaires terriens, négociants et fabricants, « bourgeois » sont en hausse et une catégorie nouvelle de petites gens des villes et des bourgades apparaît.

Devenir pasteur est un moyen de promotion sociale qui s'avérera très efficace ; leur statut de fonctionnaire est un gage de sécurité matérielle que ne connaissent pas encore les instituteurs ; en revanche, leur position par rapport aux conseillers presbytéraux tout puissants et aux membres du consistoire est loin d'être facile. Les pasteurs conforteront leur position sociale en épousant des jeunes filles nanties et deviendront dans certaines régions des notables locaux respectés.

C'est parmi les protestants ruraux également que va se recruter une nouvelle bourgeoisie qui gagnera les villes. Une nouvelle génération de jeunes va aller à Paris ou dans les grandes villes, pour y faire des études, et pour y exercer des métiers de fonctionnaires d'administration, d'enseignants ou d'employés de commerce. C'est dans cette bourgeoisie que les Unions chrétiennes de jeunes gens et les Unions chrétiennes de jeunes filles renouvelleront leur recrutement et s'ouvriront alors à la question sociale.

Les brillantes sociétés sont à Paris

C'est à Paris que se trouvent les sièges sociaux de toutes les « sociétés », créées au début du siècle par l'élite évangélique. C'est à Paris que les contacts entre parisiens et provinciaux s'établissent en l'absence d'une rencontre officielle. Cette représentation sera celle des synodes nationaux. Il semble bien, à lire Daniel Robert[14], qu'en dehors de la fonction manifeste de ces sociétés, on puisse leur supposer une fonction latente non moins essentielle : celle de représenter l'armature sociale des différentes Églises locales. C'est bien sur le modèle des sociétés existantes que commenceront à s'organiser les Unions chrétiennes, ou du moins que son patronage parisien tentera très tôt de l'organiser (chapitre 1). Daniel Robert poursuit : « Ces associations sont toutes à peu près bâties selon le même plan : elles réunissent des membres des diverses communions protestantes (luthériens, réformés, dissidents, membres d'Églises étrangères). Ce sont des organismes interdénominationnels "comme les sociétés britanniques correspondantes", elles acceptent des membres étrangers : elles sont entièrement indépendantes des institutions ecclésiastiques[15]. »

Dans le Midi, « sur un total d'un million d'habitants environ, près de deux cent mille protestants représentent une force d'autant plus indiscutable que leur place dans la vie active et industrielle de la région est des plus importantes[16] ». L'opposition entre Paris et le Sud-Est est très active depuis le milieu du XIXe siècle : « Les sociétés religieuses font problème. Les protestants du Sud-Est manifestent, en effet, une certaine réserve, voire une hostilité à leur égard. [...] La réaction des protestants du Midi s'explique, cependant ; ils ont coutume de se considérer comme le centre, le "cœur" du protestantisme réformé. La création de sociétés à Paris, par de riches aristocrates, quelque peu cosmopolites de surcroît, les amène à réagir comme si on cherchait à les déposséder. Ils ne dénient pas à ces riches étrangers la qualité de protestants ; mais ils estiment qu'ils ne représentent pas le protestantisme *français* ; et cela d'autant plus que le principe même de la fondation de sociétés religieuses peut paraître étranger aux traditions huguenotes. Ils jugent donc que les Parisiens ne sont pas qualifiés pour diriger le protestantisme français, même alors qu'ils partagent leurs opinions dogmatiques[17]. » L'ère des brillantes sociétés parisiennes va se terminer (chapitre 1) mais le conflit entre Paris et Nîmes va peser sur les débuts des Unions chrétiennes de jeunes gens comme sur ceux des Unions chrétiennes de jeunes filles (chapitre 1).

Évangéliques et libéraux

Les femmes dont il est question dans cet ouvrage ont été touchées par le Réveil et appartiennent à peu près toutes aux Églises dites évangéliques (chapitres 1 et 2).

Le Réveil

On a donné à l'évolution qui s'est ainsi accomplie le nom de « Réveil[18] ». Ce Réveil est apparu comme un mouvement venu de Genève et de Londres. Il était animé notamment par Charles Cook[19], un des plus célèbres évangélistes du Réveil et qui fut le père du président de la première Union de Paris : Jean-Paul Cook. On attribue aussi à Mme Julie Charles Cook la constitution d'une des premières unions de jeunes filles[20] (chapitre 1). Le mouvement du Réveil amena la constitution d'Églises libres, séparées de l'État, et l'indépendance du consistoire. Ainsi une Église indépendante fut fondée rue Taitbout à Paris, où l'on pouvait lire sur la porte de la chapelle : « Culte évangélique non subventionné par l'État. »

Les Églises indépendantes (de l'État) qui refusaient le paiement des pasteurs par l'État ont recruté leur pasteur avec plus de facilité dans les milieux fortunés. Edmond de Pressensé à la chapelle Taitbout en est un exemple parmi d'autres.

Le Réveil gagna aussi les Églises nationales. « Ce Réveil (formule individualiste mais à épanouissement social) animera les Unions chrétiennes de jeunes gens du Midi, alors que du côté libéral, on s'engagera parfois vers une forme d'engagement politique plus précise. La tradition du Réveil voulait que chacun connaisse et vive l'expérience de la conversion, le plus souvent à l'occasion de réunions dites d'appel. Même dans le Midi, le comportement des évangélistes agace le public. Cette hostilité représente la souffrance nécessaire de chrétiens qui veulent justifier de leur foi. Léon Maury remarque qu'on a souvent appliqué le terme de méthodisme à l'ensemble des mouvements du Réveil et qu'une interprétation hâtive est liée à cette assimilation : le « Réveil » aurait été essentiellement le fait de prédicateurs anglais faisant progressivement la conquête des protestants « endormis » et apportant « dans la foulée » le principe des « classes » et puis des « unions[21] ». Les disciples de Wesley furent très actifs en France, mais on ne peut leur attribuer toutes les conséquences du Réveil. Établis dans huit départements vers 1850, « ils y entretenaient, y compris deux stations dans la Suisse Française, dix-neuf pasteurs, cent lieux de culte[22] », ce qui est relativement peu. « La prédication revivaliste atteint parfois davantage les femmes que les hommes. D'une manière générale, le Réveil privilégie la ferveur au détriment du statut ecclésiastique. La notion d'"appel" extraordinaire permet de justifier l'utilisation de prédicateurs laïcs. Parmi eux des femmes peuvent publiquement témoigner de leur foi, voire prêcher ! » nous dit Jean Baubérot un des rares historiens du protestantisme qui ait relevé la dimension femme[23].

Tout ce courant du Réveil a pu passer ainsi comme un courant venu d'Angleterre (ou de Genève), il n'est pas étonnant alors que les unions qui devaient s'inscrire dans les formes du Réveil soient passées pour des produits d'importation anglais. Lorsque les premières réunions de jeunes gens apparaissent (du moins celles que l'histoire a retenues pour être des "unions"), l'époque du Réveil se terminait en France et, comme le remarque Léon Maury, elle s'était terminée par une réorganisation de l'Église nationale et par la fondation d'une Église libre.

Le parti évangélique était florissant. « On ne sait si le nombre des pasteurs évangéliques a été multiplié par dix, quinze ou vingt depuis 1819[24]. » Les évangéliques cherchent à établir encore mieux leur position, les jeunes gens et les jeunes filles sont pour cela l'objet de leur attention particulière. Les jeunes filles vont répondre en grand nombre, d'autant plus que cet appel est relayé par des femmes évangéliques dont une des plus représentatives est Sarah Monod*. Elle faisait partie de la grande « tribu Monod » qui s'est largement investie dans les œuvres.

Les libéraux

Pour comprendre ce que sont les évangéliques, il semble que l'on doive commencer par définir leurs adversaires : les libéraux. D'après André Encrevé[25], les « libéraux » en théologie, sont ceux qui cherchent, dans une certaine mesure à concilier la foi et l'intelligence. Ils veulent intégrer dans le christianisme la « philosophie des lumières », le déisme philosophique du XVIIIe siècle et aussi, plus tard, les propositions de l'esprit scientifique du XIXe siècle. Ils estiment que les grandes affirmations doctrinales des réformateurs du XVIe siècle ont été rédigées par rapport à un certain environnement culturel, et qu'elles ne peuvent plus être acceptées telles quelles au XIXe siècle. Ils rejettent donc une partie de ces affirmations, notamment ce qui leur paraît irrationnel. Ils se proclament « libéraux » car ils ne veulent pas prendre la Bible à la lettre, mais ils veulent l'interpréter « libéralement ». Parmi les protestants libéraux on trouve : Jules Steeg, Félix Pécaut et Ferdinand Buisson, les artisans autrement dit ceux qui objectivement, donneront aux femmes leurs meilleures chances de s'émanciper (chapitre 4).

Les évangéliques

« Les évangéliques veulent, quant à eux, réagir contre la philosophie du XVIIIe siècle [...] ils sont aussi des hommes du XIXe siècle, des romantiques, et leur “dogmatisme” est tempéré par un piétisme assez prononcé. Ils ont un très grand respect pour la Bible, toute la Bible. » À cela s'ajoutent aussi un goût de l'action et une volonté d'évangélisation. Au début du XIXe siècle, les évangéliques ne regroupent qu'une petite minorité dans le protestantisme français. Mais, progressivement, ils vont prendre de plus en plus d'importance grâce aux sociétés[26] qu'ils ont fondées, à leurs journaux et à leur action en général. En 1872, ils seront en majorité au Synode national.

Dans les premières années du XIXe siècle, la vie religieuse des protestants avait été assez morne : « Si nous considérons les protestants français vers 1850, nous nous trouvons en face d'un tout autre spectacle : la vie religieuse s'est développée. Le zèle de tous, pasteurs et laïcs s'est accru ; les cultes ont pris de l'entrain et de la force, de nombreuses sociétés d'instruction et de bienfaisance sont fondées.

Les protestants et la politique

Le conflit entre évangéliques et libéraux qui traverse alors la communauté religieuse protestante ne peut être toutefois réduit à une opposition politique. « On peut fort bien se montrer de la plus étroite orthodoxie en religion et voter républicain et, à l'inverse, du libéralisme le plus large et critiquer férocement la démocratie ou la gauche[27]. » Nous verrons des femmes s'engager sous couvert de social dans des actions qui ont une connotation politique. Quand Élise de Pressensé, par exemple, montera une ambulance au moment de la Commune, elle est aux côtés des communards.

Élise de Pressensé (1826-1901).

Au moment de l'affaire Dreyfus, Charles Maurras, en juin 1897, entreprit « une tenace campagne contre les Monod et l'“État Monod” ». Les protestants sont très solidaires de l'injustice faite à un militaire, juif de surcroît donc appartenant à une autre minorité persécutée. Beaucoup de pasteurs s'engageront pour la révision du procès et le seul député protestant de droite Conrad de Witt, l'époux d'Henriette de Witt-Guizot*, votera pour la révision. Cette position protestante dreyfusarde que partagera notamment Marie Poujol* (chapitre 1), irritera la droite.

La question sociale

Dans l'ensemble, les protestants sont républicains. Patrick Cabanel, dans un ouvrage récent sur *Les Protestants et la République*, situe une des scènes primitives de l'alliance entre la République et les protestants en 1879, lorsque Jules Ferry présente le protestantisme comme son « allié » nécessaire[28].

« La part prise par les protestants dans la politique française avant 1880 est sans commune mesure avec leur place quantitative dans la nation[29]. » De grands bourgeois protestants qui ne répugnaient pas à collaborer avec la franc-maçonnerie dont ils étaient souvent les animateurs, ont joué un rôle politique essentiel. Ils ont cherché à s'appuyer sur la bourgeoisie montante. Les protestants ruraux, les plus nombreux n'ont eu aucun poids politique en regard du pouvoir pris par les grands industriels et banquiers. « Persuadés [...] que le catholicisme est pour beaucoup dans les malheurs politiques, éducatifs et donc militaires de la France et qu'il faut à la démocratie et à l'instruction qu'ils appellent de leurs vœux une religion véritablement démocratique et pédagogique, nombre de bons esprits se rapprochent de l'influence protestante dans les années 1890[30]. »

Si la question religieuse est prédominante dans la première partie du XIXe siècle, elle est occultée un temps par la question sociale. Cette ouverture à la question sociale sera le fait de l'Association protestante pour l'étude pratique des questions sociales (APEQS), ancêtre du Christianisme social, qui naîtra en 1887. « La question religieuse ne viendra remplacer la question sociale qu'avant le début du XXe siècle[31]. » Entre temps le Christianisme social, en majorité de tradition évangélique, attirera de nombreuses femmes même si elles étaient tenues dans l'ombre (chapitre 3). Plus tard, le barthisme dans les années trente occultera pour un temps la question sociale, le retour du balancier se faisant à nouveau sentir dans les années soixante.

Durant tout le XIXe siècle, l'heure n'est pas à l'œcuménisme. Si les protestants sont divisés entre eux, ils sont bien tous d'accord pour se distinguer des catholiques, ce qui les amènera à une certaine frilosité de minoritaires qui n'est pas pour rien, nous semble-t-il, dans la mise sous tutelle d'un féminisme naissant. Mais les femmes, les premières, s'engageront avec des femmes catholiques et ouvriront la brèche de l'opposition majoritaire à l'œcuménisme (chapitre 6).

Les évangéliques se recrutaient dans la bourgeoisie et l'aristocratie protestante. Ils rencontrèrent une forte opposition, on leur reprochait notamment de compromettre l'unité protestante déjà fortement entamée par l'existence de plusieurs « Églises ».

Le protestantisme, le catholicisme et les laïcs

Le rôle des laïcs dans l'Église semble avoir été admis très tôt en milieu protestant, plus tôt que chez les catholiques. Au niveau paroissial, le conseil presbytéral, constitué de laïcs nomme et révoque le pasteur. La révocation du pasteur a été de tout temps pratiquée. Cela relativise singulièrement l'autorité pastorale. Chez les protestants, l'apprentissage de la démocratie se fait dans la paroisse ; les femmes, longtemps spectatrices, ont néanmoins trouvé là un modèle de fonctionnement pour leurs organisations. Certains pasteurs toléreront difficilement certaines initiatives prises par des laïcs, comme celles qui consistaient à créer une union chrétienne et plus tard du scoutisme, mais ici pas de hiérarchie ecclésiastique hostile, le problème n'est pas de l'ordre du droit ecclésiastique. Les unionistes ont tenu à pouvoir agir sur les milieux qui échappaient à l'action directe des Églises.

Les catholiques, quant à eux, ont eu beaucoup plus de peine à faire admettre que des laïcs puissent prendre des responsabilités sociales dans la mouvance de l'Église. Ainsi s'explique probablement le retard catholique en matière d'organisations de jeunesse et même d'œuvres sociales. Les unions chrétiennes sont apparues chez les protestants au début de la seconde moitié du XIXe siècle, l'Association catholique de la jeunesse française (ACJF) naîtra quant à elle, en 1886.

Armand de Melun, alors qu'il dirigeait en 1852 « l'Œuvre des apprentis et jeunes ouvriers », s'insurgeait « contre la prétention exorbitante de tout faire avec des laïcs », il voulait voir accru le rôle des prêtres : « Je me pénètre de plus en plus de la nécessité de mettre MM. les curés à la tête des patronages, celui de Saint-Vincent-de-Paul n'est guère encore qu'une fiction, le nôtre (l'Œuvre des apprentis et jeunes ouvriers) ne marche plus que là où les frères s'en mêlent activement. » La génération des jeunes catholiques sociaux actifs est en train de naître ; vingt ans plus tard, « encadrés » par les anciens de la Société Saint-Vincent-de-Paul notamment, et d'autres œuvres catholiques, un laïcat organisé pourra être préconisé. Les laïcs, comme on le voit, ont dû forcer la porte pour être reconnus, ils seront en cela plus aidés par le clergé régulier que par le clergé séculier, trop jaloux de ses prérogatives. La Société de Saint-Vincent-de-Paul aura été une pépinière de cadres des associations des années 80, pour l'ACJF notamment.

Il semble bien qu'entre 1895 et 1905, au moment où les unions cadettes des UCJF prospèrent, catholiques et laïcs rivalisent d'ardeur. Ils trouvent dans le conflit qui les oppose une motivation efficace et le bilan pour l'Éducation populaire est, somme toute, assez positif. L'exposition de 1900 va inciter les hommes et les femmes d'œuvres catholiques et laïques, ainsi que protestants[32], à présenter leurs institutions sous le meilleur jour. La compétition porte notamment sur les œuvres de jeunesse et plus particulièrement sur celles destinées à la « clientèle » féminine.

Au combat qui devait opposer ceux qu'on appellera les « laïques » (à partir de 1879) et l'Église catholique, sont venus se joindre les protestants. Le réseau franc-maçon rencontre, en effet, le réseau protestant. Rapidement les protestants maçons et non maçons se sont joints à la Ligue de l'enseignement dans la lutte contre l'empire de la catholicité française[33]. Les femmes protestantes s'engageront, sans état d'âme, auprès de maçonnes de la loge mixte du Droit humain (chapitre 3).

Le Mouvement jeunes femmes (MJF) a été essentiellement un mouvement de laïcs, les femmes devenues pasteurs ne prendront aucune part à sa création et à sa mise sur le devant de la scène sociale (chapitre 6). Dans le protestantisme, chaque laïc peut se vouloir théologien et les protestantes, d'autant plus qu'elles avaient fait des études de théologie, sans pour autant avoir une paroisse, ont fait faire une avancée considérable au féminisme. L'accès des femmes au pastorat[34], si difficile qu'il représente une avancée encore inégalée chez les catholiques.

L'histoire d'un féminisme protestant

Notre incursion dans l'histoire des Unions chrétiennes de jeunes filles fut difficile et nous n'avons guère trouvé de traces de cette histoire qui concernait des femmes chez les historiens officiels du protestantisme, même chez ceux comme Roger Merlin ou notre père qui avaient jeté les bases d'une histoire des Unions chrétiennes de jeunes gens. Il s'est avéré en effet que les Unions chrétiennes de jeunes filles ont constitué un continent à part, qui a eu sa vie propre à l'intérieur du protestantisme (chapitre 2).

Au fur et à mesure que nous avancions dans notre travail, nous avons été fascinée par le caractère et les projets des femmes que nous découvrions. Nous avions des Unions chrétiennes de jeunes filles une image assez négative, empreinte de tous les préjugés d'une éclaireuse unioniste des années quarante très ignorante de ce mouvement rival.

Nous avons été amenée à étudier leurs ancêtres, dont elles étaient plus ou moins les héritières, c'est-à-dire les philanthropes du début et du milieu du XIXe siècle, qui d'ailleurs avaient laissé un peu plus de traces dans l'histoire du protestantisme (chapitre 1). Après avoir remonté en amont de la naissance des UCJF, nous avons été tentée de descendre en aval, tant notre surprise était grande de voir naître une à une les institutions sociales et culturelles que ces femmes avaient créées (chapitres 3 et 4). Dès lors, nous nous sommes sentie moins seule car nous rejoignions dans nos préoccupations d'autres historiennes (et historiens) qui avaient pris en compte la dimension protestante de l'histoire des femmes et du féminisme, Christiane Bard[35] notamment et sa thèse sur *Les Féministes en France, Vers l'intégration des femmes dans la cité* et son ouvrage *Les Filles de Marianne, Histoire des féminismes (1914-1940)*. Elles nous ont confirmé que nous étions dans le droit chemin de l'Histoire. Les travaux de Florence Rochefort[36] nous ont aussi beaucoup aidée à donner aux femmes protestantes rencontrées une spécificité et une dimension politique qui manquait pour comprendre l'importance de ces trajets de militantes qui ne s'avouaient pas féministes. Les travaux entrepris autour de Brigitte Bouquet[37] au Musée social sur les pionnières du social nous ont permis de mieux situer le rôle des protestantes comme celui des catholiques, avec qui elles travaillaient volontiers au sein du Conseil national des femmes françaises ou lorsqu'elles créaient des écoles d'assistantes sociales (chapitre 4). Grâce aux travaux de Rémi Fabre nous avons pu décrire la naissance du premier mouvement de jeunes mixte : la Fédération des étudiants protestants (Fédé). La mixité a longtemps été proscrite dans le protestantisme et c'est progressivement, à la faveur de fêtes de plein air que jeunes filles et jeunes gens ont eu les premières occasions de se rencontrer (chapitre 6). Nous avons reconstitué au travers de publications ou de travaux universitaires[38], l'étonnante naissance de la Fédération française des Éclaireuses et la prise d'autonomie des Éclaireuses unionistes par rapport aux Unions chrétiennes qui du reste ont survécu très bien à cette amputation et ce sans que les Églises n'y fassent apparemment obstacle. Or l'existence de la FFE amorce une rencontre entre protestantes et catholiques, ce que les mouvements du scoutisme masculin ne sont jamais arrivés à faire, même aujourd'hui (chapitre 5). Enfin, l'ouvrage de Sylvie Chaperon[39] publié en 2000 sur *Les Années Beauvoir* nous a permis de situer le Mouvement jeunes femmes, direct héritier des UCJF dans le contexte culturel, social et politique des années cinquante (chapitre 6).

Henriette de Witt-Guizot (1829-1908).

Nous avons placé en exergue de cet ouvrage une citation d'Henriette de Witt-Guizot qui affirma avec force et sérénité l'infériorité de la femme et ce en 1888. Ces propos tenus par une femme cultivée et très engagée sont certainement ceux que tenaient toutes les femmes protestantes de l'époque, prônés quand tout dans leur comportement démontrait le contraire. En 1891 Marie Monod parle de la supériorité de l'homme et curieusement se corrige quelques années plus tard en parlant de différence. Ceci nous a interrogée tout le long de ce travail (chapitre 7). Impossible pourtant de s'interroger en termes de dominants et de dominées, ni encore moins en termes de bourreaux et victimes. Nous concluons sur un féminisme sous tutelle, fait acquis pour des femmes qui ne l'étaient pas ou si peu par rapport à d'autres.

C'est donc dans un contexte social, politique et religieux qui évolue sans cesse que des femmes protestantes vont entrer en scène. Les 140 biographies en témoignent : agissant d'abord relativement seules, elles vont bientôt cesser d'être des figurantes et prendre goût à l'action collective et militante (troisième partie). Être conscientes qu'une tutelle s'exerce sur elles, puis s'affranchir de cette tutelle leur demandera beaucoup d'énergie et de volonté. C'est ce chemin que nous nous proposons de retracer.

PREMIÈRE PARTIE

L'entrée en scène des femmes protestantes 1810-1914

CHAPITRE 1

Un nouveau rôle social pour les femmes

1810-1895

Les femmes oubliées de l'histoire

Suivant les époques, les protestants ont choisi de magnifier tel ou tel type de femmes, mais dans l'ensemble les femmes protestantes qui appartiennent à la mémoire collective, sont peu nombreuses. Les historiens depuis une dizaine d'années essaient de combler cette lacune. Les femmes protestantes ont été plus nombreuses qu'on ne pensait à faire évoluer et la société et le protestantisme lui-même. Les prédicantes sont historiquement les premières, elles ont eu droit à un discours de sympathie mêlé d'une certaine gêne. Elles font partie anonymement du folklore protestant. Peu de noms sont restés, sauf celui, entre autres, de la jeune bergère du Dauphiné Isabeau Vincent. Les prophétesses ne semblent jamais avoir été des modèles mis en avant par celles qui ont forcé les portes du ministère pastoral. Un seul cas de théologienne laïque est repris dans *L'Encyclopédie du protestantisme,* il s'agit de Marie Dentière[40] (1490-1560). Il est vrai que le modèle de la femme pieuse et soumise à son mari que promeut la Réforme ne se mêle pas de prêcher, depuis qu'Antoine Court, en 1715, se fixa comme objectif de faire taire les femmes[41].

Le panthéon protestant des femmes souffrantes

Liliane Crété[42] en 1999, présente un récit des vies d'Idelette Calvin et de Katherine Luther et de l'évolution parallèle des idées sur le femme de leurs théologiens de maris. Elle rappelle, notamment, des propos de Luther à propos du mariage : « Il faut que la femme sache et soit convaincue que l'homme est plus élevé et meilleur qu'elle. Car c'est à l'homme qu'appartiennent le gouvernement et la suprématie comme au chef de famille et au maître de la maison. » À l'image de la femme des Proverbes la femme modèle de la Réforme est aussi mère et bonne ménagère, rappelle Marianne Carbonnier-Burkard[43]. Les prisonnières de la tour de Constance ont acquis, à la fin du XIXe siècle, une place à part dans le Panthéon des femmes protestantes, surtout lorsque le poète nîmois

Bigot leur eut consacré une Complainte en occitan qui est encore chantée aux assemblées du musée du Désert. Marie Durand se dégagea rapidement du lot et son nom fut associé au mot *RÉSISTER* gravé dans la pierre de la tour. Le pasteur Charles Dombres en tira une petite pièce intitulée *Le mot qui fut gravé* et les résistants protestants y trouvèrent leur mot d'ordre[44].

L'Almanach du Sou protestant[45] proposait en 1881 une galerie de portraits de femmes. Sur les « Douze femmes protestantes des diverses époques et de conditions différentes », sept sont des femmes nobles ou de sang royal du XVIe siècle retenues pour leur piété et leur courage, tout comme celles des siècles suivants, excepté une, Louise Scheppler*, la servante du pasteur Jean-Frédéric Oberlin, « cette pauvre paysanne », présentée comme l'initiatrice des salles d'asile, alors qu'on peut la considérer comme initiatrice d'écoles maternelles. Parmi les femmes présentées dans *L'Almanach du Sou protestant* c'est avec Marie Durand et Isabelle de la Trémoille (décédée à 11 ans) une des seules célibataires. D'autres sont magnifiées par leur veuvage et trouvent, comme Marguerite de Navarre, leur consolation dans l'Évangile[46]. Les autres femmes présentées sont mariées comme Charlotte de Coligny. Cette dernière est présentée ainsi : « Cette dame avait toujours été fort adonnée à la religion et d'une souveraine constance à supporter les afflictions de son mari et les siennes. Entre les vertus et dons de l'esprit qui la rendaient recommandable, le soin qu'elle prenait des pauvres et des malades, et ses aumônes lui donnaient une louange singulière. » La femme de Calvin, Idelette de Bure, est présentée par celui-ci comme la compagne idéale : « Celle qui n'eût pas voulu me survivre. Tant qu'elle a vécu, elle n'a été pour moi une peine ni un obstacle. » Plus de cinquante ans plus tard, sous le titre « À l'ombre d'un mari », un récit de la vie d'Idelette Calvin sera présenté aux lectrices du *Journal de la jeune fille*. En 1934, les heurs et malheurs de l'épouse « patiente et soumise » seront magnifiés, comme le seront l'année suivante ceux de la « vaillante » Katherine Luther.

Peu après, en 1888, Henriette de Witt* a présenté quelques protestantes dans son ouvrage *Les Femmes dans l'histoire*. Les aristocrates et les femmes de sang royal y tiennent une bonne place. Pour la Renaissance, nous trouvons Marguerite de Navarre, Jeanne d'Albret et Charlotte du Plessis-Mornay qui avait échappé de justesse à la Saint-Barthélémy. Pour le XVIIe et le XVIIIe siècles, nous ne trouvons pas Françoise de Maintenon, la petite-fille d'Agrippa d'Aubigné, mais nous trouvons Charlotte de la Trémoille, devenue comtesse de Derby. Ce sont toutes deux des épouses fidèles et aimantes, comme le fut une autre protestante présente dans cet ouvrage : Suzanne Necker, fille de pasteur et l'épouse du financier Jacques Necker, une femme pieuse mais aussi fine lettrée et mondaine. Elle inaugure le modèle de la philanthrope du XIXe siècle. Elle fonda, en effet, l'hôpital Necker en 1776 et participa à son administration durant dix ans.

Louise Dumas (1873-1961). Livre de Puaux.

Henriette de Witt a passé sous silence les incartades conjugales de la fille de Suzanne et Jacques Necker, Germaine de Staël, qui méritait aussi de figurer en bonne place parmi les femmes protestantes que l'histoire devait retenir[47]. Pour « Notre temps », Henriette de Witt n'a retenu aucune femme protestante française, la présentation d'une Anglaise, Élisabeth Fry, est pourtant l'occasion de citer le nom d'une Française, celui de Louise Dumas, alors présidente de l'Œuvre protestante des prisons. Pourtant beaucoup d'autres femmes protestantes sont à l'œuvre au moment où elle publie son ouvrage.

Peu de femmes protestantes ont laissé leur nom dans l'histoire avant le XIXe siècle. L'histoire n'a pas plus retenu les noms de la plupart des femmes dont nous allons parler dans cet ouvrage. Avant nous, Michèle Riot-Sarcey s'est interrogée sur cette invisibilité des femmes dans l'histoire : « Si elles sont au cœur des enjeux de pouvoir, elles ne figurent pas dans les stratégies énoncées, redécouvertes grâce aux traces laissées par les contemporains. L'histoire se joue sans elles mais son avènement politique ne peut se passer d'elles[48]. » C'est ainsi que le suffrage dit universel ne concernait pas les femmes, et qu'il a fallu longtemps pour qu'elles se sentent concernées. Les femmes sont « autres » et cette différenciation basée sur un constat biologique réel, va faire passer au second plan l'égalité, pourtant jamais récusée, en principe, en milieu protestant.

Les philanthropes

L'entrée sur la scène sociale de femmes protestantes s'est faite au nom de la philanthropie. Au début du XIXe siècle, on a constaté un « brusque élan des pratiques charitables et philanthropiques ». « D'abord au sein même des œuvres charitables confessionnelles et ceci en rupture avec l'Ancien Régime, une action qui tend à se laïciser. Non qu'elle soit profane et que le geste soit indépendant d'une conduite d'édification spirituelle. Il lui est au contraire étroitement associé[49] », et ceci en milieu catholique comme en milieu protestant.

Catherine Duprat constate que « dans toutes les fondations protestantes se trouvent associés réformés, luthériens et membres des Églises indépendantes. Au sein de leurs organes dirigeants, le pasteur Marron, président du consistoire réformé, le pasteur Gœpp, président du consistoire luthérien, le pasteur Frédéric Monod, réformé, le pasteur Mark Wilks, congrégationaliste britannique, et le théologien réformé Stapfer n'exercent aucune tutelle d'autorité, ces œuvres étant indépendantes des institutions ecclésiastiques. Dans un milieu aussi étroit que celui des protestants parisiens – leur effectif est estimé à moins de vingt-quatre mille individus – on ne peut s'étonner de retrouver sans cesse les mêmes administrateurs et militants. Ce sont les membres des deux consistoires (Laffon de Ladébat, Bartholdi, Benjamin et François Delessert, Jules Mallet, Grivel, Vernes, Staël, Guizot)[50], les personnalités scientifiques et politiques (Cuvier[51], Charles Coquerel, l'orientaliste Kieffer, Verhuell, Turckheim, Jaucourt plus rarement Benjamin Constant), les grands notables de l'entreprise et de la banque parisienne (les Delessert, les Mallet, Grivel, Vernes, Hottinguer, Henri Lutteroth)[52].

Des femmes avaient donc participé à l'élan philanthropique qui animait les protestants. « C'est (enfin) un trait propre aux œuvres protestantes que la part active qu'y prennent les femmes. La Société biblique, celle des missions, les œuvres pour l'école comportent toutes, soit un “Comité des dames”, soit une “Société des dames”, soit une “Société auxiliaire de femmes”. » La Société de prévoyance est l'une des premières œuvres privées où, sur le modèle de secours publics, des « dames visiteuses » assistent les malades à domicile. Parmi les militantes les plus actives, figurent alors Mme Émilie Mallet*, née Oberkampf, fondatrice des salles d'asile, Mme Jullierat-Chasseur et Mme Wilks, deux femmes de pasteur, Mme Gautier, née Delessert, Mme François Delessert, Mme Henri Lutteroth, Mlle Clémentine Cuvier, la seconde Mme Guizot[53], Mme Bartholdi-Walther, Mme Grivel, Mme Vernes, Mme Auguste de Staël et Mme de Broglie, née de Staël[54]. Aucune revendication féminine ou féministe n'est associée à cette collaboration, considérée comme allant de soi. Une exception toutefois, Eugénie Niboyet, une contemporaine d'Émilie Mallet, qui exprimait hautement des revendications féminines.

Émilie Mallet (1794-1856).

Il n'y a pas qu'à Paris, que les femmes philanthropes exercent leur activité. En Alsace, des industriels et des banquiers protestants ont permis le développement économique de la haute Alsace, en particulier à Mulhouse. La Société industrielle de Mulhouse, composée de protestants, constitue de nombreux comités qui étendent les études de la chimie aux beaux-arts, avec tout un réseau d'écoles et de musées dû à l'initiative, entre autres, de Jules et Jacques Siegfried. Ces industriels et ces banquiers s'intéressent aux œuvres sociales, comme le remarque Émile-Guillaume Léonard : « En France, on en était alors à un stade antérieur à la question sociale, celui du devoir social, des obligations morales des patrons et des classes favorisées à l'égard des travailleurs. » Mulhouse sera un lieu privilégié où s'exercera la philanthropie féminine.

À Mulhouse avant l'annexion en 1871, les femmes protestantes sont particulièrement actives. « Des noms reviennent régulièrement : Mme le Dr Koechlin, Mme la baronne d'Andolsheim, Mmes Gustave Dollfus, Édouard Schwartz, veuve Koechlin-Schlumberger, André Koechlin, Nicolas Koechlin (Mme Nicolas-Joseph Koechlin), Édouard Hofer, veuve Joseph Blech, Favre-Blech ainsi que Mlles Ida Sauquet ou Marie Siegfried. [...] Il est clair que les noms cités forment réseau. Réseau avec les hommes philanthropes, les pères ou les maris étant eux-mêmes engagés dans l'action sociale [...]. Réseau de parentèle féminine surtout. [...] Le cadre dans lequel leur action s'inscrit a été fixé par la municipalité car l'assistance relève dans sa plus grande partie des autorités communales. [...] Bien qu'appartenant à la même classe et aux mêmes familles que les hommes de la "fabricantocratie" mulhousienne, les femmes philanthropes ont résisté à cette volonté de contrôle administratif masculin. Elles continuent à aider leurs pauvres, à doubler l'action municipale par leur propre réseau philanthropique. » L'action philanthropique représente d'abord pour elles une forme de sociabilité essentielle : ainsi, si l'on en croit Jean Schlumberger : « Les dames, il est vrai, s'aventurent hors de leurs familles respectives pour se rendre à leurs "mercredi des pauvres" où, autour d'un goûter, elles cousent et tricotent pour les indigents. » Cependant, l'action sociale est pour elles bien plus qu'un passe-temps. Elles s'impliquent tout particulièrement dans l'action sur les enfants : la salle d'asile, qui accueille les enfants de un à six ans, est vraiment leur domaine de responsabilité. « Le vendredi était, à Mulhouse, le jour où les amies se réunissaient pour travailler pour les pauvres. Les jeunes filles formaient leur cercle à leur sortie de pension et restaient, leur vie durant, fidèles chacune à son vendredi. [...] Les responsabilités que doivent assumer ces femmes sont énormes : trouver des financements en organisant des quêtes, des ventes ou des bals de charité, solliciter des subventions municipales mais aussi surveiller journellement les maîtresses. » Les Mulhousiennes prennent leur tâche au sérieux et les salles d'asile sont remarquablement bien tenues, si l'on en croit le rapport de M.

Vaudion en 1850 : « Les établissements visités sont incontestablement mieux tenus. Ces dames président à tous les exercices, elles excitent le zèle et entretiennent le courage des surveillantes dont elles ne craignent pas de partager les tâches, elles surveillent elles-mêmes la propreté, la tenue, l'éducation des enfants. [...] Il est clair que les philanthropes mulhousiennes ont su se donner le pouvoir et l'exercer avec efficacité. Il leur a fallu mener la bataille d'une double reconnaissance : celle de leur capacité à diriger et celle de leur professionnalisme. »

Marie-Claire Vitoux constate que « le champ d'action principal des Mulhousiennes en matière philanthropique est, au XIXe siècle, l'enfance et tout particulièrement l'éducation et la formation. Certes, le choix de la petite enfance pourrait apparaître comme l'accomplissement d'un rôle considéré comme naturel à la femme, celui de mère. Mais, à Mulhouse, il n'y a pas de crèches et l'Association des femmes en couches, créée sous le Second Empire, a justement pour but de payer les mères ouvrières afin qu'elles restent à la maison pendant quelques semaines pour allaiter leur enfant. Aussi, l'action des femmes de la bourgeoisie mulhousienne ne débute-t-elle que lorsque l'enfant est sevré et a-t-elle pour finalité la fonction éducative. Que ce soit dans les salles d'asile, dans les ouvroirs ou encore dans les écoles du dimanche ou du soir, c'est bien la dimension éducative qui apparaît comme prioritaire. Dans cette insistance sur l'éducation, je vois la marque de l'appartenance religieuse : le protestantisme. [...] Il me semble clair que les femmes de l'élite sociale mulhousienne ont su profiter de leur position essentielle dans la lutte contre le paupérisme, position reconnue par leurs "hommes", pour ne pas être de simples auxiliaires, de simples exécutantes, mais pour investir pleinement et en toute responsabilité le champ d'action qui leur était ouvert. En cela, elles ont bien été pionnières[55] ».

La Société de la morale chrétienne

Parmi les sociétés, une fut particulièrement brillante : la Société de la morale chrétienne, société protestante, du moins à sa fondation. Parmi les fondateurs, on remarque d'abord Auguste de Staël, qui en fut l'instigateur en 1821. Il était le petit-fils de Suzanne Necker et le fils de Germaine de Staël. « Aucune œuvre en son temps, remarque Catherine Duprat, n'a témoigné d'intérêts aussi diversifiés et conjugué tant de formes d'action. Trois axes au moins sont maintenus jusqu'en 1848, celui des combats humanitaires, défense des droits de l'homme et droit des peuples (traite, esclavage, liberté de conscience, de culte, de suffrage, soutien aux Grecs et aux Polonais, appel au respect des minorités et des vaincus, dénonciation des exactions coloniales), celui de l'enquête et de la réflexion pénale (législation criminelle, peine de mort, réforme des prisons, système pénitentiaire, réinsertion des condamnés), enfin celui, devenu majeur, de la législation sociale (secours à l'indigence, assistance à l'enfance abandonnée, prévoyance, problème de l'enfance ouvrière, instruction et formation au métier) [...] enfin combien d'expériences novatrices, dont celle des premiers patronages sous la double forme du patronage à l'enfance ouvrière et de patronage des détenus et libérés. [...] Et parmi les comités d'action constitués ou reconstitués entre 1838 et 1841, là n'est pas la moindre des anticipations de la Société que ses trois comités à personnel mixte, le comité des orphelins et orphelines, le comité des dames, devenu le comité mixte de charité et des prisonnières, enfin le comité de la paix de 1841[56]. »

Cette « émulation charitable » aura assez vite une fin, la philanthropie, un moment valorisée, va bientôt se trouver discréditée. Paradoxalement, la révolution de 1830 a pour effet, en apparence paradoxal, de tarir le zèle de toutes les sociétés, quelle que soit leur inspiration.

En 1882, paraît en feuilleton, dans le *Figaro*, un roman, *L'Évangéliste* d'Alphonse Daudet. « Rien n'a été épargné pour que cette publication apparaisse comme un événement littéraire[57]. » À ce moment, Alphonse Daudet est au faîte de sa gloire littéraire. À partir de 1883, le roman paraît en livre et connaît un succès modéré. Mais c'est « un énorme pavé dans la mare du petit monde protestant français qui jusqu'alors avait lavé en famille son linge sale orthodoxe ou libéral[58] ». Daudet semble avoir été frappé par les œuvres protestantes alors nombreuses, en particulier par celles que patronnent et financent quelques grandes dames de la société parisienne protestante, comme Mme André-Walther* (Mme Autheman dans le roman), ou par des organismes comme les missions Mac All ou l'Armée du salut[59] ou bien les œuvres de Coraly Hinsch[60], à Nîmes[61], ces deux dernières institutions se prêtant très bien à la caricature.

Henriette André-Walther (1807-1886).

De l'existence de ce roman on peut déduire une certaine visibilité, au moins à Paris, de l'action des protestants en matières d'œuvres. Malgré sa partialité, le roman consacre la contribution de banquiers et de leurs épouses et des hommes d'affaires protestants touchés par le Réveil à un effort de régénération des individus et à de nouvelles formes d'action qui, plus tard, en intégrant à leur projet d'agir sur le milieu, deviendront vraiment sociales. En effet, « Le Réveil avait vu naître après lui une floraison magnifique d'œuvres de relèvement, mais leur portée était restreinte, car elles n'étaient pas des œuvres sociales, en ce sens qu'elles ne visaient pas les causes de maux qu'elles voulaient faire disparaître, mais les maux eux-mêmes, et qu'elles attendaient tout d'un relèvement individuel[62] ». La relève en matière d'œuvres, sera assurée, bien qu'inspirée différemment, trente ans plus tard. Une des caractéristiques de ces œuvres nouvelles dans lesquelles s'inscriront les Unions chrétiennes de garçons comme de filles, qui sont apparues dans cette deuxième partie du XIXe siècle, est de subordonner la fonction de secours aux objectifs de moralisation et de contrôle social. La Société de la morale chrétienne innove dans la formule qu'elle met en œuvre pour « patronner » les jeunes gens, les détenus ou les apprentis. La distinction entre membres actifs et membres associés nous semble s'inspirer du modèle des philanthropes du début du XIXe siècle. « À l'avant-garde des patronages : les œuvres de femmes », titre Catherine Duprat[63]. Et de citer en exemple la Société des jeunes économes, fondée en 1823 par Mme Lauras, une catholique. Cette « relation de tutelle prolongée », qui est une des caractéristiques du patronage, nous la retrouverons aux Amies de la jeune fille comme aux Unions chrétiennes de jeunes filles et de jeunes gens, du moins à leurs débuts. La dimension patronage, néanmoins, sera toujours beaucoup plus tenace aux Unions de jeunes filles que dans les Unions de jeunes gens.

L'ère des brillantes sociétés charitables se termine (1830-1880)

La bourgeoisie protestante évangélique avait été à l'origine de nombreuses œuvres sociales : orphelinats, Société des amis des pauvres (1833) à Paris, inspirée des Conférences Saint-Vincent-de-Paul (créées à la même date), Colonie pénitentiaire agricole de Sainte-Foy (1840), les Diaconesses (1841), créées par Caroline Malvesin*, la Maison de santé protestante évangélique de Nîmes (1842) et, en 1848, les asiles de La Force créés par John Bost[64]. En 1853, Henri de Triqueti fonde le Comité de patronage des apprentis de l'Église réformée de Paris. Les protestants furent aussi les premiers en France à organiser des colonies de vacances. De la même façon, Théophile Lorriaux en fut l'initiateur en France, avec sa femme Simée Lorriaux*. Il a ouvert ainsi la voie à d'autres initiatives : notamment celles de Mme Élise de Pressensé* dans ce domaine. Les femmes n'ont pas été en reste dans ces créations. Ainsi Louise Keller semble avoir été pionnière en matière d'œuvre d'assistance par le travail. Épouse de Jean-Jacques Keller, le directeur d'une institution secondaire protestante très sélecte, c'est chez elle, 4 rue de Chevreuse dans le quartier du Luxembourg, qu'elle distribue du travail aux ouvrières. Paroissienne de la chapelle Taitbout, elle a probablement inspiré à Sophie de Pressensé une œuvre semblable, ouverte vers 1857. Élise de Pressensé institutionnalisera la fonction d'assistance par le travail dans son œuvre de la chaussée du Maine. Louise Keller s'est beaucoup dépensée pour les ventes organisées pour cette œuvre.

Caroline Malvesin (1806-1889).

Du point de vue de l'éducation, Catherine Duprat a constaté « le niveau élevé des protestantes, ce qui ne peut manquer d'avoir des incidences sur l'éducation qu'elles donnent à leurs enfants. Non contentes de fournir de nombreuses participations à la Charité maternelle, à la Société pour l'instruction élémentaire et son comité des dames inspectrices, au Comité pour les salles d'asile ainsi qu'aux institutions charitables d'arrondissement, fondées durant les années trente, les protestantes organisent des comités féminins dans toutes les œuvres de leur confession (Société biblique, Société des traités religieux, Sociétés des missions évangéliques, Société helvétique de bienfaisance, Société pour les écoles protestantes, etc.). Elles y conduisent parfois des actions novatrices : ainsi, au sein de la Société protestante de prévoyance, les dames visiteuses qui assistent les malades à domicile[65] ». Comme les hommes, les femmes des générations suivantes ont conservé de la période philanthropique le goût pour la pratique associative et l'intérêt pour les questions sociales. Ces mêmes femmes n'éprouvaient pas le besoin de revendiquer une place dans la société, elles l'occupaient.

La révolution de Février 1848 avait beaucoup troublé les protestants, la philanthropie se doubla alors de réflexions sociales. Mais cette réflexion n'allait pas au-delà d'une analyse moralisante. Dans la manière de considérer l'action philanthropique, une évolution se fera sentir entre une Émilie Mallet et une Élise de Pressensé. Jean-Noël Luc parle ainsi d'Émilie Mallet : « Aux yeux de cette femme pieuse et instruite, la misère ouvrière est, d'abord, le résultat du "vice, [de] l'oubli des lois morales, [du] manque d'idées religieuses". Mais, si elle ne croit pas à "l'égalité parfaite", si elle ne raisonne pas en termes de justice sociale, comme le fera, quarante ans plus tard, une Élise de Pressensé, elle n'en désire pas moins "rapprocher les distances" par "la charité et la fraternité[66]". »

La guerre de 1870 et la Commune avaient troublé tout autant les protestants français et en particulier les femmes. « L'action d'ambulancière et d'aide aux blessés pendant la guerre de 1870 et la Commune se révèle tout à fait déterminante pour celles qui deviennent ensuite les responsables d'associations philanthropiques et féministes[67]. » Ce fut le cas pour Sarah Monod et Élise de Pressensé qui fondera de nombreuses œuvres charitables dont l'Œuvre de la chaussée du Maine et appuiera les missions Mac All. En effet, en 1871, un Anglais, Robert Whitaker Mac All, au lendemain de la Commune, avait ouvert des salles d'évangélisation dans les quartiers ouvriers de Paris. La méthode Mac All consistait à ouvrir des boutiques pour y prêcher la conversion et offrir des services. Ces œuvres constitueront un terrain d'expérimentation sociale pour de nombreuses et de nombreux unionistes.

Naissance d'un militantisme féminin

En introduction à son ouvrage *Le Protestantisme et les femmes, aux origines de l'émancipation,* Liliane Crété écrit : « Si je devais d'un trait de plume, définir ce qui, à mes yeux, caractérise plus particulièrement la femme protestante, je dirais qu'au paraître, elle préfère l'être. Loin d'elle le luxe ostentatoire, l'apparat, les excès vestimentaires ou ceux de la table, les bijoux clinquants, le gaspillage. Elle a aussi pour spécificité un goût certain pour le militantisme, les nobles causes, le progrès social et moral, l'un n'allant pas sans l'autre pour une vraie protestante. À cause de cela, elle passe parfois pour austère, voire rigide. Sans doute l'était-elle hier… »

Cela est vrai encore de l'aristocratie comme des milieux sociaux plus modestes à la fin du XIXe siècle. Un cas, celui de notre grand-mère, née cinquante ans après Émilie Mallet, illustrera notre propos.

Le journal de Marie (1894-1905)

L'action sociale n'est pas, en effet, l'apanage de la haute société protestante. Les femmes de la HSP, pour développer leur action, font appel aux femmes protestantes d'autres milieux, et celles-ci défrichent de nouveaux terrains sociaux sans leur aide. Nous pouvons suivre le militantisme social d'une protestante de la classe moyenne au travers du journal que tient fidèlement Marie Poujol*, l'épouse d'un unioniste, tous deux originaires du Midi et installés à Paris. En 1894, la famille de Marie habite rue de l'Estrapade. Elle est composée de Marie, de son mari Bénoni, de son fils Pierre, de son beau-père, de sa belle-mère et de la sœur non mariée de son beau-père. C'est cette dernière qui, selon la tradition de l'époque, assure tous les travaux ménagers. Cette famille de protestants d'origine rurale et méridionale est en pleine ascension sociale. Bénoni fils d'instituteur est technicien des chemins de fer. Nous dirions aujourd'hui qu'il fait partie des techniciens supérieurs qui, on le sait, font partie de ceux dont l'engagement associatif est le plus fort. Pierre, leur fils, sera agrégé des lettres. Cinq « répétiteurs » selon l'expression de Marie elle-même, s'emploieront à faire de cet enfant

Marie Poujol (1852-1934).

bien doué le premier de sa classe durant presque toute sa scolarité. Pierre est au lycée Henri-IV, cela donne à Marie l'occasion d'exercer ses talents d'organisatrice bénévole. C'est elle qui réunit les fonds nécessaires à l'achat des cadeaux pour les professeurs qui quittent le lycée, ou des couronnes mortuaires à l'occasion des décès d'élèves (la mortalité des jeunes enfants est relativement forte à cette époque et Marie a déjà perdu deux enfants). Certainement, le journal en témoigne, la santé et la réussite scolaire de son fils sont des priorités pour Marie. Elles passent avant toute chose, mais Marie a du temps, elle est instruite et veut vivre avec son époque. Son mari y est favorable. Aussi nous voyons chez ce couple une forme de militantisme conjugal probablement en avance sur son temps, bien qu'il ne soit pas exceptionnel en milieu protestant.

Marie est visiteuse d'hôpital. Elle écrit le lundi 11 décembre 1893 : « Je suis allée à 1 h 1/2 à l'hôpital Necker, rue de Sèvres, 151, où j'ai vu Mlle Favarger. Ensemble nous avons parcouru toutes les salles en demandant individuellement à chaque malade s'il est protestant. Quel spectacle que cette longue suite de lits blancs d'où émergent des visages pâles, défaits par la souffrance [...]. J'ai pensé une bonne partie de la nuit à la visite d'hier à l'hôpital. Aurai-je le courage de parler à quelques-uns de ces infortunés malades ? » Ce courage, Marie l'aura pendant plus de six ans. Elle visite donc hebdomadairement les malades protestants de Necker. Ils sont peu nombreux, 8 ou 10 en tout (en 1894), parmi eux « des incrédules, des découragés, des résignés aussi ». Que fait-elle ? Il semble qu'elle leur parle d'eux-mêmes et de l'Évangile. Elle leur prête des livres et parfois leur donne des vêtements que lui fournissent sans doute des amis. Le 25 janvier 1895, cette seule notation : réunion du Comité des hôpitaux, elle en est revenue visiblement exaspérée. Cette activité s'inscrit en effet dans le cadre d'une organisation protestante présidée par des femmes de la HSP, Mme de Monbrison et Élise de Pressensé. Marie appartient à un autre réseau : celui des protestants originaires du Midi « montés » à Paris pour occuper, c'est le cas de son mari, des emplois du secteur tertiaire. Marie était institutrice avant son mariage, car elle s'est mariée relativement tard, mais elle ne travaillera plus jamais, même devenue veuve.

En 1893 et 1894, elle suit, à la Sorbonne, les cours du professeur de pédagogie Henri Marion. Son enseignement est essentiellement consacré à l'éducation de la femme. Les notes de Marie nous montrent que les cours sont d'une grande actualité, puisqu'il y est longuement question de l'enseignement secondaire des filles. À partir de 1894, Marie Poujol va, tout comme son mari Bénoni, s'ouvrir à une vie plus sociale. Le contenu de son journal va s'en ressentir. Dans le résumé de l'année 1893 on peut lire : « La vérité ne se résume-t-elle pas dans ce mot : *amour* qui, bien compris et bien réalisé, résoudrait non seulement les problèmes religieux mais encore cette fameuse question sociale qu'on pose sans cesse, sans jamais aboutir à une issue quelconque. En attendant, les âmes vivent et meurent sans espoir ni consolation. » À cette question sociale, Marie, Bénoni et plus tard leur fils Pierre s'intéresseront de multiples façons, en s'engageant notamment dans le mouvement du Christianisme social.

En 1895, ses activités sociales s'intensifient, elle se rend à l'hôpital deux fois par semaine. Elle y reste environ deux heures. Ce n'est qu'à partir de 1900 que l'on sent son zèle faiblir. Elle oublie de se rendre à la réunion du Comité des hôpitaux. Elle reçoit la visite d'une dame qui veut bien l'aider à visiter les malades de Necker. En 1902, il n'est plus question de l'hôpital. Il est vrai qu'alors ses autres activités sociales sont très intenses.

Pour ces protestants cévenols à la foi très forte, l'idée de paroisse à laquelle on appartient est peu présente. Chaque dimanche, les cinq adultes et l'enfant qui composent cette famille vont écouter le pasteur de leur choix, qui à Pentemont, qui à la chapelle de la rue Madame, qui à l'Oratoire. Pour l'éducation religieuse de Pierre, on choisit le pasteur Benjamin Couve qui exerce son ministère au temple de Pentemont et dans une salle d'évangélisation, 60 rue Monge. C'est là que Marie conduit Pierre à l'école du dimanche et c'est là qu'elle deviendra monitrice d'un groupe de petites filles en 1896. Cette activité, elle la poursuivra jusqu'à la mort de son mari, en 1904. C'est aussi dans ce local de la rue Monge qu'une bonne partie du militantisme de Marie et de Bénoni va s'exercer désormais. L'idée d'appartenance à une paroisse va se préciser au cours des années, et la famille de Marie va insensiblement se fixer dans l'une d'elle. C'était probablement une manière de consacrer leur intégration dans le protestantisme parisien.

Dans son action militante pour la tempérance, qu'elle partageait avec son mari, Marie se liera plus particulièrement avec Maria Legrain, qui a fondé l'Union des femmes pour la tempérance[68]. C'est dans cette activité entre femmes qu'elle semble avoir dépensé le plus d'énergie. Quel rôle se sont fixé ces femmes ? Elles se partagent des tâches d'assistance, elles portent des secours à des personnes dans le besoin. Elles ont un rôle de repérage des cas sociaux, plus spécifiquement parmi les femmes alcooliques ou vivant dans un milieu touché par ce « fléau ». Elles recueillent les fonds nécessaires pour y subvenir. À partir de 1901, Marie ne manque pas les comités de dames qu'organise

Maria Legrain, elle rédige parfois les procès verbaux des réunions et note les heurs et malheurs de cette organisation un moment menacée de scission. Elle recrute activement pour le comité parmi les participantes des « réunions de couture » de l'Église de Port-Royal (récemment construite au 18 boulevard Arago) où elle et son mari arriveront à convaincre le pasteur de créer une section de la Croix-Bleue. Désormais militantisme et relations amicales se confondent.

Lorsque l'université populaire de Mouffetard se crée, les activités militantes de Marie et de Bénoni sont plus séparées, aussi ne nous dit-elle rien de cette évolution d'une société de tempérance en université populaire. Mais la création officielle la frappe. Elle note le dimanche 28 janvier 1900 : « Après déjeuner vers 1 h 1/2, nous sommes partis pour l'université populaire Union Mouffetard. Matinée littéraire et musicale très réussie. Conférence intéressante avec projections de M. Houssaie sur le corps humain. Auditoire nombreux, attentif, populaire. » Le lendemain, Bénoni va rue Mouffetard prendre deux bulletins d'adhésion à l'université populaire. Cela paraît bien marcher, et dans le résumé du mois de janvier on peut lire : « Nous voilà à proximité de l'université populaire Union Mouffetard. Dieu fasse que cette œuvre, toute laïque qu'elle veuille être, contribue à la diffusion d'un peu de bien réel. » Dans les années qui suivront, toute la famille suivra les activités de l'université populaire. Les historiens des universités populaires rapportent que c'est bien son mari, Bénoni Poujol, et le grand ami de toujours, Samuel Bourrette, qui sont les fondateurs de l'université populaire. Son originalité était d'être en quelque sorte « l'école d'application populaire de l'École normale supérieure ». Une journaliste de l'époque rapporte : « L'Union de la rue Mouffetard est constituée pour la vie et la postérité. Peut-être aura-t-elle à se garder d'un goût juvénile pour les galons d'état-major et peut-être aussi de quelques aspirations moralisatrices trop vives, trop promptes, légèrement ingénues... Son centre d'action est excellent, et les concours ne peuvent lui faire défaut[69]. » Le goût pour les galons d'état-major et les aspirations moralisatrices vives et ingénues, nous n'avons aucune peine à imaginer d'où ils viennent, ils inspirent manifestement les habitants de la rue de l'Estrapade dont nous parle Marie dans son journal.

Pas la moindre revendication féministe dans les propos de Marie Poujol, mais une certitude affirmée jour après jour, qu'elle a, en tant que femme, un rôle social à jouer.

Interdites de prénom

Toutes ces épouses protestantes ne s'autorisent pas – et on ne les autorise pas – à apparaître avec leur propre prénom. Le prénom qui les identifie est celui du mari. Ce n'a pas été la moindre difficulté pour nous de leur retrouver un prénom. Si l'histoire que les Unions chrétiennes de jeunes filles se racontent fait une grande place à Mlle Rourin*, à Mme William de Billy et à Mme Creissel* dont les noms sont souvent cités, ce n'est qu'au bout de plusieurs années de recherche que nous avons découvert que Mlle Rourin se prénommait Louise, que Mme William de Billy se prénommait Antoinette et que Mme Edouard Creissel, avait pour prénom Lydie.

Travaillant pour l'essentiel sur les publications de l'époque, nous ne savons pas comment les femmes entre elles s'appelaient. Dans un dossier de la bibliothèque Marguerite-Durand nous avons trouvé un document d'archives relatif aux inscriptions au Congrès international de la condition et des droits des femmes, qu'avait organisé Marguerite Durand en 1900 : presque toutes les femmes y sont mentionnées avec leur prénom. Alors que dans le programme de ce même congrès, qui n'avait rien de protestant, ces mêmes prénoms sont « effacés ». Cette censure est destinée à l'extérieur.

Sans doute l'usage public du prénom devait avoir quelque chose d'indécent pour une femme, qu'elle soit mariée ou non ; les célibataires, en effet, ne font pas plus état de leur prénom, du moins jusqu'aux années trente. Ainsi Mme William Monod* qui publie abondamment, ne signe jamais de son prénom Marie. La première femme mariée qui nous est apparue comme signant de son prénom est Jeanne Sequestra* qui, le mois suivant son mariage, en 1894, se dispense d'utiliser le prénom de son mari Jean Sequestra. Plus tard, Julie Siegfried*, à l'entrée de la guerre de 1914, osera se présenter autrement qu'à partir du prénom de son mari, Jules Siegfried. La deuxième est Marguerite de Witt-Schlumberger* qui, en 1919, du moins dans les manifestations féminines, n'apparaîtra pas sous le prénom de son mari Paul Schlumberger. Gabrielle Koechlin*, quant à elle, dans les années 1920, accolera le prénom de son mari au sien et se fera appeler Mme Gabrielle Julien Koechlin. Dans les années soixante-dix, dans le milieu du Mouvement jeunes femmes, pour se présenter, les femmes mariées usaient encore du prénom de leur mari. Par contre, entre elles et dans leurs publications, elles apparaissaient avec leur propre prénom.

L'usage du double nom, le nom de jeune fille et celui du mari, fait aussi son apparition en la personne de Marguerite de Witt-Schlumberger, Marguerite Pichon-Landry* ou de Blanche Edwards-Pilliet*. Cette pratique du double nom reste encore très exceptionnelle. En 1921, dans *La Française,* Marguerite de Witt-Schlumberger a encouragé les femmes à en faire autant. Après avoir rappelé que la loi française, non seulement n'oblige pas la femme à porter le nom de son mari, mais ne lui en donne pas le droit, elle écrit : « J'ajoute que c'est aux femmes les plus heureuses en ménage, fières des plus excellents maris, qu'il appartient de ne pas perdre leur propre nom, et de le conserver suivi du nom très cher de leur époux. » Il faudra attendre encore plus de cinquante ans pour qu'une femme mariée fasse état, pour se présenter, de son propre prénom. Dans *Le Journal de la jeune fille*, l'usage du prénom pour les célibataires va progresser lentement à commencer par Marie Bruneton*.

Cette absence de prénom n'a rien d'une spécificité protestante. Les femmes catholiques et celles qui se targuent d'être laïques sont soumises aux mêmes normes sociales.

La différenciation des rôles domine

Vers 1850, Adolphe Monod, l'ancêtre de nombreuses femmes engagées dans un militantisme féminin, prononce deux discours sur « La femme ». Il part de la Genèse dont il cite la phrase connue : « Et l'Éternel Dieu dit : "Il n'est pas bon que l'homme soit seul ; je lui ferai un aide semblable à lui." » (Genèse II, 18), et la commente ainsi : « Le voilà, tel que le demandait Adam, cet autre lui-même, qui est lui, et qui n'est pourtant pas lui. La femme est une compagne que Dieu a donnée à l'homme, pour charmer son existence et pour la doubler en partageant sa vocation de naissance et sa vocation de charité. [...] À cette vocation se rapporte la place que Dieu assigne à la femme. Ce n'est pas une place inférieure ; la femme n'est pas seulement un aide pour l'homme, mais un "aide semblable à lui" ; elle devait donc marcher son égale, et ce n'était qu'à cette condition qu'elle pouvait lui accorder le secours dont il avait besoin. Mais c'est pourtant une place secondaire et dépendante ; car la femme a été formée après l'homme, faite pour l'homme, enfin tirée de l'homme. » Et encore : « L'homme est l'image et la gloire de Dieu, mais la femme est la gloire de l'homme [...] car aussi l'homme n'a pas été créé pour la femme mais la femme pour l'homme[70]. »

Ces propos expriment parfaitement le rôle de la femme par rapport à l'homme, tel qu'il sera vécu et prôné durant tout le XIXe siècle. Les femmes protestantes intérioriseront leur place secondaire et leur rôle d'aide et en concluront, contrairement à Adolphe Monod, à leur infériorité, pourtant il ne faut pas leur parler d'assujettissement. Cette infériorité, on pourrait même dire qu'elles la revendiquent.

Le modèle de la femme pieuse et soumise persiste

Henriette de Witt avait exprimé, en 1888, le sentiment de bien des femmes protestantes de son époque : « J'ai été élevée dans la croyance à la disparité comme à l'égalité des sexes. J'ai vécu au milieu de femmes aussi distinguées que les hommes dont elles partageaient les travaux et secondaient de tout leur pouvoir les nobles ambitions. Pour mon compte et d'après mon observation personnelle, je reconnais même, dans de semblables conditions, l'infériorité féminine, non seulement comme étendue et puissance des facultés intellectuelles, mais comme valeurs et forces morales[71]. » Avant elle, Germaine de Staël n'avait pas hésité à entrer en politique et s'était mêlée si souvent aux affaires publiques, ne serait-ce que pour promouvoir les hommes qu'elle aimait, son père, son mari ou ses amants, ou plus sérieusement pour écrire et publier des ouvrages sur la Révolution, ne put pourtant s'empêcher d'écrire : « On a raison d'exclure les femmes des affaires politiques et civiles, rien n'est plus opposé à leur vocation naturelle que tout ce qui leur donnerait des rapports de rivalité avec les hommes, et la gloire elle-même ne saurait être pour une femme qu'un deuil éclatant du bonheur[72]. » C'est sans doute la leçon que Germaine de Staël retirait, *a posteriori*, de son expérience, mais c'est surtout ce que ses lecteurs, protestants ou non, voulaient entendre à l'époque.

De quelle infériorité s'agit-il ? Henriette de Witt-Guizot ne le précise pas : « J'ai dit que la vertu d'un homme vertueux me paraissait supérieure à celle de sa femme ; je dois ajouter que je crois habituellement et en masse la valeur morale des femmes supérieure à celle des hommes, et leur vie dirigée par des principes plus élevés. La raison est bien simple : sans parler de l'influence que les principes et les sentiments religieux exercent sur l'âme et l'esprit des femmes, le dévouement est à la base et au fond de leur vie tout entière et il exerce sur toutes leurs actions sa salutaire influence : il lève et purifie leur activité, quelque modeste que soit la sphère où elle s'exerce, mères, femmes, filles, sœurs, les femmes travaillent habituellement pour d'autres que pour elles-mêmes, et celles qui sont malheureuses pour être privées d'un but naturel pour le dévouement le reportent souvent sur les pauvres [...]. Ce droit au dévouement est le premier trait d'une ressemblance générale et commune entre toutes les femmes que nous retrouvons dans la plus ancienne histoire. » Henriette de Witt-Guizot en s'exprimant ainsi parle de toutes les femmes depuis l'Antiquité jusqu'à la fin du XIXe siècle, qu'elles appartiennent ou non à une religion chrétienne.

Un assujettissement ?

À la fin du XIXe siècle, à l'heure où se forment les générations de femmes qui vont œuvrer au sein des Unions chrétiennes ou dans les diverses œuvres sociales, les manuels scolaires reflètent les idées communément admises. Dans un manuel d'arithmétique des écoles primaires, un protestant, Pierre-David Poujol[73], propose des problèmes de calcul à l'image d'une société dont il croit devoir témoigner en 1861. C'est-à-dire une société rurale basée sur la famille, où l'industrie a pénétré, où les salaires entre hommes et femmes sont inégaux, où les enfants travaillent : « Une famille se compose du père, de la mère et de trois enfants. Le père gagne 3 francs par jour, la mère 2 francs, et les trois enfants

1 franc chacun. Combien cette famille gagne-t-elle par semaine ? » Les hommes sont tentés par l'alcool : « Un père de famille avait l'habitude déplorable d'aller tous les soirs au cabaret et laissait souvent sa famille sans pain à la maison. Pendant quatre ans qu'il a mené cette vie, il a dépensé, la première année, 97 francs ; la seconde, 104 francs ; la troisième, 112 francs ; la quatrième, 129 francs. Combien de francs ce malheureux père aurait-il épargné, s'il n'avait pas eu cette affreuse passion de la boisson ? » Les jeunes filles se doivent de s'occuper des pauvres : « Ernestine est une jeune fille qui aime les pauvres. Pendant ses récréations, elle tricote des bas, brode des cols, des bonnets, etc. et gagne 0,90 franc par semaine, qu'elle donne à ses amis, car c'est ainsi qu'elle appelle les malheureux. Combien leur donne-t-elle par an ? »

Ernestine, si elle est protestante, dans peu de temps pourra rejoindre, nous le verrons, les Unions chrétiennes, ou la Société des fourmis ou encore l'Étoile blanche. Elle a été instruite non pas chez elle, comme les bourgeoises, mais à l'école, ce qui est encore exceptionnel. C'est une recrue de choix sur laquelle comptent celles qui patronnent ces institutions. Elle-même va peut-être, plus tard, considérer qu'hommes et femmes ont droit au même salaire, que les enfants ne doivent pas travailler et que la pauvreté a des origines sociales qui méritent d'être prises en considération. Mais nous n'en sommes pas encore là, et surtout, nous n'en sommes pas encore à une revendication spécifique des femmes relative à leurs droits.

Disparité et inégalité s'accommodent de l'infériorité, ce qui nous paraît aujourd'hui incompatible. De quelle infériorité s'agit-il ? Cette infériorité est en fin de compte tactique vis-à-vis de l'homme établi sur son piédestal et dont on n'entame pas le pouvoir. Ces propos d'Henriette de Witt-Guizot, la fille de François Guizot, femme qui a reçu, très tôt, une formation politique de son père[74] et dont le rôle social fut éminent, nous donnent la clé du modèle homme-femme dans la haute société protestante, modèle qui va être étendu à la bourgeoisie protestante dans son ensemble, à commencer par les femmes de pasteur. Ce modèle va permettre à des femmes en place « seconde » d'exercer, de fait, un pouvoir important et probablement à y prendre goût, même si elles affectaient de ne pas y toucher, se contentant de l'influence.

Pourtant le livre de Stuart Mill sur *L'Assujettissement des femmes* a été traduit en France depuis 1869. Les femmes protestantes ni leurs pasteurs ne s'en sont inspirés. Jules Ferry, par contre, l'a lu et en 1870, devant la Société pour l'éducation primaire, il suggère aux femmes de le lire. Son ton est assez sarcastique. Après avoir évoqué, en ce qui concerne les hommes, l'obstacle à l'égalisation des conditions d'enseignement pour les deux sexes, il s'adresse aux femmes : « Il en existe un second [obstacle], qui n'est pas moins grave, et celui-là, il vient de vous, mesdames, car cette opinion qu'ont les hommes de leur supériorité intellectuelle, c'est vous qui l'encouragez tous les jours, c'est vous qui la ratifiez *(Rires)*. Oui… oui, mesdames je le sais, vous la ratifiez, vous êtes sur ce point-là en plébiscite perpétuel. Vous acceptez ce que j'appellerai, non pas la servitude, mais, pour prendre un mot très juste, qui est celui de Stuart Mill, vous acceptez cet *assujettissement* de la femme qui se fonde sur son infériorité intellectuelle, et on vous l'a tant répété, et vous l'avez tant entendu dire, que vous avez fini par le croire. » Vingt-cinq ans plus tard, Stuart Mill sera cité comme un ancêtre des féministes dans un numéro spécial du *Christianisme social* consacré aux femmes, mais les propos tenus sur l'enseignement ne devront pas grand-chose aux idées de Jules Ferry et encore moins à celles de Stuart Mill.

En 1889, Henriette de Witt écrit : « Nous entendons sans cesse réclamer les droits des femmes, leurs droits politiques et leurs droits sociaux ; je me suis dit bien souvent en assistant à ces bruyantes protestations que les femmes perdraient beaucoup d'influence à gagner ces droits. “L'influence n'est pas le gouvernement” disait Washington, si l'axiome est vrai en politique, il est au moins discutable dans l'intérieur de la famille où le gouvernement de la femme et de la mère s'exerce modestement, discrètement, très habituellement par une autorité qui ressemble beaucoup à l'influence. L'autorité est là, toute prête à agir en cas de nécessité, elle repose suprêmement entre les mains du père de famille, du maître de maison, mais par qui est-elle ordinairement exercée, entre quelles mains repose le sceptre de la domination intérieure ? La plupart des femmes et des mères ne gagneraient pas grand-chose à soulever la question. Celles qui ont besoin de réclamer leurs droits n'ont pas su se servir des moyens d'action qui leur appartenaient en propre, elles n'ont pas su se faire une force des devoirs qu'elles devaient nécessairement et naturellement accomplir. » La propre fille de Conrad et Henriette de Witt, Marguerite de Witt-Schlumberger deviendra la présidente de l'Union pour le suffrage des femmes. Une nouvelle génération est à l'œuvre.

CHAPITRE 2

Le patronage des œuvres de jeunes filles
1890-1914

L'attention portée aux jeunes filles

L'intérêt porté aux jeunes filles dans la dernière décennie du XIXe siècle n'est pas l'apanage des protestants. De 1885 à 1891, le nombre des brevets supérieurs délivrés aux filles décuple. Entre 1894 et 1899, sous l'égide de la Ligue de l'enseignement, près de 8 500 cours de jeunes filles vont s'ouvrir, réunissant 117 000 personnes. Les catholiques entendent avec horreur l'inspecteur Petit chanter victoire : « Ce que gagnera l'esprit de progrès à la méthodique conquête de la clientèle féminine, on le reconnaîtra promptement[75]. » Il semble bien que l'instruction et la prise en compte des activités culturelles des jeunes filles et des femmes aient été un des résultats le moins remarqué et pourtant spectaculaire du combat pour l'école qui déchire catholiques et laïques. L'argumentation s'est alors curieusement retournée : écartées de l'instruction au nom de la « Morale », c'est au nom de la « Morale » que les jeunes filles vont être instruites. Édouard Petit, faisant le bilan des cours de jeunes filles déclarait en 1903 : « L'éducation morale et sociale n'a pas été négligée. Peut-être importe-t-il d'y insister plus encore pour les jeunes filles et pour la femme que pour l'homme. [...] D'ailleurs, à un point de vue plus étroit, la femme a besoin d'être armée comme l'homme pour la nécessaire conquête du gagne-pain et la défense de ses droits. Aussi les cours d'adolescents par la lecture, la causerie, la discussion s'ouvrent-ils de plus en plus aux leçons d'histoire contemporaine, d'enseignement civique, de morale sociale, de législation spéciale à la femme. »

Les laïques opposent à l'action des dames patronnesses, l'action des femmes d'œuvres laïques. « Elles commencent à se grouper autour de l'École, signale Turmann[76], à constituer des comités de dames qui entrent en rapport, pour Paris, avec la "coopération féminine", pour la province avec le Comité de la "Ligue de l'Enseignement" que préside Mme Jules Eugénie Ferry[77], et, précise-t-il dans *Au sortir de l'École,* la fréquentation est de beaucoup meilleure chez les jeunes filles que chez les garçons. » Dans ce comité, se montrera particulièrement active une autre protestante, le Dr Blanche Edwards-Pilliet. Elle est l'amie de Maria Vérone, et très active à la Ligue française pour le droit des femmes et à la Libre pensée. Elle est suffragiste et partisan du mariage civil. Elle entrera même au Parti radical. En 1899, elle est membre du comité d'organisation qui prépare le Congrès des institutions chrétiennes féminines qui doit avoir lieu en juin 1900, où elle retrouvera les femmes protestantes qui patronnent les Unions chrétiennes de jeunes filles.

Les unions de jeunes filles vont rapidement dépasser les unions de jeunes gens au niveau de la fréquentation, confirmant le constat fait en milieu laïque comme en milieu catholique. Le développement des sections cadettes qui accueillent des enfants et non plus des jeunes a concerné les UCJG comme les UCJF. Il correspond aussi à l'apparition d'un champ social nouveau, celui des œuvres complémentaires de l'école, que se disputent les laïques et les confessionnels.

Les Unions de jeunes filles, une tradition déjà bien implantée[78]

« Les premières Unions furent créées simultanément en Angleterre et en Amérique, dans le but d'apporter une aide matérielle et un réconfort moral à des jeunes filles isolées. » « La France eut sa première Conférence nationale en 1891 et l'Alliance nationale avec 49 Unions, fut fondée en 1894 et rattachée à l'Alliance universelle en 1900[79]. » L'idée viendrait d'Angleterre, telle est une des histoires de la fondation que l'on aime à se raconter aux UCJF en 1912. L'influence anglaise semble néanmoins être plus réelle qu'aux UCJG.

Faute d'archives, c'est dans la presse protestante de l'époque que nous avons recherché les premiers signes d'apparition des Unions chrétiennes de jeunes filles. À partir de 1888, pour les rédacteurs du *Huguenot*, journal mensuel des Églises réformées des Cévennes et du Sud-Est, les Unions chrétiennes de jeunes filles ne sont pas une nouveauté.

En fait, l'idée d'un regroupement des Unions de jeunes filles existantes est dans l'air depuis quelque temps. Le démarchage des Unions qui existaient au sein des Églises locales a précédé la tenue de la Conférence du Pouzin en 1891. Mrs Gardner James s'y est employée puisqu'elle a visité une vingtaine d'Unions et participé à en créer trois : « Les Unions ayant été fort encouragées par les visites qui leur ont été faites, ce moyen de les affermir et de les développer est recommandé au comité[80]. » Les comptes rendus des voyages de Louise Rourin qui paraissent dans *Le Journal de la jeune fille* montrent que la vice-présidente est infatigable et obstinée. Dans ces relations, il est fait allusion à des créations à partir de femmes engagées là où il n'existait aucun groupe préexistant (20 entre 1897 et 1900). Les groupes régionaux se constituent ; dans le Gard après une réunion tenue en 1895 au Vigan qui réunit une vingtaine d'Unions du département, un groupe du Gard est créé. En 1897, sept groupes et 172 Unions sont rattachés au Comité national, avec un budget de 4 863 francs. C'est à la Conférence de Paris, en 1900, que l'Alliance française se rattache à l'Alliance universelle. L'Alliance des Unions chrétiennes de jeunes filles compte alors 247 Unions et regroupe plus de 6 340 personnes dont 1 550 cadettes. À cette même date, les Unions chrétiennes de jeunes gens regroupent dans 90 Unions 4 587 personnes dont 1 186 cadets.

Dans la mouvance des Églises évangéliques

Le choix du mot *Alliance* pour désigner le regroupement des Unions de jeunes filles, comme pour leurs homologues masculines, a été manifestement choisi en référence à *Alliance évangélique*. C'est en effet dans la mouvance « évangélique » qu'apparaissent les premières Unions de jeunes filles au début du XIXe siècle. Cette mouvance « évangélique » était apparue en France au début du XIXe siècle, en ayant rapidement une implantation rurale auprès de couches sociales pauvres des protestants français. Cette apparition provoque les principaux clivages qui mèneront à partager le protestantisme de la fin du XIXe et du XXe siècle, entre « orthodoxes » adeptes de ce « Réveil » évangélique, et les « libéraux » attachés à une libre interprétation des textes.

C'est à Congénies, petit bourg rural du Languedoc, que Mme Charles Cook établit en 1825, la première Union de jeunes filles, là même où son mari, pasteur wesleyien[81] anglais, vient de commencer son ministère évangélique. Que la première Conférence nationale[82] qui se réunit en 1893 ait lieu à Montmeyran, n'est pas dû au hasard. Bien sûr, puisque Montmeyran est le siège en 1849 de la « première » Union de jeunes filles, qui sera présidée à partir de 1853 par Louise Garaix. Mais surtout, en 1852, s'est tenue à Montmeyran une réunion, devenue mythique, de l'Alliance évangélique.

Malgré l'antériorité – évidente aux yeux de l'historien – des Unions de jeunes filles, elles seront systématiquement considérées comme nées beaucoup plus tardivement et à l'instigation des Unions chrétiennes de jeunes gens, et cette manière de se percevoir a été très vite assumée par les UCJF elles-mêmes. Les premières Unions de jeunes filles sont rurales, et ce n'est qu'en 1871 que les premières Unions de jeunes filles urbaines apparaissent, en élargissant leur public à un milieu plus aisé, et sont donc plus visibles au milieu des dames patronnesses qui exercent leur philanthropie.

En 1894, lorsque l'Alliance nationale se constitue, elle regroupe 49 Unions sur 160 « à nous connues ». Il est probable qu'il en existe bien d'autres dans l'ombre des pasteurs et surtout de leurs épouses, de leurs sœurs ou de leurs filles.

À l'origine de la première rencontre de responsables des unions féminines, on trouve Adolphe Maillet[83], pasteur à Saint-Fortunat (Ardèche), organisateur de la Conférence de 1891 au Pouzin, mais aussi agent itinérant de la Mission intérieure évangélique. Sept Unions ont répondu à l'appel : Nîmes, Die et Dunières dans la Drôme, Privas, Les Ollières, Saint-Fortunat dans l'Ardèche[84]. Fondée en 1871, la Mission intérieure évangélique s'était donné pour but « de travailler, avec le concours de tous les chrétiens, à l'évangélisation du peuple français ». Elle avait fondé des groupes d'évangélistes volontaires et s'appuyait volontiers sur les Unions chrétiennes de jeunes gens. En 1872, on pouvait lire dans *Le Christianisme au XIXe siècle* : « Dans plusieurs villes du Midi, les unions sont en très bonne voie, elles peuvent concourir très efficacement au progrès de la Mission intérieure. » Restait à y associer les Unions de jeunes filles.

En 1893, 141 groupes de la Mission intérieure sont à l'œuvre en France. Le président est Émile Houter. La Mission intérieure évangélique dispose alors de deux pasteurs itinérants : Adolphe Maillet, nous l'avons vu, et François Roux, et de deux lectrices, Mme Guérin et Mme Seguer. Si nous n'avons pas trouvé beaucoup de traces d'Adolphe Maillet, dans l'histoire du protestantisme, d'autres pasteurs ou laïcs plus réputés porteront une grande attention aux Unions chrétiennes de jeunes filles naissantes. Il en est ainsi de Benjamin Couve, le directeur du *Christianisme au XIXe siècle*, de Charles Babut, d'Emmanuel Sautter, d'Élie Gounelle ou d'Alexandre Westphal qui, notamment, deviendra membre du conseil de la Ligue française pour le suffrage des femmes.

Entre 1893 et 1894, *Le Christianisme au XIXe siècle* annonce la création d'unions à Saint-Quentin, à Vauvert à l'initiative du pasteur Alexandre Westphal, à Castres et à Endure, ces deux dernières Unions comptant chacune une soixantaine de membres. À Saint-Jean-du-Gard, il en existe deux, une dépendant de l'Église réformée, l'autre de l'Église libre. En outre, un groupe d'unions est en constitution dans le Sud-Ouest.

En 1896, le Comité national est composé de Louise Rourin présidente, de F. Luquet, trésorière et de Mlles Charlotte Bach*, Babut, Dubus, Edmée Liotard et Lucy Abauzit*.

En 1900, l'Alliance nationale sera constituée de 247 Unions sur les 336 « à nous connues ». Il n'est pas sûr que cette progression de 160 à 336 « à nous connues » reflète une augmentation des groupes préexistants. Elle reflète la meilleure connaissance que ces voyageuses infatigables ont acquise en visitant les paroisses de France. L'efficacité des pionnières des UCJF se mesure aussi à cette progression de 49 à 247 Unions faisant partie de l'Alliance nationale entre 1894 et 1900, soit six années. À ne considérer que les Unions de jeunes filles de l'Alliance, on peut considérer que moins d'une dizaine d'années après leur existence officielle, leur nombre est plus de deux fois supérieur à celui des Unions chrétiennes de jeunes gens. Leur fréquentation est aussi supérieure puisqu'avant la guerre de 1914, les UCJF comptaient 9 000 membres alors que les UCJG n'en comptaient que 6 000.

La supériorité du mouvement féminin sur le mouvement masculin

Tableau reconstitué d'après des informations de congrès						
année	**UCJG**	**membres JG**	**unions cadettes JG**	**UCJF**	**membres JF**	**unions cadettes JF**
1892	95					
1894	102	2 281		160		
1895	102	2 300				
1897			53	172		
1899	90	4 544	48			
1900				247	6 340	
1902	103		52			
1904	104					
1906	120	8 000	60			38
1909	136	6 000				85
1913					9 000	84
1914	160					138
1920	130	6 020				
1923	207	8 500				243
1924	210	8 500				
1925	232	9 599	120			
1928	250	9 000				
1929				450	15 000	200
1944		1 600				
1946				350		300

Pourtant, la constitution de l'Alliance a dû poser des problèmes dont nous ignorons la nature. Le groupe de Montbéliard, premier groupe régional créé, après beaucoup d'hésitations, s'est rattaché en 1900. Lucy Peugeot* en sera la présidente en 1903. À cette même époque, Marie Bruneton qui préside l'Union de jeunes filles de Saint-Cloud demande son rattachement à l'Alliance. L'Union de Strasbourg demande à entrer dans l'Alliance en 1908. C'est Jeanne Bertsch*[85] qui est secrétaire officielle des Unions chrétiennes d'Alsace.

Les Unions chrétiennes de jeunes filles et les Unions chrétiennes de jeunes gens, comme la plupart des œuvres protestantes d'ailleurs, ont tiré leur substance d'une seule et unique mouvance, au sein de laquelle les liens familiaux formaient une trame qui donnait une certaine solidité au système. Néanmoins, les Unions chrétiennes n'ont pas concerné tout le protestantisme français. La mouvance unioniste était en majorité constituée de familles « réveillées », anglophiles ou d'origine suisse, protégées des mariages mixtes, aux attaches terriennes conservées malgré leur arrivée parfois récente en ville. Il s'agit d'une bourgeoisie relativement nouvelle, dont l'ascension sociale passe par l'exercice de professions telles que la médecine, l'industrie ou le commerce du vin. Certaines familles protestantes ont particulièrement investi le champ des œuvres. On ne notera ici que le nom de quelques familles : André, Bruneton, Koechlin, Mallet, Pourtalès, Sautter, Schlumberger, Schlœsing, Siegfried... et bien sûr la famille Monod.

Un patronage en cascade

Il faut souligner le caractère bourgeois pour ne pas dire aristocratique, de ce que l'on peut considérer comme le comité de patronage des UCJF. On y trouve Alice André, la femme du banquier Alfred André, Julie Siegfried est omniprésente. *Le Christianisme au XXe siècle*, sous la plume d'Eugène de Faye, tente de rappeler aux jeunes filles de la bourgeoisie leurs devoirs en soulignant : « Beaucoup d'unions se composent exclusivement de jeunes ouvrières. Les jeunes filles, non seulement des classes riches, mais de la bourgeoisie en général font rarement partie des unions. [...] Votre privilège vous fait obligation sacrée d'apporter à d'autres plus déshéritées un peu des souffles bienfaisants que vous aspirez à votre foyer[86]. » Un premier niveau de patronage exercé par les aristocrates concerne donc les jeunes filles de la bourgeoisie, qui sont invitées à patronner elles-mêmes celles qu'on appelle alors des ouvrières (les domestiques en faisant partie).

Cet appel de l'aristocratie féministe protestante « d'un certain âge », a-t-il vraiment été entendu par les jeunes bourgeoises ? Celui qui relate la Ve Conférence nationale des UCJF de 1900 dans *Le Christianisme au XIXe siècle*[87] est perplexe. Sarah Monod* est venue parler de la solidarité, Marie d'Abbadie d'Arrast* de la lecture. Julie Siegfried est là. Plusieurs vénérables pasteurs aussi : Georges Appia, Henri Babut, Matthieu Lelièvre, Théodore Monod et Adolphe Maillet prennent la parole. Pourtant : « dans l'assistance le *vilain sexe* est en petite minorité », mais on y remarque nombre de diaconesses.

Premier public visé : les domestiques

L'intérêt pour les domestiques coïncide avec l'importante émigration rurale de la fin du XIXe siècle, qui s'effectue, en ce qui concerne les femmes, sous forme de placement domestique. Il y avait en France, en 1891, plus de 900 000 domestiques femmes dont 137 000 à Paris[88]. Notons qu'à Nîmes à cette même date, il existait deux unions de jeunes filles, l'une pour les bonnes, l'autre pour les jeunes filles en général[89]. Mais ceci n'était pas la règle. En 1900, dans cette même ville, est fondée une union des Amies de la jeune fille qui se chargeait de placer de jeunes domestiques dans des familles protestantes de bonne moralité[90]. Il semble que les bonnes familles protestantes aient le plus souvent fait appel en priorité à des domestiques protestantes recrutées sur leur terre d'origine. Cela semble certain pour les protestants de Nîmes qui employaient des jeunes filles venues des Cévennes[91] et très vraisemblable pour les protestants émigrés alsaciens qui employaient des domestiques émigrées d'Alsace. Patrick Cabanel a très bien décrit cette cohabitation souvent longue entre maîtresses et bonnes. Ces dernières étaient souvent recrutées par les pasteurs, quand ils ne les employaient pas eux-mêmes. Des maîtresses, il en existait de compréhensives ; d'autres exploitaient sans état d'âme ces jeunes filles qui s'étaient éloignées des campagnes où sévissait la pauvreté. Patrick Cabanel souligne qu'elles allaient au culte le dimanche matin. Restait à occuper leur court temps de loisir le dimanche après-midi entre 14 h et 18 h, c'est ce que se proposaient de faire les Unions. Il n'est pas dit qu'elles y soient souvent parvenues. Le placement des bonnes était d'autant plus provisoire qu'elles trouvaient à se marier. Peut-être, dans ce cas, les patrons leur offriraient-ils une petite dot qui s'ajoutait au trousseau qu'elles avaient constitué[92].

En 1899, dans *Le Journal de la jeune fille,* sous le titre « La maison que l'on peut avoir », Fanny André[93] donne des conseils domestiques sur l'aménagement du salon, des chambres à coucher, de la cuisine, qui sont du même ordre que ceux aujourd'hui prodigués par les magazines féminins. Ainsi, en 1900, Fanny André démontre les avantages de la fonte émaillée et du fer battu étamé sur le plat de terre. Entre 1900 et 1902, *Le Journal de la jeune fille* publie assez régulièrement un article intitulé « Ma cuisinière et moi », qui sera placé en 1902 sous la rubrique « Économie domestique ». Les articles signés Fanny André comportent des conseils sur la maison, ainsi que les principes à inculquer aux domestiques. Ces articles ne sont pas destinés aux domestiques elles-mêmes. En 1903, ce même magazine publie un article de Louise Dentan intitulé « Donnez-nous des jeunes filles pratiques », où il est écrit : « Si elle veut devenir une bonne maîtresse de maison, apte à commander, ni trop exigeante, ni trop facilement satisfaite, il lui est indispensable de se mettre à la place des domestiques et, pour cela, de connaître par elle-même les difficultés de leur ouvrage. » Sous la même rubrique Louise Dentan, en 1903, analysera le problème des femmes amenées à travailler. Pour cette unioniste, travailler en usine est le pire de tout, travailler à domicile est un moindre mal. « Il y a un autre moyen pour les jeunes filles de gagner leur vie, c'est de se placer dans d'honnêtes familles ou d'apprendre l'art de soigner les malades[94]. » Cet aspect « bourgeois » doit être aussi sensible dans les foyers qu'organisent les UCJF. On peut lire toujours dans le même journal : « À une sœur un peu novice qui s'étonnait de trouver l'élément mondain au foyer, nous répondrons : mais il est fait justement pour celles-ci. Plus exposées elles sont, plus elles sont sollicitées par leur goût et leur situation (ouvrières, commises de magasin, employées) à aimer la vanité et à côtoyer le mal, plus elles ont besoin de nous[95]. » Nous les mondaines, pourrait-on dire… Et réciproquement, les mondaines ont besoin de la prière des autres. « Ne traitez jamais les jeunes filles mondaines avec froideur… Rendez-leur service si l'occasion se présente… Priez pour elles, et s'il en est une que vous désirez particulièrement gagner, faites de leur conversion un type spécial de prière. » Sous-jacents à tous les articles, que ce soit à propos des bourgeoises qui vont vers les ouvrières et qui, de fait, ont plus souvent l'occasion de rencontrer des domestiques que des ouvrières, ou que ce soit à propos des servantes ou des ouvrières, le souci est « accepter sa condition » ; ceci est valable aussi pour les petites bourgeoises qui se prendraient pour de grandes bourgeoises. « Quant aux ouvrières, saisies par la manie actuelle d'être ou du moins paraître au-dessus de sa position, de se cramponner à l'échelle sociale pour atteindre un échelon plus élevé. Pour celles-là l'abîme entre idéal rêvé et but atteint les frappera un jour. »

Ce ne sont pas les premières femmes protestantes à s'intéresser aux domestiques. En 1845 avait été créé à Paris le plus ancien asile chrétien de domestiques femmes, rue Salneuve. Cette œuvre est prospère, en 1877, rue Legendre. En 1893, la présidente du comité de l'asile n'est autre que Mme Camille Vernes, alors promotrice de l'Alliance des UCJF[96].

Les femmes protestantes, en intégrant les domestiques dans leurs Unions, ont innové, semble-t-il, par rapport à leurs consœurs catholiques. À l'époque où écrit Fanny André, Max Turmann intitule un chapitre de son ouvrage « La question du sixième étage ». Malgré le titre de ce livre, *Initiatives féminines*, on n'y trouve que des réponses architecturales et l'on suggère plus précisément d'éviter que toutes les chambres de bonnes ne s'ouvrent avec la même clé, à cause des mauvaises fréquentations[97]…

Dans les Unions des Cévennes, les jeunes filles réunies travaillent dans les filatures, ce sont bien des ouvrières. Augustine Rouvière raconte que les jeunes filles se réunissaient chez le pasteur. « Chaque dimanche après-midi, nous nous réunissions chez lui, nous y parlions patois, ce patois qu'il nous était interdit de parler à l'école, et nous apprenions les fables de Bigot, ce poète nîmois qui s'inspira souvent des fables de La Fontaine. […] nous cousions, nous tricotions, nous fabriquions toutes sortes d'objets qui étaient vendus le jour de la vente[98]. » Vente qui devait leur permettre de se rendre une fois par an à la can de l'Hospitalet.

Marie Bruneton publie dans *Foi et Vie* un article intitulé « Ouvrières et bourgeoises » où elle décrit la vie difficile et dangereuse des ouvrières et des employées. Elle fait un appel aux jeunes bourgeoises : « Ne voulez-vous pas jeter un coup d'œil sur leurs vies ? Vous serez repoussées tout d'abord par la vulgarité de quelques-unes. [...] Elles sont là des centaines, vos sœurs ouvrières qui attendent que vous veniez les découvrir, que vous cherchiez leur âme, que vous les rendiez à elles-mêmes[99]. »

Le Journal de la jeune fille, lorsqu'il réfléchit sur lui-même, constate, en 1900, « que le niveau du journal est trop élevé pour les ouvrières » et pas assez pratique. La rédactrice en chef, Jeanne Sequestra, ne manque pas de parler du courrier quand il n'est pas d'accord avec des propos tenus dans ses colonnes. Ce sera le cas à propos de la danse, que le pasteur de service va condamner lourdement et sans appel, mais le journal signalera que certaines jeunes filles trouvent la danse tout à fait admissible. Vis-à-vis des propos mondains de Fanny André ou de Louise Dentan, nous n'avons pas trouvé trace de désaccord. Nous supposons que les autres articles, plus centrés sur le rôle de la femme, et de la femme chrétienne en particulier, font que l'équilibre rédactionnel est assuré.

En 1900, Marie Appia* précise : « La place de la jeune fille, nous dit-on, est à la maison. Pauvre, elle doit aider sa mère, s'occuper des frères et des sœurs, lorsque son travail ne la réclame pas au dehors. Riche, elle doit cultiver son esprit et ses talents, faire la joie de sa famille en remplissant les exigences sociales de son milieu. Ce sont là des devoirs élémentaires, des désirs légitimes et malheur à l'Union qui empiéterait sur le terrain sacré de la famille ! »

Quarante ans plus tard, dans le même journal, à côté de recettes de cuisine, on lira un article humoristique intitulé « En lavant ma vaisselle[100] », d'une unioniste sans illusion sur les possibilités qu'elle a de déléguer cette tâche à une autre. Dès les années vingt, les Unions ne concernaient plus les bourgeoises avec domestiques. Les jeunes filles faisaient elles-mêmes leur vaisselle.

Bourgeoises et ouvrières

Le ton change, nous semble-t-il, en 1907, avec un article de Jeanne Sequestra. Sous le titre « Servir », elle souligne que « le service domestique place dans une condition inférieure » et que ce n'est pas une raison parce que les domestiques n'ont pas de syndicat pour les exploiter. Elle invite au respect de la limitation du travail des bonnes. L'accent n'est plus mis sur la seule immoralité supposée des domestiques, mais sur les bourgeoises qui abuseraient de la situation de femmes sans défense. Dans le numéro suivant, sous le même titre « Servir » : « ce qu'en pense une maîtresse de maison », nous comprenons mieux l'attitude de ces jeunes femmes qui estiment « que la position de servante est bien préférable à celle de l'ouvrière ». Impression partagée par leurs aînées des Amies de la jeune fille qui poussent à l'emploi de travailleuses à domicile de préférence au travail en usine et plus particulièrement à l'emploi de domestiques.

Le ton changera tout à fait après la guerre. Il n'y aura plus les pauvres d'un côté, les riches de l'autre. La pauvreté sera dénoncée comme une injustice, Hélène Nick* s'y emploiera. La question sociale est soulevée et les Unions doivent participer à la résoudre. Au sortir de la guerre, il nous semble que les Unions chrétiennes de jeunes filles cherchent un nouveau souffle, mais les responsables ne sont pas unanimes. Un conflit qui ressemble fort à un conflit de générations va se concrétiser par l'existence de deux périodiques qui vont rester concurrents longtemps. D'une part, *Le Journal de la jeune fille*, le journal bleu qui date de 1893 et qui est rédigé depuis sa création par Jeanne Sequestra ; il a un ton protecteur et moraliste et prend parfois un ton mondain. D'autre part *Au service du Maître*, né d'un bulletin de l'Alliance apparu vers 1918 et qui se transformera en « organe officiel des Unions chrétiennes de jeunes filles » en 1923[101]. Cette publication a une tout autre tenue et le Comité national s'y exprime volontiers et fermement. En avril 1926, Soline de Richemond en assure officiellement la rédaction.

Dès le départ, néanmoins, les UCJF démarrent sur une ambiguïté : une fédération d'œuvres qui s'occupent de jeunes filles de milieux défavorisés, et surtout non nécessairement membres d'une Église protestante, et une fédération de groupes de jeunes filles non nécessairement « assistables » et presque obligatoirement protestantes.

Comme aux UCJG, il y a deux catégories de membres : les membres actives[102] et les membres associées. Les membres actives des UCJF s'engagent à : « lire assidûment la parole de Dieu et prier tous les jours pour leur Union et celles du monde entier ; s'efforcer de faire valoir en faveur de l'œuvre de Dieu parmi la jeunesse et dans l'union tous les talents qui leur ont été confiés ; chercher à gagner les jeunes filles à Christ par leur vie et leur témoignage ». Est membre associée « toute jeune fille qui désire assister aux réunions et profiter des divers avantages que peut leur offrir l'union. Sont membres honoraires ceux qui participent par leurs dons ».

Les UCJF comptent, en 1900, 1 379 membres actives dont le projet est d'amener à Dieu les membres associées alors au nombre de 2 385. Globalement les membres actives sont recrutées dans la bourgeoisie à partir des catéchumènes des Églises. Les membres associées (auxquelles il n'est pas demandé, comme aux UCJG, d'aspirer sincèrement à une vie morale) sont des ouvrières, des domestiques ou des employées type « demoiselles de magasin ». Membres actives et membres associées sont-elles à égalité ? tel est le débat qui s'ouvre dans *Le Journal de la jeune fille* entre 1901 et 1902. Si la rencontre entre jeunes filles de milieux sociaux différents est certaine, l'harmonie n'est pas évidente, la condescendance des unes est opposée à l'ingratitude des autres, « nos sœurs laborieuses ». Notre interrogation porte sur l'évolution sociale des UCJF dans les années qui vont suivre. Sont-elles arrivées à recruter des responsables issues des milieux défavorisés au fur et à mesure que les jeunes filles de la bourgeoisie disparaissaient ? ou, comme ce sera le cas chez les UCJG, un renouvellement du recrutement permettra-t-il l'arrivée de jeunes filles et de femmes de la classe moyenne qui succéderont à la bonne société protestante du début du siècle. Cela paraît vraisemblable et confirmé par Camille Savary* qui semble déplorer le peu de prise des UCJF sur la classe bourgeoise. « Les Unions chrétiennes de jeunes filles [...] allaient fournir [...] une activité aux jeunes filles des classes moyennes de la société, tout en n'atteignant que très peu les jeunes filles dites de loisir[103]. »

Ce qu'il y a de sûr, c'est que dans les années vingt, même si le ton a changé, les UCJF peuvent apparaître encore, comme l'œuvre des paroisses destinée aux domestiques. Madeleine Barot* qui devait devenir, en 1951, secrétaire chargée des questions internationales à l'Alliance universelle des Unions chrétiennes de jeunes filles à Genève, a raconté son peu d'enthousiasme à entrer à 12 ans aux unions cadettes en 1921. Elle rêvait alors d'être éclaireuse. « J'ai été mise à la porte des unions cadettes. [...] Nous faisions une société secrète pour nous battre contre la direction des Unions chrétiennes qui nous obligeait à ce genre de truc. [...] je refusais de faire du tricot [pour les Missions]. Les UCJF où continuait à aller notre bonne, ce n'était pas pour moi[104]. » Elle sera beaucoup plus à l'aise à la Fédé lycéenne.

De nouvelles activités

À Saint-Quentin, c'est une réunion de couture pour jeunes ouvrières qui a donné naissance à une Union en 1894. À l'union la Marguerite il a été fait une vente au profit de la Mission populaire évangélique. En 1898, les Unions de Besançon inaugurent des leçons d'hygiène et d'économie domestique. La prédominance de l'une ou l'autre catégorie sociale donne aux Unions des profils très différents.

Les activités sont loin d'être fixées en dehors d'un point commun : l'étude biblique qui est en quelque sorte la raison d'être religieuse des Unions. Même entre les deux guerres, il ne sera jamais question de faire une exégèse féministe de la Bible, comme cela commence à se faire aux États-Unis. Il faut souligner aussi « la place immense que tiennent les missions dans l'activité extérieure de nos Unions ». Estelle Monod* se dépensera beaucoup pour convaincre les unionistes. Mais travailler à l'œuvre des missions c'est participer à la collecte des dons, organiser des réunions de couture et de tricot à destination des missions, ce qui ne semble pas avoir déclenché beaucoup d'enthousiasme. Du côté de la Mission de Paris, les comités auxiliaires de femmes ne semblant pas avoir eu beaucoup de visibilité sociale pour les hommes qui dirigent tous les comités[105]. Plusieurs unionistes, Marie Appia, Insième (Élise Fallot) surtout et bien sûr Estelle Monod se relayent pour parler des missions dans *Le Journal de la jeune fille* et même pour tenir une rubrique missionnaire régulière, qui tient les lectrices au courant de tous les mouvements missionnaires à Madagascar, au Lessouto ou à Tahiti. Plusieurs unionistes répondront à cet appel et s'engageront corps et âme dans l'œuvre des missions, Soline de Richemond notamment. D'autres, comme Madeleine Blocher-Saillens*, l'envisageront pour y renoncer par la suite.

Pour élargir le public des Unions et faire des jeunes filles ainsi recrutées des membres associées, on s'interroge, en 1900, sur les moyens pratiques. Lucie Monod considère que « tout ce qui est bienséant serait permis » : réunions de couture pour un objet spécial et aussi apprendre l'hygiène[106]. Il n'est alors pas question de sport ou d'activités de plein air. Distractions et délassement sont des termes moins souvent employés qu'aux UCJG à la même époque.

Vers 1890, les UCJG avaient orienté leurs préoccupations vers les problèmes de moralité : alcoolisme et pornographie ; c'est le moment où les Unions apportent leur concours à la Croix-Bleue[107], association pour le relèvement des buveurs, fondée en France par Pierre Dieterlen. Le premier article sur ce sujet paraît dans *Le Journal de la jeune fille,* en avril 1897. Désormais, la lutte contre l'intempérance concerne aussi les jeunes filles. En 1911, les UCJF ouvrent des bureaux d'accueil et de placement pour les ouvrières et les employées dans d'autres œuvres, comme la Maison fraternelle de Benjamin Couve (rue Tournefort).

En avril 1912, c'est la création d'un syndicat chrétien du travail féminin, association qui réunit patronnes et employées. L'instigatrice semble être Camille Savary. Le siège social est au 22 rue de Naples, dans le tout nouvel équipement de l'Union de la rue de Naples dirigé par Élisabeth Fuchs*.

À partir de 1912, les unionistes se lancent dans l'aventure du scoutisme. L'exemple le plus typique est celui de Camille Savary, évangéliste, qui avait été présidente de l'UCJF du boulevard Barbès (Mission populaire), en 1898. Elle demande à Antoinette Butte* de créer une des premières sections d'éclaireuses, en 1912, à la Maison verte. En 1920, elle est présidente de la Commission nationale. La guerre, contrairement aux UCJG, n'a pas freiné le développement quantitatif et qualitatif des UCJF. 7 Unions apparaissent en 1916, 12 en 1918. Les Unions de jeunes filles sont solidaires entre elles : les Unions des régions dévastées sont aidées par les Unions éloignées des combats ou des bombardements. En outre, les Unions participent au « ravitaillement moral et spirituel » des soldats unionistes. Certaines unionistes s'engagent comme infirmières. Les unionistes sont invitées par Charles Gide à faire des économies patriotiques. Les tissus et le cuir ne doivent pas être gaspillés : « Les jupes trop amples protègent mal du froid et sont incommodes. La robe courte, sans excès, évite l'usure des tissus. [...] Partout où faire se pourra, remplacer la semelle de cuir par une semelle de bois[108]. »

Le Journal de la jeune fille s'ouvre à de nouveaux problèmes, on y fait la publicité du journal *La Femme*. Le travail des femmes n'y est plus considéré comme un fléau social. Les femmes peuvent (doivent) participer au développement industriel. La création de l'École pratique des hautes études commerciales (l'équivalent d'HEC pour les hommes) est annoncée comme une avancée féminine[109]. Une nouvelle carrière féminine est prônée, celle de professeur de gymnastique[110]. La profession de surintendante d'usines est présentée comme faisant partie du « ministère féminin[111] ». Bien sûr, reste encore dans les esprits l'idée que ce travail (ou ce ministère) est de l'ordre de la suppléance. Louli Sanua[112] estime, par exemple, « qu'une femme de cœur ne pourra plus, après la guerre, postuler une place de comptable, de sténographe, de dactylographe : le devoir s'imposera de laisser ces situations à tant de combattants que leurs glorieuses blessures empêcheront désormais de gagner leur vie autrement[113] ».

LES CADRES UCJF

Les présidentes des UCJF

Se sont succédé à la présidence des Unions chrétiennes de jeunes filles : Mrs Gardner James (1891-1893) ; Louise Rourin* (1893-1905) ; Lucile Morin* (1905-1919) ; Anne de Védrines (1919-1924) ; Yvonne Delbruck* (1924-1931) ; Jane Pannier* (1931-1944) ; Mme Westphal ; Mme Delpech...

Les vice-présidentes des UCJF

Se sont succédé à la vice-présidence des Unions chrétiennes de jeunes filles : Louise Rourin (1891-1893) ; Charlotte Bach* et Louise Salmon* (1896-1899) ; Louise Salmon, L. Dubus (1899-1900) ; Louise Salmon, L. Dubus et Lydie Creissel* (1900-1905) ; Louise Salmon, L. Dubus, Lucile Morin (1902-1905) ; Marguerite Monod (1905) ; L. Dubus, Élise Fallot* (1906-1909) ; Blanche Arbousse-Bastide, Hildy Rappard* (1909-1918) ; Blanche Arbousse-Bastide, Mathilde Anne[114] (1918-1924) ; Blanche Arbousse-Bastide (1924-1929) ; Jane Pannier, Madeleine Berton (1924-1931) ; Madeleine Berton et J. Jud (1931-1933)[115]...

Les secrétaires générales des UCJF

Se sont succédé au secrétariat général des Unions chrétiennes de jeunes filles : É. Giraud (1896-1897)[116]; Élise Fallot, É. Giraud (1899-190) ; Alice Armand-Delille* (1897-1907) ; Ida Wullschleger* (1907-1909) ; Ida Wullschleger, Suzanne Bidgrain* (1909-1912) ; Ida Wullschleger, Suzanne Bidgrain, Jeanne Liotard*, Lucy Abauzit* (1913) ; Lucy Abauzit, Jeanne Bertsch* (1913-1916) ; Jeanne Bertsch (1916-1919) ; Jeanne Bertsch, Yvonne Delbruck*, Jeanne Liotard (1919-1922) ; Jeanne Bertsch, Jane Pannier, Jeanne Liotard (1922-1928) ; Jeanne Liotard, Soline de Richemond, Esther Monnier (1928) ; Blanchette Momméja*, Jeanne Liotard (1928-1938)...

Les UCJF, œuvre d'Église

Les Unions chrétiennes de jeunes filles ont été liées, de fondation pourrait-on dire, aux paroisses, donc aux pasteurs ou à leurs épouses. *Le Journal de la jeune fille* affirme, en 1894, « presque toutes les lectrices du *Journal de la jeu-*

ne fille sont monitrices à l'école du dimanche ». Et, parce que les Unions sont installées, la plupart du temps, à l'intérieur d'une paroisse, plus qu'aux UCJG, la pluralité des Unions de jeunes filles correspond à la pluralité des Églises dans une même commune. Lorsque Lucy de Robert annonce à Mérindol la création d'une union cadette, en 1895, c'est en référence à l'école du dimanche après laquelle les petites filles « se rendent au local de leurs sœurs aînées à l'abri des tentations mondaines et dangereuses[117] ».

Le rôle des femmes, des filles et des sœurs de pasteurs

On rencontre plusieurs femmes de pasteurs dans la première génération de femmes qui s'occupent des premières Unions chrétiennes de jeunes filles, comme Mme Charles Julie Cook ; Mme Charles Camille Vernes, qui est à l'origine de l'Alliance nationale des UCJF ; Mme Lydie Édouard Creissel, la première présidente du groupe de la Seine, en 1898 ; Mme Matthieu Gallienne ; ou Mme Armand Dupin de Saint-André (Fanny André), qui écrit dans *Le Journal de la jeune fille*. Gabrielle, l'épouse du pasteur Édouard Sautter, est présidente de l'Union du Saint-Esprit. Les unionistes les plus jeunes épousent des pasteurs, ainsi Mme Collet, la première présidente de l'Union de Nîmes, en 1888 ; Mme Jean Sequestra, rédactrice du *Journal de la jeune fille,* qu'elle avait fondé, en 1892, avec Mme Hélène Nick, la femme du pasteur Henri Nick ; Mme Jacques Pannier*, vice-présidente de la commission exécutive du Comité national des UCJF en 1923 ; Blanche Arbousse-Bastide vice-présidente du Comité national des UCJF de 1909 à 1918 ; Mme Lucie (Alphonse) Schlœsing* présidente du groupe UCJF du Vaucluse en 1924…

Le 20 juin 1912, se réunit à Ganges une conférence des femmes de pasteur, le problème posé est : « La femme de pasteur se doit-elle à sa famille ou à l'Église ? » À l'occasion de cette conférence, Mme Ponsoye[118], de Montpellier, traite du « rôle de la femme de pasteur auprès des Unions chrétiennes de jeunes filles[119] ». Cette tradition s'est maintenue à la création des premiers groupes du Mouvement jeunes femmes, à la fin des années 1940. Francine Dumas* rappelait en 1981 : « J'ai volontairement employé le mot "paroisse" ; il me paraît important de rappeler à l'heure de la dissolution du Mouvement, qu'à l'origine les pionnières étaient non seulement chrétiennes, mais le plus souvent femmes de pasteurs. » Les femmes de pasteurs représentent le modèle idéal typique de femmes en position « seconde », qui a été proposé à toutes les jeunes filles jusqu'aux années cinquante. Les responsables des Unions ont constitué une « réserve » appréciable d'épouses pour les pasteurs de la première partie du XXe siècle. Bernard Reymond parle avec juste raison de ce « sacerdoce obligé » que représente le fait d'être femme de pasteur, d'autant plus obligé que les fidèles des paroisses protestantes se sont vite habitués à voir toutes les charges qui incombaient à l'épouse du pasteur[120].

Plus impressionnant est le nombre de jeunes filles identifiées avec certitude comme des filles de pasteur : Louise Keller qui a créé une œuvre d'assistance par le travail ; Lucy Abauzit ; Marie Appia ; Rosa Arbousset*, qui préside le Foyer de l'ouvrière, créé par des unionistes en 1893 ; Alice Bertrand ; Alice Bianquis* ; Amy Babut, de Nîmes, qui est au Comité national des UCJF en 1896 ; Hélène Nyegaard[121], fille du pasteur de Nancy Ernest Nyegaard, qui, au mariage de sa sœur Louise dira : « Tu comptes dans ta parentéquatre missionnaires, six diaconesses, et quatorze pasteurs » ; Marguerite Monod, une des secrétaires du Comité national des UCJF en 1901 ; Lucie Chevalley* ; Frédérique Bienvenue ; et plus près de nous Marguerite Cornet-Auquier* ; Claire Huchet*, fondatrice de la bibliothèque L'Heure joyeuse et Évelyne Sullerot*. Les filles de pasteurs, nous les retrouvons en nombre parmi les pionnières du ministère pastoral : Berthe Bertsch*, Marie-Leine Hoffet, Geneviève Jonte, Marie Durand-Mann… C'est ainsi que vingt-deux filles de pasteurs figurent parmi les biographies de femmes que nous présentons dans cet ouvrage.

« Ainsi gravitent autour du pasteur différentes femmes, l'épouse, les filles, la ou les bonnes qui peuvent éduquer d'autres femmes et leur donner le goût de l'initiative[122]. » À l'énumération que fait Jean Baubérot, nous ajouterons les sœurs (non mariées) du pasteur, telles Charlotte Bach, qui est au Comité national des UCJF en 1896, et Mlle Robin qui s'occupe d'une des premières Unions à Belleville. Enfin, on trouve aussi de nombreuses petites-filles de pasteurs.

Vers 1900, Fanny André écrit dans *Le Journal de la jeune fille* des articles destinés aux maîtresses de maisons bourgeoises. Sous son nom de F. Dupin de Saint-André, elle a publié un ouvrage sensiblement à la même époque, intitulé *Pasteurs et paroissiens*[123] Elle y décrit des femmes de pasteurs qui s'acquittent plus ou moins bien de leur rôle. Certaines sont écervelées, d'autres trop ou pas assez mondaines, d'autres enfin se passeraient bien qu'on leur assigne un rôle social. Ce rôle, elle le connaît puisqu'elle est elle-même femme de pasteur. Parmi les nouvelles qui composent cet ouvrage, une seule femme de pasteur semble être vraiment à la hauteur de sa tâche « avec elle, il n'y avait aucun danger que le bonheur domestique nuisît jamais à l'œuvre à accomplir au dehors ». Son mari anime une section de la Croix-Bleue, elle, de son côté, a fondé une Union chrétienne de jeunes filles.

Unionistes et paroissiennes

Un problème institutionnel se posera au sein de l'Alliance française dont l'attitude sera très fluctuante à l'égard des « unions associées », autrement dit les associations d'Églises qui demandent leur adhésion à l'Alliance sans vouloir ou pouvoir rompre leurs attaches paroissiales. Les unionistes ont tenu à pouvoir agir sur les milieux qui échappent à l'action directe des Églises.

En 1893, un nouveau sujet apparaît dans les colonnes du *Christianisme au XIX*[e] siècle, il s'agit de reproduire le modèle américain des sociétés d'activités chrétiennes, idée qui date du synode du Vigan, tenu en 1890. Personne n'est dupe, les UCJG sont visées et surtout leur indépendance supposée vis-à-vis des Églises locales. Que cet exemple américain soit donné au moment où s'institutionnalisent les Unions chrétiennes de jeunes filles ne doit pas surprendre, car il semble bien que les UCJF correspondent bien à ce modèle d'œuvres d'Église. La proposition de création de sociétés d'activités chrétiennes est bien une réponse aux problèmes que pose l'indépendance des Unions, qu'elles soient de jeunes gens ou de jeunes filles. Ce n'est pas la dernière fois que se pose le problème de l'indépendance des mouvements de jeunesse par rapport aux Églises et surtout à leurs pasteurs. Par épouse, sœur ou fille interposée, le contrôle du pasteur est assuré.

En 1934, l'Alliance française des UCJF se présentait ainsi : « Elle est [ensuite] fille de l'Église protestante de France. Elle a hérité du trésor de l'Évangile gardé par celle-ci à travers des persécutions et des souffrances séculaires, et c'est chez elle qu'elle a puisé le meilleur de sa sève. Les Unions locales sont nées, pour la plupart, dans des paroisses respectives et leur sont encore rattachées. Elles appartiennent aussi à toutes les dénominations et les nuances du protestantisme français. L'Alliance n'a de lien officiel avec aucune Église particulière ; elle se réclame de leur Fédération. Ouverte à chacune des jeunes filles qui acceptent sa déclaration de principe et ses statuts, elle ne fait pas œuvre confessionnelle ; mais, entendant ne renier aucun des privilèges et obligations de son héritage, elle désire travailler aussi pour sa mère l'Église, à qui elle doit tout[124]. » Les Églises et leurs pasteurs n'avaient aucune crainte à avoir avec leurs Unions féminines.

L'entrée dans l'Alliance universelle (1900)

En avril 1892, le pasteur Adolphe Maillet a été choisi pour se rendre à la Conférence internationale avec Camille Vernes, épouse du pasteur des Batignolles et sœur de Sarah Monod.

En 1894, l'Alliance universelle des Unions chrétiennes de jeunes filles ou YWCA[125], avait été formée par les Unions de Grande-Bretagne, des États-Unis, de Norvège et de Suède. L'œuvre s'étendit depuis la Grande-Bretagne jusqu'à Neuchâtel, Rome, Paris, etc. L'œuvre des Unions commença en Autriche en 1882, au Danemark en 1883, à Saint-Petersbourg en 1884, en Hollande en 1894, en Italie en 1896.

Son but : « L'Alliance internationale des Unions chrétiennes de jeunes filles cherche à unir les jeunes filles qui, regardant Jésus-Christ comme leur sauveur, selon les Écritures, sont unies à Lui, par l'amour de Dieu répandu dans leurs cœurs par le Saint-Esprit et qui désirent travailler ensemble à étendre son royaume parmi toutes les jeunes filles, par des moyens conformes à la parole de Dieu[126]. »

Toutes les responsables d'unions ne partagent pas l'idée d'entrer dans l'Alliance universelle. Le Comité national a dû pousser à la roue. La première consultation de 1897 montre que les Unions françaises sont peu favorables à cette appartenance, et le Comité national doit y renoncer. De nouveau, en 1899, il est demandé aux Unions locales si elles souhaitent y entrer. Sur les 152 Unions consultées, seules 61 se prononcent favorablement, 11 y sont hostiles, 12 n'ont pas d'opinion, 9 se rallieront à la majorité, 2 attendent pour se prononcer. 57 d'entre elles n'ont pas répondu. Les UCJF néanmoins entreront dans l'Alliance universelle en 1900. Le Comité national n'a plus qu'à convaincre les Unions du bien fondé de sa position. Rien ne dit qu'il y soit tout à fait parvenu et que des pasteurs n'aient pas préféré se « garder » leurs jeunes filles. Quoi qu'il en soit, en 1902, à la Conférence nationale, 400 déléguées se retrouvent représentant 103 Unions.

Guide unioniste *de 1934 (Unions chrétiennes de jeunes filles de France) retraçant l'histoire du mouvement.*

En 1914, à la Conférence universelle de Stockholm, il sera traité de « La vraie place de la femme dans le plan de Dieu à l'égard du monde ». Marie Bruneton traitera de « La Femme dans le commerce et l'industrie », Suzanne de Dietrich des « Devoirs civiques de la femme ». Les UCJF françaises ont alors une expression qui leur est propre et non plus dictée du dehors.

Une fois reconnues et regroupées au sein d'une Alliance, les Unions chrétiennes de jeunes filles se sont développées plus rapidement que les Unions chrétiennes de jeunes gens. Ce mode de regroupement convient particulièrement bien aux jeunes filles et leur institutionnalisation rencontre moins d'obstacles, en particulier le renouvellement des responsables n'est pas soumis à la dure loi des départs pour le service militaire et, au moins pour la période que nous étudions, moins soumis, surtout en milieu rural, aux départs occasionnés par les études supérieures. Ce type de sociabilité féminine qui s'organise à la fin du XIXe siècle est une nouveauté par rapports aux générations précédentes ; le fait qu'un même type de sociabilité soit proposé aux jeunes gens est certainement un facteur d'émulation.

Une fédération d'œuvres sociales féminines ?

L'histoire que les UCJF se racontent, en 1934, ne mentionne pas un fait que relève Frank Puaux en 1893 et qui a été publié dans *L'Espérance* : « Un traité d'alliance a été conclu avec l'Union internationale des Amies de la jeune fille (créée en 1884). Désormais chaque Union est priée de désigner deux de ses membres, qui feront partie de cette société et bénéficieront de tous les avantages qu'elle procure, tandis que les unionistes auront, par son moyen, un champ de travail plus étendu. » C'est la décision qui a été officialisée[127] à la Conférence de Montmeyran du 11 mai 1893, où R. Coste-Henriquet est présente.

Lorsqu'en 1895 les UCJF apparaissent dans l'*Agenda protestant,* c'est sous la rubrique « unions chrétiennes et réunions de jeunes filles ». Suit une liste de lieux de rencontre pour ouvrières ou employées, classée par arrondissements à Paris, où l'on retrouve des œuvres connues comme l'Œuvre des demoiselles de magasin (dans le 1er arr.) dont Julie Siegfried s'occupe depuis 1884, diverses salles de la Mission populaire évangélique[128] et le bureau de placement des Amies de la jeune fille. On y trouve aussi des réunions de jeunes filles organisées par des paroisses. En province, la liste proposée correspond, pour l'essentiel, à des Églises luthériennes ou évangéliques. Ce n'est qu'en 1896 qu'apparaît, après les listes d'unions chrétiennes de jeunes filles, la présentation de son Comité national. En 1900, le Comité national des UCJF est présenté en premier. Nous ne savons pas ce qui tient à la mauvaise volonté des rédacteurs de l'*Agenda* et/ou à la faiblesse de l'organisation des UCJF à leurs débuts. Nous en retiendrons aussi, qu'au moins à Paris où sont concentrés les sièges sociaux des œuvres protestantes françaises, le projet des fondatrices est de relier des œuvres déjà existantes, et non créées *ex nihilo*, par une inspiration commune. Cette observation va bien dans le sens de réseaux protestants féminins déjà constitués lorsqu'apparaît un projet d'organisation.

Les Amies de la jeune fille (1878)

C'est l'institution la plus proche des UCJF au moment de leur fondation. Les Amies de la jeune fille, sont une organisation internationale fondée en 1878 par Betsy Cellerier[129] répondant à l'appel de Joséphine Butler et par vingt-deux femmes appartenant à sept nationalités, dont Sarah Monod et Marie Humbert-Droz[130]. « L'impact du mouvement fondé par Joséphine Butler en 1875 à Genève contre la réglementation de la prostitution est tout à fait considérable. S'il n'obtient pas de résultats satisfaisants sur la législation française, il conduit à une prise de conscience nouvelle de l'inégalité des sexes, dans les milieux protestants notamment[131]. » L'Union internationale des Amies de la jeune fille « n'affichait au départ aucune appartenance confessionnelle, mais elle affirma ensuite son obédience protestante, ce qui entraîna la scission des membres juifs qui créèrent une union juive en 1885, puis celle des membres catholiques en 1896[132] ». Cette association, dont la présidente pour la France, en 1884, est R. Coste-Henriquet*, a pour objet de protéger les jeunes filles amenées à s'expatrier, dans le contexte de la lutte contre la prostitution. C'est Émilie Fisch qui présentera l'œuvre au premier Congrès des institutions chrétiennes féminines en 1889[133]. Cette œuvre servira de modèle aux catholiques. Vingt ans après, à Fribourg, des catholiques marquants des principaux pays d'Europe décideront la création d'une Œuvre catholique internationale de protection de la jeune fille, destinée à rivaliser de zèle avec l'association protestante des Amies de la jeune fille[134].

En 1893, l'Union française des Amies de la jeune fille annonce 1 000 membres, 50 unions, 21 « homes » ou chambres hospitalières, 22 bureaux de placement et une agence pour le placement des institutrices[135]. En 1905, le Comité national des Amies de la jeune fille est à Lyon. Il annonce 25 comités locaux et 1 400 membres. Le principe est celui-ci : les adhérentes « protègent » une ou plusieurs jeunes filles et les adressent à des institutions existantes. Si la protégée se déplace, elle est mise sous la protection d'un autre membre. Les ressources proviennent des membres ou des amis de l'œuvre. « Dans le but de multiplier les forces en les unissant, l'Union cherche sans cesse à se mettre en rapport avec les autres œuvres créées en faveur de la jeunesse. [...] Elle tend une main secourable à toute jeune fille quelle qu'elle soit, à qui ses services peuvent être utiles, et invite à travailler dans son sein toute femme ayant à cœur le bien moral de la jeunesse[136]. »

La proximité de la branche française de l'Union internationale des Amies de la jeune fille et des Unions chrétiennes de jeunes filles est telle que Lucy Peugeot est amenée, en 1899, à poser la question : « Ces deux œuvres doivent-elles se séparer, se confondre ou s'unir ? » Le même problème se posera encore en 1928, les Amies de la jeune fille se réunissent alors au château d'Argeronne.

La Société des fourmis (1889)

Depuis 1889, proche dans son fonctionnement des Unions chrétiennes de jeunes filles, existe la Société des fourmis. Nous retrouvons là l'idée de mobiliser des jeunes filles pour qu'elles s'occupent des pauvres. Les jeunes filles sont organisées en groupe de dix avec, à leur tête, une vice-présidente (d'au moins quinze ans). Une présidente dirige la section formée de plusieurs groupes d'une ville ou d'une région. Les jeunes filles confectionnent chez elles des vêtements qu'elles distribuent aux pauvres[137]. En 1891, au moment où il est envisagé de regrouper les Unions de jeunes filles, la société comptait en France 38 sections et 3 000 membres. En 1898, elles seront 7 905 et en 1900, 8 600 réunies dans 84 sections. Cette association de jeunes filles est donc en plein développement, elle subsistera jusqu'en 1927. Elle rassemble plus de jeunes filles mais dans un nombre plus restreint de groupes puisque, à ce moment-là, les Unions de jeunes filles réunissent un peu plus de 6 000 jeunes filles dans 247 Unions.

Les foyers de jeunes filles (1882)

Depuis 1882, fonctionnait un foyer de l'ouvrière « créé par de jeunes ouvrières protestantes, membres des Unions chrétiennes de jeunes filles de la Seine[138] », au 95 de la rue Réaumur. En 1906, il avait deux succursales. En 1893, s'est ouvert à Paris, 60 rue d'Aboukir, un foyer de l'ouvrière d'après une idée, selon Frank Puaux, de quelques jeunes filles des Unions chrétiennes animées par Suzanne Abric*[139]. Ce fut le point de départ de l'Hôtel des œuvres féminines du Parc Royal, sept ans après. La présidente du comité est l'unioniste Rosa Arbousset[140] Une souscription de Julie Siegfried assure le financement du foyer. En 1900, c'est l'inauguration du foyer de l'ouvrière du boulevard des Capucines, Lucile Morin, future présidente des UCJF, en est la présidente : « C'est le seul restaurant qui ait été créé par des ouvrières. »

Le Christianisme au XIXe siècle a consacré plus de trois colonnes à l'inauguration du cercle Amicitia en mai 1898. C'est l'Union parisienne des institutions féminines chrétiennes qui invite. L'idée de la fondation a été soumise et acceptée par Alice André qui en devient présidente. C'est un hôtel particulier remis à neuf par deux jeunes architectes des UCJG : MM. Brunnarius et Albert Hébrard[141]. Dans la société immobilière, on trouve Gustave Mirabaud, Henri Arthaud, F. Hottinguer, Monnier, Étienne Buscarlet, Louis Sautter. Dans le conseil, Sarah Monod est vice-présidente, Lucile Morin et Suzanne Thurneyssen, épouse du banquier Auguste Thurneyssen, sont secrétaires[142].

Un foyer de l'ouvrière est ouvert, grâce à une donation, à l'Union parisienne des institutions féminines chrétiennes. Sarah Monod y abrite l'œuvre en faveur des demoiselles de magasin fondée en 1883 par une Américaine, Miss Atterbury et présidée ensuite par Julie Siegfried. Les jeunes filles y sont admises sans distinction de culte. Entre 1886 et 1893, la directrice est Mlle Guinand[143]. En 1905, le cercle Amicitia est ouvert aux institutrices, étudiantes et employées de bureau et de magasin. On peut y loger, il y a aussi un restaurant pour dames, un bureau de placement et un ouvroir. En 1912, un cercle analogue sera créé sur la rive gauche de Paris, le cercle Concordia, 41 rue Tournefort. Pour son inauguration, Sarah Monod est présente. En 1908, sous le nom de foyer de l'ouvrière, on comptera cinq foyers[144]. En 1928, les Amies de la jeune fille disposaient de treize foyers, dont un à Paris, trois à Lyon. Les directrices étaient alors formées à l'École pratique de service social.

En 1905, quand Louise Rourin renoncera à la présidence des Unions chrétiennes, ce sera pour prendre la direction d'un foyer des Amies de la jeune fille. Il nous semble que la situation s'est alors manifestement retournée. Ce sont les

Unions chrétiennes qui accueillent les foyers des Amies de la jeune fille au sein de la commission des œuvres sociales qui n'est autre qu'un regroupement de 27 foyers dont 24 accueillent des pensionnaires. Au cours des années, la situation évoluera en faveur des Unions chrétiennes qui régnaient sur les foyers des Amies de la jeune fille au milieu des années vingt.

Aujourd'hui, ce sont essentiellement les foyers qui subsistent concrètement de cette période. Certains ont été complètement laïcisés comme Concordia, d'autres se sont perpétués, comme les foyers dépendant de l'Union de la rue de Naples à Paris, et se présentent, sur Internet, comme des relais des YWCA pour les jeunes filles étrangères de passage.

L'Espoir (1893)

Sauver les ouvriers du péché, de l'alcoolisme et de la débauche, c'est la motivation première que nous retrouvons chez les promoteurs de nombreuses œuvres, celle de la Croix-Bleue notamment, et de ses émules enfantines. Il existe alors plusieurs ligues de tempérance pour les enfants. Ainsi Maria Legrain[145], femme de Paul-Maurice Legrain[146], médecin aliéniste à l'hôpital de Ville-Evrard, a fait un rapport à la Conférence de Versailles de 1899 sur la prévention de l'alcoolisme. Elle est alors présidente de l'Union française des femmes pour la prévoyance contre l'alcool. Elle propose comme programme « la création de vastes sociétés d'enfants, en un mot des "bands of hope" français, avec réunion, jeux, etc. Il est bien entendu que ces sociétés seront mixtes, c'est-à-dire qu'elles réuniront garçons et filles ; cependant il serait utile de s'appesantir surtout sur les moyens d'englober le plus grand nombre de fillettes possible[147]... » Ces troupes de l'espoir fonctionnent depuis 1847 en Angleterre, où elles comptent alors plus 2 700 000 enfants[148]. « Ici et là les unionistes composent la base des ligues Legrain[149]. » À Calvisson, où Lucy Abauzit qui est présidente et qui s'est mise en relation dès 1893 avec Bénoni Poujol, les cadettes forment une partie de la section d'une société de tempérance pour enfants : L'Espoir. Le Comité national cherche visiblement à ouvrir les Unions à ce problème.

L'Espoir fondé en 1893, sur le modèle suisse (notamment par Julia Merle d'Aubigné), est une association de tempérance pour enfants apparue en France à l'initiative d'Étienne Matter. Elle a été créée dans un but de prévention de l'alcoolisme à l'initiative de médecins en direction des enfants de buveurs, car, pensent certains, les descendants d'alcooliques sont plus facilement « alcoolisables ». Bénoni Poujol est le représentant de l'association à Paris où il s'occupe d'une section de l'association, 60 rue Monge, dans une annexe de la paroisse de Pentemont. Il existe d'autres sections à Paris. En 1896, Legrain souhaitait que l'Espoir soit affilié à ses ligues. Il est vraisemblable que cela fut fait. Pour l'encadrement, il est fait appel souvent à des élèves missionnaires en formation au 102 boulevard Arago. C'est ce type d'animateur que Justine Dalencourt* a voulu recruter pour la section qu'elle a créée dans son œuvre.

Bénoni Poujol ainsi que son père étaient préoccupés par les questions de tempérance. Dès 1893 Marie Poujol notait dans son journal : « Monsieur Merle a dîné le soir avec nous. Bénoni et grand-père lui tiennent compagnie en s'abstenant de boire du vin. Ils désirent continuer. » En mars 1895, on voit apparaître dans le journal, qu'elle se rend à une réunion rue Monge sur la tempérance. « M. Mounier s'est adressé aux enfants par des appels pressants qui ont beaucoup touché notre petit homme [son fils Pierre]. » Elle se rend plus tard avec son mari à une réunion de la société de tempérance où la croisade contre l'alcoolisme est prêchée par la parole et par l'exemple. En novembre de cette même année, elle note : « Réunion de tempérance à la salle Rivoli. Bénoni et moi signons une promesse d'abstinence pour trois mois. Toute la famille va suivre les activités de cette société et plus particulièrement celles qui concernent les enfants. » Désormais, toutes les fins d'après-midi du dimanche, on se rend aux réunions de l'Espoir, rue Monge. Pour les enfants, sont organisés des jeux et des séances édifiantes destinées à les éloigner de l'alcool. Des promenades ont lieu dans les bois des environs de Paris, où l'on se rend en bateau par la Seine. On distribue des insignes. Marie fabrique des fanions. La tante fait les courses aux halles pour les goûters d'enfants. Il semble que cette organisation s'inspire des unions cadettes des Unions chrétiennes de jeunes gens. On voit se profiler un certain nombre d'éléments du scoutisme dans la pédagogie mise en œuvre auprès des « espériens ». Pierre Poujol, plus tard, en 1911, sera le fondateur d'une des premières troupes d'Éclaireurs unionistes à Port-Royal. Cette section enfantine sera assez tardivement affiliée à la Croix-Bleue. En effet les exigences de l'Espoir vis-à-vis des jeunes enfants sont telles que la Croix Bleue refusera longtemps de reconnaître cette organisation comme la leur. Quelle est l'efficacité de ce type de travail pour ce qui est de la tempérance ? Pour les adultes, Marie ne se fait guère d'illusion. En ce qui concerne les enfants le succès, au moins en ce qui concerne l'organisation des loisirs, est patent. Dans les dernières années du siècle entre 10 et 40 enfants participent aux activités. Marie et Bénoni semblent avoir particulièrement sympathisé avec le Dr Paul-Maurice Legrain. Le Dr Legrain n'était probablement pas protestant, mais son décès fait l'objet d'une notice nécrologique dans *Le Christianisme au XXe siècle*. Parmi les femmes protestantes qui s'intéresseront à l'œuvre de l'Espoir, on trouve, outre Lucy Abauzit, Justine Dalencourt, Marguerite Matter*, Julia Merle d'Aubigné* et Lucy Peugeot.

L'Étoile blanche (1899)

Un autre problème émerge, celui de la protection de la moralité. Les unionistes des UCJG trouveront là, avec les étudiants du Sillon, un terrain d'action commun. Les protestants comme les catholiques ont découvert la question sociale là où ils croyaient découvrir le péché et ce fut pour certains une grande révélation. Les premiers unionistes anglais avaient connu une expérience semblable, mais cinquante ans auparavant.

En 1900, un projet de résolution est proposé au vote : « Les sections cadettes de jeunes filles organisées par les Unions chrétiennes de jeunes filles de France, déclarent adhérer aux principes et aux programmes de la ligue de l'Étoile blanche. » L'Étoile blanche est une ligue contre l'immoralité publique et privée, fondée, en 1899, par deux pasteurs, Aquilas Quiévreux et Élie Gounelle, dont le but est de « relever la France en relevant la moralité ». Elle a pour fondement que « la source de tous nos maux, c'est le mal moral ». À l'Étoile blanche on demande à chacun des membres un engagement de moralité personnelle, ce que les autres ligues ne font pas. La formule de l'engagement des jeunes filles est celle-ci : « Je promets, avec l'aide de Dieu[150], de m'abstenir de tout plaisir malsain, notamment des conversations légères, des mauvaises lectures et des spectacles démoralisateurs, et je suis résolue en outre à lutter contres les manifestations de l'immoralité et à travailler dans la mesure de mes forces au développement moral de la jeunesse et de la famille. » L'Étoile blanche affirme « l'obligation pour tous les éducateurs de l'étude approfondie, scientifique, sociale, économique, etc., de problèmes de la vie sexuelle comme de tous les problèmes moraux[151] ». Il y a donc un souci de formation de l'encadrement. L'Étoile blanche se veut « solidariste ». La ligue de l'Étoile blanche, tient une grande place dans la revue du *Christianisme social* de la fin du siècle. C'est en quelque sorte l'œuvre de jeunesse de l'Association protestante pour l'étude pratique des questions sociales (APEQS). Son objectif est de créer des foyers collectifs d'éducation morale et des centres d'action. La ligue rappelle à tous le devoir de croire.

Les Unions chrétiennes de jeunes filles vont se familiariser avec cette association dont il sera question dès la première conférence du groupe de la Seine, en 1901. De plus, des Unions, en petit nombre nous semble-t-il, créeront en leur sein des sections féminines de l'Étoile blanche placées parfois aux côtés des unions cadettes, parfois confondues. C'est une certitude pour la Maison verte[152]. Cette dernière union recevra, en 1907, la conférence annuelle du groupe de la Seine, et Camille Savary parlera devant 300 unionistes et amies de l'Étoile blanche, qu'elle connaît bien puisque c'est elle qui a fait le rapport sur les sections féminines de l'Étoile blanche au dernier congrès annuel de cette association. Enfin, plusieurs responsables unionistes seront actives à l'Étoile blanche, en particulier Lydie Creissel et Hélène Nick. Au IVe Congrès national de cette association, en novembre 1913, Camille Savary fera un rapport sur les sections féminines de l'Étoile blanche, quant à Jeanne Sequestra, du *Journal de la jeune fille*, elle y fera un rapport sur l'éducation. La proximité avec l'APEQS, nous l'avons vu, est grande. Deux congrès se tiennent ensemble les 21 et 22 mai à La Rochelle : celui de l'Étoile blanche et celui des Solidarités. En 1910, la ligue compte 85 sections avec 2 000 adhérents (35 à 40 sections en 1904 avec 1 000 adhérents). Suzanne Carr est la secrétaire déléguée. Au moment où il sera question de développer le scoutisme à partir des unions cadettes, cette dernière tentera de joindre ce projet à celui de l'Étoile blanche, elle n'y réussira pas. Plus qu'une opposition aux idées « chrétiennes sociales » ou même au moralisme prôné, nous supposons un rejet d'une génération par une autre qui veut avoir les mains libres et ne plus être assujettie aux anciens. Une gérontocratie est à l'œuvre dans le protestantisme vers 1914. La génération des 70 ans (Benjamin Couve et Émile Doumergue) a une voix plus forte que celle la génération des 45-50 ans, comme Élie Gounelle ou Wilfred Monod.

Échec de la fédération mais début d'une tradition démocratique

Il nous semble que les UCJF ont tiré profit de cette proximité avec les institutions périphériques. En particulier celui d'avoir acquis très tôt un fonctionnement démocratique relativement bien institutionnalisé. Très régulièrement des conférences nationales, dûment préparées, se dérouleront désormais[153] avec votes à main levée ou à bulletin secret. Avant toute décision une enquête est lancée. Vu de l'Alliance mondiale c'est le manque de prestige et les faibles soutiens financiers qui expliqueraient ce recours à la démocratie. C'est peut-être à cette caractéristique que les UCJF françaises doivent leur forte tradition de démocratie. Le premier conseil régional fut choisi par les jeunes filles membres des groupes locaux en personne et, dès le début, les Associations locales se partagèrent l'administration en totalité. Qu'il s'agisse de la vie locale ou nationale, la place donnée aux jeunes filles qui firent les groupes locaux semble avoir été, dès le tout début, l'expression d'un principe fondamental reconnu. Ce principe s'exprimait aussi dans leur conviction que « la jeunesse doit être évangélisée par le jeunesse[154] ». Cette tradition de fonctionnement démocratique s'est perpétuée dans la dernière partie du siècle, notamment au Mouvement jeunes femmes (MJF).

En 1912, les UCJF entameront une nouvelle phase d'institutionnalisation, puisque Jeanne Liotard part pour New-York à l'école des secrétaires des YWCA, avant de prendre ses fonctions professionnelles de secrétaire des UCJF. Les UCJF sont désormais majeures et ne dépendent plus d'un patronage extérieur. Il leur a fallu un demi-siècle pour y parvenir et l'arrivée d'une nouvelle génération de femmes qui veulent prendre en mains leur destinée collective. En 1927, la présidente des UCJF, Jane Pannier, soulignera dans *Le Journal de la jeune fille* le changement de cap des Unions chrétiennes jusque-là « confinées dans l'action religieuse ». « C'est ainsi que de l'œuvre purement religieuse est née une œuvre sociale qui en découle naturellement. » Les UCJF ont constitué

Jane Pannier (1875-1944).

alors un vivier de responsables d'œuvres sociales. Les jeunes générations passées par les UCJF ont été tentées de partir vers des institutions qu'elles avaient participé à créer. Les unes iront vers la Fédé, les autres vers les Éclaireuses unionistes, et l'institution-mère va s'en trouver momentanément affaiblie, victime de son succès. Les UCJF, toutefois, n'ont pas dit leur dernier mot.

Les UCJF ont donc été grandement sollicitées. À l'exemple des sociétés masculines d'évangélisation ou d'instruction, des femmes de la haute société protestante avaient donc cherché à regrouper les œuvres sociales féminines dans un ensemble cohérent, et à trouver des renforts dans ces Unions créées dans l'ombre des Églises de différentes dénominations. Elles ne réussiront pas à regrouper les œuvres. Il n'y aura donc pas en France un ensemble, visible socialement, aussi large que celui réuni sous la bannière YWCA dans les pays anglo-saxons. Chaque institution étant pourtant reliée à l'instance internationale de la Young Women Christian Alliance (YWCA), les UCJF notamment. Malgré cet échec partiel, des femmes ont impulsé la constitution d'une organisation très adéquate pour que des jeunes filles et des femmes prennent conscience de leur rôle au sein de l'Église et dans sa périphérie, ce sera les Unions chrétiennes de jeunes filles. En 2002, les liens avec l'organisation mondiale passaient, en France, par la Fédération française des mouvements et services féminins (FFMSF) qui regroupe quatre associations : le groupe Orsay, le Mouvement jeune femmes, les foyers des UCJF, et la YWCA-Cardew-Club.

CHAPITRE 3

Un féminisme contrôlé

L'engagement protestant dans les œuvres (1880-1914)

L'influence anglo-saxonne[155]

L'apparition des unions de jeunes gens françaises, ne semble pas devoir grand-chose aux unions anglaises. Ce fait doit être souligné socialement et sociologiquement. Les unions de jeunes gens anglaises de 1844 ressemblent aux Unions chrétiennes françaises, telles qu'elles s'organiseront une cinquantaine d'années plus tard.

L'influence anglo-saxonne est prégnante dans l'institutionnalisation des Unions chrétiennes de jeunes filles. Les fondatrices de l'Alliance sont pour la plupart anglophones ou anglophiles. Ainsi l'Œuvre des demoiselles de magasin a été créée avec le concours de la mission Mac All, mais des femmes américaines s'y intéressent et incitent l'œuvre à prendre son autonomie dans un local qui lui soit propre. En 1883, grâce à des fonds américains, ce fut chose faite et la présidence offerte à la comtesse de Castries, la secrétaire étant Mme Carmichael. En 1893, Mlle Henriquet devint directrice de l'Œuvre évangélique des demoiselles de magasin (Julie Siegfried est présidente).

Depuis Tocqueville, il était de bon ton d'aller chercher l'inspiration (et des ressources) dans les pays anglo-saxons. Des échanges culturels fréquents s'étaient instaurés entre la France et l'Angleterre, grâce à la plus grande facilité des transports maritimes entre les deux pays. À la fin du XIXe siècle, la mode était aux gouvernantes anglaises en France et en Allemagne, tandis que les Anglais recherchaient des gouvernantes françaises et allemandes. La présence de jeunes filles anglaises placées incite les YWCA à fonder des unions anglaises en France et en Allemagne. Ce fait est important à souligner, car il va attirer l'attention des Françaises et inciter les YWCA à élargir au continent leur mouvement. « En 1886, la division continentale eut à assumer le désir de la branche allemande à Londres (laquelle était grandement soutenue et dirigée par les femmes allemandes résidant en Angleterre) de former une organisation séparée avec sa propre présidente, au lieu de rester une branche du mouvement britannique. » Un problème semblable surgit à Paris à propos des liens entre l'œuvre commencée à Paris primitivement par des membres des unions chrétiennes féminines britanniques et américaines. « À une réunion du Comité continental à l'automne 1890, il fut rapporté qu'il y avait en France une opinion générale selon laquelle l'œuvre parmi les jeunes filles anglaises devait être déconnectée de celle parmi les Françaises ou étrangères et que chacune devait avoir une présidente différente[156]. »

Le 14 juin 1895, paraît dans *Le Christianisme au* XIX*e siècle* un article intitulé « Les femmes d'Angleterre lancent un appel à leurs sœurs de France ». Beaucoup de responsables d'institutions anglaises, dont Joséphine Butler, signent l'appel. Les YWCA en sont toutefois absentes. En 1897, Benjamin Couve consacre son éditorial dans *Le Christianisme au* XIX*e siècle* au livre d'Édmond Demolins *À quoi tient la supériorité des Anglo-Saxons ?* qui vient de paraître (Didot). Et Benjamin Couve de remarquer, ce qui semble avoir échappé à l'auteur de l'ouvrage, que cette supériorité tient à l'éducation protestante[157]. Quelques jours après, ce même journal présentera *L'Éducation populaire des adultes en Angleterre,* préfacée par Ferdinand Buisson, un autre protestant.

Les Américaines protestantes ont aussi fait pression sur les femmes protestantes françaises, nous l'avons vu, pour qu'elles fédèrent leurs associations féminines à l'instigation du Conseil international des femmes (CIF), ce qui amena la naissance du Conseil national des femmes françaises (CNFF) en 1903. Plus tard, en 1919, ce sont les Américaines qui incitèrent les femmes diplômées des universités à s'associer ; les premières touchées le furent par le réseau protestant[158].

La guerre de 1914 donne l'occasion aux Américaines d'apporter leurs concours aux UCJF françaises. Mme G. Avril de Sainte-Croix* a servi de lien entre les secrétaires des unions américaines et les unions françaises pour obtenir des crédits durant la guerre, notamment à Bordeaux pour la création d'un foyer et d'une pouponnière[159], ainsi que pour la maison de santé protestante d'Anna Hamilton.

La fille d'un richissime banquier américain, Anne Morgan*, est présente en France lors de la déclaration de guerre, en août 1914 ; elle rentre aux États-Unis et décide de créer un organisme de secours aux blessés militaires, the French Wounded Emergency Fund. En 1917, après l'entrée en guerre des États-Unis, elle constitue avec Miss Anne Murray-Dick*, le Comité américain pour les régions dévastées de France (CARD), où seules des femmes sont employées. De 1917 à 1924, ce comité travaille pour reconstruire la région particulièrement touchée de l'Aisne. Il porte une grande attention aux activités d'éducation populaire : écoles ménagères, jardins d'enfants, ouvroirs, foyers ou clubs pour la jeunesse, bibliothèques. Le comité favorise l'organisation de fêtes, celles de Noël, celle de la Victoire (1919), ainsi que le scoutisme. Entre avril 1917 et mars 1924, le Comité américain pour les régions dévastées a donné aux œuvres françaises plus de 38 millions de dollars.

Anne Morgan et Anne Murray-Dick ont également joué un rôle important dans le développement du scoutisme, notamment en faisant don aux EU et aux EDF du domaine de Cappy. Elles ont joué aussi un grand rôle dans la mise en place de la formation des infirmières.

Côté anglais, « en 1917, quand les jeunes filles du Corps auxiliaire féminin de l'armée britannique (les WAACS) furent envoyées à l'étranger pour remplacer les hommes dans de nombreux services, les Unions chrétiennes de jeunes filles les suivirent en France, et ouvrirent quarante-trois clubs et centres de loisirs à leur usage. Beaucoup de ce travail d'urgence s'arrêta à la fin de la guerre, mais il en resta un élargissement de l'ouverture de l'association, avec un sens accru de la responsabilité née des contacts établis durant la guerre. Comme l'association britannique, les YWCA américaines furent amenées à installer des foyers et des centres de loisirs pour les centaines de jeunes femmes qui s'étaient engagées dans l'armée comme infirmières, agents de renseignements, standardistes, etc. En 1917 et 1918, elles ouvrirent quatre-vingts centres. Entre l'arrivée de cette première "unité" et le retrait des derniers travailleurs américains en 1921, plus de trente clubs et centres de loisirs connus comme "foyers des Alliés", ont été établis dans plus de vingt villes. Ce travail, essentiellement destiné aux femmes françaises des usines d'armement, fut réalisé en collaboration avec le ministère français de la Guerre. En plus, cinq camps d'été, un séminaire d'été, des cours de protection civile pour les responsables et d'autres chantiers ont été menés à bien[160]. »

Au sortir de la guerre, les YWCA américaines vont prendre, en quelque sorte, le relais des philanthropes protestants. Elles réuniront les « femmes de France les plus qualifiées pour s'occuper du sort des autres femmes ». Cinq sections seront alors formées : UCJF, Fédé étudiante, Amies de la jeune fille, Conseil national des femmes françaises, foyers des Alliés et foyers-cantines. Il semble bien qu'il y ait là l'ensemble français correspondant aux YWCA. La contribution américaine se fera encore sentir lors des débuts du Mouvement jeunes femmes. « Sans aucun doute la Young Women Christian Alliance (YWCA) américaine, très politisée et anticommuniste, a favorisé l'émergence d'organisations féminines protestantes en Europe. Elle a contribué notamment à la rémunération de Jeanne Lebrun[161]. »

Les concours financiers

Les protestants fortunés résident à Paris, c'est ce que rappelait Édouard Borel faisant la recension, en 1864, des sociétés protestantes françaises : « À ceux des protestants riches de la capitale, et ils sont nombreux, qui se plaignent qu'on les "rançonne" pour tant d'œuvres diverses, nous répondons que les collecteurs sont envoyés là où les fortunes affluent, or l'argent gagné en province vient bien souvent se dépenser à Paris[162]. » En moyenne, il se fait pour les œuvres, au moins treize ventes par année à Paris, rapportant autour de 200 000 francs.

Pour les UCJF, obtenir l'aide des financeurs protestants exigeait une reconnaissance qui mettra quelques années à venir. Les UCJG sont sur ce point plus en avance. En avril 1891, une vente est organisée par Mmes Julie Siegfried, Camille Vernes, Émilie Fisch, Natalie Johnston, Louise Decoppet et Justine Dalencourt pour le patronage d'une œuvre d'ouvrières protestantes. Lucile Morin recueille les fonds. 5 000 francs sont obtenus pour l'installation d'un restaurant pour ouvrières et employées[163]. En juin 1892, le groupe de la Seine des UCJF n'a rassemblé, depuis la vente d'avril 1891 que 7 500 francs, il en faudrait 10 000 pour la création du restaurant des ouvrières[164]. Vingt-quatre petits groupes d'unionistes agissent isolément. Cette somme de 7 500 francs est assez dérisoire lorsqu'on la compare à la somme récoltée au même moment pour la construction, par leurs homologues masculins, de l'immeuble de la rue de Trévise : 245 000 francs. Cette somme a été réunie par les souscripteurs français, les Américains souscrivant pour plus du double. Il manque encore 155 000 francs qui seront finalement trouvés. Le Foyer de l'ouvrière qu'envisagent d'ouvrir les UCJF de la Seine n'est qu'une œuvre de plus, parmi tant d'autres. Il ouvrira en 1893 rue d'Aboukir. Les UCJF y conserveront une antenne[165]. On comprend mieux que Mme Camille Vernes ait poussé à la roue pour que les UCJF se constituent en alliance et soient ainsi plus « visibles » aux yeux du protestantisme. Le budget de fonctionnement du Comité national, en 1900, fait apparaître que les UCJF vivent essentiellement à partir des cotisations, un tiers seulement de leurs ressources provient de dons. L'Union féminine de la rue de Naples, qui sera inaugurée en 1912 et reconnue d'utilité publique en 1920, va bientôt pouvoir rivaliser avec l'Union masculine de la rue de Trévise. La même année le cercle Concordia sera ouvert grâce à la générosité d'un donateur américain anonyme.

Les financements américains vont permettre d'ouvrir quatre foyers pour les étudiantes et un foyer pour les UCJF rue de la Vrillère[166]. Ils permettent aussi l'ouverture de la maison des Amies de la jeune fille à Marseille. Les YWCA, avec le groupe UCJF de la Seine, vont faire l'acquisition de l'immeuble de la rue Daunou avec restaurant et logements. Il avait fallu attendre 1920 pour que les UCJF disposent d'un siège social parisien. Cette aide américaine à des œuvres confessionnelles fera l'objet de sarcasmes de la part du journal *La Voix des femmes*[167].

Parmi les donateurs fidèles aux Unions, il y a eu Mme Marracci, l'une des paroissiennes d'Aquilas Quiévreux, qui avait des liens familiaux avec les milieux bancaires de Genève. Elle a aidé aussi bien les UCJF, à qui elle fournit des harmoniums et rembourse les frais de congrès, que l'Union de Paris dont elle est un des plus importants donateurs à la fin des années quatre-vingts, que l'école normale de Glay. L'UC de la rue de Naples pourra compter entre autres sur Alfred Dollfus[168] qui encouragera l'organisation des éclaireuses de cette Union.

Quand Frank Puaux avait présenté, en 1893, les œuvres protestantes à l'occasion de l'Exposition universelle de Chicago, il avait consacré neuf pages à l'Union de Paris et une demi-page aux UCJF nouvellement organisées. La haute société protestante est très fière de cet établissement prestigieux[169] réservé aux jeunes gens. L'Union de Paris rue Montmartre, puis rue de Trévise, a tenu une grande place dans *Le Christianisme au* XX*e* *siècle*. Ses moindres faits et gestes ont été relatés, ce qui se comprend mieux quand on constate que le directeur de l'hebdomadaire des Églises évangéliques Benjamin Couve est aussi membre du conseil de l'Union de Paris. Les lecteurs n'ignoreront rien de son inauguration. Il en sera de même pour son homologue des Unions féminines. L'inauguration du bâtiment de la rue de Naples, ouvert le 10 mars 1912, occupera plusieurs colonnes dans le *Christianisme au* XX*e* *siècle*. Le discours d'inauguration est prononcé par Charles Cambefort. Marie Bruneton présidente du Groupe de la Seine est présente. Notons que la secrétaire générale de l'Union de la rue de Naples sera en 1912, Gabrielle Guillon, l'épouse de Charles Guillon alors secrétaire général de l'Union de la rue de Trévise.

La comtesse de Pourtalès*, qu'Élisabeth Fuchs a rencontrée dès 1910, devient présidente et regroupe autour d'elle des membres de sa famille et des amis. La famille d'Élisabeth Fuchs est représentée en la personne de sa sœur Gabrielle Lerch, qui est devenue vice-présidente, et de son beau-frère, Paul Lerch, qui est devenu trésorier avec M. Meyer-Borel. De grandes familles protestantes du Saint-Esprit apporteront un concours important et fidèle à l'Union de la rue de Naples. Contrairement à l'Union de la rue de Trévise, qui a fait l'objet d'une construction spécifique, l'immeuble de la rue de Naples a été donné.

Après la guerre, l'Union de la rue de Naples continuera de s'étendre et son budget aussi. L'exercice passe de 682 023 francs, en 1918, à 2 171 458 francs, en 1919[170]. Il est vrai qu'elle gère plusieurs annexes et deux maisons de vacances. On peut ainsi parler des Unions de la rue de Naples, de la rue Boulard ou de Bordeaux, et des maisons de vacances de Charlay (depuis 1919) ou de l'Oiseau bleu (depuis 1918). L'UC de la rue de Naples est parfois appelée l'UC de Paris, ce qui vaut, en 1920, un rectificatif dans *Le Christianisme au* XX*e* *siècle*. On peut y lire le 22 avril que c'est à tort qu'il a été fait mention dans le numéro du 15 avril de l'assemblée annuelle de l'« UCJF de Paris », il fallait lire « Union de la rue de Naples ». L'Union de la rue de Naples restera dans le groupe de la Seine, contrairement à l'Union de la rue de Trévise, de Paris, considérée comme un groupe à part du groupe de la Seine pour les Unions chrétiennes de jeunes gens. Mais il est évident que l'Union de la rue de Naples a tenu une place à part par rapport aux autres Unions parisiennes, une place que l'on peut, en partie, comparer à celle tenue par l'Union de la rue de Trévise. Par rapport à l'adoption du scoutisme, contrairement à l'Union de Paris qui arrivera à entraîner l'ensemble des Unions de jeunes gens vers un scoutisme unioniste, l'Union de la rue de Naples n'aura pas, contrairement à ce qu'elle souhaitait, la force d'entraînement nécessaire et fera cavalier seul avec ses éclaireuses « neutres ».

Dans l'ombre du Christianisme social

L'Association protestante pour l'étude pratique des questions sociales (APEQS) est une référence pour les femmes protestantes engagées au tournant du siècle. Adolphe Maillet appartenait depuis plus de cinq ans à l'APEQS, lorsqu'il a rassemblé les UCJF. L'APEQS était, à l'origine, majoritairement composée de pasteurs. En 1891, il y avait 302 pasteurs, 163 laïques et 35 dames. En 1904, il y a 437 pasteurs adhérents et 288 laïques et 70 dames[171]. Deux femmes ont été membres assesseurs : Anna Hamilton, médecin et directrice de la maison de santé protestante de Bordeaux et Julie Siegfried qui avait en charge l'Œuvre des demoiselles de magasin depuis 1884. Bien des adhérentes étaient filles ou femmes de pasteur adhérents de l'APEQS, telle Lydie Creissel qui a adhéré en 1896. Les propos à la fois sociaux et moralistes du Christianisme social reçoivent un accueil favorable auprès des femmes qui s'initient ainsi à la réflexion politique. Comme le souligne Florence Rochefort[172], Tommy Fallot a joué un rôle essentiel dans l'intégration de la dimension d'égalité des sexes au sein du Christianisme social. Constatant l'injustice sociale, il en était venu à s'insurger contre l'inégalité des sexes. Il avait lui-même adhéré à la Ligue française pour le droit des femmes, fondée en 1882 par Léon Richer. Malheureusement Tommy Fallot est tombé malade et il a abandonné, vers 1891, toutes ses responsabilités sociales. Sa voix ne s'est bientôt plus fait entendre et le mouvement du Christianisme social semble avoir régressé sur le plan de la réflexion sur l'émancipation des femmes.

En 1896, dans la revue du *Christianisme social*, un appel est lancé à la jeunesse chrétienne, sous la plume de Gédéon Chastand et d'Élie Gounelle. C'est avant tout aux « unions » de jeunes gens et de jeunes filles que les pasteurs s'adressent. Ils proposent à chaque Union de nommer un correspondant à la *Revue*. Nous ne savons pas quel a été l'effet de cet appel. En 1899, le pasteur Louis Comte, un des fondateurs de l'APEQS traite du rôle social de la jeune fille devant le comité du groupe de la Seine des UCJF.

En 1898, Élie Gounelle publie dans sa revue un article concernant les Unions chrétiennes de jeunes filles, dont il retrace l'histoire à sa façon. Les Unions, selon lui, doivent être avant tout des foyers de piété, mais, tournées vers l'action, elles doivent persévérer dans l'œuvre solidariste et chrétienne. Le moralisme de Gounelle qui est celui de son Association pour la moralité publique et privée ou celui de l'Étoile blanche, s'exprime en ces termes : « Que l'union soit l'asile protecteur où pourront se réfugier les jeunes filles qui fuient Sodome. » Mais le moralisme prôné est valable pour les deux sexes, c'est ce qui en fait peut-être l'originalité. L'association la ligue de l'Étoile blanche, tient une grande place dans les numéros de la revue du *Christianisme social* de la fin du siècle. C'est l'œuvre de jeunesse du Christianisme social.

Dans cette publication, Dorina Monod, l'épouse de Wilfred Monod, participe à éveiller les jeunes filles à la question sociale. En 1899, elle publie dans *Le Journal de la jeune fille* un conte moral intitulé « Bourgeoise et plébéienne » où une jeune fille désinvolte a participé à la vente des Amies de la jeune fille sans bien savoir à quoi sert cette institution, jusqu'au moment où elle a l'idée de parler à sa jeune bonne puis d'aller visiter une jeune ouvrière malade qui logeait dans une chambre de bonne au sixième étage. Dans le numéro suivant Dorina Monod traitera du problème du rapprochement des jeunes filles de la bourgeoisie et des jeunes filles de la classe ouvrière[173].

Hélène Nick des UCJF, traite notamment dans la revue, du « Rôle social de la jeune fille ou la jeune fille et la question sociale ». En 1903, Mme Henri Nick écrira un article sur l'œuvre de Fives dans laquelle elle est active en collaboration avec son mari. En 1907, Madeleine Reboul-Monod traite du rôle social des Unions chrétiennes de jeunes filles, elle affirme : « Chaque jeune fille sauvée des maladies engendrées par les taudis sans air et les privations de toutes sortes est une force vive acquise à la collectivité parce qu'elle sera une cellule saine et active du corps social, au lieu d'être un poids mort et un danger continuel de contamination. » Nous sommes bien là dans la problématique ouverte par l'Association protestante pour l'étude pratique des questions sociales.

En 1920, Violette Mouchon* présentera « Le mouvement des Éclaireuses » dans la revue du *Christianisme social*. Dans cette même revue on pourra lire des articles de femmes unionistes, comme Suzanne de Dietrich[174], la tradition sera poursuivie par Lucie Chevalley[175] et Antoinette Butte[176]. Les femmes du Mouvement jeunes femmes, prendront la relève à la fin des années cinquante.

En 1920, la commission exécutive des Unions chrétiennes de jeunes filles de France a marqué sa volonté d'entrer toujours plus résolument dans la voie du christianisme social. C'est du moins la conclusion que croit pouvoir tirer Suzanne de Dietrich de l'adoption des vœux de la section industrielle de la Commission internationale des UCJF[177]. La France a en effet envoyé six déléguées à Champéry, en Suisse, à une réunion du comité de l'Alliance universelle qui a adopté ces vœux quelques mois auparavant. Plusieurs de ces vœux concernent le travail des femmes, les congés de maternité, l'interdiction du travail de nuit pour les femmes et les enfants, l'hygiène au travail… Le féminisme des UCJF commence à prendre une autre dimension.

En 1920, le pasteur Emmanuel Chastand, directeur de la fraternité de Nantes, écrit un article intitulé « Le ministère féminin chrétien social ». Il souhaite que « ces ouvrières ajoutent aux connaissances de leur spécialisation, ces connaissances d'hygiène et d'assistances sociales qui décupleront leur influence et leur bienfaisance[178] ». Il encourage de ce fait la mise en place des nouvelles formations d'infirmières et d'assistantes sociales dans les milieux protestants. On peut supposer que cette professionnalisation, qui se présentait pour certaines comme un substitut au ministère pastoral, allait écarter un peu plus les femmes du Christianisme social. En 1921, la revue consacre un numéro dédié à la jeunesse française sur « La rénovation des mœurs ». Le Christianisme social s'engage fermement pour la répression de l'avortement, tandis que Marguerite de Witt-Schlumberger réclame avec force la suppression de la réglementation de la prostitution par l'État.

Un féminisme qui reste sous tutelle

En 1894, dans *Le Journal de la jeune fille*, Marie Merle écrit sur « Nos droits et nos devoirs » : « dans ce qu'on décore pompeusement du nom des droits de la femme, il y a aussi des rêves utopistes et des aspirations à une indépendance malsaine vers lesquelles il faut se garder de laisser errer notre imagination ». Là où des ferments du féminisme pourraient se manifester, le moralisme intervient aussitôt pour les neutraliser. Quand se crée l'Alliance des Unions chrétiennes, le rôle social de la femme commence à être admis, c'est la première marche d'une avancée dont on ne veut pas trop imaginer l'aboutissement.

En 1897, tout un numéro de la revue du *Christianisme social*[179] est consacré aux jeunes filles. Aucune unanimité sur le rôle de la femme, chacun y va de ses présupposés, ce qui est un signe que le sujet est nouveau et peu traité dans les milieux protestants. On retrouve dans ce numéro, les signatures des rédactrices du *Journal de la jeune fille* : Fanny André qui signe trois articles : « Un bas bleu moderne », « Les distractions permises », « Comment il faut s'habiller ». Jeanne Sequestra, quant à elle, signe « Au pays des rêves », Mme William Monod « Les lectures de jeunes filles » et « Les études hors de la maison ». Quant à Mme Wilfred Monod, elle signe un article intitulé « La jeune fille chrétienne ». Le ton est toujours aussi mondain et pour tout dire assez conventionnel. Sous la signature d'Insième (Élise Fallot), aussi aux UCJF, on lit un article intitulé « Si gracieusement égoïste », sur ces jeunes filles qui ne pensent qu'à leur charme et non à se consacrer aux autres. « Le protestantisme, écrit Florence Rochefort, en défendant une haute idée de l'intériorité et du développement individuel de chacun, relativise nettement les obligations féminines du paraître et s'en fait même le critique acerbe, sans aller toutefois jusqu'à s'éloigner du code de la bienséance féminine et masculine[180]. »

On trouve un peu plus d'audace dans les articles signés par des hommes comme Charles Gide sur « Les victimes du célibat » ou Wilfred Monod sur « Les victimes du mariage », la palme du refus de l'émancipation féminine revenant à L. Randon[181] écrivant sur « Les victimes de l'instruction » que sont les jeunes filles qui s'engagent beaucoup trop dans une formation d'institutrice ou qui risquent de perdre leur âme et surtout le goût de rester au foyer en allant au lycée. L'auteur va jusqu'à dire : « Ainsi, l'instruction qui tue le corps et l'âme de la femme (et ceux de l'homme également) tend à devenir le pire fléau des temps modernes. » Et Gédéon Chastand d'insister sur la triste condition des institutrices qui a justifié, en partie, l'existence de l'union internationale des Amies de la jeune fille (dont il est question dans ce numéro). Moins pessimiste que ces messieurs qui incitent les Unions chrétiennes de jeunes filles à s'éloigner de Sodome, une unioniste, Hélène Nick, présente plus positivement le choix professionnel de la femme, tout en le supposant totalement incompatible avec une vie d'épouse et de mère. En 1899, elle écrit : « À mesure que les professions libérales, le commerce, l'industrie, s'ouvriront à elles, le nombre des femmes célibataires volontairement augmentera et avec lui la somme énorme de services qu'elles sont appelées à rendre à la société[182]. » *Le Journal de la jeune fille* évoquera à plusieurs reprises dans ce début du siècle le célibat comme un choix et non comme une contrainte. Peu savent encore que les responsables les plus actives des UCJF vont se recruter parmi les institutrices célibataires. En effet, « la non-mixité de l'école et son caractère interconfessionnel conduisent des jeunes protestantes – des filles de pasteur en particulier – à devenir institutrices[183] », écrit Jean-Paul Willaime.

À la recherche de nouveaux modèles de référence

Un numéro de la revue du *Christianisme social* situe bien le niveau du féminisme officiel des protestants à la fin du XIXe siècle. L'introduction de Jules-Émile Roberty, donne le ton. « [Le féminisme] c'est l'ensemble des efforts tentés en France et plus spécialement depuis dix ans [...] pour protéger la femme et la jeune fille contre les effets de lois injustes ou d'immorales coutumes et pour leur communiquer un sentiment plus fort de leur dignité et de leur responsabilité personnelle. » D'après cet auteur, les grands initiateurs ou initiatrices du féminisme ont été : Stuart Mill[184], Ruskin[185], Élisabeth Blackwell[186], Florence Nightingale*, Joséphine Butler, Louis et Philippe Bridel, Frédéric Passy, Charles Secrétan[187], Maria Deraismes*, Jeanne Schmahl, Émilie de Morsier*, Sarah Monod et Clotilde Dissard[188]. Deux femmes citées avaient fait des études de médecine, dont la première diplômée américaine Élisabeth Blackwell. On aurait pu tout aussi bien citer Blanche Edwards-Pilliet, la première externe en médecine française, en 1885. La première interne en médecine, sera en 1901, Mlle Fianalton, petite-fille du pasteur Rouville.

En France, c'est en 1869 que s'étaient mises en place les structures du mouvement féminin[189]. Des femmes protestantes avaient joué un rôle dans cette organisation, mais les protestantes Eugénie Niboyet*, Jenny d'Héricourt[190] et Élisa Lemonnier[191] n'ont pas fait partie des modèles de référence féminins protestants de la fin du XIXe siècle. Pas plus d'ailleurs que les femmes philanthropes de Paris ou de Mulhouse.

Sont ainsi absentes de la liste : Élisabeth Fry et Eugénie Niboyet qui sont à l'origine de l'action auprès des détenues de Saint-Lazare[192]. Au Christianisme social on ne tient pas à rappeler qu'en 1848, « Eugénie Niboyet devint la directrice du premier quotidien féminin et féministe, *La Voix des femmes*. Le n° 1 (20 mars 1848) se proclamait "Journal socialiste et politique, organe des intérêts de toutes". La profession de foi d'Eugénie Niboyet reprenait une thèse saint-simonienne : l'homme et la femme forment "l'individu social". L'égalité de droit, en particulier le droit de vote, était revendiquée pour celles qui forment "la moitié numérique de l'humanité". Bien qu'Eugénie Niboyet contestât l'utilité des manifestations de femmes (26 mars), tout en étant d'accord sur le principe, les numéros suivants reproduisaient les adresses remises par les femmes au gouvernement provisoire, notamment celle du 16 mars qui revendiquait des droits politiques et sociaux égaux à ceux des hommes[193] ».

Absentes aussi Jeanne Deroin et Julie Daubié[194], les deux « figures de femmes » présentées au premier congrès international des œuvres féminines en 1889[195]. Les grandes philanthropes du début du siècle sont absentes et le resteront longtemps, au premier chef Émilie Mallet, initiatrice des salles d'asiles et de nombreuses autres œuvres, dont celle des Diaconesses suite logique de l'attention portée aux détenues et aux libérées. Absente aussi Pauline Kergomard*, femme de caractère, elle a été la créatrice des écoles maternelles, elle-même issue d'une lignée de pédagogues. Elle est pourtant encore vivante et représente par sa vie même un modèle de féminisme.

Plusieurs absences seront corrigées dans *Le Journal de la jeune fille*. Henri Nick fera la biographie d'Élisabeth Fry quelques mois après. Le rédacteur qualifiera Élisabeth Fry de « vraie chrétienne sociale ». Désormais la figure d'Élisabeth Fry sera omniprésente dans *Le Journal de la jeune fille* où l'on vantait encore ses mérites en 1950. Nick fera aussi la biographie de Jacqueline Pascal en 1895. D'autres rédacteurs présenteront des Américaines : Frances Willard (1839-1897), pédagogue réformatrice et militante, qui a lutté contre le vice et Harriet Beecher-Stove l'auteur(e) de la *Case de l'oncle Tom* « livre écrit sous la dictée de Dieu » en 1852, et que l'unioniste et pasteur Léon Pilatte a traduit quarante ans après.

Quoi qu'il en soit, cet ensemble d'articles semble avoir été « offert » par Élie Gounelle aux UCJF, qui s'en serviront pour leur propagande interne encore trois ans plus tard. Commentant la parution de ce numéro, on peut lire dans *Le Journal de la jeune fille* : « Il y a tant de bijoux dans ces trois cents pages[196]. » Que les unionistes de l'époque aient si bien accueilli ce numéro, fait apparaître la tutelle exercée alors par le Christianisme social où règne en maître non plus Tommy Fallot mais Élie Gounelle, plus enclin à insister sur la différenciation des rôles masculins et féminins qu'à prôner l'égalité entre les hommes et les femmes.

Dans *Le Journal de la jeune fille*, les modèles anciens, comme ceux d'Idelette Calvin, d'Élisabeth Fry ou de Catherine Booth, ne disparaîtront pas avant les années soixante. Jusque-là, ces modèles de femmes cohabitaient avec les nouveaux modèles proposés à partir de 1939 : Pearl Buck, Marie Curie[197] et Hélène Boucher, en attendant, en 1946, Julie Favre*, qui fut la première directrice de l'École normale de jeunes filles de Sèvres, Yvonne Kocher, surintendante protestante, morte à Ravensbrück, et Jane Sivadon*, elle aussi surintendante mais qui revint vivante du même camp. On remarquera que les premières femmes modèles proposées sont des femmes confrontées à la souffrance ou allant au-devant la souffrance : les détenues, les prostituées, les alcooliques, les malades, les pauvres... Il faut attendre les années quarante pour que le modèle proposé présente quelques manifestations de réussite à défaut de la réalisation d'un quelconque plaisir de vivre. Et c'est en 1959 que le thème du bonheur sera abordé à l'occasion d'un congrès de Mouvement jeunes femmes.

Les conférences de Versailles et l'égalité des droits

À l'époque où paraissait un numéro de 1897 de la revue du *Christianisme social,* d'autres femmes proches des UCJF s'exprimaient dans le journal *La Femme*. Le discours est tout à fait différent et le féminisme qui s'exprime est un féminisme de revendications, tel qu'il apparait aux Conférences de Versailles animées par Sarah Monod, tous les ans depuis 1889.

À un mois d'intervalle, en 1889, se tiennent deux congrès féminins : le Congrès français et international du droit des femmes, présidé par Maria Deraismes, qui se prononce pour le droit politique des femmes ; le Congrès des œuvres et institutions chrétiennes féminines, où règnent en maître les protestantes, ignorera ce sujet. « Le Congrès des œuvres et institutions chrétiennes féminines s'inscrit dans une double perspective philanthropique et féministe, à l'image du parcours de son instigatrice, Émilie de Morsier, pour qui la philanthropie serait l'instrument privilégié de l'union des femmes. [...] Plus une rencontre et une prise de contact entre les femmes qui mènent une action similaire, que l'élaboration d'une plate-forme commune, ce congrès satisfait toutefois à la tradition en émettant quelques vœux, dont la plupart relèvent de l'action caritative. Mais, malgré sa modération, il permet au milieu philanthropique de prendre conscience de la nécessité d'une action collective et revendicative[198]. » Le premier Congrès international des œuvres et institutions chrétiennes féminines de 1889 rassemble la plupart des femmes responsables des œuvres sociales qui ont entouré les Unions chrétiennes de jeunes filles au moment où il sera question de les réunir. Marie d'Abbadie d'Arrast, Justine Dalencourt, Blanche Edwards-Pilliet, Julie Siegfried, Camille Vernes, Émilie Fisch, Natalie Johnston, Louise Decoppet, Simée Lorriaux, Esther Robin*, Gabrielle Mallet*, Émilie de Morsier et Élise de Pressensé ont répondu à l'appel lancé par Sarah Monod. À ce congrès se rendent de nombreux pasteurs, la plupart des femmes représentant les institutions périphériques et des femmes actives dans diverses institutions.

Ce nouveau féminisme qui apparaît, et que l'on peut qualifier de modéré par rapport à celui d'une Hubertine Auclert[199] ou d'une Madeleine Pelletier[200], va avoir une force d'entraînement qui se fera sentir sur le long terme. Lorsque les Unions chrétiennes de jeunes filles commencent à s'organiser, c'est justement sur l'injonction de ces nouvelles féministes. Ce ne sera pas chose facile d'éveiller à la question féministe l'ensemble du protestantisme, à commencer par ses pasteurs.

Sarah Monod, la « papesse du protestantisme »

Sarah Monod a-t-elle fait partie des UCJF ? C'est ce qui n'est pas très assuré[201], par contre, il semble que son ombre plane au-dessus de bien des initiatives unionistes. Les descendants d'Adolphe Monod sont nombreux à participer de près ou de loin aux UCJF. La propre sœur de Sarah, Mme Camille Vernes n'est-elle pas à l'origine de la constitution de l'Alliance en 1892 ? Dans la table des matières du *Journal de la jeune fille* pour l'année 1900, on retrouve la signature de sept membres (parents ou alliés) de la famille Monod[202]. Lucile Morin, la nièce de Camille et Sarah, deviendra présidente, en 1905, à la suite de Louise Rourin, du Comité national des UCJF. Entre Sarah Monod et sa nièce, les relations étaient assez proches et la tante conseillait volontiers sa nièce[203].

On a pu la surnommer « la papesse du protestantisme », tant elle incarnait l'austérité morale et philanthrope de certains protestants. Sarah Monod est directrice laïque des diaconesses depuis 1867, et il semble bien que cette institution ait cherché à recruter au sein des Unions. Sarah Monod est aussi à l'origine des Amies de la jeune fille créées en 1877, institution avec laquelle les UCJF ont passé un accord. En 1889, elle a inauguré la série des Conférences de Versailles qu'elle a créées en 1879 et dont les rapports alimentent le journal *La Femme*. En 1900, elle a reçu la Conférence nationale des UCJF au cercle Amicitia. Elle prend la parole sur les « Solidarités », et cet exposé est publié dans *Le Journal de la jeune fille*. En 1900, elle présidera le IIe Congrès international des œuvres et institutions chrétiennes féminines... Elle présidera le Conseil national des femmes françaises à sa création en 1901 et ce jusqu'à sa mort en 1912. À sa mort, le journal des UCJF, *Le Journal de la jeune fille*, lui consacrera un très long article.

Sarah Monod (1836-1912).

Des femmes protestantes au centre d'un réseau

Les sages féministes des UCJF communiquent avec le CNFF, qui lui-même communique avec la SEF, avec la loge mixte du Droit Humain, avec les journalistes du journal *La Femme,* mais aussi avec les journalistes de *La Fronde*. L'existence de ce réseau permet aux idées d'avancer.

Les Unions chrétiennes ont été affiliées au CNFF dès sa création, et leur Comité national y était représenté par deux déléguées. Le CNFF regroupait les associations réunies au congrès sur le droit de la femme et celles réunies au Congrès des institutions féminines chrétiennes, soit 40 associations réunissant 30 000 personnes. Parmi ces associations affiliées, on retrouve, en 1909, les UCJF de Paris, de Marseille et de Bordeaux, plusieurs autres unionistes sont déléguées d'autres associations, tels le Foyer de l'ouvrière (Lucile Morin et Marie Bruneton*), l'Association des dames employées de la Caisse nationale d'épargne (Marguerite Korn), l'Étoile blanche (Camille Savary), l'œuvre des prisons, l'œuvre du travail et bien sûr les Amies de la jeune fille (Mme Armand Dupin de Saint-André [Fanny André]). Le CNFF a des relais en province. À Marseille, une protestante, Ernestine Schlœsing* a fondé la section marseillaise du Conseil national des femmes françaises et fut présidente de la branche départementale des Bouches-du-Rhône du CNFF, puis vice-présidente jusqu'à sa mort en 1930. Ses démarches ont abouti, en 1928, à la création d'un Comité d'entente suffragiste. Elle a été le relais essentiel entre les instances parisiennes et le féminisme marseillais.

En 1897, *La Femme* a annoncé la réunion générale annuelle des Unions chrétiennes de jeunes filles qui s'est tenue sous la présidence de Camille Vernes, ainsi que la création d'une nouvelle Union à Pentemont[204]. Parmi les rédactrices on trouve de nombreuses femmes des institutions périphériques des UCJF. Mme Marie d'Abbadie d'Arrast parle de la lecture ; Mme G. Avril de Sainte-Croix, Élise de Pressensé et Gabrielle Puaux* de l'Œuvre de la chaussée du Maine. Aline Blanc, de l'union des Amies de la jeune fille, fait paraître des demandes d'emploi dans le journal. Fanny André du *Journal de la jeune fille*, écrit aussi dans *La Femme*, publication qui ne manque pas de signaler les ouvrages publiés par des unionistes comme Insième (Élise Fallot) ou Mme William Monod. D'autres femmes protestantes plus éloignées des UCJF écrivent aussi, telle Pauline Kergomard.

En 1899, le comité d'organisation qui prépare le Congrès des institutions chrétiennes féminines qui doit avoir lieu en juin 1900 est constitué[205]. La composition de ce comité est plus large que le comité de patronage des UCJF. On y trouve deux noms de femmes ayant forcé les portes des professions tenues par les hommes, une protestante, le docteur Blanche Edwards-Pilliet qui milite aussi à la Ligue de l'enseignement et Jeanne Chauvin[206], docteur en droit et qui a eu les plus grandes difficultés à s'inscrire au barreau. C'est elle qui présentera le rapport de la section législation sur « droits égaux du père et de la mère vis-à-vis des enfants[207] ». Dans ce comité on trouve aussi Maria Martin, membre active du Droit humain, Marie Georges Martin épouse du docteur Georges Martin, fondateur avec Maria Deraismes de cette obédience franc-maçonne en 1893. En juin 1900, se tient à Paris le IIe Congrès des œuvres et institutions chrétiennes féminines sous la présidence de Sarah Monod. Quatre sur cinq des sections sont animées par des protestantes : Gabrielle Mallet anime la section philanthropie, Mme d'Abbadie d'Arrast anime la section législation morale, Pauline Kergomard anime la section éducation individuelle et sociale, le docteur Blanche Edwards-Pilliet anime la section arts, lettres et sciences. La seule non-protestante, Mme Avril de Sainte-Croix, anime la section travail. Cette dernière retrouvera les autres animatrices de la section au Conseil national des femmes françaises (CNFF), suite logique des grands congrès féminins qui se déroulent depuis 1878. La participation de femmes protestantes y est impressionnante et les UCJF y sont présentes. Un rapport écrit d'Insième (Élise Fallot), des UCJF, y est lu par Marie Appia. Le compte rendu de ce congrès paraît dans *Le Journal de la jeune fille,* en novembre 1900. Mais l'organe des institutions féminines chrétiennes est en quelque sorte *La Femme*, publication créée en 1878 par Mme Delpech[208] et qui publie les comptes rendus des Conférences de Versailles. En 1893, Frank Puaux fait apparaître ce journal parmi les périodiques protestants. Son épouse, Gabrielle, fait d'ailleurs partie du comité de rédaction avec ses sœurs, Mmes Julie Siegfried et Louise Decoppet. On trouve aussi : Mme Charles Seignobos, femme de l'historien, et la femme du pasteur Auguste Sabatier, Frankline Sabatier. La fille de ces derniers, Élisa Sabatier[209], sera la rédactrice du journal durant vingt-cinq ans. Leur fille cadette deviendra Lucie Chevalley...

À la première assemblée générale du Conseil national des femmes françaises[210], en 1903, le « Suprême Conseil universel maçonnique mixte », se fait entendre par l'intermédiaire de la grande maîtresse, Marie Georges Martin, du Droit humain. Elle parle des délégués cantonaux qui sont en quelque sorte des inspecteurs de l'Éducation pour l'école primaire. Le Droit humain souhaiterait que les femmes soient à parité avec les hommes pour accomplir cette tâche. En 1909, Marie Georges Martin sera présidente de la section du suffrage au Conseil national des femmes françaises. Deux loges et le Suprême Conseil font partie des sociétés affiliées au Conseil national des femmes.

La pointe avancée du féminisme protestant

Les thèmes du Congrès qu'annonce le journal *La Femme*, tranchent avec les mièvres propos du numéro de la revue du *Christianisme social*. On y parle :

– de l'éducation identique de l'homme et de la femme, ses avantages et ses inconvénients ; du rôle de la femme dans l'éducation des garçons ;

– de la place de la femme dans l'enseignement, l'inspection et l'administration des établissements scolaires à tous les degrés... (section éducation individuelle, d'éducation sociale et de pédagogie) ;

– de la liberté du travail de la femme ; des raisons économiques de l'avilissement du salaire de la femme... (section du travail) ;

– du rôle de la femme dans les arts depuis cinquante ans, sa situation, son influence ; de l'accès des femmes aux emplois de bibliothécaires, conservateurs de musées, etc. ;

– de la situation de la femme dans les sciences... (section des arts, lettres et sciences) ;

– de l'administration des biens de la femme dans le mariage ; des droits égaux du père et de la mère vis-à-vis des enfants... (section de législation et de morale)[211].

Le Conseil national des femmes françaises (1888-1914)

Sarah Monod relate ainsi la préhistoire du CNFF[212], qu'elle fait remonter à 1888 : « Cette année-là, au mois de mai, un groupe de femmes américaines eut l'idée de convoquer un conseil international des femmes sous les auspices de l'Association nationale du suffrage des femmes des États-Unis. » Isabelle Bogelot*, déléguée de l'Œuvre des libérées de Saint-Lazare s'y est rendue. Le but de ce conseil international : réunir toutes les organisations féminines en une fédération pour « procurer aux femmes de tous pays l'occasion de se rencontrer pour discuter ensemble les questions relatives au bien public et à la sécurité de la famille ». Des liens entre femmes protestantes françaises et américaines s'étaient établis depuis un vingtaine d'années et sans rapport avec les YWCA. Aux USA, une française protestante Jenny Poinsard s'était employée « à resserrer les rapports entre féministes du Nouveau Monde et féministes européennes, en favorisant par exemple une correspondance suivie entre Léon Richer, éditeur du *Droit des femmes* à Paris, et les femmes américaines. Elle publia notamment dans *The Agitator*, un texte intitulé "Women's Rights in France" (1er mai et 7 août 1869). En mai 1869, elle proposa également dans un discours prononcé en français à l'occasion du congrès de l'American Equal Rights Association, la création d'une ligue internationale des femmes, dont le texte fut reproduit dans *The Revolution*, le 3 juin 1869[213] ». Nous ne savons si ce projet de ligue internationale a un rapport quelconque avec le Conseil international des femmes.

À partir de 1893, le Conseil international cherche à susciter des conseils nationaux, ce qui sera fait pour la France en 1901[214], à la suite des grands congrès féminins. Les organisatrices de ces congrès vont se répartir les places au comité exécutif, outre Isabelle Bogelot, présidente d'honneur on trouve pour les Institutions féminines chrétiennes, Sarah Monod présidente, Julie Siegfried vice-présidente ; Mme G. Avril de Sainte-Croix, Lucile Morin, Marguerite Korn et Marie d'Abbadie d'Arrast sont membres. Appartenant à l'Association pour le droit des femmes[215], on trouve une seconde vice-présidente, Maria Pognon*. La franc-maçonnerie est bien représentée, ce qui ne semble pas effaroucher nos protestantes. Outre Maria Pognon et Louisa Wiggishoff[216], on reconnaît Mme Marie Georges Martin et Maria Martin du Droit Humain. Mmes Oster et Eugénie Weill, épouse d'Isaac Weill, trésorière, sont présentes. Peu après, Mme Marthe de Witt-Guizot sera intégrée au Comité exécutif. Ces féministes « décolletées » ont le don d'exaspérer les féministes plus engagées sur le plan politique. Marguerite Pelletier[217] s'est plainte de l'emprise effective de la HSP sur le Conseil national des femmes françaises.

Le CNFF a pour but d'établir « un lien de solidarité entre les diverses sociétés et œuvres s'occupant de la condition et du droit des femmes, qui permette à ses membres de conférer ensemble sur des questions relatives à leurs intérêts sociaux et matériels, à leurs droits et à leurs devoirs dans la société et la famille ». La première assemblée publique du CNFF se tient au Musée social, rue Las-Cases à Paris en 1903.

Le Conseil national des femmes françaises estimait que la question du suffrage devait être la base de toutes les revendications féministes, que par le suffrage, seul, les femmes obtiendraient l'autonomie à laquelle elles avaient droit, réclamant en principe pour les femmes le droit de vote et d'éligibilité à tous les degrés. « Cependant, le Conseil national envisageant également qu'il est utile que les femmes, avant d'user des droits politiques, fassent l'apprentissage de la vie civique, demande actuellement et comme un minimum, le droit de vote et l'éligibilité dans les élections municipales[218]. » En 1909, le CNFF, fort de ses 73 000 membres, émet le vœu « que le Parlement pour préparer l'égalité intégrale des deux sexes en matière politique accorde promptement aux femmes l'électorat et l'éligibilité pour les conseils municipaux, les conseils d'arrondissement et les conseils généraux. Ce vœu est voté à l'unanimité[219] ». Enfin, en 1912, le CNFF organise un grand meeting sur le suffrage des femmes, sous la présidence d'honneur de Frédéric Passy. *La Voix des femmes*, l'organe de Louise Bodin, n'aura de cesse de fustiger le CNFF et sa prudence vis-à-vis du suffrage des femmes. Sa cible privilégiée étant Julie Siegfried, même si ce journal signalera la signature de cette dernière au bas d'une lettre aux sénateurs qui viennent de refuser, en 1919, le suffrage aux femmes[220].

En 1909, la question est posée : « Qu'a fait jusqu'à présent le Conseil national ? demanderez-vous. Il est quelques résultats que nous devons signaler. La femme mariée est depuis peu en mesure de disposer librement de son salaire. Éligibilité des femmes au conseil des prud'hommes, admission des femmes au Conseil supérieur de l'Assistance publique, féminisation des services dans les prisons de femmes[221]... »

Parmi les femmes protestantes qui parlent au nom des autres femmes, au CNFF notamment, le discours sur la différenciation a dominé dans un premier temps celui de l'égalité entre hommes et femmes. Le suffrage écarté au nom de la différenciation va bientôt être promu au nom de l'égalité.

Le CNFF a pour but d'établir « un lien de solidarité entre les diverses sociétés et œuvres s'occupant de la condition et du droit des femmes, qui permette à ses membres de conférer ensemble sur des questions relatives à leurs intérêts sociaux et matériels, à leurs droits et à leurs devoirs dans la société et la famille ». Protestants, catholiques et laïques ont des intérêts en commun et des espaces sociaux communs pour agir. Les femmes des institutions périphériques des Unions chrétiennes que l'on trouve au CNFF sont pour beaucoup dans ces rapprochements institutionnels nouveaux. En 1916, la Ligue de l'enseignement et l'Alliance d'hygiène sociale entreprennent de mettre au point un enseignement d'hygiène sociale. Cet enseignement sera donné dans le cadre de l'école pratique de service social du pasteur Paul Doumergue. Il est placé sous le patronage de l'Alliance d'hygiène sociale, de l'institut Lannelongue, de la Ligue de l'enseignement, du Conseil national de femmes françaises et de la revue *Foi et Vie*. Des protestantes, comme Blanche Edwards-Pilliet, Julie Siegfried, Marguerite de Witt-Schlumberger, Jeanne de Joannis* et Marie d'Abbadie d'Arrast, contribueront au désenclavement des œuvres sociales, allant même, dans le cadre de l'école pratique de service social, jusqu'à proposer comme terrains de stage les œuvres catholiques parisiennes les plus significatives de l'époque. L'unionisme n'est pas pour rien dans ce désenclavement. D'autres femmes qui n'affichaient pas leur origine protestante, Marguerite Walther*, Renée de Montmort*et Marie Diémer*, les ont aidées.

La section d'études féminines du Musée social (1916)

Jules Siegfried avait fondé avec le comte de Chambrun le Musée social en 1895, dont il sera président durant vingt-huit ans. Il fait adopter au Musée social le principe d'une section d'études féminines (SEF) en 1916. Il soumet une liste de personnalités à sa femme Julie et à Mme G. Avril de Sainte-Croix. Celles-ci vont participer à orienter le Conseil national des femmes françaises vers l'étude des questions sociales.

Jules et Julie Siegfried représentent un couple de militants intéressant. Tous les deux contribuent à la formation d'un « groupe des droits de la femme », que Jules Siegfried reconstitua à la Chambre en 1919. Le 17 janvier 1919, ce groupe comptait 129 membres.

Julie Siegfried (1848-1922).

Sous la présidence de Julie Siegfried en 1916, la SEF est composée de femmes actives dans les associations sociales féminines et représente, à cette époque, la pointe avancée du féminisme réformiste. On y trouve aussi bien Maria Vérone, Andrée Butillard, Léonie Chaptal que Cécile Brunschvicg*. On retrouve Lucile Morin à la SEF, avec Mlle Fiévet et Mme Pichon-Landry comme spécialiste de la formation professionnelle féminine. Autant de femmes qui se distinguent par leurs religions, catholique ou protestante, ou leur absence de convictions religieuses.

« Le CNFF, avec la Section d'études féminine du Musée social, et sous les auspices du ministère de la guerre, organise en décembre 1916, l'Office central de l'activité féminine qui recrute le personnel féminin utile à la défense nationale [...] des équipes d'infirmières sont dirigées quotidiennement vers le front et l'arrière-front[222]. » En milieu protestant, les recrues seront nombreuses à s'engager comme infirmières, ainsi que le CNFF les y invite. Notons que l'Office était placé sous la présidence de Julie Siegfried, et dirigé par Adrienne Avril de Sainte-Croix.

En 1935, le CNFF a mis sur pied un très large Comité de liaison pour la défense du travail féminin. Parmi les premières adhérentes, on reconnaît. Jeanne de Joannis pour l'Association des infirmières diplômées d'État, Claire Jullien pour le Comité protestant de la jeunesse, Jeanne Lebrun pour les UCJF, Marie Octave Monod pour les Amies de la jeune fille, Georgette Barbizet pour le CNFF[223].

En 1937, *Le Journal de la jeune fille* proposera la « carrière » de jardinière d'enfants, tout en valorisant les professions d'infirmière et d'assistante sociale.

Le suffrage des femmes, un cadeau impossible à faire aux catholiques

La distance entre des discours tenus à la même époque en milieu protestant au sujet des femmes interroge. On peut supposer qu'une Sarah Monod travaille sur le long terme et qu'elle n'ignore pas la résistance des milieux protestants à une évolution trop rapide du rôle des femmes.

Si nous trouvons dans les articles parus dans le journal *La Femme* des propos qu'on n'est pas prêt de tenir aux UCJF ou dans le *Christianisme au XXe siècle,* il ne s'agit pas d'un féminisme très offensif, puisqu'il n'a pas encore complètement intégré la revendication du droit de vote. Marie d'Abbadie d'Arrast explique ainsi la position du Congrès des œuvres et institutions chrétiennes féminines par rapport à celle du Congrès des droits de la femme qui va se tenir en septembre 1900 : « Sans aucun doute ce Congrès fera, dans son programme, une large place aux revendications féminines, sur le terrain des droits électoraux et de l'éligibilité des femmes aux assemblées législatives et départementales. Ces sortes de vœux établiront la ligne de démarcation entre le congrès féminin de septembre et celui qui a eu lieu en juin, que Sarah Monod, la présidente des Conférences chrétiennes féminines de Versailles, a dirigé avec tant de perspicacité et de sagesse. En juin, les femmes se sont abstenues de toucher à ces sortes d'offices, à ces mandats, classés parmi les offices, mandats virils, dont les hommes s'attribuent la possession exclusive et qu'ils détiennent, avec la manière de s'en servir. D'une part on a pensé que les Françaises avaient à faire un stage éducatif avant d'entrer utilement en compétition avec les candidats du suffrage universel. D'autre part, l'exemple, le bon exemple fait peut-être défaut, et avant que les femmes se jettent dans la mêlée, il serait prudent d'attendre de belles élections, des élus impeccables. [...] Pour l'instant, avant de prendre place au gouvernail, attendons des temps meilleurs[224]. » Raisons pédagogiques et raisons politiques sont donc invoquées pour ne pas demander encore le droit de vote, mais l'intention est bien de le demander un jour. Nous pouvons rapprocher les propos de Marie d'Abbadie d'Arrast de ceux tenus à la même époque par Mme Julie Siegfried et que rapporte Mme Cécile Brunschvicg : « Je n'oublie pas que vers 1900, au moment même où le suffrage des femmes était encore assez mal vu des associations affiliées au CNFF, Julie Siegfried venait de présider des manifestations de l'Union pour le suffrage. Et lorsque, jeune encore, je m'indignais de la pusillanimité de certaines dames du CNFF, Julie Siegfried me répondait en souriant doucement : "Laissez-les d'abord venir travailler avec nous, la philanthropie les amènera à l'action sociale, et l'action sociale au suffrage. Le CNFF est une école normale où il faut passer pour apprendre à celles qui ne le sont pas, à devenir féministes." (*La Française,* 2/10/39)[225] » Il nous semble lire là la philosophie de Sarah Monod et du journal *La Femme*. De cette stratégie qui concerne le CNFF, ne peut-on déduire aussi la stratégie développée par les grandes dames de la philanthropie à l'égard des UCJF : d'abord l'action sociale, ensuite un éveil au féminisme ?

Le 5 avril 1903, le pasteur Frank Thomas s'adresse aux unionistes. Ses propos sont rapportés dans *Le Journal de la jeune fille*. « Une jeune fille moderne, c'est une jeune fille très forte en sport, bicyclisme, jeux de toute espèce, plus ou moins anglais ou anglo-saxons. C'est une jeune fille très forte en fait de lectures, de romans. [...] Si c'est votre idéal et j'espère que non [...] je vous fausse compagnie. Nous devons signaler aujourd'hui à la jeune fille, à la femme en général, les dangers qu'elle court dans le féminisme contemporain. [...] Les Unions chrétiennes de jeunes filles doivent maintenir "l'équilibre entre l'émancipation complète qui serait l'écrasement de la femme sous une autre forme et l'oppression dont elle a trop souvent souffert"[226]. »

Il semble qu'il y a surtout des raisons politiques à ce consensus protestant français pour refuser le suffrage aux femmes et ce au nom du maintien de la République : « Pour nous, protestants, la concession du droit de suffrage aux femmes dans un pays en majorité catholique doit nous apparaître comme un véritable péril pour nos institutions républicaines et pour la liberté. Quel redoutable instrument de domination aux mains de l'Église romaine !... Il faut donc refuser résolument aux femmes l'électorat et l'éligibilité politiques[227]. » Ainsi s'exprime Louis Sarrut, avocat général à la cour de Cassation, dans son rapport sur « La condition légale de la femme en France » devant la 9e assemblée générale de la vénérable Association protestante pour l'étude pratique des questions sociales. Le public féminin est venu nombreux à cette séance, mais aucune femme n'ose prendre la parole. Des hommes vont intervenir sur le point du refus des droits politiques avec plus ou moins de conviction. Le plus assuré est Auguste Fabre : « Je crois qu'il faut arriver au droit de vote politique pour la femme. » Louis Lafon déplore, quant à lui, l'opportunisme du refus des droits politiques dans un pays catholique. Enfin Gédéon Chastand ne craint pas le vote politique des femmes, mais assure que le droit de vote ecclésiastique « doit » être admis, se prononçant à ce propos sur la question posée devant le synode général à Bordeaux sur l'électorat des femmes dans l'Église. Au niveau paroissial, le droit de vote sera acquis en 1905 pour les femmes et l'éligibilité en 1927. Le débat est donc ouvert en 1900 parmi les protestants, mais l'opportunisme est de rigueur : ne rien faire qui puisse favoriser les intérêts politiques de l'Église catholique.

Un pasteur se démarque (1912)

Tous les pasteurs ne partagent pas ce point de vue. Le pasteur Louis Comte en particulier, tient des propos que ne tiennent pas encore les membres du CNFF : « Il est étrange qu'au XXe siècle, cent vingt ans après la Révolution, en pleine République, sous un règne qui se pique de réaliser les fameux principes de 89, dont l'un des plus connus est l'égalité de tous les citoyens devant la loi, il soit encore besoin d'organiser des meetings pour réclamer en faveur de la femme des droits sans l'usage desquels la créature humaine se trouve dans l'impossibilité d'atteindre son maximum de développement et par ainsi d'accomplir toute la plénitude de ses devoirs. » Ainsi s'exprimait-il, parlant à la bourse du travail de Saint-Étienne, sous la présidence de Mme Cécile Brunschvicg*, alors secrétaire générale de l'Union française pour le suffrage des femmes, dont Marguerite de Witt-Schlumberger était présidente. L'orateur dénonce l'exploitation des femmes au travail et leur infériorité civile. Il réclame le droit de vote avec véhémence. Il invoque l'intérêt de la démocratie. Pour résumer sa pensée, il conclut : « Une seule morale, un seul droit, une seule loi pour l'homme et pour la femme. La femme est l'équivalente de l'homme. Même somme de devoirs, et par conséquent même droit. La justice et l'intérêt de la démocratie l'exigent[228]. » Ce texte percutant d'un des fondateurs de l'APEQS, sera publié dans *Le Christianisme social* quatorze ans plus tard. Les unionistes sont alors en mesure d'entendre des paroles fortes sur la condition des femmes.

Une revendication très minoritaire

L'unanimité n'est pas la règle, l'Union française pour le suffrage des femmes fondée en 1909 a pour présidente une protestante Marguerite de Witt-Schlumberger, avec comme secrétaire générale Cécile Brunschvicg et comme secrétaire Marguerite Pichon-Landry, toutes deux non protestantes. Adhéreront à l'UFSF, des féministes très engagées syndicalement et politiquement, comme Hélène Brion, Marie Guillot, Marguerite Thibert[229] ou Marthe Bigot[230]. L'UFSF a des soutiens masculins qui lui permettent de créer en 1911 une Ligue des électeurs pour le suffrage des femmes. Cette ligue avait été impulsée par un protestant, Ferdinand Buisson, et son réseau de la Ligue des droits de l'homme[231].

Pour certaines, une évolution des esprits est à l'œuvre concernant le droit de vote. Ainsi, Julie Siegfried, en 1912, est au Havre où son mari est maire. Un journaliste du *Progrès* se gausse de son féminisme en ces termes « elle est aussi féministe que Monsieur Siegfried est socialiste ». Sa prudence à l'égard du vote des femmes va disparaître au sortir de la guerre. En avril 1919, elle fait afficher des placards en faveur du suffrage des femmes dans les rues du Havre[232]. Son mari, Jules Siegfried, quinze jours après, en sa qualité de doyen d'âge ouvre la sessions parlementaire et demande le droit de vote pour les femmes, au nom de leur attitude admirable pendant la guerre. Le projet de loi est examiné. Le Sénat mettra trois ans pour l'examiner, pour enfin s'y opposer, attitude négative qu'il adoptera encore en 1925 et 1932, alors que les députés sont favorables. En 1919 aussi, Suzanne Carr s'adressant aux mères de famille est devenue plus offensive. Elle a proposé des statistiques d'autres pays en montrant les avantages du droit de vote et de l'éligibilité des femmes. « Le foyer, dit-elle, repose sur la mère, les femmes font les mœurs et les femmes feront bientôt les lois. Préparons-nous toutes à nos hautes responsabilités[233]. »

La guerre a fait prendre conscience aux femmes de leur rôle, ceci a été maintes fois remarqué. Mais la contestation féministe s'est arrêtée en même temps, au nom du patriotisme devenu prioritaire chez les femmes protestantes, comme chez la plupart des féministes. Après la guerre, les féministes font peu entendre leurs voix. En milieu protestant, l'obtention du suffrage pour les femmes n'est pas à l'ordre du jour même si l'évolution des esprits aide certaines femmes protestantes à se débarrasser de la tutelle pesante des pasteurs du Christianisme social. Plusieurs femmes protestantes devaient faire partie de l'UFSF : Antoinette de Billy, Suzanne Carr, Lucie Chevalley, Lydie Creissel, Juliette Delagrange, Anna Jézéquel et, bien sûr, Ernestine Schlœsing et Marguerite de Witt-Schlumberger.

Ernestine Schlœsing (1854-1930).

En 1926, dans l'organe officiel des Unions chrétiennes de jeunes filles, *Au service du Maître*, Anna Jézéquel, vice-présidente du groupe de Paris de l'Union française pour le suffrage des femmes annonce le Congrès de l'Alliance internationale pour le suffrage des femmes au mois de mai[234]. Il en sera de même des états généraux du féminisme que Jeanne Sequestra présentera en 1929 dans *Le Journal de la jeune fille*. Une nouvelle génération est à l'œuvre aux UCJF, Anna Jézéquel est la fille de Lydie Creissel qui fut présidente du groupe de la Seine de 1898 à 1907. Mais, jusqu'à ce que, presque par hasard, les femmes obtiennent le droit de vote, la revendication pour le suffrage ne va pas être prioritaire chez les femmes protestantes de l'entre-deux-guerres.

Des substituts au ministère féminin (1850-1914)

Le souci des UCJF, dès leurs débuts, est l'évangélisation. Leur projet est « d'amener à Dieu » les membres associées. On peut voir là les prémisses d'un ministère pastoral féminin. Déjà depuis plusieurs années, il existe des formes admises d'apostolat féminin, comme celles de visiteuses d'hôpital, qui, comme nous l'avons vu ne concerne que les malades protestants. « Les pauvres, les malades, les enfants et depuis le dernier quart du XIXe siècle les jeunes filles, voilà le domaine réservé aux femmes par l'Église. Les Unions chrétiennes de jeunes filles, nées de leur propre initiative dans le Midi en 1849, à Paris en 1875, allaient fournir aux femmes un développement religieux aussi inattendu qu'ininterrompu[235]. » L'engagement de femmes dans les missions mériterait une étude particulière qu'il ne nous a pas été loisible de faire. Elles sont parties à Madagascar, à Tahiti, au Lesotho comme institutrices, comme gardes-malades et comme épouses de missionnaires. Plusieurs ont exercé, de fait, un ministère pastoral outre-mer. Beaucoup ont perdu leur vie dans cette tâche.

Justine Dalencourt (1838-1928).

Depuis 1863, existait à Paris une société de visiteuses bibliques. Elle était présidée alors par la baronne Bartholdi-Delessert, trois visiteuses se partageaient différents quartiers de Paris[236]. Dès 1888, Justine Dalencourt avait ouvert une école d'évangélistes pour les femmes. Il s'agissait pour elle de former des directrices d'institutions sociales protestantes ou des gardes-malades. Elle aussi cherchait à susciter des vocations parmi les unionistes. En 1901, *Le Journal de la jeune fille* engagera les lectrices unionistes à se procurer la brochure qu'elle vient de publier. C'est à juste titre que l'ouvrage que R. C. Morgan publiera sur elle, en 1929, sera intitulé *Justine Dalencourt, pionnière du ministère féminin.*

Il est manifeste que, dans cette période où s'instituent les Unions chrétiennes de jeunes filles, le substitut féminin de l'engagement pastoral est de devenir diaconesse ou, comme l'a mis en œuvre Justine Dalencourt, de devenir évangéliste. Il faudra attendre plusieurs décennies pour qu'une femme devienne pasteur. Il est manifeste aussi que l'œuvre des diaconesses[237] cherche à recruter et que les UCJF apparaissent comme un vivier possible. Le temps n'est plus où, dans les *Archives du Christianisme,* Agénor de Gasparin[238] avec sa femme Valérie de Gasparin* pourfendaient les diaconesses qu'ils avaient approchées de près dans le sillage du Dr Louis Germond à Echallens, en Suisse. Ils ont quatre arguments qui montrent que l'institution des diaconesses est contraire aux principes du protestantisme : le célibat, le port d'un habit distinctif, la gratuité des services et le poids de la direction de l'institution. Avec son mari, Valérie de Gasparin, a créé à Lausanne une institution plus conforme à leurs principes, il s'agit de La Source, école normale de gardes-malades[239] ouverte dès 1859. Agénor et Valérie de Gasparin ont pris tous les frais de l'école à leur charge. Les élèves, formées dans un esprit évangélique, peuvent se marier et exiger un salaire. Plus tard, cette école fournira à la maison de santé protestante de Bordeaux des infirmières diplômées[240].

Notons qu'en 1897, après avoir constaté « qu'il manque des jeunes filles disposées à se consacrer entièrement au service de Jésus-Christ en soignant les malades », le comité de la maison de santé protestante évangélique de Nîmes a lancé un appel à l'Union chrétienne de jeunes filles de cette localité. Les unionistes, réalistes, ont refusé les conditions de travail qui leur étaient proposées et l'appel est resté lettre morte[241].

Le 26 mars 1891, *Le Christianisme au XIXe siècle* publie un article intitulé « Donnez-nous des diaconesses ». En juillet 1896, dans ce même journal, paraît un article intitulé « Comment augmenter le nombre des diaconesses ? » « C'est la question qui, plus encore peut-être cette année que les précédentes, préoccupait les orateurs et les membres du Comité des Unions chrétiennes de jeunes filles de Paris à la récente séance annuelle de l'œuvre[242]. » En ce jour d'été 1896, 250 jeunes filles des Unions chrétiennes sont reçues avec beaucoup d'égards et d'attentions rue de Reuilly. Nous ne savons pas combien ont été convaincues de consacrer leur vie à l'œuvre. En 1897, dans le numéro de la revue du *Christianisme social* consacré aux jeunes filles, on trouve un début de réponse à cette question. L'article signé Henriette N. est intitulé « Vocation », de quelle vocation s'agit-il ? « Tout m'y amène : diaconesse. » Benjamin Couve dira aux unionistes : « Toutes les jeunes filles ne sont pas destinées au mariage, pourquoi ne seraient-elles pas diaconesses[243] ? » Les liens ont été très proches entre les diaconesses de Reuilly et les Unions chrétiennes. Au début du siècle, des unionistes notoires, Camille Savary, Suzanne Carr et Jeanne Sequestra écriront dans la revue *La Diaconesse*. En 1933, la revue des étudiants de la Fédé, dans son numéro de février, proposera aux jeunes filles de devenir diaconesses. Ce même numéro annoncera aussi qu'il y a des places d'internes à l'école d'infirmières Ambroise-Paré à Lille. Devenir diaconesse, toujours présenté plus comme une vocation qu'une profession sera toujours donné en exemple par *Le Journal de la jeune fille* qui, au même moment, à la fin des années quarante, proposera une liste des écoles d'infirmières et d'assistantes sociales laïques et confessionnelles.

« La possibilité pour des protestantes – notamment dans les couches moyennes – de manifester leur piété et d'exercer des activités caritatives amène la création controversée du ministère de diaconesse, écrit Jean Baubérot. L'instauration du ministère de diaconesse permettait de répondre au besoin d'engagement total manifesté par des protestantes, sans donner aux femmes l'accès au pastorat[244]. » Dans les années 1930, la profession d'infirmières représentera un nouveau substitut. En 1936, le pasteur Georges Lauga est président du Conseil des diaconesses, il est invité à Bagatelle, l'école hospitalière créée par Anna Hamilton à Bordeaux. Il s'adresse aux futures infirmières en ces termes : « Être infirmière, c'est choisir une bien belle part et quelles que soient les luttes que vous aurez à connaître, remerciez Dieu, je vous en prie, de vous avoir enrôlées dans la milice sacrée qui croit aux victoires de l'amour[245]. »

Sarah Monod invitait les jeunes filles à devenir diaconesses, Valérie de Gasparin les invitait à devenir garde-malades. Dans les deux cas il s'agissait de jouer un rôle et d'accomplir un devoir. L'invitation n'invite pas à l'exercice d'un droit. Nous sommes toujours dans le registre de la différenciation des rôles masculins et féminins. La revendication de droits ouvrira le registre de l'égalité entre hommes et femmes.

En 1933, Suzanne de Dietrich n'est pas dupe de tous les substituts au ministère proposés aux jeunes filles. Dans *Le Journal de la jeune fille* et sous le titre « Vocation », elle mettra en garde celles qui sont tentées par l'action sociale. « Les vocations sociales, il ne faut jamais qu'elles soient des succédanés. »

DEUXIÈME PARTIE

Actrices de leur destinée

1914-1960

CHAPITRE 4

Les femmes prennent l'initiative
1914-1960

Jusqu'à la guerre de 1914, l'émancipation féminine n'est pas d'actualité, pas plus dans l'Église qu'hors de l'Église. Les protestantes qui entourent les UCJF à leurs débuts vont se démarquer de leurs consœurs anglo-saxonnes par leur prudence, à propos du suffrage notamment. Par contre, la tradition protestante qui favorise l'éducation des femmes, va porter ses fruits, les jeunes filles protestantes iront à l'école, puis au lycée, enfin à l'université, quand elles ne passeront pas par les écoles de gardes-malades puis d'infirmières et d'assistantes sociales[246] qui commencent à ouvrir au tournant de la guerre. Cette tradition est si bien ancrée qu'elle ne passe pas par la revendication.

L'accès à l'enseignement secondaire porte ses fruits (1882-1930)

Présentée parfois comme un modèle d'école laïque, l'École alsacienne est fondée[247] en 1871 par plusieurs protestants dont Philippe de Clermont et un unioniste de la première heure, Charles Friedel. Raoul Allier, Édouard Vaillant, Ferdinand Buisson, Paul Gide, Étienne Matter, Wilfred Monod, le Dr Charcot[248], un historien, Gabriel Monod, y inscriront leurs fils[249]. Cette école ne recevait pas de filles.

À la veille de la loi de 1882, le collège Sévigné pour les jeunes filles est créé. L'histoire de cette institution laïque originale n'est pas encore écrite, mais nous savons qu'Emma Koechlin-Schwartz* aidée de son mari Alfred Koechlin-Schwartz qui était alors maire du 8e arrondissement, y est pour beaucoup et que Mlle Marchef-Girard qui était la première directrice d'une « école Élisa Lemonnier* » est devenue en 1880 la première directrice du collège Sévigné.

Jules Ferry a attaché son nom aux lois de 1881 et 1882 sur l'instruction gratuite, laïque et obligatoire. On lui doit aussi le développement de l'enseignement des filles, la création de l'École normale supérieure de Fontenay en 1880 et de l'École normale supérieure de Sèvres en 1881. Pour lui, l'égalité de l'homme et de la femme passe par l'enseignement, non seulement celui donné à l'école mais aussi par l'enseignement professionnel que les féministes de l'époque sont rares à défendre. Jules Ferry déclarera en 1891 aux dames de l'Association philotechnique :

« Cette évolution sociale, qui est en train de transformer lentement mais sûrement la condition de la femme et sa destinée, qui d'abord rapproche les deux sexes par l'éducation élémentaire, secondaire et supérieure, en préparant l'assimilation dans les diplômes, et bientôt les emplois, doit se continuer, car elle est l'un des grands mouvements de la fin de ce siècle ; un mouvement si puissant qu'il ne peut être compromis, même par les folies et les exagérations dont on lui impose le ridicule. Il appartiendra à l'avenir de rendre la femme l'égale de l'homme, mais c'est par l'enseignement professionnel d'abord que le but doit être poursuivi.

« Deux écoles sont en présence, mesdames, celle qui veut protéger la femme par la loi ; celle qui veut que la femme se protège elle-même ; on peut les cumuler, les pratiquer tout à tour ; mais combien vous préférez, mesdames, j'en suis sûr, la seconde à la première ! [...] *(Vifs applaudissements)*[250]. »

Les protestantes seront sur-représentées à l'École normale supérieure de Sèvres : « Les dix premières promotions de sévriennes 1881-1890 ont compté de 12 à 15 % de protestantes[251]. »

En matière d'égalité devant l'enseignement scolaire, l'État a pris son temps, il a pris plus de temps encore pour l'enseignement professionnel. Notons que c'est à une protestante, Élisa Lemonnier que l'on devait en 1865 à Paris, l'ouverture du premier cours d'enseignement professionnel féminin. Cinquante ans plus tard, des protestantes directrices de lycées, comme Léonie Allégret*, se joindront aux initiatrices des premières écoles de service social, afin de procurer des débouchés professionnels aux lycéennes.

Lorsqu'en décembre 1880 a été promulguée une loi instituant l'enseignement secondaire pour les jeunes filles, cela représente un progrès incontestable, mais il s'agit d'un enseignement spécifique aux jeunes filles. La spécificité féminine de cet enseignement (couture, enseignement ménager) avait pour effet que les jeunes filles avaient 2 à 3 heures de cours de plus que les garçons par semaine. Camille Sée, l'auteur de la loi disait lui-même, comme pour s'excuser : « Il s'agit de tremper vigoureusement leur pensée par une instruction forte, pour les préparer à entrer en partage de toutes les idées de leurs maris, de toutes les études de leurs enfants. » Il n'est pas envisageable, pour Camille Sée de donner, « d'accorder », le droit de vote aux femmes. Cet enseignement du reste ne prépare pas officiellement au baccalauréat. De plus, cet enseignement ne concerne pas toutes les jeunes filles, pas plus d'ailleurs qu'il ne concernait tous les jeunes gens, mais dans le cas des filles le décalage est encore plus grand.

Un devoir intellectuel

Enfin, il ne faut pas croire que tous les protestants se réjouissent de cet accès à l'enseignement secondaire. En 1885, l'accès à un enseignement secondaire public fait peur à certains protestants. « La fondation des lycées de filles a créé, pour les établissements protestants, une concurrence redoutable[252]. »

En 1888, une fidèle amie des Unions, Marie Monod, a mis en garde les jeunes filles : « L'État a organisé l'enseignement secondaire des jeunes filles[253] ; combien de femmes se précipitent de ce côté. Les unes font bien, les autres n'ont ni la santé, ni la force de tête, ni le don de l'enseignement, ni l'amour particulier de la jeunesse, toutes les qualités indispensables à un bon professeur. Quelles que soient au reste, les portes nouvelles qui s'ouvrent devant les femmes, n'oublions pas jusqu'à plus ample informé, cette parole d'une femme fort bien douée : "Prenez un homme et une femme, le premier moins instruit, moins cultivé, moins intelligent que la seconde, mais ayant de l'élévation morale, il lui reste toujours, en dernière analyse, cette *supériorité*[254] qu'il est un homme[255]". » Marie Monod, par la suite va être gênée par cette affirmation. Nous le savons par la correction manuscrite qu'elle a apportée sur son exemplaire personnel qui se trouve à la bibliothèque de la Société de l'histoire du protestantisme. Le mot *supériorité* est rayé et en marge on peut lire de sa main, « je dirais plutôt cette différence que cette supériorité », signé M.M. Cette correction d'une femme qui écrit sur les femmes et notamment, sur le *Devoir intellectuel des femmes*[256] est assez exemplaire de ce qui est en train de se modifier dans la mentalité féminine protestante de la fin du XIXe siècle. Les femmes sont moins assurées de la supériorité des hommes et commencent à parler en terme d'égalité entre l'homme et la femme. Ce devoir intellectuel, les mères doivent l'appliquer à elles-mêmes : « Le devoir intellectuel que nous accomplissons envers nos filles en leur enseignant peut-être trop de choses, en consacrant peut-être leurs journées trop exclusivement à l'étude, n'oublions pas de le remplir envers nous-mêmes. Si nous avons soin tout d'abord de notre instrument de travail, nous saurons mieux être tout ce que nous devons être, soit dans les relations générales avec le prochain, soit dans tel-

Marie Monod née Valette (1839-1910).

le ou telle œuvre particulière. Nous serons meilleures épouses, meilleures mères, meilleures institutrices, meilleures gardes-malades, nous saurons mieux recommander la tempérance, présider des réunions de jeunes filles ou de mères de famille, tenir un groupe à l'école du dimanche, distribuer des aumônes, préparer une vente de charité, favoriser les œuvres de prévention et de relèvement, appuyer les réclamations en faveur des opprimés, encourager la révision des lois iniques dans la mesure où cela est possible aux femmes, si notre intelligence est assouplie par l'étude et la réflexion[257]. » Comme on le voit dans les propos de Marie Monod, devoirs intellectuels et devoirs sociaux et religieux se rencontrent et occupent toute une vie.

Les premières femmes protestantes dont nous sommes sûres qu'elles soient passées par l'enseignement secondaire sont Hélène Lèques et Jeanne Baumier, les futures Mmes Hélène Nick et Jeanne Sequestra, respectivement nées en 1870 et 1871. Elles ont donc fait partie des premières jeunes filles à avoir accès à l'enseignement secondaire public au lycée de Montpellier, qui fut le premier lycée de jeunes filles à ouvrir ses portes en 1882. Elles auront à cœur de créer et de faire fonctionner, toute sa vie pour la deuxième, *Le Journal de la jeune fille*, l'organe de presse des UCJF. Par la suite, on remarquera que toutes les fondatrices des Éclaireuses et de la FFE et *a fortiori* de la Fédé, étaient passées par l'enseignement secondaire.

En 1900, au Congrès international de la condition et des droits de la femme, une commission discute de la valeur du certificat de fin d'études secondaires, le baccalauréat n'est pas revendiqué, par contre une équivalence avec le brevet supérieur est souhaitée. En 1904, il y avait 41 lycées de jeunes filles, contre 112 pour les garçons, 30 collèges pour les jeunes filles contre 234 pour les garçons. En 1919, l'enseignement secondaire concernera 39 000 jeunes filles, c'est parmi celles-ci que la Fédé recrutera. L'égalité en matière d'enseignement interviendra en 1924, où un décret uniformisera les deux filières qui aboutissent à un baccalauréat unique et pas seulement « équivalent » en ce qui concernait les filles.

Les femmes diplômées s'organisent

L'accès des filles à l'enseignement secondaire va favoriser, quelques années plus tard, leur accès à l'enseignement supérieur. On comptait en 1900, 842 étudiantes dans l'ensemble des facultés de France. En 1906, le journal *La Française*[258] annonçait 86 étudiantes inscrites à la faculté de droit, 434 en médecine, 306 en Sciences, 1 038 en lettres, 53 en pharmacie. Ces chiffres ne représentaient pas l'exacte réalité des étudiantes françaises, car ils comprenaient les étudiantes étrangères particulièrement nombreuses, en médecine notamment. En

1914, les étudiantes seront 5 000 et en 1930, un peu plus de 17 000[259]. En 1908, lorsque Geneviève Bianquis* est reçue première à l'agrégation d'allemand, à 22 ans, l'événement est rapporté par le *Christianisme au* XX*e siècle*. Elle sera une des deux premières femmes à accéder au rang de professeur dans l'enseignement supérieur.

Pour l'essentiel, l'organisation en association des femmes diplômées de l'enseignement supérieur est due à l'initiative de protestantes. L'idée de départ, encore une fois, est d'origine américaine, elle s'est étendue à l'Angleterre, restait à l'implanter en France. C'est Virginia Crocheron Gildersleeve, une Américaine dont des ancêtres maternels étaient d'origine huguenote française, qui prend contact avec les Françaises et, pour ce faire, passe par le réseau protestant. Elle prend contact avec Marguerite Mespoulet, une agrégée d'anglais, qui fait appel à Marie Bonnet, angliciste et germaniste, puis Marie Octave Monod qui est historienne[260]. Ce noyau de départ est entièrement protestant. À la fin de l'année 1919, fut créé le Rapprochement universitaire féminin français qui devint par la suite l'Association française des femmes diplômées des universités (AFFDU)[261], encore active aujourd'hui. En 1920, les Françaises peuvent donc participer au premier congrès de l'International Federation of University Women (IFUW). C'est Anna Amieux (d'origine protestante), directrice de l'École de Sèvres, qui les représente[262].

Marie Octave Monod née Chavannes (1876-1961).

La Société nationale féminine de rapprochement universitaire fut d'abord une fédération des associations existantes en France – celles des femmes ingénieurs, des anciennes élèves de l'ENS de Sèvres, de la Sorbonne, du collège Sévigné, des lycées et collèges... La nouvelle société avait établi son siège à la Maison des étudiantes, 76 rue d'Assas, que dirigeait Marie Bonnet. L'AFFDU établit ensuite son siège social au 4 rue de Chevreuse à Paris[263]. En 2002, l'AFFDU est toujours établie au 4 rue de Chevreuse. L'IFUW est au 69 boulevard Beauséjour et à Genève. Son rôle est important auprès de l'UNESCO.

L'association naissante a recruté d'éminentes universitaires comme Marie Curie, Irène Joliot-Curie et Cécile Brunschvicg, auxquelles se joindront d'autres protestantes diplômées comme Anna Amieux[264], directrice de l'École Normale de Sèvres, Suzanne Bastid-Basdevant, Marie-Louise Puech et Geneviève Bianquis. Ces femmes à l'éducation protestante certaine, n'en restent pas moins laïques et ouvrent leurs organisations à toutes les femmes, qu'elles appartiennent ou non à une confession. L'expression employée par Patrick Cabanel, « Les protestantes en laïcité[265] », nous paraît très opportune, elle aurait pu tout aussi bien être utilisée pour caractériser l'action d'une Pauline Kergomard*, une Eugénie Ferry ou une Blanche Edwards-Pilliet*. « Les protestantes en laïcité » sont encore actives aujourd'hui, et à l'AFFDU notamment.

Non loin de l'AFFDU, fut créée l'Association des institutrices diplômées par une des fondatrices de l'AFFDU, Marie Bonnet. Nous savons seulement que Léonie Allégret en faisait partie.

Yvonne Oddon (1902-1982).

Le domaine des bibliothèques et de la documentation va être rapidement investi par des femmes dans l'entre-deux guerres[266]. Les protestantes ne seront pas les dernières. Yvonne Oddon*, formée comme d'autres protestantes à l'École américaine de bibliothécaires de la rue de l'Élysée, exercera au Musée de l'Homme et encouragera Victorine à créer des bibliobus. Claire Huchet, formée à Londres créera une bibliothèque pour enfants. L'Heure joyeuse a ouvert en 1924 dans le quartier latin, avec le concours de deux autres jeunes bibliothécaires dont une protestante Marguerite Gruny*.

Femme pasteur ? (1914-1960)

La guerre de 1914-1918 va faire prendre conscience aux femmes de leur éventuel rôle de suppléance, en particulier dans le domaine pastoral.

Les femmes de pasteurs à l'arrière

La tradition familiale Gallienne rapporte qu'Évelyne Gallienne[267], femme du pasteur Georges Gallienne, non seulement a pris la paroisse en mains, mais a présidé souvent le culte durant la guerre. Nous avons trouvé le cas de Marguerite Faivre[268], la femme du pasteur Edmond Faivre d'Epernay qui, sur l'injonction d'Étienne Matter cantonné non loin de là, a présidé le culte en octobre 1914 et jusqu'en 1917 devant un auditoire où se trouvaient nombre de militaires. Marguerite Faivre, qui était présidente de l'UCJF de Landouzy depuis 1900 et dont le mari était aumônier sur le front, n'en était pas très convaincue, pourtant elle l'a fait[269]. Pour n'être probablement pas unique, ce cas est-il si exceptionnel ? En 1916, une femme de pasteur mobilisé, dont nous ne connaissons pas le nom, écrit dans *Le Christianisme au XXe siècle* : « Le ministère des femmes s'impose. » Affirmation que la rédaction du journal croit bon de tempérer en soulignant les « exagérations[270] » contenues dans l'article. Marguerite de Witt-Schlumberger, pour sa part, va faire une enquête auprès des femmes de pasteur. Le questionnaire paraîtra entre autre dans *Évangile et Liberté*, en octobre 1916. Elle demande aux femmes de pasteurs mobilisés ce qu'elles ont fait pour continuer l'œuvre de leur mari. Marguerite de Witt-Schlumberger affirme qu'il y eut « beaucoup » de réponses. Elle fait paraître des extraits de ces lettres, malheureusement presque toutes anonymes. Ainsi Mme V. (Ardèche) déclare en novembre 1916, à propos des services religieux : « J'en ai fait 19 jusqu'à présent, des baptêmes avec autorisation spéciale, des mariages, des réunions hebdomadaires, des réunions du Conseil presbytéral... » Dans la brochure publiée[271], des pasteurs, non anonymes, citent l'exemple d'un certain nombre de femmes de pasteur : Hélène Nick qui vient de mourir « admirable chrétienne, d'une consécration et d'une distinction rares ». Elle a été l'âme de l'œuvre de son mari à Fives-Lille. « Elle ne s'est pas seulement employée comme tant d'autres dans les hôpitaux malgré ses six enfants, elle a entretenu une correspondance avec des soldats. [...] La guerre l'a tuée. »

Camille Savary au même moment est plus positive : « Grâce au ministère de la femme du pasteur, aidée de telles autres femmes de l'Église, la vie religieuse n'est ni diminuée, ni interrompue dans les localités où les pasteurs ont été mobilisés. En province, la femme du pasteur a présidé le culte, fait le catéchisme, les écoles du dimanche, les visites pastorales comme le meilleur suffragant. Dans une ville du Midi, une diaconesse est, paraît-il, montée en chaire[272] », écrit une unioniste en 1917. En 1916, Mme Arnaud a présenté un rapport sur le rôle des présidentes d'union. Elle y aborde le problème de leur formation, et ses préoccupations rejoignent les visions du ministère féminin au point de vue religieux de Camille Savary.

Le féminisme prudent des unionistes semble sortir de sa réserve quand il s'agit du rôle des femmes dans l'Église, mais l'ensemble des pasteurs est loin d'être favorable au ministère féminin. Après le synode d'Amiens, dernier rendez-vous des Églises réformées évangéliques et qui a mis à son ordre du jour le problème d'un ministère féminin, Émile Doumergue va rédiger entre 1917 et 1918 plusieurs articles dans *Le Christianisme au XXe siècle*. Ses articles sont prudents. Certes, on pourrait envisager un ministère pastoral féminin, mais ce ne peut être qu'un ministère différent de celui des hommes. « Entre l'homme et la femme, il ne peut y avoir égalité, cela n'empêche pas qu'il puisse y avoir équivalence. » Ces propos confirment l'analyse faite par Jean Baubérot sur la « conception dominante d'une différenciation des rôles sociaux masculin et féminin [qui] se retrouve dans le protestantisme et empêche, sauf exception[273], l'accès des femmes à la fonction de prédicateur[274] ». Durant la deuxième guerre mondiale, la pénurie d'hommes permit l'accès de femmes aux fonctions pastorales. Il restait à le faire reconnaître.

Aide-pasteurs, assistantes de paroisse...

Pour promouvoir les « activités féminines » valables pour des « aide-pasteurs » que l'on « placerait dans le voisinage d'une maison de santé », G. Granier n'hésite pas à persifler, sur six colonnes, ceux qui « se persuadent que si saint Paul vivait de nos jours, il serait pleinement d'accord avec eux », et ceux qui « rêvent de faire de nos futures diaconesses des étudiantes en théologie ». L'argument politique pour s'opposer au pastorat féminin est enfin lâché : « Ne serait-ce pas courir le risque de faire perdre au protestantisme une bonne partie de son prestige et de son autorité aux yeux des catholiques et des libres penseurs[275]... » Pas de réaction à ces articles, sauf un avis d'un pasteur qui garde l'anonymat et qui rappelle « qu'avant de faire monter les femmes en chaire, il faudrait leur reconnaître le droit de siéger dans les assemblées délibérantes[276] ». La seule femme à se prononcer dans le journal pour un ministère féminin à part entière n'est pas une Française, mais une Suisse, S. Meyer, vice-présidente de l'Institut des ministères féminins de Genève[277].

Les protestants français ont été particulièrement en retard pour ouvrir leurs facultés de théologie aux femmes. « Dès le début du siècle, en 1908 à Zurich, en 1909 à Marburg, en 1912 à Neuchâtel, en 1920 à Strasbourg, à Genève à la même époque, les jeunes filles sont inscrites dans les facultés de théologie protestante, accédant ainsi à un aspect essentiel de la légitimité pastorale : la compétence théologique[278]. » « La qualification théologique ne fut pas, au début, suffisante. Un certain nombre d'atouts sociaux furent les bienvenus pour forcer les portes et changer les traditions. En étudiant les biographies des premières femmes pasteurs en France, Jean-Paul Willaime a constaté que "ces pionnières étaient originaires ou bien de milieux sociaux plutôt aisés, ou bien de milieux pastoraux, ces deux ancrages se conjuguant parfois[279]". »

Le Synode des Églises réformées évangéliques de juin 1919 va prendre position sur les « Ministères féminins » : « considérant que de nombreuses femmes et jeunes filles chrétiennes se sentent appelées à se consacrer au service de Dieu et s'offrent à exercer des activités spéciales dans l'Église, a décidé d'utiliser l'activité d'un certain nombre de femmes et de jeunes filles, en leur confiant, sous le titre de "diaconesses-évangélistes" des fonctions régulières et rétribuées ». En matière de féminisme, les idées avancent, mais lentement.

« La Commission permanente doit nommer un Comité chargé d'organiser l'enseignement préparatoire. Une École supérieure d'enseignement religieux a été fondée, à cet effet, l'année dernière [1919] à Paris. Des écoles semblables pourront être créées, s'il est nécessaire, dans une ou deux villes de province. L'enseignement donné, à la fois religieux et social, sera complété par un stage pratique et sanctionné, après deux ans d'études, par un examen et un diplôme (décision XLII)[280]. » Qui participe à la constitution de cette nouvelle école « pour préparer aux ministères féminins dont le synode des Églises réformées évangéliques étudie la création » ? Jane Pannier, femme de pasteur mais aussi future présidente des UCJF[281]. Les cours ont lieu à l'école pratique de service social de Doumergue. Notons qu'une unioniste française, Suzanne Bidgrain, était allée, dès 1912, à Marbourg (Allemagne) faire des études de théologie. Fait d'exception, la succession officielle de Madeleine Blocher-Saillens*, en 1929, au poste qu'occupait son mari.

Madeleine Blocher-Saillens (1881-1971).

Cette correction de la démographie pastorale s'est reproduite durant la Seconde Guerre mondiale. Jean-Paul Willaime élargit ainsi le problème de l'accès des femmes au pastorat : « Circonstances exceptionnelles des guerres, évolution générale du rôle de la femme dans la société globale, ces facteurs externes ont certes joué un rôle important. Mais pour qu'ils puissent déployer tous leurs effets, il fallait aussi des changements internes au monde protestant. Parmi ceux-ci, deux éléments allaient grandement faciliter, dans la logique même du pastorat protestant, l'ouverture du pastorat aux femmes : l'accès des femmes aux études de théologie d'une part, le développement de l'exégèse historico-critique des textes bibliques d'autre part[282]. »

Une première femme pasteur de L'ERAL, Berthe Bertsch, vicaire à Mulhouse, est consacrée en 1930. Le mariage aurait pu interrompre son activité pastorale, le ministère d'une femme devant cesser le jour de son mariage, avec des exceptions recevables pour les veuves dans les Églises luthériennes[283]... Il semble qu'elle ait renoncé à se marier. En 1949, Élisabeth Schmidt*, une ancienne fédérative, pasteur proposant depuis 1935, est consacrée pasteur de l'ERF. Le synode de Nantes de l'ERF, en 1965, décide que les femmes comme les hommes peuvent devenir pasteur. En 1982, une théologienne, Thérèse Klipffel, ancienne commissaire FFE, est nommée à la tête de l'Église réformée d'Alsace et enfin vice-présidente de la Fédération protestante de France. On mesure le chemin parcouru. Notons que les pionnières du pastorat ne se sont pas particulièrement manifestées par un engagement en faveur de l'émancipation des femmes. Cet engagement sera plutôt le fait de théologiennes non-pasteurs.

Une première reconnaissance du rôle pastoral intervint en 1943, avec l'institution des « Assistantes de paroisse ». « Cette décision a permis à Élisabeth Schmidt de recevoir la consécration (ou ordination) pastorale alors qu'elle exerçait de fait un ministère pastoral depuis 1935. » C'est au synode général de 1974 qu'un ministère féminin fut admis sans restriction. En 1999, il y avait 7 femmes pasteurs pour 11 hommes admis par « une reconnaissance de ministère » dans l'Église réformée, les protestants en étaient fiers, même et surtout vis-à-vis des catholiques.

Des pionnières d'institutions sociales

Plusieurs responsables des UCJF se sont engagées comme infirmières durant la guerre de 1914-1918. Certaines mêmes monteront au front comme Marie Bruneton qui, après s'être trouvée à Verdun partira aux Dardanelles là où, vraisemblablement, elle rencontrera Marguerite Walther qui aura un rôle important dans la création de la Fédération française des Éclaireuses.

Après la guerre se dessine un modèle de femme nouveau, munie d'une formation sociale. Pour cela, il faut « donner aux jeunes filles, à la fin des études secondaires et supérieures, une éducation qui fasse d'elles des mères capables, des citoyennes intelligentes, dignes du vote, et des femmes qui pourront, une fois leur tâche accomplie, se consacrer aux questions et aux œuvres sociales ».

Le domaine des soins investi par les femmes

Dans le domaine des soins médicaux, le problème de la formation du personnel soignant s'est posé à l'occasion des guerres. En France, les premières initiatives sont catholiques, la Société de secours aux blessés militaires, la SSBM, est créée par le vicomte de Ferenzac. « Emma Koechlin-Schwartz* est bien connue à Mulhouse et à Paris pour avoir fondé en 1881, l'Union des femmes de France et avoir obtenu son "certificat d'études[284]" d'infirmière en 1883. En 1887, le Dr Duchaussoy, protestant, commence des cours qui donnent naissance à l'Association des dames de France, l'ADF, créée en 1879, à laquelle les protestants adhèrent nombreux. Trois sociétés composent donc la Croix-Rouge française[285]. » Une Mulhousienne, Emma Koechlin-Schwartz, s'est démarquée ainsi de deux institutions d'assistance médicale de femmes, la Société de secours aux blessés militaires, créée en 1864, et l'Association des dames françaises de 1879, auxquelles elle reprochait leur acceptation d'une tutelle masculine et leur manque de professionnalisme[286]. En novembre 1905, Élisabeth Meyer, alors qu'elle est élève assistante présente aux unionistes l'école de gardes-malades de la rue Amyot[287]. « Allez à Nîmes, à Bordeaux, à Paris qu'importe... »

L'école Florence-Nightingale (1902)

À Bordeaux, s'ouvre en 1884 une école de gardes-malades[288]. Mme Gross-Droz, diplômée de la Société de secours aux blessés militaires, y enseigne. Entre 1887 et 1890, 20 diplômes de la SSBM y sont délivrés. En 1902, à Bordeaux, Anna Hamilton a repris en mains l'école de gardes-malades selon les principes du *nursing* anglais. Le Dr Anna Hamilton[289] souhaite former « une élite de gardes-malades capables d'assumer les fonctions les plus diverses, [...] pénétrant dans tous les milieux, chez les riches comme chez les pauvres, [...] trait d'union nécessaire pour résoudre bien des problèmes sociaux, et [qui] deviendront ces missionnaires de l'hygiène ». En 1903, la réputation d'Anna Hamilton, la nièce du pasteur Léon Pilatte, et de son école hospitalière est grande, et c'est l'occasion pour Marie Appia, secrétaire générale du groupe UCJF de la Seine, de déclarer : « Toutes nos jeunes filles ne peuvent devenir diaconesses[290]. » Les jeunes filles sont invitées alors à devenir gardes-malades et pour cela se former dans une école hospitalière. La profession d'infirmière est en train d'apparaître, les unionistes fourniront à celle-ci un apport considérable, comme elles le feront plus tard pour la profession d'assistante sociale ou de surintendante. Pour son école Florence-Nightingale, Anna Hamilton a recruté ses gardes-malades parmi les unionistes[291] comme Jeanne Laget, de Nîmes, Suzanne Laune, fille de l'unioniste Alfred Laune, Alice Bianquis, Edmée Sautter, fille de l'unioniste Emmanuel Sautter, ou Anna Liotard. Dès 1907, Suzanne Carr avait rendu compte du Congrès international des *nurses* qui s'était tenu au Musée social en juin et signalait la présence d'Anna Hamilton[292]. Louise Rourin s'est rendue d'ailleurs à l'école de la

Anna Hamilton (1864-1935).

maison de santé de Bordeaux où elle « trouve avec plaisir, parmi les gardes-malades, plusieurs unionistes de Pau, Orthez, Cendras, Montceau-les-Mines[293] ».

L'école deviendra, en 1918, l'école Florence-Nightingale, plus tard dénommée Bagatelle. Plusieurs unionistes ou filles d'unionistes entreront à l'école de Bordeaux. D'autant plus facilement que celle qui avait précédé Anna Hamilton, à l'école de la maison de santé, Mme Gross-Droz, était la présidente de l'Union de jeunes filles de Bordeaux de 1890 à 1901. Avant la réorganisation d'Anna Hamilton, 295 jeunes filles s'y étaient inscrites et 100 en étaient sorties diplômées[294]. Deux élèves protestantes d'Anna Hamilton de la promotion de 1912 ouvrent, en 1923, l'école Ambroise-Paré à Lille, ce sont Thérèse Matter et Éva Durrleman, la fille du pasteur Jean Durrleman. Celle qui prendra sa succession est aussi une de ses anciennes élèves, fille de pasteur, Marguerite Cornet-Auquier. Une autre, Marcelle Monod*, deviendra la directrice de la maison de santé protestante évangélique de Nîmes en 1936, année où Simone Crapuchet commence ses études d'infirmières. Une réduction aux filles de pasteurs est accordée en 1927.

L'école pratique de service social (1913)

C'est sous la présidence d'Édouard de Billy, président du Comité national des UCJG que se déroule, en mai 1913, la réunion fondatrice de l'école pratique de service social de Paul Doumergue[295]. « Nous fondons une école où ceux qui veulent agir, faire leur service social, commenceront par apprendre et par savoir comment on fait son service. » Une fidèle des Unions de jeunes filles est à cette réunion, Mme Marie d'Abbadie d'Arrast, mais c'est surtout au niveau du fonctionnement de l'école que nous retrouvons les UCJF. D'abord Yolande Oberkampf* de l'Union de la rue de Naples, qui offre ses services à Paul Doumergue dès 1913 et qui deviendra présidente de l'école en 1928. Ensuite Marie Bruneton, la présidente du groupe de la Seine, qui donne des cours dès 1913 et deviendra responsable des stages, Camille Savary, donnera des cours sur « La jeune ouvrière : apprentissage, placement ». Marguerite de Witt-Schlumberger enseigne, ainsi qu'Étienne Matter. Les lieux de visites ou les terrains d'application offrent une grande variété d'œuvres sans chauvinisme protestant, puisqu'on y trouve les œuvres de Léonie Chaptal[296], de l'abbé Viollet[297], de Marie Gahérie[298], de Berthe Milliard[299] et de Max Lazard[300]. Les terrains unionistes comme les foyers de l'ouvrière et les cercles comme Amicitia ou Concordia sont aussi des occasions de visites pour les élèves de l'EPSS. En mai 1913, Paul Doumergue crée parallèlement à l'EPSS, avec Marguerite Korn, une permanence de service social. En 1921, il fait appel à Aline Giroud et le comité de l'école est présidé, en 1928, par Yolande Oberkampf. En 1929, deux protestantes Mlles I. Cremer et Marie-Thérèse Vieillot[301], une des premières élèves de l'école, dirigent les cours. On fait appel à Pierre Bovet, un unioniste qui avait traduit Baden-Powell, en 1919, au Dr

Édouard Rist en 1913 et au Dr Benjamin Weill-Hallé, le futur époux de Marie-Andrée Lagroua-Weill-Hallé initiatrice de la « maternité heureuse ». Entre 1960 et 1968, Francine Dumas, membre de l'équipe nationale Jeunes femmes, sera directrice des études à l'EPSS.

En 1914, c'est la création de l'Association des infirmières visiteuses (AIV) de France. Cette association est présidée par la marquise de Ganay et animée par deux amies que l'on retrouvera à l'Union de la rue de Naples et au moment de la création de l'école des surintendantes, en 1917 : Renée de Montmort et Marie Diémer.

L'école des surintendantes (1917)

L'idée de former des « surintendantes » était dans l'air. En mars 1917, l'assemblée générale de l'Union pour le suffrage des femmes avait préconisé « la création dans les établissements industriels d'une organisation de dames surveillantes, à l'instar du corps des *ladies superintendent* des usines anglaises ». Restait à les former.

L'École des surintendantes eut cinq fondatrices : outre Renée de Montmort et Marie Diémer, il y a eu Marie Routtier, Mme Édouard Henriette Viollet et Cécile Brunschvicg qui est alors vice-présidente de l'AFSF. Une des premières élèves sera, dès 1917, Juliette Delagrange*, qui deviendra directrice du Bureau central des infirmières au ministère de la Santé, en 1926. On comptera aussi parmi les élèves : Jeanne Merle d'Aubigné et Berty Albrecht*, élève de Jane Sivadon, qui avait été elle-même élève de l'école pratique de service social. L'école des surintendantes est devenue le relais principal du réseau de résistance Combat pour la zone nord. Une vingtaine de personnes seront arrêtées (dont Jane Sivadon), plusieurs seront condamnées à mort.

Berty Albrecht (1893-1943).

Entre 1900 et 1918, plusieurs écoles d'infirmières et de service social vont voir le jour. Des protestantes vont participer à leur création. En 1900, à Paris était née l'Association pour le développement de l'assistance aux malades (ADAM)[302]. À l'origine de cette association on trouve Léonie Allégret, directrice du lycée de Versailles, Mme Henri Marion, directrice de l'École normale supérieure de Sèvres, et Mathilde Salomon, directrice du collège Sévigné. Mme Gabrielle Alphen-Salvador, convaincue par les pasteurs Charles Wagner et Jules-Émile Roberty, finance et fonde à partir de cette association l'École professionnelle française des infirmières à domicile. L'œuvre se veut laïque et républicaine. L'école emménage rue Amyot. Trois directrices se succèdent, Mlle Thénard, Jeanne Sherer et Jeanne de Joannis, tandis que président Gabrielle Alphen-Salvador de 1900 à 1921 et pour une année Julie Siegfried. Grâce à l'aide américaine, un projet d'hôpital-école est élaboré en 1922. Enfin, est inauguré en 1932 l'Institut de service social de Montrouge. Une autre protestante non encore convertie au catholicisme, Marie Diémer a participé, en 1918, à créer une autre école : Pro Gallia, qui devint l'École d'action sociale de la Résidence de Levallois-Perret en 1929. Elle a dirigé cette école avec Apolline de Gourlet.

CHAPITRE 5

L'apprentissage de l'autonomie dans les mouvements de jeunesse
1912-1945

Du patronage au mouvement de jeunesse

Si l'intérêt qui se porte sur les jeunes filles depuis la fin du XIXe siècle constitue une des raisons d'être des UCJF, très tôt il faudra aussi faire une place aux petites filles au sein ou à la périphérie des Unions. Aux Unions chrétiennes, on ne parle pas de « patronage » dans le sens que ce mot est en train de prendre. Le mot patronage après avoir désigné le groupe (voire le saint) qui « patronne » un autre groupe (détenus, malades, enfants...) tend à désigner l'ensemble des « patronnés » et à avoir un sens qui se rapproche de gardiennage. Pour les parents de cadets, les unions cadettes sont une sorte de patronage comme il en apparaît dans d'autres milieux. Le mot patronage, néanmoins, est utilisé en milieu protestant. Ainsi le patronage de l'Oratoire fut créé dès 1909 par le pasteur Wilfred Monod. Ce patronage, qui réunit dans des activités séparées garçons et filles, est animé par Mme Eugène Guy. Il sera transféré rue Greneta en 1911 et disposera très vite d'une école de garde, d'une école ménagère, de consultations de nourrissons et d'activités de tempérance auxquelles le Dr Paul-Maurice Legrain apportera son concours. Centre social avant la lettre, la Clairière poursuit à ce jour ses activités[303].

Les patronages laïques, au nombre de 34 en 1894, passent à 1 276 en 1900. Tandis que les catholiques annoncent pour cette date 4 168 patronages (2 351 pour les garçons, 1 817 pour les filles). Et Turmann d'affirmer « la supériorité numérique des œuvres catholiques sur les œuvres non confessionnelles similaires[304] ». À la suite d'une vaste enquête, les catholiques vont alors disposer de statistiques. « La commission des patronages peut affirmer, pièces en mains, que, dans notre pays, les catholiques dirigent (en 1900) 36 842 œuvres ou institutions qui moralisent, instruisent et élèvent plus d'un million d'individus. » Ces trente-six mille œuvres se répartissent, précise Turmann, « en trois catégories, les patronages de garçons, les patronages de filles, les œuvres diverses qui comprennent surtout les catéchismes et notamment ceux de persévérance. Avec les unions cadettes, les protestants s'inscrivent dans ce mouvement, sans l'avoir précédé.

Nous avons trouvé mention pour la première fois d'une union cadette dans la première Union chrétienne du groupe de la Seine à Belleville en 1825[305], il est question des unions cadettes dès les premiers numéros du *Journal de la jeune fille* à la fin du siècle. Comme pour les Unions de jeunes gens, ce développement d'une branche cadette est plus subi que réellement voulu. Il est à mettre en regard du développement des œuvres de jeunesse non protestantes à l'époque. Parallèlement à ces offres nouvelles laïques ou catholiques, on peut supposer que s'est développée une demande plus forte du côté des jeunes ou peut-être de leurs parents déjà habitués à confier leurs enfants à l'école pour s'instruire et pourquoi pas à les confier à des œuvres pour les occuper.

En 1900, Lucy Abauzit fait un rapport sur les unions cadettes à la Conférence nationale des UCJF. Il existe alors 38 unions cadettes, 85 en 1909 (1 735 membres), 138 en 1913, au moment où est envisagée la création des Éclaireuses. Déjà se pose le problème de l'encadrement : « Où découvrirons-nous la maman, la sœur aînée qui saura intéresser les 10-13 ans ? », lit-on dans *Le Journal de la jeune fille*. Une dizaine d'années avant, dans ce même journal, Jeanne Sequestra avait présenté une Union de jeunes filles à Genève où l'on faisait de la gymnastique : « Sauf erreur, ceci ne se fait pas encore chez nous ; mais patience, nous découvrirons bien aussi un jour ou l'autre l'avantage qu'il y a à assouplir les membres[306]... » En 1912, on pouvait lire : « N'oublions pas que, à côté de l'âme, nous avons l'intelligence à développer pour le service de Dieu, à reposer du labeur quotidien, et un corps qu'il ne faut point négliger. » On ose alors parler du corps des petites filles et des jeunes filles. Dix ans ont passé depuis que seul le bienséant était permis[307]. En 1917, Irène Popard donnera des cours de gymnastique à l'Union chrétienne de la rue de Naples.

À la recherche de modèles pédagogiques

En 1912, Suzanne Carr présente dans *Le Journal de la jeune fille* un projet d'adaptation des *girls guides*. La dernière conférence du groupe de la Seine a mis ce projet à son programme : « Nos unions cadettes nous paraissent être le terrain favorable où pourront se créer des sections de *girls guides*. » Suzanne Carr forte de ces sections féminines voudrait adapter la méthode scoute à l'Étoile blanche, organisation proche des UCJF, mais qui ne peut se confondre avec elles. Il semble que les protagonistes de l'adaptation du scoutisme aux unions cadettes n'ont pas voulu se fondre dans cette organisation relativement forte, déjà et très spécifique parce qu'avant tout moralisatrice et non pédagogique. C'est pourtant le projet de *girls guides* présenté au groupe de la Seine qui apparaît dans *Le Journal de la jeune fille*. Ce n'est que dans une note de bas de page que l'on peut lire que la conférence du groupe de la Seine a refusé le projet de Suzanne Carr, tout en se prononçant pour l'adoption du scoutisme dans les unions cadettes. « Les Guides, peut-on lire, adopteraient pour insigne, d'accord avec le bureau féminin des sections de l'Étoile blanche, la petite étoile blanche à cinq branches de la ligue qui accepte avec joie, pour filleules les petites guides françaises, comme sections cadettes ou sections régulières suivant l'âge[308]. » Dans les mois qui suivent cette présentation du scoutisme féminin, le journal des UCJF n'en fait plus mention jusqu'en février 1913, où est présenté le projet des « pionnières ou guides unionistes », et, une année après, le récit d'une société de petites filles, les « petites aides » sur le modèle des *girls guides*[309]. Ce problème d'adaptation des méthodes du scoutisme féminin sera discuté à la 8e Conférence nationale des UCJF, à Nîmes, en mars 1913. Les conclusions seront favorables à laisser toute initiative pour la création des *girls guides*. À cette même Conférence sera posé le problème de l'indépendance des unions cadettes par rapport aux unions que l'on appelle désormais « aînées ». La Conférence suggère que l'union cadette conserve son indépendance, mais qu'elle soit en relation plus proche avec l'union aînée. On peut supposer qu'avec le développement des unions cadettes un conflit de génération se fait jour. Même sans la création des Éclaireuses, ce conflit serait apparu.

Enfin, en mai 1914, sous le titre *L'Éclaireuse française*, Gertrude Koechlin excipant de son titre de « secrétaire des Éclaireuses unionistes », écrit à propos d'un examen passé le 1er mars 1914 pour les sections de la Maison verte et Levallois. Comme une note précise : « Nous publierons dorénavant tous les deux mois des nouvelles des éclaireuses unionistes et des unions cadettes. » Au niveau de la publication officielle des UCJF on peut dire alors que les éclaireuses unionistes ont droit de cité dans le journal. Nous ne retrouvons pas dans *Le Journal de la jeune fille* le même enthousiasme qui semble avoir habité les rédacteurs du journal des UCJG à la même époque. Il faut attendre mars 1915, pour trouver un article d'une unioniste convaincue par le modèle du scoutisme féminin, c'est Alice Bertrand qui se présente elle-même comme faisant partie de « ces ex-jeunes filles aux cheveux gris » qui voudraient voir « infuser une vie nouvelle à l'union cadette, [y] retenir les enfants par l'espoir d'être enrôlées quelque jour dans ce corps d'élite ». La première fois aussi qu'est émise une opinion politique à ce sujet : « Pourquoi laisserions-nous aux libres penseurs le monopole d'être seuls des modernes ? ». « Nous supprimons les appellations militaristes qui nous semblent peu plaisantes pour nos jeunes Françaises : la *patrouille* et la *compagnie* deviendraient la *section,* dirigée par une cheftaine, et le *groupe,* dirigé par la présidente. »

En juin 1914, Suzanne Carr publie un article dans *L'Éclaireur unioniste*[310] consacré aux éclaireuses unionistes. L'initiative vient toujours du groupe de la Seine des UCJF dont le comité annonce le fonctionnement de dix à quinze sections à Paris et en Province. Un premier « examen » a eu lieu le jour de la mi-carême, à la Maison verte à Paris, Maison verte où se trouve Camille Savary.

En juillet 1914, Alice Bertrand qui a créé une section d'éclaireuses à Levallois, trace le programme du mouvement. En 1916, elle constate le lent progrès des sections dû à la guerre. Une section s'est formée à Paris, six en province. À cette occasion elle souligne : « Une union bien comprise, une union intégrale, telle que le demande le temps présent, doit comprendre une section d'éclaireuses[311]. » Un projet de formation de chefs-éclaireuses est en train d'aboutir, il se déroulera au siège des UCJF en 1917. La commission des éclaireuses unionistes décide, avec l'accord de Lucile Morin « de mettre en brochures le cours de Mlle de Garis sur la formation des éclaireuses ».

Les 4 et 5 décembre 1920, le 7e Congrès de l'Étoile blanche se tiendra au Musée social sous la présidence de Julie Siegfried, Marie Bruneton est présente. En 1920, l'Étoile blanche semble avoir fait son temps, du moins est-ce l'avis de la jeune génération qui a pris en charge la Fédé, les Èclaireuses et les Éclaireurs unionistes de l'après-guerre. Leurs représentants ont déserté le 7e Congrès. André Hammel est sévère, non pour les orateurs apparemment à la hauteur de leur tâche, mais pour le vieil état-major de la ligue peu prompt à passer le flambeau aux plus jeunes. L'image que renvoie la ligue est une image de vieux, autoritaires et peu disposés à la discussion[312]. La vieille génération a fait son temps.

Les Éclaireuses unionistes (1912-1923)

En 1912, les Unions chrétiennes de jeunes filles entament une nouvelle phase d'institutionnalisation, puisque Jeanne Liotard part pour New York à l'école des secrétaires avant de prendre ses fonctions professionnelles de secrétaire des UCJF. *Le Journal de la jeune fille* aborde le problème du scoutisme, pour la première fois, dans son numéro des mois de juillet-août 1912. Soit deux ans après que *L'Espérance* eut abordé la question. Sous le titre « Comment les jeunes filles peuvent servir leur patrie, éclaireuses et *girls guides* », Jeanne Sequestra, la rédactrice en chef, présente le modèle anglais du scoutisme et précise que les UCJG ont déjà leurs éclaireurs. « Cette nouvelle organisation semble pouvoir compléter d'une manière pratique le travail spirituel des unions. » Peu d'enthousiasme dans les propos de Jeanne Sequestra. Rappelons que *Le Journal de la jeune fille* est rédigé depuis Saint-Étienne où l'on semble ignorer que des tentatives d'adaptation du scoutisme dans des unions cadettes sont déjà à l'épreuve.

Les projets d'adaptation du scoutisme aux unions cadettes

En 1912, on s'interroge sur le nom à donner à cette organisation : Éclaireuses, Avant-Garde... Et c'est sous les noms de Pionnières ou Guides unionistes qu'apparaît, en 1913, le premier projet construit de ce qui devait devenir les Éclaireuses unionistes. Ce projet, qui a le label UCJF, « est à essayer et à modifier après pratique », le comité du groupe de la Seine ayant décidé de se réunir dans un an pour arrêter le programme définitif. Pour tous renseignements s'adresser à Denise Flach, 37, rue de Berlin, Paris[313]. Denise Flach est alors présidente du groupe de la Seine.

Élisabeth Fuchs crée, en 1912, une troupe d'éclaireuses unionistes à partir de l'Union chrétienne de la rue de Naples. Cela est une certitude. Était-ce la première ? C'est ce que conclut Anne-Sophie Faullimmel[314]. D'après Violette Mouchon, « la première section fut fondée en 1911, à la Maison verte, à Paris, à l'imitation des *girls guides* anglaises, et une commission créée sous les auspices du comité des Unions chrétiennes de jeunes filles du groupe de la Seine[315]. » Sur l'antériorité, on peut encore discuter.

Nous l'avons vu, dès 1912, Suzanne Carr présente dans *Le Journal de la jeune fille* un projet d'adaptation des *girls guides*. Ce projet a été mis au programme de la dernière conférence du groupe de la Seine. L'idée semble dans l'air, du moins au niveau du groupe de la Seine des UCJF, d'adapter aux unions cadettes qui se développent, la pédagogie du scoutisme. De plus, les UCJF ne peuvent ignorer la reprise de cette pédagogie par les UCJG, à Montmartre (Maison verte), en 1911, à Paris et en province (10 troupes en France en 1911, 45 en 1912). En mars 1913, à l'occasion du 8e Congrès national des UCJF à Nîmes, la question des *girls-guides* et des unions cadettes est discutée, et nous savons que Camille Savary est présente à ce congrès. Comme le souligne Anne-Sophie Faullimmel, il semble bien que ce soit dans les Unions confrontées au développement des unions cadettes dans les milieux populaires que la greffe a le mieux pris, du moins au tout début des éclaireuses unionistes. Comme pour les éclaireurs unionistes, le scoutisme est apparu comme une méthode susceptible de convenir aux milieux populaires, parce que l'ouverture à ces milieux était déjà acquise et se heurtait à des difficultés. Plus tard, l'ouverture à un public lycéen se fera. Cela s'explique parce que cette méthode convenait autant, si ce n'est plus, à ce milieu. Nous interprétons la persistance des unions cadettes au sein des UCJF comme la reconnaissance implicite que le scoutisme convient mieux aux milieux favorisés et, surtout, que les UCJF qui continuent à attirer des jeunes filles des milieux défavorisés préfèrent pour elles le principe des unions cadettes, quitte à faire quelques emprunts à la pédagogie scoute.

Le 9 avril 1916, une assemblée générale des UCJF et des éclaireuses se tient rue de Naples. On comptera, en 1916, 300 éclaireuses rue de Naples et 325 en 1917. En 1922, le but des éclaireuses est énoncé ainsi : « S. Williamson a dit "un éclaireur, c'est un débrouillard pour le bon motif". Appliquant cette phrase aux éclaireuses, nous voulons que nos jeunes filles, harmonieusement développées et conscientes de leurs devoirs, soient capables, en toutes circonstances d'agir conformément à leur idéal. » La promesse est alors de « servir Dieu (ou ma conscience), ma Patrie, ma famille, aider les autres en tous temps, obéir à la Loi de l'Éclaireuse ».

Dans le Midi, la première section apparaît à Alès. À Montpellier, la présidente des Unions chrétiennes de jeunes filles, Suzanne Atger lance une section d'éclaireuses où prédominent les enfants de milieu populaire ; elle est secondée par Violette Fallot. Une deuxième section apparaît l'année suivante dans la même ville, le milieu est ici plus bourgeois. Suzanne Monod la dirige, assistée par Édith Castelnau[316]. En 1920, on note l'apparition de sections à Nîmes, Ganges, Uzès, Narbonne et Sète.

En 1919, dans *Le Journal de la jeune fille*, Antoinette Butte, sur un ton très désinvolte, écrit que les éclaireuses unionistes ne veulent en rien être une charge pour les UCJF et que, d'ailleurs, plusieurs sections ont su trouver les crédits nécessaires à leur fonctionnement. Il y a du projet d'autonomie dans l'air, dès cette date.

Des Éclaireuses unionistes à la FFE

L'idée d'adapter la pédagogie scoute aux unions cadettes, nous l'avons vu, est dans l'air. Les UCJF n'avaient sans doute pas besoin de l'encouragement des UCJG pour se lancer dans le scoutisme. Pourtant les UCJG les y encouragent. Dans *Le Christianisme au* XX*e siècle*, Eugène Kiès déclare que la « création du mouvement des Éclaireurs marque l'effort tout spécial des Unions chrétiennes de jeunes gens en 1911-1912. On espère qu'un mouvement semblable s'organisera pour les UCJF[317] ». De fait, en 1913, 35 sections féminines sont constituées, et 15 sont en formation.

À partir du premier Congrès national des Éclaireuses unionistes, en juillet 1920, le mouvement est doté d'une organisation. De quel mouvement s'agit-il ? Certes l'article de Violette Mouchon paru dans la revue du *Christianisme social* est intitulé « Le mouvement des Éclaireuses », sans qualificatif dans le corps du texte. « Issu des UCJF notre mouvement est chrétien dans sa direction et son esprit. Toutefois nos statuts sont rédigés avec une largeur qui permet aux sections purement laïques de se rattacher à nous[318]. » Rappelons qu'au début des années vingt le scoutisme apparaît aux UCJF comme une méthode semblant convenir aux milieux défavorisés. Rien dans cet article, nous semble-t-il, ne laisse présager que, quelques mois plus tard, ce sont les Éclaireuses unionistes qui vont créer la FFE. Dans *Le Christianisme au* XX*e siècle*, cette même Violette Mouchon rédige un article où il est explicitement parlé d'éclaireuses unio-

Georgette Siegrist (1897-1981).

nistes. Au premier Congrès national des Éclaireuses unionistes réuni au foyer des Alliés à Lyon, une présidente a été désignée, c'est Camille Savary, une commissaire nationale aussi, c'est Georgette Siegrist*. Quant à la signataire, Violette Mouchon, elle est commissaire régionale pour la Seine[319].

Il avait été question des éclaireuses à la Conférence nationale de 1919. Miss Spencer alors secrétaire générale de l'Alliance mondiale des YWCA était présente. Au Congrès de Lyon en 1920, il est souligné que « la Commission nationale des Éclaireuses unionistes marche la main dans la main avec les UCJF, mais elle est complètement autonome et indépendante. Les éclaireuses ne porteront-elles pas préjudice aux Unions en détournant d'elles la jeunesse ? Pour l'éviter, une section fondée avec l'appui d'une union doit collaborer étroitement avec celle-ci. La cheftaine doit demander des instructrices unionistes pour les études bibliques et la couture, etc. Il faut favoriser les rencontres. Quand les éclaireuses ont 20 ans, elles quittent la section. L'union est tout indiquée pour les accueillir ». Peu après, sans doute en 1921, les éclaireuses aînées seront créées à partir du foyer des UCJF de la rue Daunou par Violette Mouchon. Elles ont été rattachées à la FFE. C'est sans état d'âme particulier que Jane Sivadon (avec son amie Simone Joli) a créé, en 1923, une section neutre à Clermont-Ferrand, ville où le père de celle-ci était pasteur.

Qui est à l'origine de la FFE ? Encore en 1983, les anciennes de la FFE restent très susceptibles sur cette origine. À cette date, Louise Coquerel affirmait : « Ni Violette Mouchon, Cactus, ni Georgette Siegrist, Hibou-Japonais, ne sont pour quelque chose dans la fondation de la FFE, due à l'élan donné par Renne-Tenace, chef Walther, et qui a été votée au Congrès, à Épinal, en 1921 (G. Siegrist n'y était pas), et votée malgré Violette Mouchon, imbue de l'esprit "union chrétienne", bien qu'elle ait par la suite voté pour[320]. » Aujourd'hui, il semble admis que Marguerite Walther et Antoinette Butte sont à l'origine de la Fédération française des Éclaireuses. Ceci à condition de ne pas rappeler les origines protestantes des deux protagonistes.

On se dispute beaucoup l'héritage de Marguerite Walther, réputée agnostique pour les unes, alors que pour d'autres « sa vision de la neutralité [...] non point de cette neutralité qui consisterait à n'être rien pour ne pas se compromettre [...] mais cette vaste et généreuse amitié française qui permet – qui demande – à chacun de réaliser pleinement ses propres

Marguerite Walther sous la tente.

trésors spirituels en respectant la richesse spirituelle différente des autres. Ce Dieu dont chef Walther ne parlait guère (toujours le respect de l'autre) rayonnait puissamment à travers sa vie et bénissait son témoignage[321] ».

La filiation entre les éclaireuses de la rue de Naples et la FFE est violemment rejetée. « La section Naples fut la première section éclaireuses calquée sur les éclaireurs, mais ce fut sous l'impulsion d'Antoinette Butte, Grand-Lama à la verve intarissable, que le scoutisme féminin prit un départ qui devait rapidement s'accélérer. A. Butte réunit quatre couples de sœurs : elle-même et sa sœur Hélène (Faucon), Renée et Cécile Vincens, Suzie et Renée Lafont, ma sœur et moi. Cécile Vincens et ma sœur devaient lâcher. » Propos que confirme Hélène Butte elle-même : « Naples, créé en 1912 par Mlle Fuchs, s'adressait à des filles d'âge E.A. et s'inspirait très vaguement du scoutisme de B.P. En effet, aucun livre de B.P. n'avait encore été traduit en français – c'est l'hébertisme qui était connu et pratiqué en France – quand la prestation de serment se faisait collectivement, par 20 ou 30. Ça n'était pas du scoutisme. [...] Beaucoup d'activités avaient été empruntées aux Unions chrétiennes de jeunes filles. Résultat : quand il y eut enfin de vraies compagnies scoutes, appliquant le scoutisme de B.P. [1915 ?] Naples se voulant absolument laïque, refusa d'adhérer d'abord aux unionistes, puis aux neutres lorsqu'elles se sont créées, et à la FFE en 1921. Il fallut attendre des années et l'arrivée de Suzanne Vasseur[322], Cygne des Lacs tranquilles, pour que Naples nous rejoigne. » Mlle Fuchs et Odette Pic ont vu d'un très mauvais œil la concurrence qui se développait[323].

Les UCJF sont majeures (1919-1950)

Qu'il y ait eu des pleurs et des grincements de dents du côté des UCJF de voir partir ainsi une partie d'elles-mêmes, on peut le supposer[324]. Rappelons à ce sujet que nous travaillons pour l'essentiel à partir de publications officielles et non à partir d'archives et de témoignages. Or, dans le rapport de la Conférence nationale des UCJF des 18 au 22 avril 1923, qui comporte plus de deux cents pages, il n'y a pas un mot sur la FFE. Le rapport de Violette Mouchon sur les éclaireuses unionistes souligne leur développement mais ne fait pas la moindre allusion à une affiliation quelconque. Le problème a dû être censuré délibérément, ou du moins consensuellement comme c'est la règle dans beaucoup d'institutions qui résistent au changement. Violette Mouchon se contente d'assurer que les éclaireuses seront invitées à devenir unionistes, tout en soulignant qu'il y a peu de chance que cela se passe mieux qu'entre unions cadettes et unions aînées. C'est plutôt dans le rapport sur les unions cadettes que l'on peut trouver des traces de conflits internes aux unions chrétiennes de jeunes filles à propos du problème « cadettes » qui était devenu le problème « éclaireuses ». Marthe de Védrines*, en effet, rapporte qu'elle avait proposé au Comité national un règlement provisoire qui aurait pu être mis à l'essai dans les groupes durant dix-huit mois. Le Comité national a refusé ce règlement et a nommé une commission chargée de réétudier la question « Pour vivre et se développer les unions cadettes ont besoin d'être organisées » ; « En voulant obliger toutes les unions cadettes à se rattacher directement à l'Alliance, à avoir une vie propre, on risquerait, dans certains endroits, d'être mal compris et d'amener des troubles. En le leur interdisant à toutes, en bloc, on amènerait des troubles plus sûrement encore. On briserait les ailes de beaucoup (et des meilleures). Ce serait la mort, l'exode. [...] Rebutées par nous, elles se tourneraient vers d'autres amies. » Un règlement est donc voté en 1923, concernant l'organisation des unions cadettes[325]. Nul doute que le Comité national s'est vu reprocher de ne pas avoir su bien gérer le développement et la demande d'autonomie des unions cadettes. Marthe de Védrines et Madeleine Ythier ont fait le pari d'organiser les unions cadettes et elles y sont parvenues. Entre temps, les éclaireuses avaient pris leur autonomie. Dans l'espace de l'organisation des loisirs des fillettes et des jeunes filles qui s'ouvre à cette époque, il y a place, selon les milieux, pour les cadettes comme pour les éclaireuses. Violette Mouchon fidèle à l'esprit unioniste – ce qui lui sera d'ailleurs reproché – restera aux Éclaireuses unionistes dans le cadre de la FFE. Caractérisée par son esprit d'ouverture, c'est elle qui a établi les premiers contacts avec les Éclaireuses israélites (EI). Elle est à l'origine de l'accord entre la FFE et les Éclaireurs israélites.

Dans les publications des UCJF, les éclaireuses n'ont pas été traitées de la même façon. D'ailleurs, seul *Le Journal de la jeune fille* est « le journal des Unions chrétiennes de jeunes filles et des Éclaireuses unionistes ». Dans *Au service du Maître*, organe officiel des Unions chrétiennes, on fait un peu comme si la FFE n'existait pas, en accueillant des informations sur les camps de cheftaines EU en 1923. Violette Mouchon parle « des sections, interconfessionnelles dans leurs membres, protestantes dans leurs cheftaines ». Un vœu du Comité national est rapporté en 1925. Ce dernier « souhaite ardemment qu'un effort de compréhension et d'adaptation mutuelles soit poursuivi entre les deux groupements d'éclaireuses et d'unionistes[326]. En 1927, la relation du Congrès national de la FFE des 26 et 28 septembre se conclut ainsi : « Il y a place pour nos deux mouvements[327]. »

Silence protestant sur la FFE

Du Congrès d'Épinal des Éclaireuses unionistes qui vit la constitution de la Fédération française des Éclaireuses quelques mois après, nous n'avons pas trouvé trace dans *Le Christianisme au XXe siècle* en 1921. Dans l'*Agenda protestant*, les Éclaireuses unionistes n'apparaîtront à part entière, c'est-à-dire avec une place équivalente à celle des Éclaireurs unionistes et sans lien avec les UCJF, qu'en 1928. Elles apparaissent alors comme faisant partie de la FFE et avec, comme présidente, Marguerite Pichon-Landry, une non-protestante. En mars 1932, *Le Christianisme au XXe siècle* présente un long article sur le dixième anniversaire de la FFE, où il est surtout question du culte à l'Oratoire qui précède cette journée et où se retrouvent 200 éclaireuses unionistes.

En 1934, on ne censure plus, on prend acte. En se fondant dans la FFE, « la section unioniste après avoir été un tronc devenait une branche », lit-on en 1934[328]. Et les UCJF de se poser la question : « Y eut-il à proprement parler séparation d'avec l'Alliance ? Il est tout naturel à l'essaim parti de la ruche mère de sentir très vite son autonomie, surtout si, aux traditions du passé, il ajoute quelque chose de neuf qui lui paraît plus adaptable aux besoins du présent. Mais peu à peu se renouent les liens distendus, non plus de mère à fille, mais de sœurs entre elles. [...] En effet, dix ans plus tard à la demande des éclaireuses, un règlement prévoyant les modalités d'affiliation à l'Alliance des sections d'éclaireuses unionistes qui le désiraient, a été étudié puis voté à la Conférence nationale de Lyon (1931)[329]. » Nous n'avons pas étudié la portée de ce vote.

Le silence protestant nous paraît devoir s'expliquer plus par une crainte de cette ouverture aux catholiques, sur lequel on ne jugea pas bon d'insister, que par une crainte d'une ouverture laïque.

De 70 en 1913, les unions cadettes passent à 243 en 1923. Depuis la Conférence nationale de Strasbourg, les cadettes ont désormais un statut particulier dans l'Alliance, une secrétaire nationale et une commission au sein de la commission exécutive. « Les années de réorganisation d'après-guerre passées, l'Alliance a repris son développement normal. Le grand apport de cette dernière période 1923-1933, c'est le travail des cadettes[330]. » L'autonomie des éclaireuses n'a donc pas signifié la fin des unions cadettes. Les éclaireuses comptent alors 60 sections et 1 200 à 1 500 éclaireuses. Violette Mouchon affirme alors que l'expérience montre que les cadettes réussissent mieux que les éclaireuses unionistes dans certains milieux[331].

Après la Deuxième Guerre mondiale, les UCJF seront florissantes. Nicole de Ferron, la secrétaire générale, fera le point, en 1946, à la Conférence nationale de Grenoble en annonçant : 300 sections cadettes, 200 sections jeunes aînées[332] et 150 unions aînées. En 1934, *Le Journal de la jeune fille* est toujours le journal des Unions chrétiennes de jeunes filles et des Éclaireuses unionistes.

L'autonomie des mouvements de jeunesse

Pour les Églises : retenir la jeunesse

Il est manifeste que les premières unions se sont créées spontanément en dehors des Églises. Mais il est manifeste aussi, que ces premières unions se sont recrutées parmi les jeunes fidèles de ces Églises. Cette création spontanée s'était produite au milieu du XIXe siècle. Cette création spontanée s'était déjà produite en Angleterre (première union : celle de Glasgow en 1725), en Allemagne et en Suisse (première union connue : celle de Bâle en 1768), en Allemagne (vers 1825) et à Genève (vers 1847). Le problème de l'« ouverture » à des non-protestants pour les faire entrer dans l'espace proposé, même, comme c'est le cas, dans un but d'évangélisation, c'est qu'elle comporte des risques et notamment que cette porte ouverte soit utilisée pour « sortir » et s'éloigner.

Cessant d'ignorer les unions chrétiennes, les Églises sont venues vers elles. Comme Rémi Fabre le souligne à propos de la Fédération française des associations chrétiennes d'étudiants : « Il faut penser davantage la "réconciliation" avec les Églises, à la fin des années 1880, en terme de reconnaissance d'un mouvement déjà bien "chapeauté" par des adultes, qu'en terme de prise de contrôle direct[333]. » Cette réconciliation avec les Églises ne signifie pas reconnaissance de leurs divisions. En 1897, Emmanuel Sautter précise la nécessaire neutralité ecclésiastique des Unions à propos des UCJG, mais c'est aussi valable pour les UCJF : « Deux ou trois Unions chrétiennes dans une ville, sous prétexte de l'existence de deux ou trois dénominations ecclésiastiques, mais c'est l'émiettement, les doubles emplois, bien des efforts en pure perte, l'impossibilité d'une organisation matérielle suffisante pour lutter avec tout ce que le monde offre à la jeunesse[334]. »

Les Églises s'apercevront alors que si les écoles du dimanche s'occupent des enfants, elles ne possèdent aucun organisme spécialement adapté aux jeunes, qui trop souvent désertent les Églises après leur première communion. En 1909, les écoles du dimanche réunissaient près de 67 000 élèves qui risquaient de fuir l'Église, si aucun organisme ne prenait la relève.

La pratique protestante de la laïcité consiste tout autant à opérer une distance par rapport aux Églises, qu'à accentuer le rôle tenu par les laïcs par rapport aux clercs. La Société des écoles du dimanche avait consacré l'activité des laïcs auprès du ministère pastoral. Elle consacrait aussi la présence de jeunes filles et de femmes, dans ce ministère de laïcs. En France, le mouvement laïque qui devait mener à la séparation de l'Église et de l'État concernait au premier chef les protestants. « La grande majorité des protestants était favorable à la séparation. Les Églises protestantes de France n'avaient-elles pas vécu séparées de l'État, à vrai dire souvent persécutées par lui, des origines de la Réforme jusqu'aux articles organiques de loi de germinal an X ? Et, au milieu du XIXe siècle, un nombre relativement important de communautés réformées n'avaient-elles pas fondé des Églises évangéliques libres sur le principe même d'une indépendance totale à l'égard de l'État[335] ? »

En 1905, la séparation de l'Église et de l'État, amène les Églises séparées à se réunir au sein de la Fédération protestante de France. Les Unions chrétiennes, quant à elles, jubilent. Le rapport de la XIVe Conférence nationale des UCJG à

Nancy en 1906 souligne : « Au moment de la promulgation de la loi de séparation des Églises et de l'État, nous avons envoyé à toutes les Unions une circulaire leur signalant les conséquences heureuses que pouvait avoir pour l'avenir de notre œuvre cette loi, dont l'une des conséquences doit être de rendre plus effectifs le rôle et la responsabilité des laïques en matière d'Église. N'oublions pas, Messieurs, qu'il y a dans le nouvel état de choses qui vient d'être créé une occasion unique de montrer que les Unions chrétiennes sont capables de former ces laïques pieux et actifs sans lesquels les Églises, malgré les pasteurs les plus dévoués, ne peuvent pas vivre. »

Donner des responsabilités aux laïcs, c'est aussi déposséder les pasteurs d'une parcelle de pouvoir. Sous cet angle, il convient de persuader les pasteurs. James Hughes, un Anglais dévoué à la cause des unions chrétiennes, tout en s'adressant aux jeunes gens s'adresse aussi aux pasteurs : « Bien que l'association ait beaucoup à attendre du concours des pasteurs, il est préférable que ceux-ci ne prennent pas la direction de l'œuvre, afin de lui conserver un caractère nettement laïque et indépendant[336]. » Ce conseil, les pasteurs auront parfois beaucoup de peines à le suivre.

Les mouvements de jeunesse, un palliatif

Les groupements de jeunesse se développent après la guerre de 1914-1918 : unions, cadets et cadettes, aclaireurs et éclaireuses, Fédé, alors que la fréquentation des écoles du dimanche baisse (25 000 enfants en 1924 au lieu de 67 000 avant la guerre[337]). Chez les protestants, l'heure est aux mouvements de jeunesse.

En 1920, les éclaireuses unionistes ne peuvent pas ignorer que les éclaireurs unionistes ont conquis leur autonomie depuis la guerre. Ils sont alors en plein développement et comptent 135 troupes regroupant 3 800 éclaireurs (2 300 au moment de l'armistice). L'autonomie des éclaireurs unionistes par rapport aux UCJG est antérieure à celle des éclaireuses unionistes par rapport aux UCJF. Côté scoutisme masculin, il existe une organisation rivale des EU que ne connaissent pas les filles : les Éclaireurs de France (EDF) qui se sont développés plus rapidement encore que les EU. De plus ils ont à leur tête plusieurs protestants notoires, dont le pasteur Gallienne, et même un catholique connu qui a travaillé longtemps à La Mouffe avec Marguerite Walther, devenue fervente FFE[338] : il s'agit d'André Lefèvre, qui prendra la suite de Paul Charpentier en 1922. Le 25 février 1916, une Commission nationale du mouvement des Éclaireurs unionistes est créée. Leurs premiers statuts datent du 14 octobre 1918[339]. « On y fut brusquement amené par l'obligation qui semble inéluctable à l'époque, de constituer, avec les Éclaireurs de France une "Fédération française des Éclaireurs". Pour faire partie de celle-ci, il fallait avoir des statuts et les déposer ; le commissaire Henri Bonnamaux les rédigea rapidement, et constata qu'il ne pouvait pas adopter purement et simplement son avant-projet de 1914, parce que, dans les statuts d'une association déclarée, il n'est pas possible de se référer aux statuts d'une association non déclarée, telle que l'Alliance des Unions chrétiennes[340]. » Il y a donc eu un projet de fédération avec les EDF qui a avorté. L'autonomie réclamée et obtenue en 1920 à la Conférence nationale des UCJG s'appuie sur plusieurs éléments : l'autonomie de fait, des EU, déjà acquise ; une Fédération française des Éclaireurs fondée en 1918, mais dont la réalité est incertaine ; volonté d'être sur un pied d'égalité avec les autres associations du scoutisme (les Scouts de France viennent d'apparaître) ; une autonomisation du budget déjà réalisée depuis 1919 ; l'existence de troupes (environ un tiers) rattachées soit à des Églises (et non à des Unions chrétiennes), soit à des œuvres d'évangélisation, ou isolées de toute organisation ; le mouvement des Éclaireurs unionistes devenu une œuvre interconfessionnelle. Ce dernier argument est donné par un vieil unioniste décrivant la situation de la région dont il est le représentant, le Nord-Est : sur les 4 troupes de Nancy, Épinal, Thaon et Remiremont, 38 éclaireurs sont protestants, 104 sont catholiques ; 15 % des éclaireurs ne fréquentent pas l'école du dimanche. Dans des proportions différentes selon les troupes, l'ouverture à des publics sans confession ou catholiques est générale[341]. L'ouverture œcuménique, voire laïque n'est donc pas une spécificité féminine.

Cette autonomie accordée en 1920 aux éclaireurs était d'autant plus courageuse de la part des UCJG que l'institution s'appauvrissait ainsi de la moitié de ses effectifs, déjà réduits par les morts de la guerre. De plus, ce sont les éléments bourgeois qui vont disparaître en plus grand nombre. Les UCJF, dont les effectifs ont plutôt augmenté depuis la guerre, peuvent supporter cette amputation. Elles n'ont pas connu cette effroyable perte en vie humaine des UCJG (850 morts, dont 100 chefs éclaireurs), elles sont donc mieux placées pour accepter l'autonomie des éclaireuses.

Nous n'avons que peu d'éléments d'analyse à proposer sur l'échec du projet de FFE masculine. Ce qu'il semble, c'est que les EDF sont sortis de la guerre en fort mauvaise situation, tandis que les EU se portent bien, ce qui peut expliquer le peu d'enthousiasme des EDF à se trouver minoritaires au sein d'une fédération. L'idée d'une organisation du scoutisme à l'anglaise n'a pas disparu, elle est même défendue par les Américains et surtout des Américaines : Anne Morgan*, philanthrope américaine qui a impulsé de nombreuses associations culturelles surtout dans l'Aisne, et Anne Murray-Dick*, qui sauront mieux se faire entendre des Françaises. Il s'agit du Comité américain pour les régions dévastées (CARD). Pierre Kergomard, un protestant, relate ainsi le rôle du CARD : « Avec les représentants des associations françaises [du scoutisme], il [le CARD] avait créé une œuvre des "Éclaireurs de la France dévastée". Celle ci a organisé, dès l'été de 1919, des camps, que l'on appelait camps-écoles. Ces camps étaient dirigés par M. Barklay, directeur du département de l'éducation des Boy-scouts of America, assisté de délégués de Londres. Les troupes qui les composaient étaient dirigées par des représentants des associations françaises. Après le camp de 1920, une réunion de ces représentants, tenue sous l'égide de M. Barklay, adoptait un vœu, avec des représentants qualifiés des associations françaises[342]. » Charpentier (des EDF) était un des signataires de ce vœu.

Que s'est-il passé par la suite ? Le CARD a-t-il manqué de discrétion dans certaines de ces interventions ? Toujours est-il que Paul Charpentier, bien qu'il fût statutairement agent d'exécution du comité directeur, envoyait, à la fin de 1921, sans en référer à celui-ci, une lettre au CARD dans laquelle il critiquait vivement ce comité[343]. Paul Charpentier[344] a démissionné, ne supportant pas le rôle d'un groupement étranger se substituant aux associations françaises. En 1922, en effet, André Lefèvre l'a remplacé à la tête des EDF.

Sans le blocage EDF, une FFE masculine aurait-elle vu le jour ? C'est ce que nous ne saurions affirmer. Quoi qu'il en soit la double appartenance EU-EDF est restée une possibilité. Ainsi Pierre Poujol qui avait créé en 1912 une troupe EU à Paris, lorsqu'il est nommé, en 1923, professeur au lycée de Toulon, crée à partir de cet établissement une troupe EDF, ceci par respect de la laïcité dans le cadre de l'enseignement. Jean Beigbeder, quant à lui, est devenu chef de troupe adjoint EDF à Saint-Malo, en 1927, et a fait camper ensemble une troupe EU et une troupe EDF, en 1927, à Rennes[345]. Enfin, en 1923, un bureau interfédéral (EU-EDF-SDF) est créé, Jean Beigbeder, commissaire national EU, en est le secrétaire[346].

Violette Mouchon (1893-1985).

L'audace de quelques-unes

Pour les UCJF, il ne s'agit pas seulement d'une demande d'autonomie pour une éventuelle appartenance à une fédération, mais de la création même de cette fédération. L'avantage que les éclaireuses ont eu sur les éclaireurs, c'est qu'il n'existait pas, en 1920, d'organisations concurrentes. C'est ce que précise Violette Mouchon à Miss Bretherton, puisqu'il semble bien qu'il faille rendre compte à Londres... : « Nous voudrions beaucoup qu'on sache à Londres qu'il n'y a actuellement en France aucun autre mouvement que le nôtre : il existe seulement des sections qui ne sont pas rattachées à nous, mais ce sont des sections isolées et non des organisations d'ensemble qui regroupent actuellement trente-cinq sections en activité et quinze en formation[347]. » Une organisation concurrente à la FFE ne tardera pas à apparaître, ce seront les Guides de France, mouvement féminin catholique, en 1923.

Marguerite Walther (1882-1942).

Le rôle de Marguerite Walther

Marguerite Walther, qui était extérieure aux UCJF, a fait « à chaud » une relation de cette prise de position des participantes en faveur d'une fédération au Congrès d'Épinal, les 24 et 25 juillet 1921. Une cheftaine de la rue de Naples a sa faveur : « La cheftaine du groupe Paris-Naples, groupe le plus ancien, créé avant la guerre et qui est resté jusqu'à présent en marge des autres groupes parce qu'il est neutre, expose les avantages d'une fédération nationale avec clarté et précision. » Il s'agit sans doute de Suzanne Vasseur. « Le rêve est réalisé, le principe de la fédération est voté... faut-il le dire ? Je suis conquise, j'ai senti là quelque chose d'indéfinissable, de fort, de chaud, qui m'a donné la certitude d'un avenir brillant. Ces quelques-unes qui ont osé être seules de leur avis en face des avertissements de l'expérience, qui ont consenti, pour une cause qui leur paraissait juste, à mutiler leurs convictions intimes (mais peut-on parler de mutilation quand il y a élargissement de compréhension et d'amour ?), ces êtres-là sont une force qui doit vaincre. Dès maintenant je leur ai donné ma confiance, toute mon amitié ; j'unirai mes efforts aux leurs, et ensemble nous réaliserons ce rêve de collaboration des bonnes volontés. Qu'ai-je pensé des Unions chrétiennes ? J'ai précisément donné l'exemple de cet état d'esprit que je critique, que je veux travailler à démolir. Vivent les Unions chrétiennes, qui ont nourri cette élite ![348] » Il est vraisemblable que la connaissance que Marguerite Walther a des UCJF tient à son origine protestante et à sa rencontre avec Marie Bruneton dans l'armée d'Orient[349]. À Salonique en 1917, elle devait aussi faire connaissance de Cathe Descroix*, une fervente sillonniste qui l'avait introduite à ce qui allait devenir La Mouffe. Marguerite Walther arrive, en janvier 1918, dans cette institution militante d'inspiration sillonniste, à un moment crucial pour son orientation. Cathe Descroix est revenue après dix ans d'absence et veut reprendre en mains l'organisation qui, à son point de vue, s'écarte de sa vocation catholique et politique dans l'esprit de Marc Sangnier, même si elle a toujours favorisé l'ouverture à tous les publics d'autres confessions ou libres-penseurs. André Lefèvre, catholique fervent lui aussi, prône une attitude plus neutre. Marguerite Walther va se rallier à cette idée, avec un enthousiasme dont elle ne se départira pas dans son action à la FFE. Le coup de force par rapport aux UCJF auquel il est vraisemblable qu'elle a participé de façon active, au moment de la création de la FFE en 1921, elle est en train de le vivre avec Renée Sainte-Claire Deville* en milieu catholique et de façon beaucoup plus douloureuse. Qu'elle fasse part à cette dernière de ce qu'elle voit à Épinal se comprend mieux. Or, Chez nous est une organisation qui n'est pas inconnue des protestants, en particulier des unions. En 1921, en effet, un unioniste de Quiévy, Robert Jospin, a écrit un article dans *L'Espérance* qui donne en exemple l'esprit d'ouverture de cette organisation. De plus, en accord avec André Lefèvre et grâce à son neveu Jacques Randon, éclaireur unioniste aux Batignolles, elle est entrée en contact avec Jean Beigbeder, et une troupe non confessionnelle d'éclaireurs a été créée, mais dirigée par deux protestants.

La Mouffe[350], c'est, outre André Lefèvre, Renée Sainte-Claire Deville et Marguerite Walther, Marthe Levasseur*, Ronald Seydoux, un protestant, et Fernand Bouteille, personnalités qui vont se consacrer au scoutisme EDF et FFE et, ce faisant, donner au projet de laïcité une tonalité bien particulière.

Jeunesses d'Églises ?

Côté UCJG, l'autonomie des Éclaireurs unionistes ne signifie pas rupture. De plus la création des EU n'a pas signifié la disparition des unions cadettes, bien au contraire. En 1925, au Congrès national des Unions chrétiennes, la situation des UCJG est plutôt favorable. Le nombre d'unions proprement dites est passé de 130 en 1920 à 232 en 1925. Le nombre des cadets est passé pour les mêmes dates de 620 à 1 181, tandis que les EU, toujours comptabilisés dans le rapport moral, passaient de 2 050 à 2 748. La création des Éclaireurs unionistes n'a donc pas condamné les unions cadettes.

Les mouvements de jeunesse eux-mêmes auront le souci de se relier entre eux et, en 1937, sera créé, sous l'impulsion de fédératifs comme Charles Westphal et Suzanne de Dietrich, le Comité inter-mouvements (CIM) qui réunissait les cinq mouvements d'inspiration protestante : les UCJG, les UCJF, la Fédé, les Éclaireurs unionistes et les Éclaireuses unionistes. Les liens avec les Églises semblent s'être ressoudés : « À partir de 1930, environ, la majorité des étudiants en théologie et des pasteurs de toutes dénominations étaient engagés, à un titre quelconque, dans les mouvements, resserrant ainsi les liens avec les Églises et facilitant beaucoup les relations avec les jeunes[351]. » Le régime de Vichy va faire une obligation aux Églises de resserrer un peu plus les liens avec les mouvements de jeunesse. Plus particulièrement, les pasteurs vont se trouver investis d'un rôle plus interventionniste auprès des groupes locaux, faisant des troupes des sections et des unions des œuvres de paroisse. En zone occupée, « chaque troupe des EU ou de la FFE est devenue jeunesse de sa paroisse, de même que chaque groupe de Fédé lycéenne. Quant au groupe de Fédé étudiante de Paris, il est devenu jeunesse d'Église de la rue Tournefort[352] ». On peut dire, que, dans une certaine mesure, les pasteurs ont pris goût à exercer cette tutelle. En 2002, l'autonomie du scoutisme protestant est certainement moins grande qu'elle ne l'avait été avant la guerre. Le Mouvement jeunes femmes (MJF) a fait l'expérience inverse, adepte d'une laïcisation du mouvement afin d'avoir une autonomie totale par rapport à l'Église, le mouvement a voulu couper les ponts et de ce fait a vu tarir ses sources de recrutement que représentaient les paroisses.

La fin de la FFE

Quant à la FFE, Hélène Butte énumère les raisons de son éclatement. Celle-ci n'a pas résisté notamment aux pressions venues des composantes de la branche masculine, converties à la mixité plus tôt que les branches féminines. Elle explique aussi le poids des difficultés que rencontrent les UCJF prises au piège de l'Alliance des équipes unionistes dont elles sont membre fondateur, contrairement aux UCJG, et qui devaient amener à la suppression de la FFE comme des UCJF. « C'est le 26 avril 1964, au cours d'une assemblée générale extraordinaire que 260 cheftaines venues de toutes les régions, présentes au lycée Michelet à Paris, ont été amenées à statuer sur l'orientation nouvelle du mouvement. Sous la présidence de Marguerite Pichon-Landry, cette réunion a débuté par une introduction relatant l'évolution de la FFE depuis sa création. Chaque commissaire nationale des trois sections, EI, EN, EU a ensuite présenté les perspectives particulières qui s'ouvraient à elle. Après discussion, un vote à bulletin secret portant sur le principe de cette nouvelle orientation a eu lieu. Tout a été consommé le 15 septembre 1964[353]. »

CHAPITRE 6

En route vers l'égalité dans la différence

1914-1960

Les protestants et la mixité (1880-1914)

Des groupes de jeunes filles se sont constitués spontanément à peu près à l'époque où commençaient à apparaître les groupes masculins. Ces groupes apparaissent (aussi) près des Églises « réveillées » mais sans prendre, par rapport à celles-ci, une autonomie comparable à celles des UCJG. Les Unions chrétiennes de jeunes filles ont eu une existence parallèle à celle des Unions chrétiennes de jeunes gens, mais la première amorce de regroupement territorial a été plus tardive, elle se situe en 1891 à Paris. Au moment où est créée l'Alliance des UCJF, son homologue masculin était en pleine expansion. De 3 000 membres, dont 1 000 actifs en 1895, les Unions chrétiennes de jeunes gens sont passés à 7 000 membres dont 1 650 actifs en 1902, date à laquelle elles emploient une douzaine de secrétaires généraux, tous laïques. Filles et garçons participent bien du même élan.

En 1876, dans le *Bulletin de l'Union chrétienne de jeunes gens,* il est fait mention d'une réunion de chant organisée en commun avec l'Union de jeunes gens et l'Union de jeunes filles[354]. À partir de 1895, les UCJF apparaissent, plus systématiquement, aux côtés des UCJG sous la rubrique consacrée aux jeunes dans *Le Christianisme au* XIX*e siècle*. Ce n'est pas pour autant que filles et garçons se rencontrent, sauf de façon officielle sous forme de représentations aux conférences. En 1905, a lieu une réunion internationale des UCJF rue de Trévise. En 1906 le rapport du Comité national des UCJG signale que, « comme par le passé », il a entretenu des rapports fréquents avec les UCJF et organisé localement des réunions en commun. Le pasteur Freddy Durrleman demande que « les œuvres chrétiennes masculines et féminines se solidarisent le plus possible » et cette proposition est acceptée à l'unanimité des votants de la Conférence nationale de 1906. En 1908, Roger Merlin fonde la Société de dotation de la jeunesse unioniste. Cette société permet à des jeunes gens de se constituer une « dot » en épargnant mensuellement. La liquidation intervient au mariage ou à 30 ans. Cette caisse sera ouverte aussi aux jeunes filles et Marie Bruneton en sera la vice-présidente.

Durant la guerre, le Comité national des UCJG organise un service de colis de Noël pour les soldats au front. Ce service est dirigé par Léonie Viguier des UCJG. La Fédération des associations chrétiennes d'étudiants participe, les UCJF apportent leur concours efficace à ce projet.

Des liens nombreux ont existé entre les UCJG et les UCJF, ne serait-ce que par les comités de patronage. Les épouses de ceux qui patronnent les UCJG patronnent les UCJF. Les sœurs des unionistes n'ignorent pas ce que font leurs frères et réciproquement, même si la mixité au sein d'une même organisation est impensable à l'époque en France. L'instruction religieuse et la réception dans l'Église étaient le plus souvent séparées entre garçons et filles.

Il existe en dehors de France des unions mixtes. Les YMCA en ont recensé 588 en 1908. Ce mouvement vers la mixité est spontané et concerne plus particulièrement les pays nordiques. Les responsables des YMCA sont embarrassés car le mouvement vers la mixité semble amené à se développer. Ils prennent acte et des formules de conciliation sont trouvées afin de ne pas rompre avec ces associations. Il faudra attendre 1939 pour qu'une conférence mixte ait lieu à Amsterdam, mais il ne s'agit pas de la fusion des organisations[355]. La France paraît avoir résisté plus longtemps à l'introduction de la mixité dans les organisations de jeunesse. Les mouvements féminins étant finalement plus hostiles à la mixité que les mouvements masculins. Ainsi les Éclaireurs de France s'ouvriront à la mixité alors que la FFE reste rétive. Pour le Mouvement jeunes femmes, la non-mixité est une étape nécessaire, car c'est « une propédeutique qui permet aux femmes à la fois de clarifier la pensée et de faire l'apprentissage de l'expression orale, pour devenir plus fortes et actives dans leur couple, leur milieu ou la société en général[356] ».

Dans l'euphorie des fêtes de plein air (1880-1900)

En 1883, dans *L'Étincelle*[357] comme dans *L'Espérance,* journaux des UCJG, il est fait mention d'unions de jeunes filles sans que cela apparaisse un fait exceptionnel. La question de la présence de jeunes filles semble s'être posée à partir de l'organisation de la première fête de la jeunesse à L'Oratoire, à Paris, en juin 1883. Les jeunes filles, en effet, n'ont pas pris une part active à la fête, elles y ont assisté en spectatrices. Cela ne se reproduira pas, *L'Espérance* en émet le vœu. En 1884, l'année suivante, les jeunes filles prennent une part active à la fête, il en sera de même pour les fêtes de la jeunesse organisées à Nîmes ou à Marseille.

En 1885, sous la signature de X, commence une série d'articles intitulée « À mes sœurs » puis « À nos jeunes sœurs ». Nous n'avons pas encore pu identifier qui se cache sous cette signature, mais c'est une femme qui reprendra très souvent la plume pour dire aux jeunes filles de « ne pas méconnaître l'œuvre excellente du relèvement moral que Dieu leur a départie[358] ». Nous pouvons légitimement conclure que *L'Espérance* était aussi lue, en 1885, par les jeunes filles des Unions chrétiennes qui existaient déjà. Les Unions de jeunes filles parfois se portaient mieux que les Unions de jeunes gens, c'est le cas de celle de Saint-Fortunat, l'Union de jeunes filles que préside Adolphe Maillet tout en présidant aussi celle des jeunes gens. Lorsque *Le Journal de la jeune fille* est créé en janvier 1893, *L'Espérance* fait paraître un encart publicitaire[359] sur cette publication. Il est probable qu'au moins jusque-là les jeunes filles lisaient aussi *L'Espérance*.

Le principe généralement admis de la non-mixité des organisations de jeunesse va céder très doucement sous la pression des jeunes eux-mêmes. L'organisation des fêtes de plein air va leur en offrir l'occasion. À l'occasion de fêtes de la jeunesse, *Le Christianisme au XIXe siècle* constate que jeunes gens et jeunes filles participent ensemble à ces fêtes qui deviennent rapidement des institutions dans plusieurs paroisses de France. L'assemblée en plein air est une mode lancée d'abord par les écoles du dimanche pour leur sortie annuelle et développée par les Unions chrétiennes. En 1885, note Jacques Poujol « l'assemblée de Saint-Roman-de-Tousque, qui aurait attiré 2 000 participants, marqua un succès considérable pour la frange évangélique et orthodoxe du protestantisme cévenol et suscita quelques jalousies dans les rangs libéraux, majoritaires dans les vallées cévenoles. La réponse ne se fit pas attendre… » Pour concurrencer l'assemblée de Saint-Roman-de-Tousque, les pasteurs libéraux convoquaient, l'année suivante, une grande assemblée à Saint-Étienne-Vallée-Française. Il y aurait eu aussi 2 000 fidèles[360]. Menés par leurs pasteurs au nombre desquels on reconnaît Henri Nick, unioniste, et le pasteur de Mialet, les jeunes gens visitaient les grottes des environs. Parmi ceux qui mènent les jeunes gens et les jeunes filles, on reconnaît aussi les unionistes et pasteurs Jean Sequestra, Émile Liotard, de la Vernarède, Paul Bianquis, du Vigan, Élie Gounelle, d'Alès, et Adolphe Maillet, de Saint-Fortunat. Depuis deux décennies, les protestants avaient découvert le plaisir des fêtes en plein air. 1 500 personnes se réunissent en plein air pour le 30e anniversaire de l'Union de Saint-Jean-du-Gard en 1892[361]. Augustine Rouvière a raconté avec émotion que l'Union chrétienne de Sainte-Croix-Vallée-Française dont elle faisait partie organisait une vente. « Avec l'argent retiré de la vente nous nous rendions une fois par an à la Can de l'Hospitalet. C'était notre pèlerinage sur ce plateau du Causse[362]… »

Les fêtes de la jeunesse avec promenades champêtres, qui réunissent UCJG et UCJF, connaissent donc un grand succès. C'est dans cette période que le Club cévenol est créé.

Nouveaux espaces de mixité

En 1891, après avoir rappelé aux jeunes gens le nécessaire respect que l'on doit à la femme, le pasteur Charles Wagner ajoute : « Les jeunes gens des deux sexes sont faits pour se voir et se fréquenter. Il leur faut des distractions communes, des plaisirs communs, naturellement sous les yeux des parents et, surtout dans un monde comme le nôtre, entourés des précautions nécessaires. En vérité, quand nous regardons la vie qui est faite à notre malheureuse jeunesse, nous sommes obligés de dire qu'elle est sevrée des plus pures joies. Quand on est jeune, on a grand besoin d'une foule de choses auxquelles personne ne semble penser. Besoin d'affection, d'échange de sentiments avec des femmes aimables et respectables, de franche et bonne gaieté, partagée avec des jeunes filles de même âge. Ce besoin, chez un jeune homme qui n'a pas été préalablement étiolé et corrompu, est bien plus fort que les tendances inférieures dont on nous rebat les oreilles[363]. » Le livre de Wagner, *Jeunesse*, a connu un grand succès. Il en est, en 1904, à sa vingt-sixième édition. Charles Wagner a sans doute beaucoup d'audace de parler de la mixité, bien sûr sous contrôle des parents et pas dans le cadre d'une quelconque organisation, même paroissiale. On peut supposer que ces propos pourtant prudents ont effarouché les protestants orthodoxes. En 1894, on peut lire dans *L'Espérance*, sous la plume de James Hughes, parlant des Unions chrétiennes de jeunes gens : « Si cette œuvre veut agir sur la jeunesse irréligieuse – ce qui est le rôle des unions – il faut nécessairement en France renoncer à réunir les deux sexes. » Pourtant les jeunes gens et les jeunes filles avaient l'occasion de se rencontrer grâce aux relations amicales, qu'elles soient ou non générées par la vie paroissiale, depuis l'école du dimanche jusqu'à l'instruction religieuse. Souvent des bâtiments communs aux UCJF et aux UCJG ont été édifiés.

En 1908, un unioniste, Emmanuel Sautter aborde de front le problème de la rencontre entre jeunes gens et jeunes filles des unions : « En apprenant aux jeunes gens et aux jeunes filles à se fréquenter de la bonne manière, on leur enseigne par là même des choses fort utiles. [...] Je ne suis nullement partisan des unions mixtes ; je termine en souhaitant que chaque année les fêtes de la jeunesse soient de plus en plus nombreuses, qu'elles servent de point de départ à des rencontres cordiales entre UCJG et UCJF[364]. »

Le succès des fêtes de la jeunesse s'explique probablement par le fait qu'elles occupent un espace de mixité autorisé. Autre espace autorisé, les chorales, puisqu'il n'est pas rare que UCJG et UCJF chantent ensemble. Le chant choral est une occasion de rencontres et favorise la mixité. Étant donné la place de la musique dans la culture protestante, le rôle des chorales n'a pas dû être négligeable.

Le milieu étudiant, où filles et garçons se rencontrent dans les facultés, s'ouvrira le premier à la mixité, ce sera la Fédé où se retrouveront des membres des UCJF et des membres des UCJG. À Nîmes, des cours mixtes apparaissent entre

1908 et 1911. Rue de Trévise, en 1911, sont organisés des « cours d'études sociales » communs aux UCJG et aux UCJF. Toujours en 1911, les Unions de jeunes gens et de jeunes filles de Montmartre décident d'assurer, une fois par mois, la réunion d'évangélisation de la Maison Verte le dimanche soir. Ce ne sont sûrement pas les premières et les seules activités assurées en commun. Dans *L'Espérance* en 1912, pour la première fois, le principe des réunions mixtes (et notamment UCJG-UCJF) sera présenté comme excellent[365]. Cette mixité fait peur, et les jeunes filles sont mises en garde par le pasteur méthodiste Élie Neel qui argumentera tout au long de cinq numéros du *Journal de la jeune fille*, sous des propos qui se veulent moraux, mais aussi scientifiques, contre la danse. De combien de pneumonies la danse est-elle responsable chez les jeunes filles qui s'y livrent ! Les jeunes gens sont aussi mis en garde dans *Espérance* contre « l'ennemi du jeune homme » qu'est la danse, parce qu'elle favorise le flirt. Mais aux propos pudibonds de Jean-René Terrier, répond un autre unioniste, Ernest Juteau, plus compréhensif pour le goût des jeunes hommes pour la danse.

En 1900, on peut lire dans *Le Journal de la jeune fille* : « Grâce à Dieu, la porte de séparation [entre les UCJF et les UCJG], si rigoureusement fermée jusqu'à présent commence à s'entrebâiller[366]. » C'est le moment de le souligner, puisque la Conférence nationale des UCJF a lieu rue de Trévise, dans les locaux de l'Union chrétienne de jeunes gens de Paris et qu'une soirée commune a été organisée. Ce n'est pas la première fois que les UCJG accueillent les UCJF. Celles-ci ont été invitées au Jubilé des UCJG en 1895. On construit même une maison, inaugurée en 1902, pour abriter à Moncoutant (Vendée) les UCJF et les UCJG. Mais il sera fait grand bruit autour d'une fête de la jeunesse à Marseille organisée par les deux Unions[367]. Pourtant, les UCJF elles-mêmes ne sont pas unanimement favorables au rapprochement avec les UCJG, et leur participation à la Conférence nationale des UCJG où elles sont invitées en 1899 va faire l'objet de discussions serrées[368]. Elles accepteront finalement l'invitation des UCJG. À partir de 1928, *L'Espérance, Le Journal de la jeune fille* et *Au service du Maître* publient un numéro commun à l'occasion de Noël.

La hantise des « mariages mixtes »

En jargon protestant, « mariage mixte » désigne un mariage entre un protestant et une catholique, ou entre une protestante et un catholique. Il est sans doute opportun de rapprocher le succès des fêtes de la jeunesse du souci des pasteurs et de leurs paroissiens d'éviter les mariages mixtes. Mariages présentés comme l'enfer, surtout pour les femmes. Une unioniste, en 1894, Élise Fallot sous la signature d'Insième, décrit sous forme de nouvelles les malheurs d'une femme dont l'éducation toute protestante qu'elle a donnée à ses enfants est rendue infructueuse par l'influence du milieu catholique de son mari[369]. Trois mois plus tard dans ce même journal, l'éditorial précise « nous approuvons sans réserve cette institution des fêtes de la jeunesse qui tend à se propager sur tout le territoire ». L'article va même jusqu'à envisager des activités mixtes au cours de la fête, ce qui laisse supposer, que les activités étaient séparées dans le passé. L'exemple de la fête de la jeunesse de Valence, en 1897, nous semble caractéristique. À l'origine le groupe régional Drôme-Ardèche des Unions chrétiennes de jeunes gens doit se réunir. L'idée vient alors de transformer cette réunion masculine en fête de la jeunesse, ce qui veut dire qu'on ouvre cette manifestation aux jeunes filles. À cette fête participeront 105 jeunes gens et 250 jeunes filles[370].

Une série d'articles consacrés au problème du célibat et du mariage paraît en 1899 dans *Le Journal de la jeune fille,* et en 1901 dans *L'Espérance*. Dans *Le Journal de la jeune fille*[371], il est bien question d'un mariage d'amour, mais surtout pas avec un catholique. Dans L'*Espérance,* la question est posée : peut-on, doit-on rester membre des unions après le mariage ? Il semble que l'on s'oriente vers une réponse positive, ce qui se comprend mieux à la lecture des numéros suivants où des annonces de mariage apparaissent et même, en 1902, sous l'intitulé « Pluie de mariages unionistes ». Nous pensons que l'on peut rapprocher ce fait de la proximité devenue bien réelle, au moins au niveau local, entre jeunes filles et jeunes gens faisant partie des unions. Les fêtes de la jeunesse en font foi.

Des mariages unionistes

À partir de 1903, des mariages entre unionistes sont signalés[372]. En 1907, sur le mode humoristique, A. Sturm écrit dans *L'Espérance* un article à propos des mariages mixtes qu'il déplore. Il suggère la création d'une commission pour aider les jeunes gens isolés à entrer dans des familles protestantes et, ajoute-t-il, « si les UCJF voulaient bien à leur tour créer de semblables commissions[373]... »

Si de telles commissions n'ont pas été créées, le rôle des unions par rapport aux jeunes filles est bien de les préparer au mariage, mais pas n'importe lequel. Durant l'année 1924, *Au service du Maître* rend compte de trois plans d'étude sociale proposés aux unions. Le premier est intitulé : « L'unioniste comme fiancée », le second : « L'unioniste comme épouse », mais le troisième, proposé en contrepoint, est intitulé « Les vieilles filles, leur valeur sociale[374] ». Les unionistes se marient bel et bien entre eux, si bien qu'en 1911, est créée une Association des ménages unionistes du groupe de la Seine, association fondée, précise-t-on à la suite de la fête de la jeunesse. Les présidents en sont M. et Mme Paul Fesquet, les secrétaires-trésoriers M. et Mme Louis Partridge. Le groupe de la Seine durant de nombreuses années, rappellera : « Jeunes gens ! Pour vos sœurs il y a aussi les

Unions chrétiennes de jeunes filles. » Au cours de l'année 1921, les rencontres entre Unions de jeunes filles et Unions de jeunes gens sont signalées dans *L'Espérance* par presque tous les groupes régionaux. Cette année-là *L'Espérance* lance un semblant d'enquête sur « La compagne rêvée » qui donne lieu à quelques propos « machos ». À la question « Admettez-vous la danse ? » deux réponses sont données : « Elle ne me choque pas, mais je ne l'aime guère », « Il y a mieux à faire pour lier connaissance ». À la question « Allez-vous jusqu'au vote des femmes ? » les réponses proposées sont : « Pourquoi pas » et « C'est aussi dangereux pour elle que pour la politique ». En écho à cette enquête de *L'Espérance, Le Journal de la jeune fille* lance une enquête sur le « mari idéal ». Signe des temps, à propos de ces soi-disant enquêtes, les deux journaux ont reçu plus de réponses que sur n'importe quel sujet[375]. Au XIXe Congrès national des UCJG en 1925, on aborde le problème de relations entre les UCJG et les UCJF locales, régionales et nationales. « Les Unions ont la responsabilité d'entretenir avec la jeunesse féminine des Églises les rapports normaux de la vie familiale et de la vie paroissiale, en veillant à ce qu'ils restent toujours des rapports normaux. » Bien sûr, nous n'aurons pas de précisions sur ces « rapports normaux ». Les responsables nationaux semblent consacrer un état de fait : les jeunes filles et les jeunes gens se rencontrent dans le cadre des unions, et pourquoi ne pas en prendre acte puisque ces rencontres favorisent les mariages entre unionistes.

Les mariages entre unionistes ont été nombreux : l'unioniste Charles Guillon a épousé l'unioniste Gabrielle Noiriel ; Marthe Goguel présidente de l'UCJF d'Épinal a épousé le président des UCJG de la même ville, Ernest Juteau. En secondes noces, Ernest Juteau, alors qu'il était président du groupe Nord-Est, épousa Ida Wullschleger, secrétaire générale des UCJF. Louise Laporte, secrétaire des UCJF du Vigan épousa Charles Dentan président de l'UCJG de cette même ville, en 1892. La Fédé sera aussi l'occasion de mariages entre militantes et militants, ainsi Élisabeth Meyer une fédérative épousa le fédératif Pierre Maury.

La Fédé ouvre la brèche en 1902

C'est John Mott[376], secrétaire général des YMCA, qui avait eu, en Amérique, la première idée d'une fédération chrétienne universelle d'étudiants et, pour la France, il en avait confié la réalisation à son ami Raoul Allier, qu'il savait comme lui partisan loyal des Unions. Les étudiants protestants avaient déjà l'occasion de se réunir : dès 1888, il existait déjà une Union médicale destinée aux étudiants en médecine, présidée par le Dr Gustave Monod ; de plus certaines Unions étaient composées majoritairement d'étudiants, notamment celles du Quartier latin à Paris. De fait la sécession était déjà là au niveau parisien. En 1898, à Sèvres, John Mott « développe deux idées motrices principales, la force de la dynamique mondiale et l'ampleur d'un mouvement comprenant 60 000 étudiants ». Ces arguments résonnent fortement chez les protestants, minoritaires et peu nombreux.

L'autre accent, tout aussi adapté à la problématique des étudiants protestants français, concerne le rapport aux UCJG. « John Mott montre les aspects positifs de l'indépendance par rapport aux Unions qui permet de dépasser l'atmosphère de concurrence ou de conflit[377]. » Raoul Allier a préféré lancer la Fédération française des associations chrétiennes d'étudiants (FFACE ou Fédé) dans le Midi et plus particulièrement à Montpellier, ville universitaire.

La Fédé s'est ouverte à la mixité dix ans après sa création. Les étudiantes sont admises à la Fédé depuis 1902 et siègent depuis la Conférence de Tokyo, en 1907[378], dans les comités et congrès de la Fédération. En 1905, c'est l'ouverture du Student hôtel par le British-American Young Women's Association de Paris pour les anglophones. En 1906, les étudiantes sont invitées à s'adresser à Jane Pannier, rue de Vaugirard.

Jane Pannier présente un groupement d'étudiantes fondé avec C. Kellermann en 1906 (installé 103 rue Nollet) à la première Conférence des étudiantes, le 1er novembre 1908. La Fédé des étudiantes s'installe rue Jean-de-Beauvais en novembre 1909 et un foyer d'étudiantes est ouvert 67 rue Saint-Jacques en 1911.

Ruth Rouse[379], bras droit de John Mott, une des secrétaires du mouvement international (FUACE), est présente. C'est sous l'impulsion de cette dernière que les jeunes filles seront, à partir de 1909, admises à la FUACE et dans son comité directeur[380]. Durant la guerre, les étudiantes unionistes s'étaient senties attirées par les associations d'étudiantes. L'exemple le plus typique est celui de Suzanne de Dietrich[381], membre de la Commission exécutive des UCJF en 1920, elle deviendra responsable de la Fédé. Cette théologienne a trouvé dans l'animation des mouvements de jeunesse un équivalent au ministère pastoral.

En 1913, Charles Grauss constate une relative stagnation numérique de la Fédé : « Nous comptons 14 associations d'étudiants, 22 groupements de lycéens avec un effectif de 700 membres contre 650 l'an passé. En y ajoutant les 5 groupes d'étudiantes et les 9 associations de lycéennes avec leurs 300 membres, nous arrivons au total général de 1 000 contre 950 en 1911-1912[382]. » La participation féminine compense donc une relative défection des jeunes gens. Le secrétaire général de la Fédé invite les étudiants à aller vers la jeunesse, afin de gagner l'élite intellectuelle et de la former pour qu'elle exerce son action dans l'Église ou dans les œuvres, les UCJG par exemple. Mais l'exhortation de Charles Grauss qui aura une plus grande portée sera l'appel qu'il lancera en faveur des « volontaires du Christ » dont le but est de provoquer parmi les étudiants laïques des vocations chrétiennes. Sept volontaires s'inscriront[383].

Suzanne de Dietrich qui est présente à ce congrès sera convaincue et voudra créer des volontaires féminines. Les fédératives sont encore, pour les responsables des Unions, des unionistes dans lesquelles il est mis un grand espoir : « Les associations d'étudiantes qui existent au sein de la Fédération pourront fournir aux Unions de futures secrétaires, tandis qu'elles trouveraient dans les Unions les expériences sociales qui leur manquent encore », écrit J. Becker[384]. Les jeux sont faits en 1916. « La Fédé ne se constitue pas dans la mouvance missionnaire existante en France », précise Geneviève Chevalley, mouvance missionnaire dans laquelle baigne les UCJF encore à l'époque. La Fédé « aura peu d'ambition missionnaire vers l'extérieur, même si quelques pas sont tentés, comme le mouvement symboliquement fort mais peu suivi des volontaires du Christ, qui tentent de reproduire en France la dynamique des volontaires pour la Mission. [...] La Fédé ne se rattache pas aux mouvements de Réveil. De plus les Unions, mouvements d'où est née la FUACE, n'ont pas eu d'influence réelle sur le développement de la Fédé. Les relations entre les mouvements ont bien existé mais, surtout au début, plutôt sur le mode conflictuel que sur celui des influences et des complémentarités[385] ».

Durant la guerre, Charles Grauss et les autres directeurs du camp fédératif Domino sont mobilisés. « Ils laissèrent les plus débrouillards de leurs cadets assurer la tâche du camp. C'était le symbole de la responsabilité qui allait retomber sur les guides improvisés. Heureusement des aînés comme Raoul Allier se trouvèrent là pour les encadrer. Léonie Viguier, à côté de ses fonctions de secrétaire aux Foyers du soldat, prit sur elle une grande partie du travail. L'activité à l'arrière se concentrait sur les étudiantes et sur les lycéens vers la fin de la guerre, des blessés ou démobilisés pour raison de santé purent reprendre ces derniers en mains (Albert Meyer, Léon James, Ernest Mörch).

Après les étudiantes, les lycéennes

Le premier congrès de la guerre de la Fédé lycéenne a eu lieu en mars 1918. Albert Meyer, rédacteur de *Notre Revue*, obtient qu'il devienne « mixte » et les lycéennes ont désormais leur secrétaire générale. Au deuxième congrès à Paris, la branche lycéenne sera définitivement lancée d'une façon indépendante, avec son secrétaire général, Ernest Mörch.

Le camp de Domino[386] fonctionne en 1919, avec présences limitées à 80. « Sur un plan général, un nombre suffisant d'ex-lycéens étaient prêts à fournir les cadres d'une fédération d'après-guerre entièrement nouvelle. C'est alors que les deux moitiés de la Fédération, les démobilisés échappés à la grande tourmente et leurs successeurs plein de vie et d'entrain, se trouvèrent face à face.

L'affrontement eut lieu au Congrès de Montpellier (février 1920)[387]. » Le problème générationnel est vécu très douloureusement par ceux qui, non seulement ont été écartés des responsabilités du fait de la guerre mais qui, à leur retour, loin d'être vénérés ou à tout le moins attendus, trouvent la place prise par une génération qui entend prendre les choses en main, sans état d'âme particulier. La Fédé compte en 1920, 1 712 membres dont 504 étudiants et 228 étudiantes. En 1921, elle compte 1 796 membres, 1 800 en 1922, de 1 900 à 2 000 en 1923, date du dernier recensement officiel.

D'après Rémi Fabre, « en 1924, le travail fondateur est terminé et la Fédération est devenue le vivier où se reproduisent les militants intellectuels et les dirigeants ecclésiastiques du protestantisme et elle apparaît comme son principal facteur de renouvellement et de dynamisme. Malgré la disparition de ses meilleurs militants et de son chef, la Fédération a fait plus que survivre puisqu'elle compte au sortir de la guerre plus de membres qu'en 1914 et que de nouvelles flambées d'enthousiasme se sont allumées en plein conflit. Jusque dans les années quarante, son rôle hégémonique pour la formation des élites protestantes ne sera pas contesté[388] ».

La Fédé féminine avait aussi fructifié pendant la guerre : le Congrès de 1918 a marqué l'essor définitif et parallèle du mouvement sœur. Les fédérations eurent bientôt leur camp et leur secrétaire générale. En octobre 1918, Suzanne de Dietrich succède à C. Kellerman. « Sous l'impulsion de ses dirigeantes, la Fédé féminine connaît un net développement entre 1915 et 1920, il ne restait que 7 associations en 1915, mais on en retrouve 26 et 480 membres en 1918, 46 groupes dont 34 de lycéennes pour 700 membres en tout en 1920[389]. » « Plus encore que la poussée numérique, c'est l'acquisition d'une personnalité propre et d'une volonté d'indépendance qui frappent dans la Fédé féminine de l'après-guerre de 14[390]. »

Les femmes osent l'œcuménisme

Il y a bien des signes montrant, nous l'avons vu, que les UCJF se constituent, aussi, comme le patronage des jeunes filles ouvrières et employées (des domestiques en particulier). Mais l'ouverture à tous (toutes) est préconisée et parfois l'œcuménisme – ce mot n'est alors jamais employé – dans la mesure où l'on recrute des catholiques. Donc dès sa constitution, l'Alliance française est en présence d'un conflit classique dans une œuvre d'Église : entretenir et développer la foi de ses membres et/ou faire œuvre sociale et se faisant se vouloir « neutre » (le qualificatif « laïque » est rarement employé dans ces milieux).

Plus tard, au sortir de la guerre de 1914, il y a eu un projet d'œcuménisme réel et qui est intéressant car il semble plus précoce et plus sincère que celui de leurs homologues masculins. Au final il y a eu le Conseil œcuménique où des femmes, comme Suzanne de Dietrich et Madeleine Barot, prendront une part active. Les femmes font bel et bien preuve d'audace, d'autant plus qu'à cet œcuménisme s'ajoute une idée encore plus audacieuse pour l'époque : le pacifisme.

De l'ouverture à l'œcuménisme (1919-1950)

« C'est surtout dans le dialogue œcuménique que l'esprit indépendant des fédératifs va se faire sentir. Dès 1916, à l'instigation de Suzanne Bidgrain et sous l'effet de l'union sacrée, les cercles féminins se sont ouverts à des non-protestantes de manière plus large que les cercles masculins. Cette ouverture est facilitée par les statuts de la FFACE qui est officiellement une organisation chrétienne non confessionnelle. Ce mouvement se poursuit aux lendemains de la guerre avec pour base principale au début des années vingt l'École normale supérieure de jeunes filles de Sèvres[391]... »

En 1920, d'après Pierre Poujol, « l'attirance catholique est particulièrement sensible parmi la jeunesse des étudiants chrétiens "fédératifs". Leur mouvement est à la fois autonomiste par rapport à l'Église et œcuméniste. Il s'affirme au Congrès de Montpellier (février 1920) où de très jeunes étudiants qui étaient naguère des lycéens, écartent de la présidence active le doyen Raoul Allier, considéré comme insuffisamment œcuméniste. Les jeunes regardent surtout Marc Boegner et Pierre Maury, secrétaire des étudiants depuis 1914. Pour le moment, ils acceptent comme président le théologien de droite Albert Dartigue, pasteur extra-muros de Bordeaux[392] ». Les étudiantes, très nombreuses à Montpellier, y ont joué un grand rôle par leur zèle en faveur de l'œcuménisme. Leur secrétaire est à présent Suzanne Bidgrain. Cette révolte des jeunes générations est à rapprocher de la création quelques mois plus tard de la Fédération française des Éclaireuses.

En ce qui concerne les éclaireuses, la question de la formation religieuse a certainement posé des problèmes. « La base évangélique des Éclaireuses unionistes laissée facultative au début est devenue obligatoire d'un commun accord. Les éclaireuses sont donc et resteront évangéliques. » Ces propos sont tenus dans *Le Journal de la jeune fille* par Suzanne Carr de l'Étoile blanche qui poursuit : « Cette tendance différenciera notre mouvement de ceux existants : les Éclaireuses de la rue de Naples et les Éclaireuses de France qui sont à base morale. » C'est à elle, en 1917, que les demandes de renseignement sur le mouvement doivent être adressées. Côté protestantisme, en 1919, on en est à réunir les forces existantes et *Le Christianisme au XXe siècle* annonce un projet de fédération de la jeunesse protestante incluant non seulement les UCJG, les UCJF et les Éclaireurs unionistes mais aussi la Fédé[393]. Il n'en sera rapidement plus question.

Le compte rendu de la Conférence nationale des UCJF réunie à Paris du 27 novembre au 1er décembre 1919, paru dans *Le Christianisme au XXe siècle*, met l'accent sur la présence de Miss Spencer[394], du Comité universel. Celle-ci s'est adressée aux 120 déléguées enthousiasmées par le projet d'une pédagogie scoute. Tout au plus peut-on retirer de cette relation une invitation banale et typiquement « unioniste » à « ouvrir les portes » des Unions chrétiennes[395], langage tout à fait admis dans cette publication. Mais dans le numéro suivant, une déléguée présente à cette Conférence et qui ne donne que ses initiales J. B.-M., croit bon de préciser « mais qu'on nous permette de signaler un danger. À vouloir trop se mettre au-dessus des barrières ecclésiastiques, prenons garde de ne pas nous mettre en dehors de l'Église. Que l'union tout en restant neutre, encourage les jeunes filles, quelle que soit l'Église particulière à laquelle elles sont rattachées, à travailler dans ces Églises avec d'autant plus d'ardeur et de fidélité qu'elles sont plus fidèles unionistes. L'heure est à la concentration des forces protestantes, veillons à ne pas disséminer nos forces[396] ». Ce problème soulevé est récurrent dans la mouvance unioniste, mais dans la conjoncture du moment, où certains souhaiteraient fédérer les associations de jeunesse protestantes, « ouvrir les portes » en ce qui concerne les éclaireuses, même dans un esprit unioniste, a quelque chose d'inquiétant. Les protestants expriment là une attitude de minoritaires, attitude inconnue des YWCA américaines et des Américains protestants plus portés vers l'œcuménisme. Pour l'heure le substantif œcuménisme et le qualificatif œcuménique ne font pas partie du vocabulaire protestant. Ils y feront leur entrée en 1927.

En janvier 1920, la présidente des UCJF, Anne de Védrines en personne, tente de rassurer les Églises et surtout leurs pasteurs en écrivant que les UCJG « veulent être des pépinières au sein desquelles se préparent des vocations d'évangélistes, de missionnaires, où les pasteurs de nos Églises peuvent être certains de trouver de bonnes monitrices pour les écoles du dimanche et du jeudi [...] des diaconesses de paroisse[397]... ». Mais l'esprit est à la fronde parmi les jeunes générations attirées par le catholicisme, ou toutefois, moins hostiles au dialogue. La Fédé, sur ce point, a quelques longueurs d'avance sur les éclaireuses en se voulant un mouvement chrétien d'évangélisation. La Fédé compte alors 1 712 membres, répartis en 54 groupes étudiants, lycéens ou lycéennes. La branche lycéenne est née avant 1914. En 1914, la Fédé compte plus de lycéens que d'étudiants. Elle compte en particulier 300 filles. « Dès la guerre terminée, la Fédé reprend vie, en particulier grâce à ses branches féminines et lycéennes que la guerre a épargnées[398]. » Nous supposons que la présence de groupes de lycéennes dans les établissements d'enseignement public ne sera pas étrangère à l'introduction relativement facile – quand on connaît la « fermeture » de l'enseignement public à toute intrusion extérieure – des éclaireuses neutres dans les lycées de jeunes filles. La présence d'une protestante, Léonie Allégret, à la tête du lycée Victor-Duruy peut expliquer qu'une section éclaireuses ait pu être introduite dans l'établissement par Antoinette Butte en 1921. En 1931, Claire Jullien* s'interrogera sur le déclin des groupes de lycéennes « alors que le mouvement des Éclaireuses prend un tel essor (67 sections unionistes, 56 sections neutres en 1930) alors que naissent les associations catholiques de lycéennes[399] ».

L'œcuménisme de la FFE

La FFE semble avoir réussi autant sur le plan de l'œcuménisme que sur le plan d'une laïcité qu'on appellerait aujourd'hui ouverte. Sous le règne de chef Walther, la FFE, en 1938, comptait :

– 267 cheftaines et 3 475 P.A. (petites ailes) et éclaireuses catholiques,
– 411 cheftaines et 3 077 P.A. et éclaireuses protestantes,
– 107 cheftaines et 1 191 P.A. et éclaireuses israélites,
– 130 cheftaines et 1 100 P.A. et éclaireuses sans confession.

La répartition par branche fait apparaître que les unités libres ne représentent pas à elles seules, celles que fréquentent les catholiques :

– unités EU (Éclaireuses unionistes) 205,
– unités neutres 288,
– unités israélites 30,
– unités libres 6[400].

En 1985, Madeleine Barthélémy-Madaule répondait à la question « E.N. qui sommes-nous ? » : « Quel fut et quel est encore (puisque après tout nous existons) le rôle des éclaireuses dites curieusement "éclaireuses nouvelles" ? Au départ la FFE se fonda sur la religion chrétienne sous la forme de protestantisme. Ce ne fut pas par décision dogmatique mais par l'amitié agissante qui animait certain milieu. Si des catholiques s'y joignaient, si des israélites venaient à la rescousse, toutes ces bonnes volontés étaient accueillies à bras ouverts. On vit peu à peu se former des "sections" unionistes (protestantes), israélites, mais il eût été provoquant et peu courtois vis-à-vis des Guides de France de fonder des sections catholiques. Je suppose qu'on ne pensait même pas à créer des sections "athées". Il existait pourtant des jeunes qui souhaitaient prendre conscience profonde de leurs convictions, qu'elles soient catholiques, protestantes, "libres-penseuses" (comme on disait), sans pourtant se constituer en groupe les désignant d'un de ces noms. C'étaient des individualités de toute espèce voulant entrer librement dans des sections qu'on appelait les E.N.[401]... »

Alors que les Guides de France existent depuis près de quinze ans, les catholiques sont encore nombreuses à la FFE. En 1938, le principe des « unités libres » avait été admis sans doute sous la poussée des événements. Renée Sainte-Claire Deville en était la conseillère, c'est elle qui faisait les démarches au-

Renée Sainte-Claire Deville (1889-1968).

près des évêques pour obtenir les autorisations nécessaires. Les unités libres sont demeurées toutefois partie intégrante de la branche neutre. D'après un témoignage d'une ancienne FFE, Renée Sainte-Claire Deville « était très préoccupée de la formation religieuse des cheftaines catholiques d'Ile-de-France » et elle a « organisé des retraites pour les cheftaines catholiques, parallèlement à celles qui avaient lieu chez les EU[402] ».

C'est vrai que l'originalité de la branche féminine a de quoi surprendre. Son modèle est plus proche du modèle de Baden-Powell et ce faisant plus audacieux que celui des différentes composantes de la branche masculine. Hélène Butte, sœur d'Antoinette Butte, une des fondatrices de la FFE, décrit cette institution qui a fonctionné près de quarante ans : « La Fédération française des Éclaireuses fondée en 1921, constituait une création tout à fait originale, aucune autre entreprise de même genre n'ayant jamais existé. Elle comprenait trois sections d'inspirations différentes : la section unioniste, d'inspiration protestante, la section neutre, se voulant laïque, la section israélite enfin, créée par les Éclaireurs israélites en 1924, mais ayant adhéré immédiatement à la FFE. Les deux premières se disaient ouvertes à toutes et, de ce fait, elles recrutaient des fillettes et des jeunes filles de toutes tendances. La section neutre recevait de nombreuses catholiques pratiquantes, rebutées par l'étroitesse des Guides de France à l'époque, et désireuses d'apporter leur témoignage à l'extérieur de leur paroisse. Toute question religieuse était toutefois écartée dans la section neutre ; aussi certaines compagnies d'inspiration catholique furent-elles créées vers les années trente sous le nom de "section libre", mais restèrent peu nombreuses. Ces diverses sections vécurent en parfaite harmonie jusqu'à la guerre[403]... »

Un haut lieu œcuménique : le château d'Argeronne

Un élément de l'inquiétude des protestants, et non le moindre, concerne cette attirance pour le catholicisme qui va parfois jusqu'à la conversion. Georgette Siegrist, Violette Mouchon, Suzanne Vasseur, Hélène et Antoinette Butte fréquentent le château d'Argeronne où elles rencontrent Mlles Renée de Montmort[404] et Marie Diémer. Ces deux protestantes, non unionistes à notre connaissance, mais au cœur de l'aventure du scoutisme, vont se convertir au catholicisme toutes deux au début des années vingt. Ce même château d'Argeronne avait vu la naissance de la branche féminine catholique du scoutisme : les Guides de France. Marguerite Walther sera une assidue des camps internationaux des Guides de France à Argeronne. Il semble que Renée de Montmort ait été la véritable promotrice d'un scoutisme à l'anglaise, c'est-à-dire incluant les catholiques à part entière, donc de manière institutionnelle et non seulement comme le feront les unionistes en fonction de sympathies personnelles. Au congrès qui vit la création de la FFE, Marguerite Walther a sans doute gagné mais Renée de Montmort a perdu. Son pari d'inclure une branche catholique dans la FFE était-il trop audacieux dans la France des années vingt ? Renée de Montmort s'en ira créer les Guides de France et les unionistes déserteront Argeronne au profit de Bierville.

Antoinette Butte (1898-1986).

En attendant que l'histoire de la FFE soit écrite, on ne peut que s'étonner, non pas tant de la cohabitation de différentes branches au sein d'une même fédération, que de l'existence de la branche neutre aux préoccupations hautement spiritualistes comme celle qui l'incarnait, à savoir Marguerite Walther. Ce souci de spiritualité se retrouvait chez Antoinette Butte, une des fondatrices de la FFE en 1921 et en 1950, fondatrice de la communauté religieuse de Pomeyrol consacrée à la prière, à la retraite et à l'accueil des jeunes.

La Cimade

Imaginée par Suzanne de Dietrich en 1939, pour venir en aide aux Alsaciens-Lorrains, la Cimade est au départ une affaire de femmes avec, en particulier, Jane Pannier (UCJF) et Madeleine Barot. Le 15 août 1940, sur proposition du pasteur Marc Boegner, les responsables des mouvements de jeunesse protestants demandent à Madeleine Barot[405] d'assurer le secrétariat général du Comité inter-mouvements (CIM) qui allait devenir le Comité inter-mouvements auprès des évacués qui, sous le sigle de Cimade va entrer dans l'histoire de la Seconde Guerre mondiale[406]. Les camps d'internement où le régime de Vichy détenait

Suzanne de Dietrich (1891-1981).

40 000 étrangers, en particulier celui de Gurs où Madeleine Barot s'est introduite sans ordre de mission, étaient devenus le champ d'action des équipières de la Cimade, comme Jeanne Merle d'Aubigné, Jeanne Bertsch ou Georgette Siegrist. Avec l'aide de Marc Boegner, Madeleine Barot a multiplié les visites de camp, les interventions à Vichy et les initiatives telles que la constitution du « comité de Nîmes » où se retrouvaient les dirigeants des organisations protestantes, juives, catholiques œuvrant en faveur de l'amélioration des conditions de vie dans les camps. Lorsqu'il devint possible de faire sortir des camps quelques juifs étrangers, en particulier des enfants, Madeleine Barot s'est employée à organiser des centres d'accueil au Chambon-sur-Lignon (Haute-Loire), dans la région de Marseille et dans le Tarn. Par la suite, la Cimade a réussi à constituer des filières d'évasion destinées à faire passer en Suisse les juifs les plus menacés. En coopération avec les Amitiés chrétiennes, organisme catholique, Madeleine Barot a participé notamment au sauvetage des enfants de Vénissieux sur le point d'être déportés.

Après la Libération, toujours avec l'aide du pasteur Marc Boegner, la Cimade s'est employée à soulager le sort des détenus suspects de collaboration, notamment à Drancy. Madeleine Barot a installé la direction de la Cimade rue Blanche, dans les locaux de l'Église protestante allemande. Dans le cadre des efforts de reconstruction, en collaboration avec des volontaires américains, elle a constitué des équipes dans diverses villes de France. Parmi les équipières protestantes, on

Madeleine Barot (1909-1995) et le pasteur Marc Boegner.

trouvera (entre autres) : Suzanne Aillet-Rennes (FFE), Laurette Alexis-Monet, Jeanne Bertsch (FFE), Antoinette Bonnal, Marie-Louise Brintet, Claudie Collin, Colette de Conninck, Éliane Frey (EU), Jacqueline Jacob, Michèle Jouk, Jacqueline Jourdan, Geneviève Laurençon, Suzanne Loiseau-Chevalley, Claire Ménégoz, Jeanne Merle d'Aubigné (UCJF), Violette Mouchon (FFE), Élisabeth Perdrizet, Anne-Marie Roerich, Jeanne Senat, Suzanne Treillis, Charlotte Wolff. « C'est probablement la raison pour laquelle (outre que les mots français en *-ade* sont tous féminins), le mot *Cimade* qui, en tant que comité aurait dû rester masculin, fut presque aussitôt féminisé et l'on se mit à parler de *la* Cimade[407]. »

Le Christianisme social perd de sa force d'entraînement (1919-1960)

Le mouvement du Christianisme social, au sortir de la guerre de 1914, n'a pas pris la mesure de l'évolution des mouvements de jeunesse. Le moralisme rigide d'un Pourésy ou d'un Élie Gounelle fait fuir les jeunes plus qu'il ne les rassure, comme ce fut le cas au début du siècle. Vers 1924, la lutte contre l'immoralité ne fait plus recette auprès des nouvelles générations adeptes du scoutisme et des sports sous toutes leurs formes. Les anciens sont amers. Émile Pourésy qui est engagé dans la Ligue pour le relèvement de la moralité publique, fondée par Fallot en 1907, écrit en 1924 : « Je bénis Dieu de m'avoir préservé d'une jeunesse molle, passée, la nuit dans un lit moelleux et le jour dans les plaisirs des rêves et les inutiles spéculations de l'arrivisme, du scoutisme, des barbarismes, du sportisme et de l'athlétisme[408] ! » Le scoutisme, on le voit n'emporte pas l'adhésion de tout le monde, d'autant plus qu'il va porter atteinte à l'œuvre de jeunesse du Christianisme social qu'était l'Étoile blanche.

En ce qui concerne la Fédé, la période 1919-1933 reste très marquée par les idées du Christianisme social, puis une mutation s'opère ici comme aux UCJF, « la théologie barthienne, particulièrement diffusée par Pierre Maury à partir des années 30, va donner une armature nouvelle – renouveau biblique, théologie de crise qui permet de se raccrocher à un Dieu "tout autre" qu'on n'a plus l'intention (ou la prétention) comme les chrétiens sociaux "d'aider dans sa tâche". Vision pessimiste qui prêche Christ crucifié et ne voit plus dans le chrétien qu'un "serviteur inutile". C'est l'urgence de la situation européenne qui va donner un coup de fouet aux barthiens français, qui avaient eu tendance entre 1933 et 1938 à se détourner du monde. C'est Karl Barth qui les rend attentifs au combat de l'Église confessante, qui tonne contre les accords de Munich dans un véritable appel à la mobilisation anti-hitlerienne. S'il n'est pas entendu de tous [...], cet appel va servir de base à la résistance spirituelle qui sera menée sous l'Occupation[409] » et à la

Résistance tout court. L'idée de réunir les mouvements de jeunesse protestants n'est pas nouvelle, mais ce qui est nouveau c'est que cette réunion vient d'une élite intellectuelle issue des mouvements de jeunesse. Le but de cette nouvelle « alliance » est ambitieux, puisqu'il ne s'agit rien moins que de réunir les Églises au sein d'une Église unique, faisant fi des traditionnelles séparations entre Églises luthérienne, réformée, baptiste... Nous sommes loin d'un projet unioniste de réunir au sein des Unions des protestants de toutes les dénominations.

L'influence barthienne a été particulièrement forte sur les femmes et beaucoup d'entre elles sont entrées dans la Résistance. Ce faisant, le mouvement du Christianisme social, qui résiste mieux à l'influence barthienne, se vide de ses forces vives jeunes. De nouvelles générations de militants vont agir hors de la tutelle spirituelle du Christianisme social. La reprise en mains du mouvement par un barthien, Georges Casalis, n'y changera rien, il le mènera plutôt à sa perte.

Les mouvements de jeunesse prennent du champ (1950-1960)

Tous les mouvements de jeunesse, sauf les UCJG, se regroupent en 1949 au sein de l'Alliance des Équipes unionistes[410]. Ce faisant, les UCJF prennent des risques et en sont conscientes. Au Congrès de Montbéliard en 1949, premier congrès des Équipes unionistes, Lucile Richard-Molard fait un long rapport sur l'orientation des UCJF. Voici ce qu'elle dit concernant les unions aînées : « C'est ici sans doute que nous attendaient les plus grosses difficultés. Très nettement conscientes qu'il fallait, en France, tout essayer pour qu'un travail réel fût fait parmi la jeunesse de 18-25 ans, les UCJF ont accueilli avec joie et ont essayé de faire aboutir l'idée lancée par l'ensemble des mouvements de jeunesse du Conseil protestant de la jeunesse (CPJ), à savoir la création des Équipes unionistes. Pour que cette création soit possible en toute franchise, qu'était-il demandé en particulier aux UCJF ? Il leur a été demandé d'abandonner un travail purement dénommé unioniste, au sein des unions aînées : autrement dit, renoncer à "posséder" les UCJF entre 18 et 25 ans. Il leur a été demandé de courir le risque de laisser se créer, à l'échelon local des équipes de jeunes filles, ou de jeunes gens, venus de différents mouvements ou bien n'appartenant à aucun, lesquels iraient à la rencontre de non-chrétiens du même âge et inventeraient avec eux les formes de leurs actions, de leurs loisirs, de leur service[411]. » Cette période des Équipes unionistes reste mal connue, ce fut un moment pénible d'affrontements. La fusion entre les UCJG et les UCJF ne se fera jamais, puisque lorsque les UCJF se fondent dans l'Alliance des Équipes unionistes en 1949, les UCJG feront bande à part. Bernard Charles, qui était alors secrétaire général des UCJG, explique ainsi le refus d'entrer dans l'Alliance : « pour des raisons théologiques et pédagogiques. C'est le refus des pédagogues fédéralistes qui ne veulent pas forcer l'histoire, ni faire l'unité par en haut, fût-ce à partir des mouvements de jeunesse. Coupées alors de l'Église, marginalisées, les UCJG s'engagent fortement sur le plan social[412]. » Les UCJF en tant que telles ne devaient pas s'en relever, seul lui survivra le foyer de la rue de Naples qui subsiste encore aujourd'hui. La mixité, elle, avait progressé, ce n'est pourtant qu'en 1970 qu'éclaireuses et éclaireurs se réuniront. Le Mouvement jeunes femmes comptera un bon nombre de rescapées des Équipes unionistes.

Le Mouvement jeunes femmes (MJF) (1945-1960)

Mais ce fut aussi la création du Mouvement jeunes femmes à partir des femmes unionistes mariées qui mobilisa beaucoup d'entre elles. À son apogée, en 1967, ce mouvement regroupait 6 000 cotisantes. Cette association consacrait la visibilité sociale de femmes mariées devenues sujets et non plus gommées dans leur existence sociale comme elles l'avaient été jusque-là, à moins qu'elles n'aient été femmes de pasteurs. En 1945, alors que Jeanne Lebrun* était secrétaire des « aînées », elle a eu l'idée de faire appel à des jeunes femmes mariées, pour la plupart issues des UCJF ou de la Fédé, pour conseiller des jeunes filles des UCJF au sortir de la guerre. À la conférence nationale des UCJF, en avril 1946, un appel a été lancé en direction des jeunes femmes issues des mouvements de jeunesse. Ce regroupement a suscité l'intérêt de ces femmes à s'interroger sur leur rôle en tant que femmes, en tant que chrétiennes et en tant que citoyennes. Avec Suzette Duflo*, qui est présidente de l'Alliance française des UCJF, elle animera le mouvement naissant qui fonctionnait de manière peu formalisée et qui se déclarera en association seulement en 1957. Aux obsèques de Suzette Duflo, le pasteur Marc Boegner a prononcé une allocution et a souligné que le Mouvement jeunes femmes avec la Cimade, avait été l'entreprise la plus novatrice du protestantisme français[413].

La Cimade et Jeunes femmes, ces deux organisations nées sur le terreau des UCJF, de la Fédé et des Éclaireuses, étaient, au départ seulement pour la première, une affaire de femmes. Pour Jeunes femmes, les responsables ont assumé une charge de travail considérable : « L'enthousiasme, la bonne volonté, la spontanéité trouvent leurs limites face au travail d'administration et de coordination, même réduit au minimum. » Dès 1955, l'équipe centrale – composée de Suzette Duflo (présidente), de Francine Dumas (vice-présidente), de Jeanne Lebrun, de Sylvaine Moussat, de Christiane Rigal (ancienne secrétaire de rédaction de *Réforme*) et de Madeleine Tric – annonce qu'elle souhaite très vivement être relayée. De plus, diverses plaintes s'élèvent contre l'inertie de la plupart, qui laissent les charges importantes reposer toujours sur les mêmes, en particulier la rédaction du mensuel, qui est revenue toujours à Christiane Rigal. « Le bénévolat reste la règle générale, malgré quelques exceptions : Jeanne Lebrun, au début, a pu disposer d'un traitement assuré par les UCJF puis par l'Alliance féminine aidée par les YWCA, Sylvaine Moussat a reçu à partir de 1955 une rétribution à mi-temps financée par des dons féminins des Églises presbytériennes des États-Unis[414]. »

« Les questions abordées étaient multiples : la vie quotidienne, la place de la femme dans la famille, dans la cité, dans l'Église. On cherche à cerner la dimension collective de la responsabilité tout en insistant sur l'ouverture aux non-croyantes. En effet, ce qui fait l'originalité de la démarche, c'est le souci que chacune puisse être elle-même, avec ses doutes, ses interrogations, ses révoltes. Comme pour les membres des Équipes unionistes, il y avait là une invitation au témoignage des femmes chrétiennes. » Curieusement, fait remarquer Jean-Paul Willaime, ce mouvement qui réunissait nombre de femmes de pasteurs ne s'est guère intéressé, Suzette Duflo mise à part (c'était une laïque), aux femmes-pasteurs et les femmes-pasteurs ne s'intéressèrent guère au mouvement[415]. Encore aujourd'hui, les revendications aux accents féministes proviennent de théologiennes laïques, telles celles qui composent le Groupe Orsay, plus que des femmes-pasteurs en exercice.

Le premier article du règlement intérieur voté en 1957 s'énoncera ainsi : « Les groupes Jeunes Femmes et les cercles féminins sont un lieu de rencontre entre celles qui veulent vivre leur foi en Jésus-Christ et l'exprimer et celles qui ne partagent pas cette foi[416]. »

L'originalité du mouvement naissant réside dans la réunion de femmes mariées et non plus seulement de jeunes filles. La plupart sont mères de famille. Les groupes locaux vivent dans l'ombre des pasteurs et recrutent dans la paroisse. Certaines ne se distingueront guère d'une réunion UCJF, surtout dans les premiers temps. Mais les sujets abordés, comme la contraception, le divorce, le travail des femmes mariées, vont bientôt donner à ces groupes un esprit tout différent, même si l'inspiration et l'audace dans la réflexion viennent souvent de l'équipe nationale. Il y a là néanmoins un phénomène nouveau de femmes qui expriment, en tant que protestantes, la lente mais certaine modification des valeurs en ce qui concerne la famille, la sexualité et le travail[417].

Les thèmes des différents congrès sont significatifs d'une prise en compte de sujets jusque-là écartés et de leur dimension politique. En 1946 : « La condition féminine dans la Bible, dans la société contemporaine, dans la vie professionnelle et civique ». En 1951 : « La femme et le travail ». En 1953 : « L'argent ». En 1955 : « Vivre en adultes ». En 1957, en pleine guerre d'Algérie : « Rencontres et conflits ». En 1959 : « Qui nous fera voir le bonheur ». En 1961 : « Solidaires, un monde en transformation ». En 1965 : « Autorité et responsabilité ». En 1967 : « La culture nous aide-t-elle à vivre ». En 1970 : « Une société pour tous, aujourd'hui, demain, comment ? ». En 1973 : « Auteurs et spectateurs du changement ». En 1976 : « Notre vie quotidienne, un choix politique ? ». Par la suite, le MJF abordera les sujets, suivants : « Femmes d'ici et d'ailleurs, quelles solidarités ? » ; « Pouvoir de mort, forces de vie » ; « Enfant objet, enfant projet, enfant sujet » ; « Sciences quels enjeux, Dieu a-t-il peur des femmes » ; « Les femmes d'Europe » ; « La laïcité » ; « Le temps des solitudes »...

Le travail de la femme mariée

Un sujet de débat anime fréquemment les réunions de groupes, celui du travail de la femme mariée. Une génération de femmes passées par l'enseignement secondaire et parfois par l'enseignement supérieur se pose la question de la légitimité d'un travail rémunéré exercé à l'extérieur du foyer, sujet impensable dans les unions chrétiennes d'avant la Deuxième Guerre mondiale. Se poser la question, dans les années cinquante, c'est déjà faire preuve d'une audace considérable par rapport aux aînées. La plupart, semble-t-il ne franchiront pas le pas, du moins avant d'atteindre l'âge où les enfants s'éloignent du foyer. Mais pour celles-là, la réflexion a été profitable pour mieux suivre la génération de leurs filles pour qui, dans les années soixante-dix, la question ne se posera même plus. Pour certaines qui ont franchi le pas, elles iront souvent prendre des responsabilités professionnelles dans le secteur associatif, protestant souvent, mais pas toujours, mais où la dimension militante reste très forte. Le trajet de Janine Grière* est à ce propos exemplaire. Elle a entrepris alors des études de psychologie sociale parallèlement à son engagement dans le mouvement. Secrétaire générale de Jeunes Femmes de 1965 à 1972, elle a obtenu le diplôme d'état de conseiller d'éducation populaire (DECEP) en 1970, puis le diplôme supérieur de travail social (DSTS) en 1985. C'est sous sa responsabilité que le Mouvement jeunes femmes a orienté ses priorités d'action vers l'éducation permanente. Elle a été ensuite responsable d'un service de formation associatif jusqu'en 1974. Formateur d'adultes au CNAM de 1975 à 1980, elle a mis au point un enseignement original. Elle a été ensuite conseillère technique à la direction de l'Action sociale. De là, elle a établi des relations entre les écoles de service social et les universités. Plus tard, elle a participé à créer et à mettre au point le diplôme des hautes études en pratiques sociales (DHEPS). Ce diplôme est préparé aujour-

Janine Grière (1927-1993).

d'hui dans plusieurs universités. Un autre trajet illustre aussi le rôle du Mouvement auprès des femmes qui ont toujours travaillé. Il s'agit de celui d'Yvette Galibert, née en 1926, qui fut cadette, puis unioniste. Elle a préparé l'agrégation en étant mariée. Tout en étant enseignante, elle a participé à Jeunes Femmes entre 1952 et 1968, et a créé le groupe de Toulouse puis celui de Rennes qui s'est engagé dans le Planning familial. Par la suite, elle reconvertit son militantisme en un engagement dans l'Église où elle franchit les étapes du conseil presbytéral (dans une église sans pasteur), puis de la commission générale d'évangélisation puis la commission régionale d'évangélisation de l'Ouest. Elle s'occupe aujourd'hui d'une librairie protestante à statut coopératif[418].

Le Planning familial

De cette mobilisation est-il question au sein du mouvement du Christianisme social ? Le mouvement dispose alors de deux périodiques : la revue du *Christianisme social* et *Cité nouvelle.* On n'en voit guère la trace, dans les années cinquante, dans la revue du *Christianisme social.* Les femmes y tiennent peu de place. Aucune femme au comité de rédaction ; on demandera à Madeleine Barot d'entrer au comité de patronage en 1957, mais son rôle n'apparaîtra jamais. À cette date deux femmes entrent au comité du Christianisme social. Jusque-là quelques femmes sont sollicitées pour des articles, et en 1953 est publié un article[419] sur « Femmes en usines ».

Sur le sujet qui agite nombre de femmes du Mouvement jeunes femmes, à savoir le contrôle des naissances, la revue publie une communication d'un théologien anglais, Hugh C. Warner[420], pour enfin laisser la parole à Marie-Andrée Lagroua-Weill-Hallé[421] sur le contrôle des naissances, en 1958. Pourtant en 1954, le Mouvement a pris position pour le contrôle des naissances, deux ans avant la Fédération protestante de France. Ce n'est qu'en 1962 qu'une militante protestante, Francine Dumas, du Planning familial (épouse du pasteur André Dumas), écrira sur « la situation de la femme ».

Francine Dumas (1917-1998)
et son mari, le pasteur André Dumas.

Plusieurs femmes protestantes[422] et catholiques entourent Marie-Andrée Lagroua-Weill-Hallé lorsque se crée la première association intitulée La Maternité heureuse. Le Mouvement jeunes femmes a délégué une de ses responsables au conseil d'administration de La Maternité heureuse à sa constitution, en 1954. « La collaboration entre les deux mouvements est officialisée par la présence de Madeleine Tric, représentante du MJF au conseil d'administration du Planning, et de Suzette Duflo au comité d'honneur du Planning[423]. » Évelyne Sullerot, fille du pasteur André Hammel, sera la première secrétaire générale du Planning. Elle quittera cette fonction pour s'engager plus nettement en politique au moment de la guerre d'Algérie. D'autres protestantes sont venues grossir les rangs du Planning familial, telle Simone Iff*, qui en devint présidente, ou Cécile Goldet, qui n'hésita pas à se lancer dans l'arène politique. Toutes n'auront pas la même attitude par rapport aux enjeux politiques qui se font jour alors à l'intérieur de l'organisation.

Le Christianisme social reste sourd

En ce qui concerne *Cité nouvelle*, à quelques signes, on peut penser que ce périodique, édité à Marseille par Théodore Gounelle, est en relation avec les étudiants de la Fédé[424]. On peut supposer, à la lecture des « dons » pour la revue, dont la liste est publiée dans chaque numéro, que *Cité nouvelle* a de fidèles lectrices. À première vue le nombre des donatrices est plus élevé que celui des donateurs. Pourtant, en dehors de quelques articles à propos de la fermeture des maisons de tolérance, il faut attendre 1952 pour qu'André Monnier évoque le vote des femmes, institué en 1944, et les nouvelles implications des femmes dans la société. L'article le plus représentatif d'une sensibilité nouvelle par rapport aux questions féminines est une reprise du journal *Faim et soif* de l'abbé Pierre, en 1954[425]. Le mois précédent, un article sur la « supernatalité[426] » avait proposé la suppression des allocations familiales pour les femmes ayant plus de cinq enfants… Il y a manifestement une certaine surdité de *Cité nouvelle* à ce qui se fait et se dit parmi les femmes engagées de l'époque, du moins jusqu'en 1955. En 1963, Rolande Dupont* présentera le Premier Congrès du Planning familial, et deux mois après, sera relaté le Colloque

Rolande Dupont (1927-1985).

international de Royaumont sur le même thème[427]. Rolande Dupont avait participé activement aux Équipes ouvrières protestantes du bassin minier et, avec son mari, elle militait au sein du Centre de recherches et de rencontres du Nord. Elle avait ouvert dès 1962 un centre de Planning familial à Lens.

Le mouvement a-t-il oublié son « rôle d'éveiller les protestants à leurs responsabilités sociales », rôle qu'il tenait parfaitement jusqu'aux années trente ? Après une parenthèse due à la guerre, le mouvement du Christianisme social se reconstitue. Raoul Crespin remarque : « À la Libération, le Christianisme social dispose donc d'une génération d'hommes aux convictions éprouvées, qui ont refusé toutes compromissions. Ces hommes sont dans la force de l'âge. » C'est un euphémisme puisqu'Élie Gounelle a 80 ans, mais dans les années cinquante une nouvelle génération est à l'œuvre : Maurice Voge a 45 ans quand il prend ses fonctions de secrétaire général. « Après les congrès de Paris (novembre 1945) et de Lyon (février 1947), le secrétaire général, Jacques Martin, avait donné une impulsion nouvelle à la *Revue*, allégée et modernisée. Mais s'il avait attiré la sympathie des intellectuels, les militants de base se laissaient difficilement rallier par un ancien objecteur de conscience[428]. »

Au Congrès de Marseille, il y avait 35 % de jeunes entre 18 et 30 ans et 50 % des congressistes étaient engagés dans des questions pratiques. Mais, depuis la guerre, le mouvement n'est plus un phare pour les militants sociaux, même si les camps sociaux créés à l'initiative de la commission sociale des jeunes réunissent des membres des UCJG et du Christianisme social. Ces camps sont mixtes et les échanges sont fructueux. Comme le conclut Raoul Crespin : « En fin de compte, le mouvement ne manque pas de curieux ou de sympathisants, il manque cruellement de militants[429]. »

Les femmes protestantes dans la société civile

La génération de femmes engagées dans la Cimade et au mouvement jeunes femmes à ses débuts sont nées entre 1890 et 1910, elles sont frileuses devant la politique[430], les générations nées après 1920 le seront moins. Ce faisant, elles s'éloigneront des Églises. Le tournant est pris en 1969 pour le MJF. On parle alors de « sécularisation » du mouvement[431]. Cet éloignement des Églises ne se fait pas sans heurt, certaines, plus attachées à l'engagement religieux, avaient constitué en 1972 une commission « recherches chrétiennes ». De ce groupe qui commençait à se préoccuper de théologie féministe, naîtra le Groupe Orsay en 1981[432], encore actif aujourd'hui. D'autres, ou les mêmes, œuvrent depuis 1974 dans le cadre œcuménique des groupes Femmes et hommes en Église ou Droits et libertés dans les Églises[433].

Pour certaines, restées ou non au sein du Mouvement jeunes femmes, l'engagement politique ne fera plus peur, mais les adhésions au Mouvement se feront plus rares. Le MJF se perpétuera à partir de générations de femmes plus jeunes, qui seront sensibilisées aux problèmes mis en avant par le MLF. Acquises à l'idée de contraception[434] comme leurs aînées, elles s'engageront dans une lutte pour la libéralisation de l'avortement, ce que n'envisageait pas la génération précédente, dénonceront le viol et soulèveront le problème des femmes battues. Leurs propos se disent et se veulent « féministes ». Si le mouvement a perdu sa visibilité pour le protestantisme, il en a gagné dans la société civile.

Le mouvement du Christianisme social de plus en plus déliquescent ne sera guère attractif pour ces nouvelles générations de femmes protestantes. L'esprit qui anime ces nouvelles militantes, mariées ou non, que l'on trouvera notamment dans le mouvement associatif des années quatre-vingts, montre qu'elles avaient bien été éveillées à leurs responsabilités sociales. Il y a bien eu une petite relève à gauche, mais pas au sein de l'antique mouvement du Christianisme social.

CHAPITRE 7

Originalité du féminisme protestant ?

Il est de bon ton de dire, ou de s'entendre dire, que protestantisme et féminisme ont fait bon ménage. C'est le propos qu'a tenu encore récemment Liliane Crété[435]. Il nous semble pourtant que dans cette lutte pour l'émancipation, les femmes protestantes ont été peu nombreuses, et quand elles agissaient, un silence assourdissant leur répondait. Enfin, allant dans le même sens que nous, Élisabeth Parmentier[436] dans son ouvrage *Les Filles prodigues, Défis des théologies féministes* ne nous semble pas, à l'exception de quelques Américaines, accorder aux protestantes une quelconque avance en matière de réflexion féministe.

On peut, en effet, avancer les noms de féministes notoires d'origine protestante qui ont agi dans les décennies précédentes, comme Eugénie Niboyet, petite-fille de pasteur, ou Élisa Lemonnier dont la formule préférée, qu'elle ne se lassait pas de répéter aux femmes était : « N'attendez pas que les hommes agissent pour vous ; agissez donc vous-mêmes, et quand ils vous verront à l'œuvre, ils commenceront à vous prendre au sérieux. » De ces féministes, les protestantes ne se sont pas réclamées, elles ont préféré des modèles de femmes pieuses, méritantes et de préférence souffrantes.

Si, écrit Florence Rochefort, « au sein de la philanthropie féminine protestante, tout d'abord l'approche de la question des femmes, favorise l'émergence d'une conscience de genre dont la manifestation est la volonté de se rassembler et de se constituer en force sociale », il semble qu'il n'en a pas été de même pour la philanthropie féminine catholique. « La rencontre entre féminisme et catholicisme au sein de la philanthropie féminine, poursuit Florence Rochefort, ne se produit, en fait, qu'après la Première Guerre mondiale et elle ne touche qu'une minorité[437]. » C'est ainsi que les femmes catholiques bouderont longtemps le Conseil national des femmes françaises, avant d'en prendre possession. En ce qui concerne les femmes du tournant du siècle qui clament leur infériorité par rapport aux hommes, alors qu'elles semblent pour nous aujourd'hui avoir démontré le contraire, nous serions tentée de constater une acceptation inconditionnelle d'une « position » de naissance, qui touche aussi bien la « position sociale » que le statut de femme par rapport à celui de l'homme. On ne s'écarte pas de sa condition sociale. On n'échappe pas plus à sa position sociale qui implique des devoirs, devoirs souvent rappelés aux bourgeoises des UCJF qui se doivent de s'occuper des domestiques ; de leurs domestiques qui elles-mêmes, le plus souvent, partagent la même attitude. Plus préoccupées par leurs devoirs que par leurs droits, les femmes protestantes commenceront à se préoccuper des droits d'autres femmes qu'elles-mêmes. Cette attitude n'est sûrement pas spécifiquement protestante, mais il semble que les femmes, après la guerre de quatorze peut-être, après la guerre de quarante sûrement, resteront attachées à leur position de naissance, qu'elle soit sociale ou de sexe.

Les protestants sur la défensive

Somme toute, nous sommes en présence d'un féminisme austère aux ambitions modestes, sauf en ce qui concerne les exigences morales qui sont les mêmes pour les deux sexes. En cela, les protestants se distinguent des catholiques, car c'est bien par référence au rôle de la femme tel qu'il est assigné par l'Église catholique que les protestants apparaissent comme plus porteurs d'émancipation. « Si la culpabilité d'Ève, séductrice perverse, ne fait aucun doute, le protestantisme croit aux vertus du savoir et de l'éducation intellectuelle pour éclairer les femmes, tandis que les milieux catholiques restent encore longtemps attachés aux vertus morales de l'ignorance, de l'innocence et de la pure émotivité religieuse[438]. » Celles qui incitaient les Unions à s'organiser s'exprimaient en ces termes[439] : « Levons-nous, formons une sainte ligue pour le bien et la simplicité, et dédaignant la folle parure du corps, recherchons uniquement la parure de l'âme[440]. »

Le rigorisme incarné par un Élie Gounelle ou un Émile Pourésy après la disparition de Tommy Fallot va l'emporter sur le souci d'émancipation. Et les femmes, pour un temps, s'en accommoderont jusqu'à ce que la guerre de 1914-1918 leur fasse envisager leur rôle sous un jour nouveau. Débarrassées de leur patronage encombrant, les Unions chrétiennes de jeunes filles sont devenues adultes et ont pris leur destinée en mains. Minoritaires au sein d'Églises minoritaires sur le plan national, les unionistes vont fournir au protestantisme une partie de ses nouvelles élites qui s'épanouiront après la Première et la Seconde Guerre mondiale. Ces femmes protestantes prouveront alors qu'elles ne sont plus sous tutelle.

Tant en ce qui concerne le suffrage des femmes que le ministère féminin, les protestants, dans leur ensemble, semblent avoir eu peur pour des raisons politiques ; certainement pour des raisons d'image vis-à-vis des républicains en ce qui concerne le suffrage ; pour des raisons d'image aussi vis-à-vis des catholiques en ce qui concerne le ministère féminin. « On a tout d'abord pensé créer un type de ministère censé convenir à la "nature" féminine, censé correspondre à des talents considérés comme spécifiquement féminins. En même temps, cela permettait, comme le montre la conception du ministère d'assistante de paroisse, de maintenir les femmes dans un rôle second[441] », écrit Jean-Paul Willaime, retraçant la conquête du pastorat par les femmes. Les protestants minoritaires en France sont restés sur la défensive, du moins jusqu'à la Deuxième Guerre mondiale. Ceci nous semble une explication au relatif retard des protestants français par rapport aux protestants allemands ou américains, par exemple. En matière de moralité, les protestants ne veulent recevoir de leçons de personne, surtout pas des catholiques. Cette attitude défensive et moralisatrice est compensée par le caractère laïque du protestantisme français qu'a souligné, notamment, Florence Rochefort : « Le protestantisme fait [alors] preuve de sa capacité à la fois de capter et de nourrir une certaine modernité par son approche morale de la question sociale. Les limites de son intransigeance morale sont contrebalancées par sa capacité à se renouveler et à ingérer les impulsions égalitaires au sein de son fonctionnement propre[442]. »

Une même morale pour les deux sexes

L'exigence morale est clairement affirmée en milieu protestant et particulièrement en ce qui concerne les relations entre hommes et femmes. Cet aspect tranche sûrement avec le moralisme catholique, hommes et femmes relèvent de la même exigence. La chasteté avant le mariage concerne les garçons autant que les filles. La danse est proscrite aux UCJG comme aux UCJF. Cette égalité devant la morale, Tommy Fallot[443] y tenait beaucoup et cela bouleversait profondément les idées reçues à l'époque. Ce refus de la « double morale », même si nous ne sommes pas sûre que tous les protestants y étaient acquis, inspira avec certitude les « abolitionnistes » qui ont lutté contre la prostitution. Florence Rochefort précise : « La rupture du féminisme protestant par rapport au milieu philanthropique, dont il est issu, s'opère *via* l'abolitionnisme. À travers le combat contre la réglementation de la prostitution, un autre regard est porté sur la prostituée qui tranche avec la morale dominante[444]. » Pour ces protestants, la prostituée était une victime susceptible d'être « relevée » et non une perverse séductrice d'hommes qui auraient eu tous les droits sur elle. Cet intérêt porté aux prostituées a manifestement poussé les femmes abolitionnistes à s'interroger en termes de « droits des femmes ». Les trajets militants de Marie d'Abbadie d'Arrast, d'Émilie de Morsier, d'Ernestine Schlœsing ou Marguerite de Witt-Schlumbergeren témoignent et conduisent ces dernières du Conseil national des femmes françaises à l'Union pour le suffrage des femmes.

L'œcuménisme mène au féminisme ?

Des femmes ont osé être œcuméniques, nous l'avons vu, dans leurs pratiques institutionnelles avec un peu plus d'audace, semble-t-il, que leurs homologues masculins. De là, elles auraient osé être féministes. C'est du moins l'hypothèse que nous formulons après la lecture de l'ouvrage d'Élisabeth Parmentier[445]. Certes, des femmes protestantes françaises avaient soulevé la « question féminine » après avoir été convaincues qu'il existait une « question sociale ». Les études bibliques dont elles étaient devenues friandes étaient menées hors du problème de la « question féminine ». Il ne s'agissait pas d'une lecture féminine, encore moins féministe, de la Bible. Il est significatif que le congrès fondateur du Mouvement jeunes femmes ait eu pour thème « la condition féminine dans la Bible, dans la société contemporaine, dans la vie professionnelle et civique ». C'est alors qu'apparaît un questionnement (nouveau pour l'époque) sur la place des femmes dans l'Église, mené par le Young Women Christian Alliance entre 1946 et 1948.

En outre, d'après Élisabeth Parmentier, « la réflexion internationale du Conseil œcuménique des Églises (COE) se fit, au départ, l'écho des femmes, jusqu'à entraîner un questionnement au sein des Églises. Ces premiers pas permirent ensuite aux féministes d'élaborer leur propre réflexion qui suit, entre-temps, des voies différentes de l'œcuménisme inter-confessionnel. L'histoire des femmes au COE manifeste un seuil essentiel : le passage d'une "question féminine" à une question pour l'Église tout entière, la prise de conscience que l'unité de l'Église ne pourra pas faire l'économie de la réconciliation des hommes et des femmes. La question des femmes devint, grâce au travail du COE, un défi pour la théologie de toutes les Églises chrétiennes ». C'est Madeleine Barot qui a pris en charge le « département pour la coopération des femmes et des hommes dans l'Église et la société » au Conseil œcuménique. Élisabeth Parmentier remarque, en 1998, que « les publications et articles de Madeleine Barot, dont le langage et les idées gardent une actualité étonnante, laissent entrevoir une féministe soucieuse de la différenciation des sexes, comme de leur complémentarité : "L'homme et la femme sont placés l'un en face de l'autre. C'est en se rencontrant, en se reconnaissant différents, que chacun découvre sa destinée." » Ces propos de Madeleine Barot définissent bien le féminisme des femmes protestantes de l'époque, que devait confirmer, en 1967, l'ouvrage de Francine Dumas : *L'Autre semblable*[446].

Le Groupe Orsay, issu de la commission « Recherches chrétiennes » du Mouvement jeunes femmes, mettait à l'ordre du jour de ses colloques, en 1979 et 1981 : « Les femmes et l'Église » ; en 1982 : « Vie concrète et théologie féministe » ; en 1983 : « Notre corps de femme entre liberté et solidarité » ; en 1985 : « Être femme dans un monde de violence » ; en 1987 : « Féminisme chrétien, rencontre des cultures autrefois et aujourd'hui » ; en 1989 : « Droits et cultures : Françaises, immigrées, étrangères, quel avenir pour les Femmes à l'horizon 93 » ; en 1991 : « Religions : oppressions ou libérations des femmes » ; en 1993 : « Femmes solidaires, question secondaire ? De nos vies quotidiennes à un avenir partagé, où sont nos priorités ? »... En 1999 : « Vivre en cultures, des fruits à cueillir, à goûter et à partager », et en 2001 : « Nos convictions et nos solidarités face à l'actualité, être lucides et espérer ». Les femmes du Groupe Orsay, ont ouvert leur dialogue œcuménique à l'Islam. Leur féminisme devrait s'en trouver renforcé.

Égalité ou différences ?

Les femmes protestantes que nous avons étudiées étaient tiraillées entre deux « cultures » : d'une part, elles étaient françaises et qui plus est, le plus souvent républicaines, d'autre part elles étaient protestantes et recevaient des influences anglo-saxonnes où l'accent était mis sur la spécificité féminine. « Le vote des femmes s'inscrit là dans une perspective de la représentation des spécificités : c'est en tant que femmes, et non en tant qu'individus, qu'elles sont appelées aux urnes[447]. » Bien peu partageront cette idée, même si on la retrouve ça et là dans les argumentaires de femmes protestantes de l'Union pour le suffrage des femmes, et on peut même dire qu'une Henriette de Witt refuse de réclamer des droits spécifiques au nom de l'égalité. Les femmes et les hommes protestants ont en commun ce « républicanisme qui a tant investi dans l'éducation », qui est, comme l'a souligné Mona Ozouf[448], une singularité française. En France, en effet, « l'enseignement a été le lieu où l'État a inventé un droit égalitaire, où ont été remportées les victoires décisives pour les femmes », et ce, aux dépens du suffrage des femmes, remporté plus tardivement que dans les pays anglo-saxons où s'est développé un féminisme basé sur la différenciation. Cette analyse, Pierre Rosanvallon la nuance : « En France, le droit de suffrage a d'autres racines, il est dérivé du principe d'égalité politique entre individus. L'universalisme à la française constitue dans ce cas un obstacle au suffrage féminin : la femme est privée du droit de vote en raison de sa particularité, parce qu'elle n'est pas un vrai individu abstrait, qu'elle reste trop marquée par les déterminations de son sexe. Tout en pouvant être très proches, les représentations du rôle de la femme dans la famille et dans la société induisent ainsi des effets rigoureusement inverses en France et dans la plupart des autres pays. En France, les préjugés fonctionnent négativement : ils empêchent la femme d'être perçue comme un individu social. »

Très tôt les femmes protestantes engagées dans les œuvres ont contesté implicitement que leur place n'était qu'au foyer. Les propos du chef de file de beaucoup d'entre elles, Joséphine Butler, que rapporte le journal *La Diaconesse,* en 1904, sont intéressants par leur audace : « Quand tout aura été dit sur la beauté de la vie domestique et sur l'aptitude des femmes à cette vie, il ne sera pas démontré cependant que Marthe de Béthanie soit la seule patronne de notre sexe, comme certaines gens semblent le croire. Aucune femme ne sera véritablement le bon génie de son foyer si elle n'est que cela. L'idéal domestique n'atteint pas son objet si l'on fait de lui le principe unique de la vie des femmes[449]. » Les femmes sont au foyer certes, mais pas qu'au foyer. Propos qui seront repris cinquante ans plus tard par le MJF.

Immergées dans une culture française, où l'égalité entre hommes et femmes est prônée, les femmes protestantes mettront l'accent sur les spécificités. La différence des sexes est vécue positivement, contrairement à une vision catholique où la division sexuelle est liée à la « chute ». Cette valorisation protestante de la différence va ainsi de pair avec une valorisation de la sexualité.

Une avance protestante ?

Le protestantisme n'a pas manqué de pionnières. Faute d'analyse comparative avec d'autres courants féministes, catholiques en particulier, nous ne nous prononcerons pas sur l'avance des positions des femmes protestantes avant les années cinquante du XXe siècle. Pour la période de la lutte en faveur de la contraception, nous disposons maintenant du travail de Sylvie Chaperon[450], qui situe bien dans l'époque les propositions de femmes protestantes très en avance sur les positions des femmes catholiques, lesquelles s'opposent à la planification des naissances. L'Action catholique générale féminine ne dit mot sur la contraception, tandis que l'Union féminine civique et sociale s'inspire des commentaires autorisés. Jusqu'à ce que le front catholique se lézarde, en 1957, et qu'en 1959, Cécile de Corlieu et plusieurs autres femmes catholiques fondent au sein de La Maternité heureuse un comité pour l'étude des questions religieuses. L'Union nationale des femmes et le Conseil national des femmes françaises (où dominent maintenant les catholiques) ont choisi le silence.

Au Parti communiste, pour des raisons tactiques, Marie-Claude Vaillant-Couturier, oubliant ses origines protestantes[451], condamne la propagande « néo-malthusienne et petite-bourgeoise » ; elle renverse la perspective : « Il n'est pas vrai qu'il y ait trop d'enfants en France. Voilà pourquoi, plutôt que le droit de ne pas avoir d'enfant, nous réclamons le droit à la maternité dans la joie, sans douleur, sans crainte. » Il faudra une dizaine d'années pour que le Parti communiste révise ses positions sur la contraception[452]. Notons que des protestantes aussi se joindront au combat pour l'accouchement sans douleur. Les femmes protestantes sont donc en avance, elles ne sont toutefois pas seules, des femmes franc-maçonnes se sont engagées dans ce combat en même temps. Enfin, une Marie-Andrée Lagroua-Weill-Hallé est bel et bien catholique et même ancienne « jéciste ».

Les membres du Mouvement jeunes femmes ne se disent pas pour autant féministes dans les années cinquante. Ce mot, elles le rejettent comme appartenant au passé. En refusant le mot, elles nous semblent, à partir de la différence des sexes qu'elles valorisent, vouloir gommer la dimension hostile à l'égard des hommes qu'elles supposent dans un féminisme égalitaire. Nous n'avons jamais, au cours de nos recherches sur les femmes protestantes jusqu'aux années soixante, pu relever de propos agressifs à l'égard des hommes. Nous relions ce fait à une valorisation de la sexualité en milieu protestant plus précoce qu'en milieu catholique et communiste aussi.

Les héritières du MJF qui composent le Groupe Orsay en 2002, refusent l'ide d'être constituées en mouvement, en cela elles se séparent de leurs ancêtres et se distinguent du Mouvement jeunes femmes qui continue sa route. Tout comme le MJF d'aujourd'hui, elles affirment leur féminisme : « Le Groupe Orsay n'est pas un mouvement, mais un groupe de femmes qui cherchent avec des croyantes d'autres confessions et religions à approfondir leurs liens entre leur féminisme et leur foi. » Aujourd'hui, on peut parler de féminisme protestant.

Générations de femmes

Sur les 475 noms de femmes protestantes cités dans ces ouvrages, nous en avons sélectionné 112 dont nous présentons les biographies dans cet ouvrage. Sur ces 112, cinq étaient issues de mariages mixtes, trois se sont converties au catholicisme à un âge mûr. À ces 112 femmes protestantes françaises, nous avons ajouté les biographies de 22 « compagnes de route », dont deux Anglaises, trois Américaines et trois catholiques françaises (soit 134 notices). À partir de ces biographies, nous pouvons déjà proposer quelques remarques sur la nature et la transmission de leur militantisme, en fonction de la période où elles vivaient et de l'expérience personnelle qu'elles pouvaient avoir eu au sein de leur famille, qu'elles aient été, ou non, mariées et mères de famille.

De mère en fille

Marie-Claire Vitoux[453] a remarqué, à Mulhouse, l'importance du réseau de la parentèle féminine. Nous avons observé le rôle de transmission de modèles de militantisme de mère en fille à plusieurs occasions. Suzanne Necker donna certes le goût de l'engagement et le goût de l'écriture à sa fille Germaine de Staël, mais celle-ci, fille et mère de philanthropes, présente la singularité d'être demeurée étrangère à toute action philanthropique. Sa fille Albertine de Broglie, par contre, a fait partie du comité auxiliaire de dames de la Société des missions. Dans le cas d'Henriette de Witt, cette transmission s'est effectuée aussi sur plusieurs générations : elle était la fille d'Élisa Dillon, une catholique qui avait épousé un protestant, François Guizot, elle fut la mère de Marguerite de Witt-Schlumberger qui a poursuivi son œuvre auprès des détenues et est devenue la présidente de l'Union pour le suffrage des femmes. La fille de Marguerite, Sylvie Schlumberger a épousé Éric Boissonnas. Sylvina Boissonnas était proche du MLF des années soixante-dix. Elle a aidé la Librairie des femmes à ses débuts. Jane Pannier, présidente des UCJF avait eu pour mère Ernestine Schlœsing, militante féminine de tous les instants à Marseille et membre correspondante du CNFF. Le Dr Blanche Edwards-Pilliet, militante de la santé et de l'hygiène des femmes a eu pour fille Georgette Barbizet qui a créé le corps des assistantes de police chargées de la rééducation des prostitués mineures. Lydie Creissel qui fut vice-présidente des UCJF a eu pour fille Anna Jézéquel qui fut vice-présidente du groupe de Paris de l'Union française pour le suffrage des femmes. C'est bien le modèle du militantisme qui se transmet plus que son contenu[454], les filles ayant franchi un pas dans la revendication pour l'égalité des droits en militant pour le suffrage des femmes, ce que n'avaient pas imaginé, ni moins encore osé revendiquer leurs mères. Marguerite de Witt-Schlumberger n'a pas retenu les propos de sa mère sur l'influence que les femmes peuvent avoir sur les hommes en matière de gouvernement familial et qui les dispenserait de revendiquer des droits qui leur soient propres. En 1919, elle déclare : « Les anti-suffragistes nous disent d'user à ce sujet de notre influence sur les hommes. Hélas, depuis des siècles, nous usons de notre influence et nous songeons maintenant avec amertume à la pauvreté et à l'insuffisance de ce moyen puisqu'il a conduit le monde à l'épouvantable résultat de la guerre qui a décimé les familles[455]. » La génération de Marguerite de Witt-Schlumberger refuse la place seconde qu'aspirait à occuper la génération précédente. On ne trouvera dans les propos de la fille nulle trace de l'infériorité dont se réclamait sa mère. « Le sexe féminin représente la moitié de l'humanité, qu'on lui donne enfin la place qui lui est due », ajoute-t-elle. Ce faisant, le féminisme de la présidente de l'Union pour le suffrage des femmes est encore prudent, cette organisation, dans un premier temps, avait pour but le droit de vote pour les femmes, l'électorat au Parlement demeurant en dehors des préoccupations politiques et religieuses de cette institution.

Dans les années cinquante, des protestantes se sont battues pour le contrôle des naissances, pour lutter contre l'avortement, mais aussi pour le dépénaliser, sans doute parce que la contraception était devenue envisageable car des moyens anticonceptionnels sûrs commençaient à exister. La pilule avait vu le jour en 1955 et dans les années soixante était devenue un moyen contraceptif répandu, au sortir d'une période de reprise de la natalité. Ces femmes, nées entre 1910 et 1935, ne savent pas que dans les générations précédentes, en particulier celles nées entre 1845 et 1870, des femmes s'étaient réjouies, au CNFF et à l'UFSF, de l'entrée en vigueur de la loi de 1920 qui interdisait la propagande pour les moyens anticonceptionnels et la pratique de l'avortement[456]. La dénatalité de la France exigeait alors, du moins le croyait-on, que l'on renonce à tous les moyens susceptibles de l'aggraver. Ces femmes agissaient dans l'intérêt des autres femmes et on ne peut le leur contester. Pour sa part, une femme protestante, Berty Albrecht, née en 1893, avait osé demander l'abrogation de la loi de 1920, dès 1931. À cette date, elle assistait le Dr Jean Dalsace à l'Association d'études sexologiques. Cette association demandait un examen prénuptial obligatoire, l'abrogation de la loi de 1920, mais préconisait aussi la stérilisation des « anormaux, des tarés et des aliénés ». Maria Vérone et Eugène Humbert en firent partie.

Mariées et célibataires

Dans la partie biographique de cet ouvrage, la place faite aux femmes de la grande ou moyenne bourgeoisie est importante, plus importante que la place relative qu'elles occupaient dans la communauté protestante. La raison tient aux sources auxquelles nous avons eu accès pour retrouver leur état civil. Seules celles figurant dans les généalogies des grandes familles ou ayant fait l'objet de nécrologies un peu substantielles ont pu être prises en considération[457].

Sur les 65 femmes nées avant 1870, un tiers sont restées célibataires et une femme vit séparée de son mari. Les femmes mariées, souvent mères de famille nombreuse, tiennent le haut du pavé. Il est vrai qu'elles disposent parfois de fortunes considérables. Sur les 71 femmes nées après 1870, plus de la moitié sont restées célibataires, deux sont divorcées et une vit séparée de son mari. Ces femmes ont, pour la plupart, fait des études secondaires, voire supérieures. C'est après 1900, que des femmes entreprennent des études de théologie, et la plupart de celles-ci restent célibataires. Cette prépondérance des célibataires peut être due à une plus facile promotion des célibataires par le militantisme, comme à la relative disparition des femmes mariées de la scène militante. Cette disparition entre les années 1895 et 1950 interroge. Elle est sans doute due au non-mariage de certaines du fait de la guerre de 1914-1918. Est-elle due aussi au fait que la haute société protestante est moins riche et que les femmes, surtout les mères de famille, n'ont plus les moyens financiers dont disposaient leurs consœurs philanthropes du XIXe et du début du XXe siècle pour se consacrer aux œuvres ? et/ou le protestantisme d'alors est-il devenu plus réfractaire à un engagement des femmes mariées, nous ne pouvons le dire. Enfin, nous n'avons pas pu suivre le parcours d'un certain nombre de femmes. Ceci tient au fait que nos sources étaient pour l'essentiel des publications de mouvements. Parfois des militantes disparaissent, du fait de leur mariage. De cela nous sommes sûre pour certaines, mais pour d'autres leur militantisme s'est sans doute exercé sous une autre forme et surtout sous un autre nom, et cela a pu nous échapper. Toujours est-il que dans les années suivantes, le protestantisme, grâce au MJF notamment, va fournir un contingent plus fourni de militantes, célibataires, épouses et mères, engagées dans les œuvres protestantes ou non. Les 16 biographies de femmes nées après 1900, ne sont pas assez nombreuses pour en faire ici la démonstration.

Générations de militantes

La transmission du modèle militant passe pour beaucoup par les parents, tant par la mère que par le père. L'engagement des filles de pasteur en fait foi. La greffe militante est prise très tôt, vers 16-20 ans. L'éveil au militantisme et son expression se ressentent beaucoup des événements marquants de l'époque. Ainsi un adolescent ou un jeune adulte confronté à une guerre ou à de graves troubles sociaux peut avoir une expression militante très différente de celle d'un jeune qui n'a pas connu, dans son jeune âge des tels événements. D'après leur date de naissance, nous avons tenté d'identifier et de qualifier différentes générations à partir du corpus des femmes dont les biographies sont présentées dans cet ouvrage.

Les philanthropes

Les femmes philanthropes sont nées entre 1790 et 1829, elles sont à la recherche de moyens pour soulager la misère sans se poser vraiment de questions sur l'origine de cette misère ni sur l'origine de leur propre fortune. Sur les 15 femmes nées avant 1830, on trouve Émilie Mallet (1794), Henriette André-Walther (1807), Valérie de Gasparin (1813), Élise de Pressensé (1826), Caroline de Barrau de Muratel (1828), Henriette de Witt (1829) et son amie anglaise Florence Nightingale (1820). Sauf cette dernière et Caroline Malvesin (1806) qui sont restées célibataires, ce sont toutes des femmes mariées et très pieuses.

Eugénie Niboyet (1796), Jeanne Deroin (1805) et une maçonne, Maria Deraismes (1825), appartenaient à ces générations de philanthropes.

Les décolletées

Des femmes de la haute société protestante, nées entre 1830 et 1844, ont entouré Sarah Monod (1836), qui avait été ambulancière sous la Commune, et Camille Vernes (1843) lorsqu'elles ont eu le projet d'associer les jeunes filles protestantes au développement des œuvres féminines. Parmi les 15 femmes du corpus retenu, on trouve Gabrielle Mallet (1833), Marie d'Abbadie d'Arrast (1835), Emma Koechlin-Schwartz (1838), Fanny André (1840). Se joint à elles, une catholique convertie au protestantisme et fortunée : Justine Dalencourt (1838). Ce sont ce qu'on appelle alors des dames patronnesses, ou plus ironiquement quand elles sont remarquées pour leur tenue vestimentaire par les féministes pures et dures les « décolletées ». Elles n'en ont pas été moins efficaces par rapport au rôle social qu'elles s'étaient assigné. Pauline Kergomard (1838), une militante de l'éducation, et Julie Favre (1834), la première directrice de l'École normale de Sèvres, ont fait partie de cette génération. Les femmes protestantes ont aussi des compagnes de route franc-maçonnes : Maria Pognon (1844), Maria Martin (1839), et Isabelle Bogelot (1838).

Les générations du Conseil national des femmes françaises

Des femmes nées entre 1845 et 1859 avaient certainement en commun d'avoir vécu d'une façon ou d'une autre, à un âge sensible, les événements de la Commune, la guerre de 1870, guerre terminée par une défaite et la perte de l'Alsace et de la Lorraine. C'est dans cette génération que se situe Marie Poujol (1852). Sur les 15 noms que comporte cette classe d'âge au moins 8 concernent des femmes qui ont été créatrices d'institutions sociales : Simée Lorriaux (1845), Julie Siegfried (1848), Ernestine Schlœsing (1854) ou Marguerite de Witt-Schlumberger (1855). Compagne de route de ces militantes protestantes G. Avril de Sainte-Croix (1855) a été très active au CNFF, tout comme Gabrielle Alphen-Salvador (1856), d'origine juive. Ces femmes s'étaient senties investies d'une mission sociale et éducative qu'elles ont particulièrement exercée à la quarantaine.

Elles ont été suivies par la génération des femmes qui se sont investies dans les UCJF première manière, ou dans des institutions sociales novatrices. Elles sont nées entre 1860 et 1869. On trouve la première présidente des unions chrétiennes, Louise Rourin (1860), Lucile Morin (1864), Suzanne Abric (1865), Élisabeth Fuchs (1866) et Élise Fallot (1868). Dans cette génération on trouve aussi des novatrices comme la première femme à présenter l'externat de médecine, Blanche Edwards-Pilliet (1858), ou Anna Hamilton (1864), qui invente un métier pour des femmes, ou Marguerite Korn (1865), qui se préoccupe des vacances pour les jeunes employées.

Premières générations de l'enseignement secondaire

Ces femmes, nées après 1870, ont profité de l'institutionnalisation des établissements secondaires de jeunes filles. C'est la génération la plus nombreuse de notre corpus, elles sont 29. Les femmes de la HSP ne tiennent plus le haut du pavé, elles sont relayées par des filles de la « bonne société protestante », comme

Hélène Nick (1870) et Jeanne Sequestra (1871), deux femmes de pasteur qui s'occupèrent du *Journal de la jeune fille*. Le nombre de célibataires engagées commence à être important. Parmi les femmes nées entre 1870 et 1879, on trouve les pionnières des écoles de service social et celles qui organisent les femmes diplômées de l'université. Pour les écoles de service social, on trouve Yolande Oberkampf (1874), Marie Diémer (1877), Jeanne de Joannis (1877), Juliette Delagrange (1880). On y trouve les fondatrices de l'Association française des femmes diplômées des universités (AFFDU), Marie Octave Monod (1876), Marguerite Mespoulet (1874), Marie Bonnet (1874) et Marie-Louise Puech (1876). Une non-protestante, future présidente de la FFE, Marguerite Pichon-Landry (1877), faisait partie de cette génération, tout comme les Américaines qui tentèrent d'unifier le scoutisme français : Anne Morgan (1873) et Anne Murray-Dick (1875).

Dans cette génération, il y a aussi les femmes des UCJF qui sauront assumer le tournant de la guerre et l'apparition du scoutisme : Marie Bruneton (1877), Jane Pannier (1876), Suzanne Bidgrain (1879) et une femme athée d'origine juive, Cécile Brunschvicg (1877), compagne de route de militantes protestantes à l'Union française pour le suffrage des femmes (UFSF), puis au Conseil national des femmes françaises (CNFF).

Les trois protestantes qui se convertissent au catholicisme à un âge relativement avancé étaient nées entre 1877 et 1881 : Marie Diémer (1877), Claire Huchet (1898) et Renée de Montmort (1881). Ce n'est peut-être qu'un hasard.

La génération suivante, née entre 1880 et 1889, sera en partie sensibilisée par l'affaire Dreyfus. Parmi celles-ci, on trouve une veuve de pasteur devenue pasteur elle-même, Madeleine Blocher-Saillens (1881), Renée de Montmort (1881), une protestante convertie au catholicisme qui participera à créer les Guides de France, Marguerite Walther (1882), qui régna sur la FFE, Jeanne Merle d'Aubigné (1889), Marguerite Cornet-Auquier (1887) ainsi qu'une catholique active à la Moufffe, Cathe Descroix (1883) et une autre catholique active à la FFE, Renée Sainte-Claire Deville (1889). Parmi cette génération, des bénéficiaires de l'enseignement secondaire sont arrivées à forcer les portes des universités. Parmi elles, on trouve Lucie Chevalley (1882) et Geneviève Bianquis (1886), une des premières femmes nommées professeur dans une université.

La génération des initiatrices des mouvements de jeunesse

Cette génération a connu la guerre, celle de 1914-1918 et pour certaines, celle de 1939-1945 et la Résistance. Il s'agit des personnes nées entre 1890 et 1899. 13 femmes de notre corpus sont dans cette tranche d'âge. Parmi elles, beaucoup d'animatrices et même d'initiatrices de mouvements de jeunesse.

Nous y trouvons, en effet, les femmes qui amèneront les UCJF à maturité : Jeanne Liotard (1895) et Blanchette Momméja (1896). Les principales promotrices du scoutisme féminin protestant qui vont faire le pari de la FFE : Violette Mouchon (1893), Georgette Siegrist (1897), la première commissaire nationale des Éclaireuses unionistes, et Antoinette Butte (1898)[458]. Suzanne de Dietrich (1891), animatrice de la Fédération française des associations chrétiennes d'étudiants (FFACE, dite Fédé) et Claire Jullien (1897) sont de cette génération. Une catholique, Marthe Levasseur (1895), active au sein du scoutisme EDF, faisait également partie de cette génération.

C'est dans cette génération que se recrutera une partie des équipières Cimade, ou de résistantes comme Berty Albrecht (1893), Jane Sivadon étant née en 1901 et Yvonne Oddon en 1902.

La première génération d'après la Seconde Guerre

Cette génération est née entre 1900 et 1910, celles qui ont créé le Mouvement jeunes femmes dans l'enthousiasme de l'après-guerre sont nées entre 1900 et 1910 : Jeanne Lebrun (1903) et Suzette Duflo (1910). Dans cette génération où la HSP est totalement absente, on trouvera aussi des pionnières comme Jane Sivadon (1901), Madeleine Barot (1909) et la première pasteur de l'ERAI, Berthe Bertsch, la première pasteur de l'ERF, Élisabeth Schmidt (1908), ainsi que la première femme admise à l'Académie des sciences morales et politiques, Suzanne Bastid-Basdevant (1906)*[459].

Les féministes des années Beauvoir

Ces femmes protestantes sont nées entre 1914 et 1930. Elles sont sous-représentées dans cet ouvrage pour deux raisons : la baisse démographique due à la guerre de 1914-1918 et les limites de notre étude arrêtée en 1960. Nous trouvons ces femmes à Jeunes femmes et au Planning familial ou appartenant à ces deux mouvements. Madeleine Tric et Francine Dumas (1917) sont les premières, suivies de Simone Iff (1924) et Évelyne Sullerot (1924), toujours actives aujourd'hui. Rolande Dupont et Janine Grière étaient nées en 1927. C'est aussi la génération des premières femmes du Groupe Orsay et de celles qui commencèrent à s'affirmer féministes. En 2003, les femmes qui militent au Planning familial ignorent pour la plupart leurs ancêtres protestantes. Au Mouvement français pour le planning familial, les militantes affirment haut et fort leur féminisme.

Le féminisme, un militantisme sexué

L'idée de militantisme est liée à une notion de combat pour une cause. « Militantisme est synonyme de continuité », précisait Jean Maitron dans l'introduction au *Dictionnaire biographique du mouvement ouvrier français*. N'est pas militant celui « qui prend part occasionnellement à un mouvement, qui accepte une seule fois des fonctions temporaires dans un organisme plus ou moins stabilisé[460] ». Militantisme sous-entend aussi que l'on s'oppose à la résistance passive du *statu quo,* quand ce n'est pas à l'hostilité déclarée des défenseurs d'autres causes ou d'autres personnes[461]. Que ce soit contre l'immoralité, l'alcoolisme ou l'avortement, que ce soit pour l'égalité des droits ou l'avènement du règne de Dieu, les protestantes dont il est question dans cet ouvrage se comportaient en militantes. Par rapport au féminisme qu'elles revendiquaient ou qu'elles refusaient, leurs attitudes dénotaient une volonté de considérer les femmes, dans leur ensemble, dans leurs rapports avec les hommes.

Il est difficile de définir le féminisme comme un ensemble de revendications qui aient ou non pour finalité une égalité des sexes. On ne peut non plus le décrire comme une suite de paliers qui mènerait à cette égalité. Nous l'avons vu, des femmes, comme Henriette de Witt-Guizot, ne revendiquaient aucun droit, elles exprimaient pourtant, surtout par la vie qu'elles menaient, une certaine forme de féminisme. Julie Siegfried, quant à elle, souhaitait que les femmes parlent moins de leurs droits et davantage de leurs devoirs. De plus, il est même possible que l'égalité femme-homme sur le plan du statut ne fasse pas partie intégrante du féminisme. À l'inverse, si l'on en croit l'évolution actuelle du droit, une inégalité en faveur des femmes commencerait à se faire jour. « À l'ancien modèle de l'inégalité complémentaire entre le mari et l'épouse – qui avait concerné tout autant la citoyenneté politique, la gestion du patrimoine ou les rapports personnels dans le mariage – se substitue un autre, de type égalitaire, où les hommes et les femmes sont juridiquement interchangeables. Ce processus a pris une telle ampleur dans l'espace de quelques décennies que le juriste Jean Carbonnier a pu affirmer que le droit français était devenu hermaphrodite. L'aboutissement de cette logique aurait dû finir par rendre superflue la division des sexes. Pour cela, il fallait s'attaquer à la dernière source d'inégalités, c'est-à-dire la prééminence masculine dans le domaine de la procréation et de la filiation. Or, les réformes intervenues dans ce domaine depuis la fin des années 60 n'ont pas suivi la logique de l'égalité entre les hommes et les femmes. Les nouvelles inégalités, mises en avant au non du droit des femmes à disposer de leur corps, ainsi que de l'égalité entre les enfants légitimes et naturels ont été des objectifs visibles et immédiats de ces transformations. [...] La grossesse allait légitimer le pouvoir exorbitant des femmes au détriment des hommes[462]. »

Autre difficulté : rares sont les femmes rencontrées au cours de cet ouvrage qui se disaient féministes. Faut-il le proclamer pour l'être ? Nous partons de l'idée que non, car nous retenons du féminisme sa définition minimale. Il n'est pas non plus évident que l'on puisse définir un féminisme protestant. Sans doute parce que le féminisme ne peut pas se définir par le contenu de ses revendications. Élisabeth Parmentier, parlant des théologiennes féministes propose la définition suivante : « La/le féministe est ici toute personne consciente des problèmes liés au sexisme et engagée d'une manière ou d'une autre pour la libération de la femme. » Nous réduirons, pour notre part, un peu plus la définition du féminisme en parlant de « militantisme sexué ». En assimilant le féminisme à un militantisme, nous le valorisons, car dans notre propos, sans militantisme, une société n'évolue pas et reste soumise aux forces conservatrices. Or sur le plan du militantisme, la culture protestante pousse à l'engagement dans la société.

Les femmes protestantes du tournant du XIXe siècle, et même jusqu'aux années cinquante du XXe, ne demandaient pas « à disposer de leur corps ». Elles ont d'abord demandé à disposer de leurs biens sans demander le droit de vote, puis de leur vote sans moyen de maîtriser leur procréation, pour enfin demander à être reconnues à part entière dans l'Église sans participer à la vie politique.

Mais l'engagement militant quel qu'il soit est tourné vers l'avenir. Il invente des projets nouveaux et des structures nouvelles adaptées aux changements intervenus dans la société. Ce faisant, il fait table rase du passé. Les femmes protestantes n'ont pas échappé à la règle, elles n'aiment pas leur histoire, faute de pouvoir la lire comme un aboutissement logique des combats précédents. Oui, elles sont restées longtemps sous tutelle mais elles ont fini par s'en affranchir. C'est ainsi que le centenaire de l'Alliance mondiale des Unions chrétiennes féminines n'a pas donné l'occasion aux femmes protestantes de revisiter leur histoire[463]. C'est cette lacune que nous avons voulu tenter de combler.

NOTES DES DEUX PARTIES

INTRODUCTION

1. Nous remercions Jean-Paul Willaime pour son aide et les encouragements qu'il nous a apportés dans l'élaboration finale de cet ouvrage.

2. Essentiellement *Le Christianisme au XIXe siècle et au XXe siècle, Le Huguenot, Le Journal de la jeune fille* et *Au service du maître* (publications des Unions chrétiennes de jeunes filles), *La Femme* et *L'Espérance* (publication des Unions chrétiennes de jeunes gens).

3. Geneviève POUJOL, « Le journal d'une bénévole », *Vie sociale*, mai 1989.

4. Geneviève POUJOL, *Des élites de société pour demain*, Érès, 1996.

5. Geneviève POUJOL et Madeleine ROMER, *Dictionnaire biographique des militants, XIXe-XXe siècles, De l'éducation populaire à l'action culturelle* (*DBMEPAC*), L'Harmattan, 1996.

6. Geneviève POUJOL, *Éducation populaire, Histoires et pouvoirs*, Les Éditions Ouvrières, 1981.

7. Liliane CRÉTÉ, *Le Protestantisme et les femmes, Aux origines de l'émancipation*, Labor & Fides, 1999.

8. Denis PELLETIER, « Les Pratiques charitables françaises entre histoire sociale et histoire religieuse. Essai d'historiographie critique » *in* Isabelle VON BUELTZINGSLOEWEN et Denis PELLETIER, *La Charité en pratique, Chrétiens français et allemands sur le terrain social : XIXe-XXe siècles*, Presses universitaires de Strasbourg, 1999.

9. Jean BAUBEROT cité par Denis PELLETIER, *op. cit.*

10. Patrick CABANEL, *Les Protestants et la République*, Éditions Complexe, 2000.

11. Au recensement de 1851, on comptait 748 332 protestants, mais ce chiffre est probablement inférieur à la réalité. En 1855, lors du recensement, on renonce à constater la religion des citoyens. Les protestants s'estimaient eux-mêmes alors entre 1 500 000 et 2 000 000, chiffre probablement supérieur à la réalité. André ENCREVÉ, *Protestants français au milieu du XIXe siècle, Les réformés de 1848 à 1870*, Labor & Fides, 1986.

12. Pierre POUJOL, « Notes pour une histoire sociale du protestantisme dans la France moderne depuis 1870 », Paris, *Revue du christianisme social*, 1960-1961, (2 brochures).

13. Émile-Guillaume LÉONARD, *Histoire générale du protestantisme*, tome III, « Déclin et renouveau », Paris, Presses universitaires de France, 1964.

14. Daniel ROBERT, *Les Églises réformées de France (1800-1830)*, Presses universitaires de France, 1961.

15. *Ibid.*

16. Pierre POUJOL, « Notes pour une histoire sociale du protestantisme... », *op. cit.*

17. André ENCREVÉ, *Protestants français au milieu du XIXe siècle*, *op. cit.*

18. Léon MAURY, *Le Réveil religieux dans l'Église réformée à Genève et en France (1810-1850)*, étude historique et dogmatique, Paris, Librairie Fischbacher, 1892.

19. Dictionnaire *Les Protestants* et *Encyclopédie du protestantisme*, Paris, Cerf, Genève, Labor & Fides, 1995.

20. « Historique (1744-1934) », *Guide unioniste*, Comité national des UCJF, 1934.

21. LÉON MAURY, *op. cit.*

22. *Ibid.*

23. Jean BAUBEROT, « Notice Femme » *in Encyclopédie du protestantisme*, *op. cit.*

24. Léon MAURY *op. cit.*

25. André ENCREVÉ, extrait des actes du colloque, *Les Catholiques libéraux*, Grenoble, 1971.

26. La Société biblique (1818), la Société des traités religieux (1821), la Société des missions évangéliques (1822), Comité pour l'encouragement des écoles du dimanche (1826), Comité pour l'encouragement de l'instruction primaire parmi les protestants de France (1829).

27. Patrick CABANEL, *op. cit.*

28. Patrick CABANEL, *op. cit.*
29. Pierre POUJOL, « Notes pour une histoire sociale du protestantisme... », *op. cit.*
30. Patrick CABANEL, *op. cit.*
31. *Ibid.*
32. L'Alliance des UCJG reçoit le Grand prix tandis que l'Alliance des UCJF reçoit une médaille d'argent.
33. Geneviève POUJOL, *La Dynamique sociale des associations, La genèse de la Ligue de l'enseignement, de l'Association catholique de la jeunesse française, des unions chrétiennes de jeunes gens,* Centre d'études sociologiques, 1978.
34. Jean-Paul WILLAIME, « L'accès des femmes au pastorat et la sécularisation du rôle du clerc dans le protestantisme », *Archives des sciences sociales des religions,* juillet-septembre 1996, 29-45.
35. Christiane BARD, *Les Féministes en France, Vers l'intégration des femmes dans la cité (1914-1940),* thèse de doctorat en histoire, université Paris-VII, 1993. Christiane Bard, *Les Filles de Marianne, Histoire des féminismes (1914-1940),* Fayard, 1995.
36. Florence ROCHEFORT, « Féminisme et protestantisme au XIXe siècle » *in* « Femmes protestantes au XIXe et au XXe siècles », (études réunies par Gabrielle Cadier-Rey), *Bulletin de la Société de l'histoire du protestantisme français* (*BSHPF*), tome 146, janvier-février-mars 2000. Florence ROCHEFORT, « La prostituée et l'ouvrière, Approches protestantes et catholiques du féminisme sous la troisième République » *in Ni Ève ni Marie,* Françoise Lautman éd., Labor & Fides, 1997. Florence ROCHEFORT, Cécile DAUPHIN, Arlette FARGE, *Séduction et sociétés, approche historique*, Seuil, 2001.
37. Histoire des premières écoles de service social, *Vie sociale,* n° 1-2, 1995.
38. Anne-Sophie FAULLIMMEL, *Les Origines de la Fédération française des Éclaireuses (1912-1927),* mémoire de maîtrise d'histoire, université Paris IV-Sorbonne, octobre 1995.
39. Sylvie CHAPERON, *Les Années Beauvoir (1945-1970),* Fayard, 2000.

PREMIÈRE PARTIE. CHAPITRE 1

40. Irena BACKUS, « Marie Dentière » *in Encyclopédie du protestantisme, op. cit.*
41. Marianne CARBONNIER-BURKARD, notice « Femme » *in Encyclopédie du protestantisme, op. cit.*
42. Liliane CRÉTÉ, *Le Protestantisme et les femmes, op. cit.*
43. Marianne CARBONNIER-BURKARD, notice « Femme » *in Encyclopédie du protestantisme, op. cit.*
44. C'est une femme protestante, Yvonne Oddon, qui était engagée dans le mouvement de résistance du musée de l'Homme aux côtés d'A. Lewitski, rédacteur en chef du *Bulletin du musée de l'Homme.* Elle suggéra, en 1940, comme titre et thème d'article le mot *résister,* à l'infinitif, le slogan de Marie Durand, prisonnière de la tour de Constance.
45. La Société du sou protestant, créée en 1846 avait pour but de réunir les dons destinés aux œuvres d'évangélisation protestantes et de les redistribuer. Au début, 23 sociétés furent admises ; en 1837, elles étaient 38, mais la répartition des dons concernait 63 œuvres. La dernière société admise est la société de patronage pour les prisonniers libérés fondée en 1869. 26 sociétés sont des œuvres sociales (dont 10 orphelinats). Le président de la Société du sou protestant était Félix Vernes et le trésorier Charles Vernes, tous deux banquiers.
46. La méconnaissance du rôle politique et théologique de Marguerite de Navarre donne la mesure du chemin à parcourir pour que ce personnage originaire du protestantisme soit reconnu.
47. Jean-Denis BREDIN, *Une singulière famille, Jacques Necker, Suzanne Necker et Germaine de Staël*, Fayard, 1999.
48. Michèle RIOT-SARCEY, *Les Femmes dans l'histoire ou la représentativité en question, Avenirs et avant-gardes en France, XIXe-XXe siècle, Hommage à Madeleine Rebérioux*, La Découverte, 1999.

49. Catherine DUPRAT, *Usage et pratiques de la philanthropie*, Comité d'histoire de la Sécurité sociale, 1996.

50. Président de la Société pour l'encouragement de l'instruction primaire parmi les protestants de France de 1852 à 1872. Félix Vernes lui succédera jusqu'en 1880.

51. Mme Cuvier était membre du comité de l'Œuvre protestante des prisons.

52. Catherine DUPRAT, *op. cit.*

53. La seconde Mme Guizot, née Élisa Dillon était la mère d'Henriette de Witt-Guizot.

54. Catherine DUPRAT, *op. cit.*

55. Résumé de la conférence de Marie-Claire Vitoux, le vendredi 30 octobre 1998, paru sur le site Kœchlin, sur Internet.

56. Catherine DUPRAT, *op. cit.*

57. Jacques POUJOL, « Réalité et fiction dans *L'Évangéliste* d'Alphonse Daudet », *BSHPF,* avril-mai-juin 1984.

58. *Ibid.*

59. « Le roman *L'Évangéliste* d'Alphonse Daudet, a été considéré comme une satire de l'Armée du salut, parce qu'il a paru au moment où cette institution faisait à Paris quelque bruit. Rien n'est plus faux, car le fait sur lequel repose le roman [...] s'est passé, de l'aveu du romancier lui-même, bien avant que l'Armée du salut fût connue en France. » *Agenda protestant,* 1883.

60. Il semble qu'elle ait créé une union de jeunes filles « hinschiste » avec Mlle C. Kellermann. Voir dictionnaire *Les Protestants.*

61. *Le Journal de la jeune fille* signalera l'existence d'une union hinschiste à Sète dirigée par Mlle Hermann, cette union n'est pas rattachée à l'Alliance. En 1899, l'union est en progrès, comme d'ailleurs l'union réformée.

62. A. DUCROS, *Le Mouvement social actuel dans le protestantisme français,* thèse présentée devant la faculté de Théologie protestante de l'université de Paris, 1901.

63. Catherine DUPRAT, *op. cit.*

64. LÉONARD, *op. cit.* Dictionnaire *Les Protestants.*

65. Catherine DUPRAT, *op. cit.*

66. Jean-Noël LUC, « Mme Jules Mallet née Émilie Oberkampf », *in* « Femmes protestantes au XIXe et au XXe siècles », *BSHPF,* tome 146, janvier-février-mars 2000.

67. Florence ROCHEFORT, « Féminisme et protestantisme au XIXe siècle » *in* « Femmes protestantes au XIXe et au XXe siècles », *op. cit.*

68. Roger MERLIN, *Guide social de Paris*, Arthur Rousseau, 1906.

69. Dick MAY, « Quelques réflexions sur les universités populaires » *in La Revue socialiste*, 1901, tome XXXIII, 1er semestre.

70. Adolphe MONOD, « La femme », *Deux discours d'Adolphe Monod*, 3e édition, Paris Londres, 1850.

71. Mme de WITT, née GUIZOT, *Les Femmes dans l'histoire,* Hachette, 1888.

72. *De l'Allemagne,* cité par Jean-Denis BREDIN, *op. cit.*

73. Pierre-David POUJOL, *Simples notions d'arithmétique*, Delagrave, 1re édition en 1861, réédité en 1878. Pierre-David Poujol est le père de Bénoni Poujol, le beau-père de Marie Poujol, le grand-père de Pierre Poujol dont il sera question dans cet ouvrage. Il est aussi l'arrière-grand-père de l'auteur.

74. Quand François Guizot est en mission à l'étranger, il écrit régulièrement à sa fille. Alors qu'elle a 12-13 ans, il lui commente la vie politique française et internationale. Madame de Witt née Guizot, *Monsieur Guizot dans sa famille et avec ses amis,* Hachette, 1880.

CHAPITRE 2

75. Édouard Petit cité par TURMANN, *Au sortir de l'école, les patronages*, Paris, Librairie Victor Lecoffre, 1899.

76. Max TURMANN, *op. cit.*

77. Plusieurs protestants ont apporté leur contribution à la Ligue de l'enseignement, Ferdi-

nand Buisson en est un dirigeant national à partir en 1896 et en assumera même la présidence de 1902 à 1906. Durant cette période de présidence, c'est Eugénie Ferry, l'épouse de Jules Ferry, qui préside le comité de dames de la Ligue. Ce comité avait pour objet d'exercer le patronage laïque et non pas protestant comme ce sera le fait au même moment des UCJF, des œuvres féminines complémentaires de l'école.

78. Ce chapitre reprend des éléments d'un article paru dans le *Bulletin de la Société de l'histoire du protestantisme...*, « Les unions chrétiennes de jeunes filles (1891-1920) », 1997, tome 143.

79. *Le Journal de la jeune fille,* 1912.

80. Compte-rendu de la conférence de Montmeyran du 11 mai 1893. *Le Christianisme au XIXe siècle,* 15 juin 1893.

81. John Wesley (1703-1791), prédicateur anglais à qui on a attribué la fondation du méthodisme. Émile G. LÉONARD, *op. cit.* et *Encyclopédie du protestantisme.*

82. Un nouveau comité est formé à cette conférence il est présidé par Louise Rourin. « Ce comité a la mission de réunir en une Alliance française des unions de jeunes filles, toutes les unions existantes, de former des groupe régionaux (dirigés par des comités de groupe) dont les présidentes seront de droit membres du Comité central, de travailler au développement de l'œuvre par tous les moyens que Dieu approuve. »

83. Adolphe Maillet (1857-1933) est décédé le 19 décembre 1933 à Anduze. Il était le fils de Ferdinand Maillet, pasteur à Saint-Michel-de-Chabrillanoux. *Le Christianisme au XXe siècle*, janvier 1934.

84. Le recensement de 1869 fait apparaître que quatre départements du Midi se distinguent par une densité de protestants supérieure à 10 % (Gard 27 %, Lozère 14 %, Ardèche 12 %, Drôme 11 %).

85. Jeanne Bertsch travaille avec Suzanne Bidgrain pour assister Ida Wullschleger. En 1909, elle deviendra secrétaire générale des UCJF, succédant à cette dernière en 1913. Jeanne Bertsch succédera à Jeanne Berger-Levrault à la présidence du groupe de l'Est en 1923.

86. *Le Christianisme au XIXe siècle*, 2 février 1900, article signé E. de Faye.

87. *Le Christianisme au XIXe siècle*, 17 avril 1900.

88. 13 % étaient de nationalité étrangère. *La Réforme sociale*, 1er octobre 1901.

89. *Le Huguenot*, 1er novembre 1891.

90. Patrick CABANEL, « Des hautes Cévennes à Nîmes : émigration et domesticité féminines dans le monde protestant de la Belle Époque (1880-1903) », *BSHPF,* tome 131, 1985.

91. *Ibid.*

92. *Ibid.*

93. *Ibid.*

94. *Le Journal de la jeune fille,* octobre 1903.

95. *Ibid.*

96. En 1884, il existe 6 asiles pour les servantes et les ouvrières sans famille, Édouard Borel, *op. cit.*

97. Max TURMANN, *op. cit.*

98. Anna REY, *Augustine Rouvière, cévenole*, Seghers, 1997.

99. Marie BRUNETON, *Foi et Vie,* 1er février 1911.

100. *Le Journal de la jeune fille*, septembre-octobre 1939.

101. La Bibliothèque nationale ne dispose de la collection de ce périodique qu'à partir du n° 5 d'octobre 1923. C'est la Ve année de cette publication qui a changé de nom et de format.

102. *Le Journal de la jeune fille*, juin 1893.

103. Camille SAVARY, « Le ministère féminin » *in Le Journal de la jeune fille,* septembre-octobre 1917.

104. Entretien de Madeleine Barot accordée à Mme Claude Viguié-Kressmann en 1994, publié dans *Itinéraires de femmes issues de mouvements protestants féminins, dans l'évolution de la société française,* Mouvement jeunes femmes, 1995.

105. Jean-François ZORN, *Le Grand Siècle d'une mission protestante, La Mission de Paris de 1822 à 1914*, Karthala - Les Bergers et les Mages, 1993.

106. *Le Journal de la jeune fille*, mars 1900.

107. Association destinée à lutter contre l'alcoolisme, créée en 1877, en Suisse, par le pasteur Lucien Rochat. Introduite en France par Pierre Barbier, un ancien buveur, et Lucy Peugeot, une responsable unioniste.

108. Charles GIDE, *Le Journal de la jeune fille*, septembre-octobre 1916

109. *Le Journal de la jeune fille*, janvier-février 1916.

110. *Le Journal de la jeune fille*, septembre-octobre 1916.

111. Camille SAVARY, « Le ministère féminin », *op. cit.*

112. Secrétaire générale de l'Association des institutrices diplômées, enseignante à l'école des surintendantes en 1917.

113. *Le Journal de la jeune fille*, janvier-février 1916.

114. Mathilde Anne était évangéliste, elle est décédée en 1924.

115. Madeleine Berton, née Maury, épouse de Jean Berton ; elle meurt à 44 ans en mai 1933.

116. Elle est à Valence. En 1904, elle se retire du Comité national.

117. *Le Journal de la jeune fille*, janvier 1895.

118. Probablement Odette Suzanne Ponsoye (25 ans) née Peyron (petite-fille d'Albin Peyron salutiste), présidente du groupe des UCJF de l'Hérault de 1919 à 1921, épouse d'Edmond Ponsoye alors pasteur à Montpellier.

119. *Le Christianisme au XX*e *siècle*, 5 juillet 1912.

120. Bernard REYMOND, *La Femme du pasteur*, Labor & Fides, Entrée libre n° 18, 1991. La progression de l'instruction fit que la proportion de femmes de pasteurs ayant acquis une formation professionnelle avant le mariage a augmenté dès le lendemain de la guerre de 1914-1918. Outre son rôle de monitrice, de présidente d'union, les paroissiens apprécièrent, surtout dans les campagnes, les femmes de pasteurs ayant une formation d'infirmière ou d'assistante sociale. Ce n'est que depuis les années soixante qu'est apparu un nouveau modèle de femme de pasteur, exerçant une activé professionnelle séparée.

121. Hélène Nyegaard (1890-1963) est intervenue en 1913 à la Conférence nationale des UCJF sur les sections cadettes.

122. Jean BAUBEROT, notice « Femme » *in Encyclopédie du protestantisme*, *op. cit.*

123. F. DUPIN DE SAINT-ANDRÉ (Fanny André), *Pasteurs et paroissiens*, Société des éditions de Toulouse, s. d., probablement vers 1909. *L'Espérance* en fait la recension en février 1910.

124. « Historique (1744-1934) », *op. cit.*

125. *Young Women Christian Alliance* (YWCA), littéralement « alliance chrétienne de jeunes femmes ».

126. *Le Journal de la jeune fille*, 25 avril 1902. En 1904, l'article 1 des statuts est corrigé : « Les unions ont pour but de grouper les jeunes filles qui, désireuses de servir et de glorifier Dieu, regardant Jésus Christ fils de Dieu comme leur unique sauveur, selon les Saintes Écritures, veulent être ses disciples et travaillent ensemble à étendre son règne, par la puissance du Saint-Esprit », *Le Journal de la jeune fille*, 1904.

127. *Le Journal de la jeune fille*, n° 6, juin 1893.

128. Ménilmontant (1872), Grenelle (1873), Saint-Antoine (1873), La Villette (1876), rue Nationale (1880), Bonne nouvelle (1894), Javel (1896), Lagny (1896), Bicêtre (1898), Maison verte (1906), salle Centrale (rue Pierre-Levée) (1912).

129. Betsy Cellerier était la fille du pasteur suisse Jacob-Élisée Cellerier.

130. Marie Humbert-Droz (1819-1888), née Muller, a épousé Aimé Humbert-Droz, professeur à Neuchâtel, qui avait contribué à la fondation de la Fédération britannique et continentale pour l'abolition de la prostitution réglementée, à la suite d'une rencontre avec Joséphine Amieux. Marie Humbert-Droz a été présidente fondatrice de l'Union internationale des Amies de la jeune fille, en 1877, à Genève.

131. Florence ROCHEFORT, « Féminisme et protestantisme au XIXe siècle », *op. cit.*

132. Bruno W. NIKLES, « Caritas et diaconie en un lieu spécifique, La mission de gare en Allemagne », *La Charité en pratique, Chrétiens français et allemands sur le terrain social : XIX*e*-XX*e *siècles, op. cit.*

133. Émilie Fisch est la présidente du comité parisien de l'Union internationale des Amies de la jeune fille.

134. Max TURMANN, *Initiatives féminines*, Librairie Victor Lecoffre, 1898.

135. Frank PUAUX, *op. cit.*

136. *Ibid.*

137. *Le Huguenot,* 1er juin 1890.

138. Roger MERLIN, *Guide social de Paris, op. cit.*

139. Se sont succédé aux postes de secrétaires ou secrétaires générales du goupe de la Seine des UCJF : Suzanne Abric (1900-1903), Marie Appia (1903-), Blanchette Momméja (1922-1928), Nicole de Ferron (1946), Lucile Richard-Molard, Érica Brucker.

140. Ce sont succédé à la présidence du groupe de la Seine : première présidente Rosa Arbousset (1892-1896), Lydie Creissel (1896-1907), Marie Bruneton (1907-1923), Mme J. Jud (1923-).

141. Albert Hébrard a construit aussi pour les UCJF le cercle Concordia.

142. Mmes Louise Decoppet, G. Fisch, Gabrielle Mallet, Albert Mirabaud, Julie Siegfried sont membres. La directrice générale est Mme Alexandre Reeb. *Le Christianisme au XIXe siècle*, mai 1898.

143. Julie SIEGFRIED, *in* Frank PUAUX, *Les Œuvres du protestantisme français au XIXe siècle,* Exposition universelle de Chicago, 1893.

144. 102 rue de Richelieu, 12 rue de la Victoire, 60 rue d'Aboukir, 69 rue du Faubourg-Saint-Denis et 102 rue de Charonne.

145. Maria Legrain était membre de la loge maçonnique mixte Le Droit humain. Elle était présidente de l'Union des femmes pour la tempérance qu'elle avait fondée en 1879 (antérieurement à celle des hommes ?). Elle a fait partie en 1899, du comité d'organisation qui prépare le Congrès des institutions féminines, qui doit avoir lieu en juin 1900, où elle présente son œuvre. *Le Christianisme au XXe siècle*, 25 mai 1939 et Rémy BOYAU, *Histoire de la Fédération française de l'Ordre maçonnique mixte international,* Le Droit Humain, 1976.

146. Paul-Maurice Legrain (1860-1939), franc-maçon, était favorable à l'ouverture aux femmes des obédiences régulières. Il avait fondé, avec Jules Gaufrès et Louis Comte, Le Relèvement Social. *Le Christianisme au XXe siècle*, 25 mai 1939.

147. *La Femme*, 1er août 1899.

148. *L'Espoir,* Lausanne, 1896.

149. Ligues antialcooliques, non spécifiquement protestantes, créées par Paul-Maurice Legrain, qui avait fondé en 1895, l'Union française antialcoolique et la Société contre l'usage des boissons spiritueuses qui comptera en France plus de 380 sections en 1898, 1 500 sections en 1905. Dans ses travaux, il refusait d'accepter l'hérédité comme cause unique ou même principale de l'alcoolisme et constatait l'importance des facteurs psychologiques et sociaux.

150. Une note de bas de page précise qu'une jeune fille non croyante pourra adopter une autre formule.

151. Élie GOUNELLE cité par Jean BAUBEROT, « L'évangélisation protestante et la classe ouvrière, christianisme et monde ouvrier », *Cahier du mouvement social* n° 1, Les Éditions ouvrières, 1975.

152. En 1872, la Maison verte est boulevard d'Ornano, en 1896, rue de Clignancourt, en 1905, rue Marcadet. La Maison verte offrait en 1905 trois séries d'œuvres : 1° œuvres religieuses dirigées par la Mission populaire évangélique ; 2° œuvres sociales parmi lesquelles des sections de l'union française anti-alcoolique de la Croix-Bleue, des sections de la ligue de l'Étoile blanche pour jeunes gens et jeunes filles, un secrétariat du peuple, un cercle ouvrier, des groupes philharmonique, littéraire et dramatique, des soirées familiales ; 3° des consultations médicales et dentaires et une œuvre de colonies de vacances. En 1905, la Maison verte est dirigée par Léon Peyric alors président de l'UCJG de Montmartre (*Guide social de Paris, op. cit.*). De 1912 à 1927, œuvre confiée aux Églises réformées voisines. Par la suite à la Mission populaire évangélique. Sous la direction (1942-1047) du pasteur Jean Joussellin, les enfants juifs de la Maison verte furent abrités au camp de Cappy, voir Jacques Poujol, *Protestants dans la France en guerre (1939-1945*), Les Éditions de Paris, 2000.

153. 1894 : Conférence nationale à Nîmes. 1897 : Conférence nationale au Creusot. 1900 : Conférence nationale à Paris. 1902 : Conférence universelle à Genève. 1904 : Conférence nationale à Bordeaux. 1906 : Conférence universelle à Paris. 1909 : Valentigney. 1910 : Conférence universelle. 1913 : Congrès national à Nîmes. 1914 : Conférence universelle à Stockholm. 1919 : Conférence nationale à Paris. 1923 : Conférence nationale à Strasbourg.

154. Anna V. RICE, *Histoire de l'Alliance universelle des unions chrétiennes de jeunes filles*, traduit et cité par Claude VIGUIÉ-KRESSMANN, *Itinéraires de femmes, op. cit.*

CHAPITRE 3

155. Grâce aux travaux de Claude Viguié-Kressmann et, notamment, sa traduction de l'ouvrage de Anna V. Rice, *Histoire de l'Alliance universelle des Unions chrétiennes de jeunes filles,* nous comprenons mieux le contexte international de la constitution de l'Alliance française des UCJF. Claude VIGUIÉ-KRESSMANN, *Itinéraires de femmes, op. cit.*

156. Anna V. RICE, *op. cit.*

157. *Le Christianisme au* XIX*e siècle*, 23 juillet 1897.

158. Nicole FOUCHÉ, « Des Américaines protestantes à l'origine des "University Women" françaises, 1919-1964 » *in* « Femmes protestantes au XIXe et au XXe siècles », *op. cit.*

159. Claude VIGUIÉ-KRESSMANN, *Itinéraires de femmes, op. cit.*

160. Anna V. RICE, *op. cit.*

161. Sylvie CHAPERON, « Le mouvement jeunes femmes », *in* « Femmes protestantes au XIXe et au XXe siècles » (études réunies par Gabrielle Cadier-Rey), *BSHPF*, tome 146, janvier-février-mars 2000.

162. Édouard BOREL, *op. cit.*

163. *Le Christianisme au* XIX*e siècle*, avril 1891.

164. *Le Christianisme au* XIX*e siècle*, juin 1892.

165. Des Unions de province (celles de Nîmes et de Saverdun) sont associées au financement du foyer, particulièrement. *Le Christianisme au* XIX*e siècle*, 3 février 1899.

166. Article signé M. (Marie ?) BRUNETON, dans *Le Christianisme au* XX*e siècle*, 20 mars 1919.

167. *La Voix des femmes*, 12 juin 1919. Le journal qualifie de « catholiques » les œuvres ainsi financées.

168. Alfred Dollfus (1854-1920), né le 1er juillet 1854. Fils de Charles Dollfus, chimiste de la maison Dollfus-Mieg et d'Émilie Galline. Décédé le 26 novembre 1920 à 66 ans. Chef d'escadrons d'artillerie territoriale, épouse en 1877, Lucie Perdonnet. Président de l'UCJG de Montmartre - Maison verte de 1911, lorsque apparaît la première patrouille d'éclaireurs, et 1920. Il est actif à l'Union de Paris et au groupe de la Seine. Dollfus fut lieutenant-colonel et a disposé de beaucoup d'argent pour financer les œuvres et en particulier les Unions chrétiennes. Membre du comité de l'UCJF de la rue de Naples en 1912. Il encourage les éclaireuses de la rue de Naples en 1914 dont il est vice-président en 1916. Sa fille Marguerite Dollfus a épousé Pierre Monod, banquier, membre du Comité directeur de l'Union de Paris en 1906. Dans le Bottin mondain de 1904 à 1920. Voir Archives de la Maison verte à la SHPF. Anne-Sophie FAULLIMMEL, *Les Origines de la Fédération française des Éclaireuses (1912-1927)*, mémoire de maîtrise d'histoire, université Paris-IV-Sorbonne, octobre 1995. *L'Espérance*, février 1921.

169. Frank PUAUX, *op. cit.*

170. *Le Christianisme au* XX*e siècle*, 15 avril 1920.

171. 800 membres en 1909.

172. Florence ROCHEFORT, « La prostituée et l'ouvrière, Approches protestantes et catholiques du féminisme sous la troisième République » *in Ni Ève ni Marie,* Françoise Lautman éd., Labor & Fides, 1997.

173. *Le Journal de la jeune fille,* mai 1899.

174. *Christianisme social,* n° 1, janvier 1921.

175. L'action sociale internationale en faveur de la protection des migrants, *Christianisme social*, n° 3, avril-mai 1928, où elle rappelle l'action pionnière des Amies de la jeune fille et l'ini-

tiative des YWCA pensée en 1914 et réalisée en 1920 d'un service international de protection du migrant.

176. « L'Évangile et l'infériorité sociale de la femme », *Le Christianisme social*, février 1929.

177. Suzanne de DIETRICH, « Les unions chrétiennes de jeunes filles et l'action sociale », *Le Christianisme social*, n° 13, janvier 1921.

178. *Le Christianisme social*, n° 12, décembre 1920.

179. Depuis 1896, la revue du *Christianisme social* a fait suite à la revue créée par Gédéon Chastand, *Revue de théologie pratique et d'homilétique*, en 1887. En 1896, Élie Gounelle en est devenu le rédacteur en chef. Jusqu'en 1927, elle porte le sous-titre d'« Organe de pensée, d'action et de prière, pour la rénovation personnelle sociale, internationale ». Jusqu'en 1940, les mots « Que ton règne vienne ! » figurent sur la couverture.

180. Florence ROCHEFORT, Cécile DAUPHIN, Arlette FARGE, *Séduction et sociétés, approche historique*, *op. cit.*

181. Probablement le pasteur Louis Randon.

182. *Le Journal de la jeune fille*, novembre 1899. Mme F. Lucquet, de Privas (Ardèche), meurt à 75 ans le 3 avril 1930.

183. Jean-Paul WILLAIME, notice « Femme » *in Encyclopédie du protestantisme*.

184. Stuart Mill (1806-1873), philosophe et économiste anglais qui finit ses jours en France. Champion de l'égalité intellectuelle des sexes. Son ouvrage, *L'Assujettissement des femmes*, traduit en français en 1869, a marqué les féministes du XIXe siècle. Il est partisan du vote des femmes.

185. John Ruskin (1819-1900), un des pionniers anglais du socialisme chrétien, critique d'art et réformateur social, professeur occasionnel du Workingmen's Collège vers 1854. Il fut le professeur d'aquarelle d'Alice Lidell immédiatement après qu'elle eut inspiré Lewis Caroll pour le conte d'*Alice au pays des merveilles*.

186. Élisabeth Blackwell (1821-1910), Américaine, première femme au monde à avoir été diplômée de médecine en 1849. Ouvre un dispensaire pour femmes à New-York en 1857.

187. Charles Secrétan, né le 19 janvier 1815 à Lausanne, décédé le 21 janvier 1895. Alexandre Vinet est son maître. Adhérent à l'APEQS en 1890. Le premier à démontrer la justesse du principe du suffrage féminin. Construit une théorie de la solidarité destinée, dans son esprit, à remplacer celle de socialisme. Voir *Encyclopédie du protestantisme* et *Le Christianisme au XIXe siècle*, 1895.

188. Clotilde Dissard, journaliste à *La Fronde*, très anticatholique.

189. Laurence KLEJMAN et Florence ROCHEFORT, *L'Égalité en marche, Le féminisme sous la Troisième République*, Presses de la Fondation nationale des sciences politiques, 1989, (Des Femmes).

190. Jenny d'Héricourt (1809-1875) a ouvert la voie à une réflexion laïcisée sur l'oppression spécifique des femmes. Voir Florence ROCHEFORT, « Féminisme et protestantisme au XIXe siècle, premières rencontres, 1830-1900 » *in* « Femmes protestantes au XIXe et au XXe siècles », *op. cit.*

191. *Ibid.*

192. Les visites aux prisonnières furent autorisées à la suite d'une pétition signée de protestantes (Mmes Cuvier, Matter, Adèle Monod, baronne Mallet, Émilie Mallet et Mlle Dumas auxquelles se joindront, en 1841, Mme Henriette André-Walther et la baronne Bartholdi) et adressée au préfet de police Gabriel Delessert, un coreligionnaire, le 15 juin 1839.

193. Notice d'Eugénie Niboyet dans le *Dictionnaire biographique du mouvement ouvrier français* (*DBMOF*).

194. Julie Daubié (1824-1871), première bachelière. Voir *DBMOF* et H. WILD, *Jeanne Deroin et Julie Daubié*, Librairie universelle, 1889.

195. H. WILD, *op. cit.*

196. *Le Journal de la jeune fille*, juillet 1897.

197. En 1908, dans *Le Journal de la jeune fille*, Jeanne Sequestra avait présenté Mme Pierre Curie.

198. Laurence KLEJMAN et Florence ROCHEFORT, *op. cit.*

199. Hubertine Auclert (1848-1914), a rompu avec Maria Deraismes, elle a fondé une revue,

La Citoyenne, qui revendique le suffrage des femmes en 1881, et un groupe féministe « Le Suffrage des femmes ». Voir *DBMOF.*

200. Madeleine Pelletier (1874-1939), médecin, revendique toutes les émancipations : politiques, intellectuelles, sexuelles. Voir *DBMOF* et Charles SOWERWINE et Claude MAIGNIEN, *Madeleine Pelletier, une féministe dans l'arène politique*, Les Éditions ouvrières, 1992.

201. En 1908, pour la première fois, les membres du comité national des UCJF sont nommées dans l'annuaire du protestantisme ; une Mlle S. Monod y apparaît.

202. Mlles Estelle Monod, Lucie Monod, Sarah Monod, Mme William Monod, MM. Théodore Monod, Édouard Monod, Wilfred Monod.

203. *Le Journal de la jeune fille,* février 1913.

204. Probablement celle que présidait Marguerite Korn. *La Femme,* 15 novembre 1897.

205. Mmes Isabelle Bogelot, Jules Simon, Sarah Monod, Coignet, Blanc-Bentzon, Julie Siegfried, Mario, Legrain, Dussaud, Jeanne Chauvin, Maria Martin, Marie d'Abbadie d'Arrast, Alice André, Léon Bertaux, Sœur Candide, Edwards-Pilliet, Ferdinand Dreyfus, Gabrielle Puaux, Helbronner-Alcan, Pauline Kergomard, Klumpke, Gabrielle Mallet, Malmanche, Avril de Sainte-Croix, Julie Toussaint, comtesse de Maupeou, André Monnier, Émilie de Morsier, Vincent, de Witt, Yon-Lampérière. (*La Femme,* 1er octobre 1899)

206. *La Femme,* 15 novembre 1897.

207. *La Femme,* 15 août 1900.

208. Mme Delpech sera remplacée à sa mort par Mme de Courteville, puis par Esther Robin. Mme de Courteville est à la première Conférence nationale française des Amies de la jeune fille, elle décède à Nancy le 14 avril 1911. KLEJMAN et ROCHEFORT (*op. cit.*) estiment que cette publication a été fondée par Jenny Sabatier, en 1879. Les filles du pasteur Sabatier ont été très proches de cette publication.

209. Secrétaire générale adjointe du Comité national des Amies de la jeune fille, elle est décédée en juillet 1934.

210. *Le Conseil national des femmes françaises, Première Assemblée générale publique,* Dole, Girardi et Audebert, 1903.

211. *La Femme,* 1er octobre 1899.

212. Sarah MONOD, *Le Conseil national des femmes françaises, Première Assemblée générale publique*, Dole, Girardi et Audebert, 1903.

213. Jenny Poinsard (1809-1875), voir sa notice dans le *DBMOF.*

214. La France est le 13e pays à adhérer au Conseil international des femmes.

215. L'Association pour le droit des femmes fut fondée en 1870 par Léon Richer. Menacée de répression, l'association change de nom en 1874 et devient la Société pour l'amélioration du sort de la femme. Laurence KLEJMAN et Florence ROCHEFORT, *op. cit.*

216. Louisa Wiggishoff est membre de la loge maçonnique mixte Le Droit humain depuis 1893, elle est l'épouse du maire du XVIIIe arrondissement. Rémy BOYAU, *op. cit.*

217. Charles SOWERWINE et Claude MAIGNIEN, *Madeleine Pelletier, op. cit.*

218. *Ibid.*

219. Dossier sur le CNFF à la bibliothèque Marguerite-Durand.

220. *La Voix des femmes,* 12 juin 1919

221. *La Garde-Malade hospitalière*, n° 33, juin 1909, page 104. Cité par Évelyne DIEBOLT, *Les Associations face aux institutions, les femmes dans l'action sanitaire, sociale et culturelle (1900-1965)*, thèse pour le doctorat d'État, université de Jussieu, 1993.

222. Christiane BARD, *Les Féministes en France, Vers l'intégration des femmes dans la cité, 1914-1940*, thèse de doctorat en histoire, université Paris-VII, 1993.

223. Florence ROCHEFORT, Cécile DAUPHIN, Arlette FARGE, *Séduction et sociétés, approche historique, op. cit.*

224. *La Femme,* 15 août 1900.

225. Françoise BLUM et Janet HORNE, « Féminisme et musée social (1916-1939) », *Vie sociale*, 8-9, 1988.

226. *Le Journal de la jeune fille,* mai 1903. Rémy BOYAU, *op. cit.*

227. Travaux du congrès de Nîmes, 13-15 mars 1900, Fischbacher, 1900.

228. Louis COMTE, « Les droits de la femme », *Le Christianisme social*, n° 6, juillet-août 1926.

229. Marguerite Thibert fut adhérente à l'AFFDU.

230. Toutes les quatre dans le *DBMOF*.

231. Christiane BARD, *op. cit.*

232. John BARZMANN, *Mouvements sociaux et cultures militantes au Havre (1912-1923)*, Publications des universités de Rouen n° 230 et du Havre n° 4, 1997.

233. Suzanne CARR, *Réunions des mères et fraternités féminines*, Éditions de l'Ami du foyer, Paris, 1919.

234. *Au service du Maître*, n° 2, février 1926.

235. Camille SAVARY, « Le ministère féminin », *op. cit.*

236. Édouard BOREL, *op. cit.*

237. 20 élèves sont en formation aux diaconesses en 1897. « Les diaconesses, au nombre de 65, sont au service dans 7 paroisses, 8 hôpitaux, 5 asiles de vieillards, 5 orphelinats, 2 écoles-ouvroirs. » *Le Christianisme au XIXe siècle*, 6 mai 1898.

238. Agénor de Gasparin (1810-1871), dictionnaire *Les Protestants* et *Encyclopédie du protestantisme*. Agénor de Gasparin écrivait en 1852 : « Cette œuvre [celle des diaconesses] se présente comme chrétienne, elle appelle à grands cris dans son sein toutes les jeunes filles pieuses. Eh bien, cette œuvre qui se présente comme chrétienne et qui n'est viable, ni sans célibat, ni sans l'obéissance conventuelle, ni sans le renoncement au salaire, cette œuvre nouvelle est contraire aux enseignements de l'Évangile. » *Archives du christianisme au XIXe siècle*, 1852.

239. La première école de gardes-malades créée à la maison de santé protestante évangélique de Nîmes sera constituée sur ce modèle, des gardes-malades de Lausanne viennent donner des cours d'anatomie. Corinne NÈGRE, *Le Protestantisme nîmois à l'œuvre, op. cit.*

240. Évelyne DIEBOLT, « Femmes protestantes face aux politiques de santé publique » *in* « Femmes protestantes au XIXe et au XXe siècles », *op. cit.*

241. Corinne NÈGRE, *op. cit.*

242. *Le Christianisme au XIXe siècle*, 3 juillet 1896, article signé I.V.

243. Benjamin Couve s'adressant au comité du groupe de la Seine des UCJF le 18 juin 1899. *Le Christianisme au XIXe siècle*, 14 juillet 1899.

244. Jean BAUBEROT, notice « Femme », *op. cit.*

245. *Bagatelle*, janvier 1937.

DEUXIÈME PARTIE. CHAPITRE 4

246. Entre 1928 et 1932, sur 6 sections Montpellier-Nîmes, 8 cheftaines unionistes se retrouvent à Paris commençant des études de service social.

247. Parmi les administrateurs fondateurs de l'École alsacienne, on trouve : Alfred de Billy, inspecteur des finances ; Charles Friedel, directeur d'études à l'École pratique des hautes études ; Armand Gautier, professeur agrégé à la faculté de Médecine ; Louis Gruner, inspecteur général des Mines ; James Jackson, rentier ; Georges Masson, libraire-éditeur ; Alphonse Parran, ingénieur des Mines (président) ; Gabriel Monod, historien, directeur d'études à l'École pratique des hautes études (secrétaire) ; Armand Templier, directeur à la librairie Hachette & Cie. Commissaire aux comptes Eugène Breittmayer.

248. Jean-Martin Charcot (1825-1893), célèbre neurologue de la Salpétrière. Son fils Jean-Baptiste Charcot (1867-1936), élève de l'École alsacienne, fit ses études de médecine mais devint explorateur il fut le premier président des éclaireurs de France jusqu'en 1920.

249. Georges HACQUARD, *Histoire d'une institution française : l'École alsacienne, Naissance d'une école libre (1871-1891)*, Éditions Garnier frères, 1982.

250. Discours prononcé à l'Association philotechnique le 22 novembre 1891.

251. Patrick CABANEL, *op. cit.*

252. Signé G. M. Gustave Meyer rédacteur du journal, *Le Christianisme au XIXe siècle*, 30 juillet 1885.

253. L'École normale de Sèvres date de 1881. Le premier lycée de jeunes filles ouvre à Montpellier en 1882, suivi à Paris du lycée Fénelon, puis d'un autre à Bordeaux (1883) et à Paris des lycées Racine (1886) et Molière (1888) et du collège Sévigné (1889).

254. C'est nous qui soulignons.

255. Mme William MONOD, *Une visite à la maison des diaconesses de Paris*, Fischbacher, 1888.

256. Mme William MONOD, *Le Devoir intellectuel des femmes*, texte présenté à la Conférence des œuvres féminines protestantes le 11 juin 1891.

257. *Ibid.*

258. *La Française*, 21 octobre 1906

259. Christophe CHARLES, *Les Femmes dans l'enseignement supérieur, dynamiques et freins d'une présence, Avenirs et avant-gardes en France, op. cit.*

260. Nicole FOUCHÉ et Renée GÉRARD, soixante-quinze ans d'histoire de l'AFFDU, *Diplômées*, n° 180, mars 1997.

261. Nicole FOUCHÉ, « Des Américaines protestantes à l'origine des *university women* françaises, 1919-1964 » *in* « Femmes protestantes au XIXe et au XXe siècles », *op. cit.*

262. Nicole FOUCHÉ et Renée GÉRARD, *op. cit.*

263. Dans les locaux primitivement occupés par l'institut Keller qui forma les élites (masculines) protestantes et où Louise Keller créa une œuvre d'assistance par le travail destinée aux femmes, au milieu du XIXe siècle. Entre temps, Olga Reid de Colombia University avait utilisé ces lieux pour y recevoir des Américaines. D'où le nom de Reid Hall.

264. Anna Amieux (1872-1961) a mis en place une préparation à l'École centrale en 1917 au lycée Jules-Ferry, directrice de l'École normale supérieure de Sèvres 1919-1931. *Femmes diplômées*, n° 42 et 43, 2e trimestre 1962. *Femmes diplômées*, n° 62, 2e trimestre 1967.

265. Patrick CABANEL, *Protestantisme, République et laïcité, 1860-1910*, mémoire d'habilitation à la direction de recherche, université Paris-IV-Sorbonne, 1998.

266. Sylvie FAYET-SCRIBE, *Histoire des outils de médiation du savoir : naissance d'une culture de l'information (1895-1937)*, mémoire d'habilitation à la direction de recherche, 1998.

267. Évelyne Gallienne (1874-1964) était née Autrand. Biographie de Georges Gallienne établie par ses neveux.

268. Marguerite Faivre était née Marguerite Charlier, fille du pasteur Jonathan Charlier. Elle est décédée le 8 octobre 1934 à Troissy (Marne). *Le Christianisme au XXe siècle*, 1er novembre 1934.

269. Jean CADIER, *Étienne Matter (1859-1954), op. cit.*

270. *Le Christianisme au XXe siècle*, 26 janvier 1916.

271. Marguerite de WITT-SCHLUMBERGER, *Le Rôle des femmes de pasteur en France pendant la guerre*, Fischbacher, s.d., probablement 1917.

272. Camille SAVARY, *op. cit.*

273. Voir biographie de Berthe Bertsch. L'accès des femmes à la fonction pastorale sera admis en 1927 dans l'ÉRAL, en 1948 dans l'ÉCAL, en 1974 dans l'ÉRF et dans l'ÉÉLF.

274. Jean Bauberot, notice « Femme », *op. cit.*

275. *Le Christianisme au XXe siècle*, 6 et 13 juin 1918.

276. *Le Christianisme au XXe siècle*, 9 août 1917.

277. *Le Christianisme au XXe siècle*, 8 août 1918.

278. Jean-Paul WILLAIME, notice « Femme », *op. cit.*

279. Jean-Paul WILLAIME, « L'accès des femmes au pastorat... », *op. cit.*

280. *Almanach des Églises réformées évangéliques*, 1920.

281. *Le Christianisme au XXe siècle*, 20 janvier 1919.

282. Jean-Paul WILLAIME, *Les Femmes pasteurs en France : socio-histoire d'une conquête, op. cit.*

283. *Le Christianisme au XXe siècle*, 3 avril 1930.

284. Sur le « certificat d'études » de l'UFF, obtenu le 26 mai 1883 par Emma Kœchlin-Schwartz, il est question d'un enseignement portant sur l'anatomie et la physiologie, l'hygiène,

la petite chirurgie, les pansements et les bandages, les notions de médecine, les soins aux malades et aux blessés, les notions de médecine et de pharmacie et le fonctionnement des ambulances et des hôpitaux.

285. Évelyne DIEBOLT, « Femmes protestantes face aux politiques de santé publique », *op. cit.*

286. Résumé de la conférence de Marie-Claire Vitoux, *op. cit.*

287. *Le Journal de la jeune fille,* novembre 1905.

288. À Nîmes, la maison de santé protestante évangélique avait ouvert, en 1854, une première école de gardes-malades sur le modèle de l'école de Lausanne. La formation s'arrête en 1860 pour reprendre en 1880. La formation dure deux ans. Corinne NÈGRE, *Le Protestantisme nîmois à l'œuvre, op. cit.*

289. Voir photographie d'Anna Hamilton soutenant sa thèse de médecine.

290. *Le Journal de la jeune fille,* février 1903. La fondation de l'école préparatoire des diaconesses date de 1881.

291. *Le Journal de la jeune fille*, juin 1903.

292. *La Diaconesse,* n° 7, 1907.

293. *Le Journal de la jeune fille*, juin 1903.

294. *Le Journal de la jeune fille,* janvier 1902.

295. Voir aussi Yolande LANUSSE, « École pratique de service social » *in Histoire des premières écoles de service social, Vie sociale,* n° 1-2, 1995.

296. Léonie Chaptal (1873-1937) est à l'origine d'œuvres sociales relevant de l'éducation populaire. *DBMEPAC.*

297. Jean Viollet (1875-1956), prêtre, militant familial et social. *DBMEPAC.*

298. Marie Gahéry (1855-1932), pionnière dans le lancement des centres sociaux en France. *DBMEPAC.*

299. Suzanne GIRARD-BOYER, « Berthe Milliard (1877-1924) », *in Vie sociale*, n° 3-4, 1993.

300. Max Lazard (1875-1953), banquier israélite. Sa femme est au conseil d'administration de l'école pratique de service social en 1939. Il devient militant de l'éducation populaire et de l'action sociale. *DBMEPAC.*

301. Marie-Thérèse Vieillot fut une des premières françaises à avoir une bourse d'études pour suivre des cours de service social d'une université américaine. De retour en France, elle travaille, entre autres, au service social de l'hôpital Baudelocque et assure ensuite la direction du service social de l'enfance en danger moral (SSEDM), organisme qu'elle a créé avec une autre protestante, Mme Chloé Owings. Cette association est à l'origine de la naissance et du développement des services sociaux auprès des tribunaux pour enfants. Évelyne DIEBOLT, « Les femmes engagées dans le monde associatif et la naissance de l'État providence », *Matériaux pour l'histoire de notre temps*, n° 53, janvier-mars 1999 et *Vie sociale,* n° 10.

302. Évelyne DIEBOLT, thèse, *op. cit.* Et Brigitte BOUQUET, « À l'origine de "Montrouge" », *Vie sociale*, n° 5-6, 1889.

CHAPITRE 5

303. Jacques POUJOL, *La Clairière de 1911 à 1981,* s.d.

304. Max TURMANN, *L'Éducation populaire, les œuvres complémentaires de l'école*, 3e édition revue et augmentée, Paris, Librairie Victor Lecoffre, 1907.

305. Marie Appia, opuscule du groupe de la Seine sur les unions chrétiennes, 1900.

306. *Le Journal de la jeune fille,* avril 1903.

307. *Le Journal de la jeune fille,* juillet-août 1912.

308. *Ibid.*

309. *Le Journal de la jeune fille,* juillet-août 1913. Le modèle est alors celui d'Agnès Baden-Powell, la sœur de BP, ce modèle évoluera sous la pression d'Olave Baden-Powell, la femme du fondateur du scoutisme anglais.

310. *L'Éclaireur unioniste*, n° 6, juin 1914.

311. *Le Journal de la jeune fille,* septembre-octobre 1916.

312. André HAMMEL, *Le Christianisme social*, n° 2-3, février-mars 1921.

313. *Le Journal de la jeune fille,* février 1913. L'adresse est celle de Jacques Flach, professeur au Collège de France, qui a donné des cours sur la condition de la femme en 1897 et 1908. *Bottin mondain* de 1915.

314. Anne-Sophie FAULLIMMEL, *Les Origines de la Fédération française des Éclaireuses (1912-1927),* mémoire de maîtrise d'histoire, université Paris-IV-Sorbonne, octobre 1995.

315. Violette MOUCHON, « Le mouvement des Éclaireuses », *Revue du christianisme social*, n° 12, décembre 1920.

316. Sylvie GALTIER, *Contribution à l'étude de la Fédération française des Éclaireuses, Les Éclaireuses unionistes (1917-1966),* maîtrise d'histoire, dir. Gérard Cholvy, université de Montpellier, 1987.

317. *Le Christianisme au XX*e *siècle,* 24 mai 1912.

318. Violette MOUCHON, *op. cit.*

319. *Le Christianisme au XX*e *siècle,* 1920, p. 470.

320. Torpille (totem de Louise Coquerel), *DT* n° X, été 1983.

321. *Lettre d'Alsace* (bulletin des chefs EU d'Alsace), 15 juin 1942, 2e année, n° 24.

322. Suzanne Vasseur est à l'Union de la rue de Naples en 1919, elle deviendra Mme Paul Muller.

323. Hélène BUTTE, *DT* n° X, été 1983.

324. Marguerite Walther rapporte qu'une déléguée UCJF à la première journée du Congrès d'Épinal aurait pris la parole à propos de la création de la FFE pour dire : « Si vous faites cette fédération, ce sera la guerre avec nous. » Lettre de Marguerite à Renée Sainte-Claire Deville, datée du 24 juillet 1921, reproduite par Anne-Sophie FAULLIMMEL, *op. cit.*

325. *Au service du Maître,* n° 6, novembre 1923.

326. *Au service du Maître,* n° 4, avril 1925.

327. *Au service du Maître,* n° 9, novembre 1927.

328. « Historique (1744-1934) », *op. cit.*

329. *Ibid.*

330. *Ibid.*

331. Violette MOUCHON, Conférence nationale de Strasbourg, 1923.

332. La branche JA (jeunes aînées) serait née vers 1933. *En souvenir d'elles... à celles d'aujourd'hui (1894-1994/95),* publication du groupe Orsay à l'occasion du centenaire de l'Alliance mondiale des unions chrétiennes féminines.

333. Rémi FABRE, *La Fédération française des associations des étudiants chrétiens (1898-1914),* thèse de troisième cycle, université Paris-I, 1985.

334. Emmanuel SAUTTER, 1897, *op. cit.*

335. Marc BŒGNER *in Fédération protestante de l'enseignement.*

336. James HUGHES, *Le Rôle des unions chrétiennes*, s.d., Lyon.

337. Communication de Freddy Durrleman au Comité national des UCJG le 24 octobre 1924.

338. Anne-Sophie FAULLIMMEL, *op. cit.*

339. Des statuts ont été déposés à la Préfecture de police le 7 janvier 1919, donc près de deux ans avant la Conférence nationale. Ces statuts seront modifiés le 2 novembre 1920, conformément aux décisions prises au Havre.

340. Rapport de Jean Beigbeder, commissaire national des Éclaireurs unionistes à la 17e Conférence nationale des UCJG, Le Havre, 1920.

341. En 1926, 61 % des éclaireurs étaient protestants, 30 % catholiques, 4 % divers, et 7 % indifférents ou sans religion.

342. Pierre KERGOMARD et Pierre FRANÇOIS, *Les Éclaireurs de France de 1911 à 1951, Éclaireuses et Éclaireurs de France*, 1983.

343. *Ibid.*

344. Paul Charpentier, né le 12 décembre 1866 à Montpellier, fils de Thomas-Victor Charpentier et d'Hortense Hautefeuille. Docteur en médecine. Sa fille Annabella aurait fondé une section éclaireuse EDF.

345. Lettre de Jean Beigbeder à André Hammel du 13 juin 1927 (archives André Hammel).

346. Alain MORLEY, *L'Aventure du scoutisme unioniste : 1909-1970*, éditions Les Tisons, 1999.

347. Anne-Sophie FAULLIMMEL, *op. cit.*

348. Lettre de Marguerite Walther à Renée Sainte-Claire-Deville, datée du 24 et 25 juillet 1921, citée par Anne-Sophie FAULLIMMEL, *op. cit.*

349. En 1917, il y a 104 infirmières en service en Orient dans les hôpitaux, navires-hôpitaux et ambulances. Mlle Yolande Oberkampf est surveillante générale. Voir *Bulletin de la Société française de secours aux blessés militaires*, juillet 1917.

350. En 1922, l'article 2 des statuts de la maison pour tous précise : « L'association a pour objet de favoriser l'éducation populaire par le cinéma, les réunions artistiques, causeries, bibliothèques, organisations antialcooliques, colonies et caravanes de vacances, troupes d'éclaireurs, meute de louveteaux et tous autres moyens appropriés. » L'article 4 est le suivant : « Soucieuse de développer l'esprit démocratique, l'association demeure cependant indépendante de tout parti politique comme de tout groupement religieux. »

351. André-Jacques MENDEL, « Les mouvements de jeunesse protestants pendant la Seconde Guerre mondiale » *in* André ENCREVÉ et Jacques POUJOL, *Les Protestants pendant la Seconde Guerre mondiale*, SHPF, 1994.

352. Souvenirs d'Antoinette et Robert Bonnal, *in* « Depuis cent ans. La Fédé », *Libre Sens*, hors série, 1998.

353. *Le Trèfle*, mai/juin 1964, cité par *DT*, n° XVII, printemps 1985.

CHAPITRE 6

354. *Bulletin de l'Union chrétienne de jeunes gens*, 20 septembre 1876.

355. Clarence Prouty SHEDD, *History of the World's Alliance of Young Men's Christian Associations*, Londres, 1955.

356. Sylvie CHAPERON, *Les Années Beauvoir, op. cit.*

357. Les jeunes filles de l'UCJF de Saint-Fortunat et des Ollières assistent aux réunions publiques de l'Union de jeunes gens de Valence. *L'Étincelle*, 1er mai 1884.

358. *L'Espérance*, 1885, n° 1.

359. *L'Espérance*, février 1893.

360. Jacques POUJOL, « Le site de la Can de l'Hospitalet et l'essor des assemblées religieuses en plein air », *Causses et Cévennes*, n° 1, 2000.

361. *Le Huguenot*, 1er octobre 1892.

362. Anna REY, *Augustine Rouvière, cévenole*, *op. cit.*

363. Charles WAGNER, *Jeunesse*, Fischbacher, 1891.

364. *L'Espérance*, juin 1908.

365. *L'Espérance*, novembre 1912.

366. *Le Journal de la jeune fille*, avril-mai 1900.

367. *L'Espérance*, juillet 1901.

368. *Le Journal de la jeune fille*, avril-mai 1900.

369. *Le Huguenot*, 1er février 1894.

370. *Le Huguenot*, 1er septembre 1897.

371. Madeleine BRET, « Le mariage », *Le Journal de la jeune fille*, août 1899.

372. *L'Espérance*, avril 1903.

373. *L'Espérance*, août 1907.

374. *Au service du maître*, n° 1, 2 et 3, 1924.

375. *L'Espérance*, novembre 1921.

376. John R. Mott (1865-1951), voir Benjamin VALLOTTON, *Un homme, John R. Mott*, Comité national des UCJG, Paris, 1951.

377. Geneviève CHEVALLEY, « Missions et mouvements de jeunesse, Autour de la Fédé étudiante », *in* « La Fondation de la Fédé » *in Depuis cent ans. La Fédé*, *Libre Sens*, hors série 1998.

378. Depuis 1909, d'après Geneviève Chevalley.

379. Ruth Rouse. Anglaise, elle avait depuis 1897 parcouru l'Europe pour inciter les étudiantes à se regrouper. De 1899 à 1901, elle a été missionnaire en Inde. En 1905, elle a été nommée secrétaire adjointe de la Fédération universelle des associations chrétiennes d'étudiants (FUACE) auprès des étudiantes. À cette date, elle obtient la création du Student Hotel, boulevard Saint-Michel. Elle a visité alors 70 pays durant ses années de secrétaire itinérante. En 1920, elle s'est retirée partiellement, alors que John Mott quittait ses fonctions. Présidente des UCJF mondiales de 1938 à 1946. Elle était historienne de l'œcuménisme et a publié avec Charles Neill, *A History of the Ecumenical Movment* à Londres en 1954. Claude VIGUIÉ-KRESSMANN, *Jeunes femmes, op. cit.*

380. Geneviève CHEVALLEY, « Missions et mouvements de jeunesse », *op. cit.*

381. *Ibid.*

382. Charles GRAUSS, *La Fédération française des associations d'étudiants chrétiens en 1912-1913*, FFACE, 1913.

383. J. Babu, Jean Beigbeder, Francis Monod, Charles Grauss, J. Médart, Pierre Maury et Marthe Gourhan. Charles GRAUSS, *op. cit.*

384. *Le Journal de la jeune fille,* Noël 1916.

385. Geneviève CHEVALLEY, « Mission et mouvements de jeunesse », *op. cit.*

386. La création de la société immobilière de Domino, sur l'île d'Oléron, date du début 1914. En 1918, 20 leaders lycéens se réunissent au camp du Béarn, dans les Charentes, Domino ne sera repris que l'année suivante.

387. Pierre POUJOL, *Protestantisme français moderne (1914-1931)*, s.d.

388. Rémi FABRE, thèse, *op. cit.*

389. 27 associations en 1919, 24 en 1922, 26 en 1929. 1 800 à 2 000 membres en 1923 (rapport Maury). 88 groupes de lycéens en 1924, 40 groupes de lycéennes. 38 groupes des lycéens en 1929, 24 groupes de lycéennes en 1927, 19 groupes de lycéennes en 1929.

390. Rémi FABRE, « Croissance et diversification des mouvements de jeunesse d'inspiration protestante au lendemain de la Première Guerre mondiale », *BSHPF,* janvier-février-mars 1988, *op. cit.*

391. *Ibid.*

392. Pierre POUJOL, non publié.

393. Les Éclaireuses unionistes ne sont pas nommées dans cet article. *Le Christianisme au XXe siècle,* 27 février 1919.

394. Clarissa Spencer est secrétaire générale des UCJF mondiales de 1904 à 1928.

395. *Le Christianisme au XXe siècle,* 1er janvier 1920.

396. *Le Christianisme au XXe siècle,* 8 janvier 1920.

397. *Le Christianisme au XXe siècle,* 29 janvier 1920.

398. Geoffroy de TURKHEIM, « Après la guerre, la Fédé entre l'incertitude et l'espoir » *in* « La Fondation de la Fédé » *in Depuis cent ans. La Fédé, Libre sens,* hors série 1998.

399. *Le Semeur,* mars-avril 1931.

400. Alain Morley signale comme ayant représenté, en 1939, des unités libres : envolées de PA Duruy (Paris XVe), P.A. Duguesclin (Paris XVIe), PA Asnières-Bois-Colombes. Les sections éclaireuses de Duruy, Duguesclin, Duruy-II, Asnières-Bois-Colombes, Neuilly-Sablons, Sainte-Geneviève à Nice, Aînées Cassiopé I, Cassiopé II (Paris), Duruy, Le Zodiac (Paris 14e). Voir *Le Trèfle,* n° 6, mars 1939. Voir Alain MORLEY, *op. cit.*

401. *DT,* n° XIX, automne 1985.

402. Témoignage de Lise Florenne, Section lyonnaise, *DT,* XVIII, 1985.

403. Hélène BUTTE, *DT* n° 30, été 1988.

404. Elle est membre du comité des éclaireuses de l'Union chrétienne de la rue de Naples dès 1916. Renée de Montmort n'est donc pas étrangère aux unions chrétiennes.

405. André JACQUES, *Une indomptable énergie,* Cerf, 1989.

406. A. GUILLEMOLES et Arlette DORMONS, *Aux origines de la Cimade*, numéro spécial de *Cimade-Information,* juillet-août-septembre 1990.

407. Jacques POUJOL, *Protestants dans la France en guerre (1939-1945)*, Les Éditions de Paris, 2001.

408. *Revue du christianisme social,* n° 5, juin 1924.
409. *En souvenir d'elles..., op. cit.*
410. Nous ne nous prononcerons pas sur la réalité de cette Alliance et le fonctionnement des équipes unionistes. On trouvera quelques éléments dans *En souvenir d'elles..., op. cit.*
411. *En souvenir d'elles..., op. cit.*
412. J.-P. LUMIRE, UCJG, « Les mal aimés du protestantisme », *Réforme,* 7 mars 1981.
413. *Le Monde,* 9 juillet 1983.
414. Sylvie CHAPERON, *Les Années Beauvoir, op. cit.*
415. Jean-Paul WILLAIME, « L'accès des femmes au pastorat... », *op. cit.*
416. *En souvenir d'elles..., op. cit.*
417. Sylvie CHAPERON, « Le mouvement Jeunes Femmes » *in* « Femmes protestantes au XIXe et au XXe siècles », *op. cit.*
418. Entretien d'Yvette Bergeron, épouse Galibert, accordée à Mme Claude Viguié-Kressmann en 1994, publié dans *Itinéraires de femmes issues, op. cit.*
419. *Revue du Christianisme social,* mai-juin 1953.
420. Juillet-août 1954.
421. Mars 1958.
422. Odile Delteil, épouse du pasteur Frank Delteil, Mme Gustave Monod, Madeleine Tric, Évelyne Sullerot.
423. Sylvie CHAPERON, *Les Années Beauvoir, op. cit.*
424. Voir article de Jeannette Laurent, secrétaire de la Fédé en juin 1946, et la relation du congrès de la post-Fédé en octobre 1946.
425. Série de deux articles de Clara Candiani, dont le premier est publié en novembre 1954.
426. Émile WOLVILLE, *Cité nouvelle,* octobre 1954.
427. Geneviève ROCARD, *Cité nouvelle,* mai 1963.
428. Pierre POUJOL, *Socialistes et chrétiens (depuis 1924),* Le Cep, Paris, 1957.
429. Raoul CRESPIN, *Des protestants engagés, Le Christianisme social,* Les Bergers et les Mages, 1993.
430. Ce qui n'a pas empêché Francine Dumas d'intervenir au nom de jeunes femmes, en 1965, aux Semaines de la pensée marxiste consacrées aux « femmes dans la nation ». Colette Audry (1906-1990), qui était d'origine protestante, s'était, pour sa part, engagée en politique avec Évelyne Sullerot notamment. Elle ne s'est jamais réclamée du protestantisme.
431. Évelyne CARREZ, « Jeunes femmes 1946-1981 », *Jeunes femmes,* novembre 1981.
432. Constitué en association en 1984.
433. Les groupes Femmes et hommes en Église et Droits et libertés dans les Églises ont tenu un colloque sur le thème « Autorité et résistances dans les Églises, dont les actes ont été publiés dans un supplément au bulletin *Femmes et hommes en Église*, n° 70, juin 1997.
434. Jean-Paul WILLAIME, notice « Femme » *in Encyclopédie du protestantisme.*

CHAPITRE 7

435. Liliane CRÉTÉ, *Le Protestantisme et les femmes, op. cit.*
436. Élisabeth PARMENTIER, *Les Filles prodigues, défis des théologies féministes*, Labor & Fides, 1998.
437. Florence ROCHEFORT, « La prostituée et l'ouvrière » *in Ni Ève ni Marie,* Françoise Lautman éd., Labor & Fides, 1997.
438. Florence ROCHEFORT, Cécile DAUPHIN, Arlette FARGE, *Séduction et sociétés, approche historique, op. cit.*
439. Mme R. GUÉBORDANS, *Le Huguenot*, 1892.
440. Propos confirmant l'analyse de Florence Rochefort : « Si séduction légitime il y a dans l'éthique protestante, c'est celle des âmes, au sein d'une esthétique d'austérité, de sobriété, dans un climat de spiritualité qui valorise l'amour conjugal et la maternité. » Florence ROCHEFORT, Cécile DAUPHIN, Arlette FARGE, *Séduction et sociétés, approche historique*, *op. cit.*

441. Jean-Paul WILLAIME, « Les femmes pasteurs en France : socio-histoire d'une conquête » *in Ni Ève ni Marie,* Françoise Lautman éd., Labor & Fides, 1997, *op. cit.*

442. Florence ROCHEFORT, « Féminisme et protestantisme au XIXe siècle, premières rencontres, 1830-1900 », *op. cit.*

443. *Dictionnaire Les Protestants.*

444. Florence ROCHEFORT, Cécile DAUPHIN, Arlette FARGE, *Séduction et sociétés, approche historique, op. cit.*

445. Élisabeth PARMENTIER, *op. cit.*

446. Francine DUMAS, *L'Autre semblable, hommes et femmes,* Delachaux et Niestlé, 1967.

447. Pierre ROSANVALLON, « L'Histoire du vote des femmes, Réflexion sur la spécificité française » *in* Georges DUBY, Michelle PERROT, *Femmes et Histoire*, Plon, 1993.

448. Mona OZOUF, *Les Mots des femmes, Essai sur la singularité française*, Fayard, 1995.

449. Joséphine BUTLER, texte paru dans la *Revue de la morale sociale* en juin 1900 et repris dans *La Diaconesse*, n° 1, 1904.

450. Sylvie CHAPERON, *Les Années Beauvoir, op. cit.*

451. *DBMOF.*

452. Sylvie CHAPERON, *op. cit.*

453. Résumé de la conférence de Marie-Claire Vitoux, *op. cit.*

454. Geneviève POUJOL, *Des élites de société pour demain ?*, Ères, 1996.

455. *Pour la vie,* février 1919.

456. Christiane BARD, *Les Filles de Marianne, Histoire des féminismes (1914-1940)*, Fayard, 1995.

457. Nous en avons trouvé quelques-unes dans la rubrique « *In memoriam* » du *Christianisme au XIXe siècle* ou au *XXe siècle*. Certaines notices, plus encore que celles des hommes, sont parfaitement inutilisables, le prénom n'apparaît pas, pas plus que le parcours associatif, au profit de considérations telles qu'une vie « toute dévouée à son mari », d'autant que celui-ci est pasteur, ou à ses enfants ou à l'Église.

458. Côté masculin, c'est le même phénomène pour ceux qui ont fondé les scoutismes protestant et laïque entre 1911 et 1913. Chéradame (1895), Beigbeder (1894), Guérin-Desjardins (1894) pour les unionistes et Kergomard (1898) pour les EDF.

459. Sylvie CHAPERON, *Les Années Beauvoir, op. cit.*

460. Jean MAITRON, *Dictionnaire biographique du mouvement ouvrier français* (*DBMOF*), *op. cit.* La tradition rapporte que Jean Maitron aurait eu l'idée de ce dictionnaire en voyant au musée du Désert la liste des camisards.

461. Geneviève POUJOL et Madeleine ROMER, *Dictionnaire biographique des militants, XIXe-XXe siècles, De l'éducation populaire à l'action culturelle* (*DBMEPAC*), *op. cit.*

462. Marcela LACUB, « Filiation, le triomphe des mères », *Le Monde des débats,* n° 12, mars 2000.

463. *En souvenir d'elles…, op. cit.*

RÉPERTOIRE BIOGRAPHIQUE

Biographies de femmes protestantes françaises et de leurs compagnes de route[1]

1. Les noms des compagnes de route sont en *italique*.

Lucy Abauzit (1872-1963)

Née en 1872, décédée le 29 mars 1963 dans sa 92e année à la maison de retraite de Bruyères (Vosges). Fille de Théodore Abauzit, pasteur à Calvisson, président du Consistoire en 1893. Sa mère était la fille d'un membre de la Chambre des communes. Lucy Abauzit a été présidente de l'UC de Calvisson de 1896 à 1912 au moins. En 1898, elle s'est intéressée, pour sa section cadette, à L'Espoir créé en 1885 à Paris et s'est mise en relation avec Bénoni Poujol, à propos de la société de tempérance pour les enfants, à laquelle elle va collaborer. Fait un rapport sur les unions cadettes, en 1900, à la Conférence nationale. Elle a été présidente du groupe du Gard de 1909 à 1912 au moins. Secrétaire du Comité national des UCJF de 1912 à 1913. De 1913 à 1916, elle a été secrétaire générale avec Jeanne Liotard. Elle a été ensuite trésorière jusqu'en 1918 (elle habitait alors Thaon-les-Vosges), elle a été remplacée par Mme H. Moinet.

Source : *Le Journal de la jeune fille.*

Marie d'Abbadie d'Arrast (1835-1913)

Née Marie Coulomb (Lefèvre) en 1835, elle est décédée le 15 juillet 1913. Elle était la jeune sœur de Caroline de Barrau. Marie avait épousé Charles d'Abbadie d'Arrast, de famille catholique et qui fut conseiller général du canton de Saint-Jean-Pied-de-Port. Ils ont eu quatre enfants. Marie a publié en 1889 chez Fischbacher *Cinquante Années de visites à Saint-Lazare,* où elle a décrit l'action des membres du comité de l'Œuvre protestante des prisons. Secrétaire générale du conseil d'administration du Patronage des détenues libérées en 1899, association dont elle restera membre aussi jusqu'à sa mort. « Fidèle amie des Unions », elle a présenté un rapport sur les « bonnes et les mauvaises lectures » à la 5e Conférence nationale des UCJF en 1900. Elle a été présente au Congrès international de la condition et des droits de la femme en 1900. Elle a été membre fondateur du Conseil national des femmes françaises (CNFF), en 1901, où elle a été la présidente de la section législation morale tandis que Gabrielle Mallet animait la section philanthropie. Elle aspirait à voir créer des tribunaux pour enfants. C'est elle qui a préparé une bonne part des lois sociales sur la femme et l'enfant dans le cadre du CNFF. Elle était membre de la loge du Droit humain. Elle écrivait fréquemment dans *Foi et Vie.*

Sources : Robert Goguel, *Les Goguel et leurs alliés*, Éditions Christian, 1984. – *Le Journal de la jeune fille*, décembre 1913. – *Bottin mondain*, 1904. – Florence Rochefort, « Féminisme et protestantisme au XIXe siècle » in « Femmes protestantes au XIXe et au XXe siècles », *BSHPF*, tome 146, janvier-février-mars 2000.

Suzanne Abric (1865-1930)

Suzanne Abric est décédée le 23 février 1930. En 1890, elle a animé un groupe de 300 unionistes, aidée par M.-A. de Rougemont pour parler de la jeune ouvrière, ce fut l'origine du foyer de l'ouvrière de la rue d'Aboukir qui a ouvert en 1893 et qui fut le point de départ de l'Hôtel des œuvres féminines, rue du Parc-Royal. C'est la première secrétaire UCJF du groupe de la Seine de 1893 à 1901. Présidente d'une UCJF à Pantin et d'une autre dans le 13e arrondissement de Paris en 1899. Elle a été présente à la Conférence nationale des UCJF de 1900. Elle a épousé M. Rapine. Suzanne Rapine-Abric bien que mariée, est restée la fidèle secrétaire des Unions du groupe de la Seine. Elle a fondé « La Femme prévoyante », société de secours mutuel dont elle a été présidente, Camille Savary en était la secrétaire.

Sources : Camille Savary, *Le Christianisme au XXe siècle*, 6 mars 1930. – *Le Journal de la jeune fille*, mai 1897.

Berty Albrecht (1893-1943)

Berty (Berthie) Wild est née le 15 février 1893 à Marseille, d'Oscar Wild et de Marthe Grosclaude, Suisses de confession luthérienne. Elle est décédée à la prison de Fresnes le 31 mai 1943. Elle a fait des études au lycée Montgrand de Marseille. En 1911, elle a entrepris des études d'infirmière. Pendant la guerre de 1914-1918, elle a exercé dans un hôpital militaire. En 1918, elle a épousé, à Rotterdam, Frédéric Albrecht qui était financier. Ils ont deux enfants. La famille a vécu à Londres où elle a rencontré les intellectuels de gauche anglais. À partir de 1931, elle a vécu séparée de son mari avec ses deux enfants, mais Frédéric Albrecht lui a assuré une vie cossue. En 1933, elle a fondé une revue *Le Problème sexuel,* qui abordait les problèmes de la contraception et de l'avortement, parue jusqu'en 1935. Elle a travaillé à ce journal avec les Dr Jean Dalsace et Heuyer. Elle a été une des fondatrices de l'Union mondiale des femmes contre le fascisme, proche des intellectuels communistes, elle n'a jamais adhéré au PC.

Elle était entrée en formation à l'école des surintendantes en 1936 où elle s'était liée d'amitié avec Jane Sivadon. En juin 1940, elle a été surintendante dans une usine de Vierzon, elle était alors entrée dans la Résistance avec Henry Frenay et a milité pour le mouvement Combat dans la zone sud. En 1941, elle a pris contact avec Jane Sivadon pour qu'elle rejoigne la Résistance. En 1941, elle a été envoyée à Lyon où elle fut chargée du problème du chômage des femmes. Berty a organisé le service social clandestin de Combat. En 1942, elle a été arrêtée une première fois, puis elle s'est évadée d'un hôpital psychiatrique, après avoir feint la folie. Elle s'est réfugiée à Durfort, puis Toulouse enfin Mâcon. Elle a repris la lutte. Elle a été arrêtée une seconde fois en mai 1943. Elle a été fusillée.

Sources : Roger-Henri Guerrand, *Vie sociale*, n° 3/4, 1993. – Pierre Bolle, in *Dictionnaire du monde religieux dans la France contemporaine*, tome V, André Encrevé, *Les Protestants*, Éd. Beauchesne, 1993. – Dossier à la bibliothèque Marguerite-Durand. – Renée Dray-Bensousan, *Les Marseillaises*, Édisud, 1999. – André Encrevé et Jacques Poujol, *Les Protestants pendant la Seconde Guerre mondiale*, SHPF, 1994.

Léonie Allégret (1860-1928)

Née en 1860 dans un milieu modeste d'artisans, elle est décédée en mai 1928. Elle était entrée à l'École normale supérieure de Sèvres en 1882, elle fut agrégée en 1885. Elle a enseigné à Tournon, Lyon, Alès, puis fut directrice du lycée de Versailles. Fondatrice des internats de lycée de filles et membre de l'Association des institutrices diplômées. Alors qu'elle était directrice du lycée de Versailles, en 1900, elle a participé à la fondation, à Paris, de l'Association pour le développement de l'assistance aux malades (ADAM) avec Mme Henri Marion, directrice de l'École normale de Sèvres, et Mathilde Salomon, directrice du collège Sévigné et Gabrielle Alphen-Salvador. L'école de la rue Amyot devait devenir l'école de Montrouge. Elle a fait partie du premier conseil d'administration et en était vice-présidente. Directrice, jusqu'en 1922, du lycée Victor-Duruy qu'elle avait fondé en 1912. Directrice générale des maisons d'études des lycées de Versailles et de Paris. Membre du groupe de Lyon du CNFF en 1924. On a parlé à son propos de « nonne laïque », tant elle était dévouée à son rôle d'éducatrice.

Sources : Évelyne Diebolt, *Les Associations face aux institutions, les femmes dans l'action sanitaire, sociale et culturelle (1900-1965)*, thèse pour le doctorat d'État, université de Jussieu, 1993. – Patrick Cabanel, *Protestantisme, République et laïcité, (1860-1910)*, mémoire d'habilitation à la direction de la recherche, université Paris-IV-Sorbonne, 1998.

Gabrielle Alphen-Salvador (1856-1920)

Gabrielle Salvador était née le 1er avril 1856 à Paris, de Daniel Lévi dit Gabriel Salvador, officier, et de Séphora Adamine Crémieu. Elle est décédée dans l'Indre-et-Loire, le 15 juin 1920. Elle avait épousé Émile Alphen avec qui elle a voyagé beaucoup, avant de devenir veuve et riche. Elle a fait partie du Conseil national des femmes françaises (CNFF) et de ce fait, a évolué en milieu protestant. Elle a traduit le livre de Tooley sur Florence Nightingale. Elle a été en relation avec le Dr Anna Hamilton, Léonie Chaptal et les fondatrices de l'Association des infirmières visiteuses. Opposée aux principes du *nursing* du Dr Anna Hamilton, elle estime pouvoir établir toute seule les principes de la formation des infirmières. Elle surmonte une crise entre les instigateurs de l'école de la rue Amyot et en particulier avec le Dr Gabriel Maurange qui s'oppose à sa mainmise sur l'association qu'elle risque de transformer en « une sorte de groupement féministe ». Elle est victorieuse et ses opposants démissionnent. Les tensions avec le personnel médical sont vives. L'école prospère sans doute grâce à sa directrice, Jeanne de Joannis. En 1909, l'ADAM a été affiliée au Conseil national des femmes françaises (CNFF) et elle en a été la déléguée. Gabrielle Alphen-Salvador a été aussi présidente de la section hygiène du CNFF, puis présidente d'honneur de l'Union des Françaises contre l'alcool, vice-présidente du CNFF, de l'Office national de l'activité féminine et membre de l'Union française pour le suffrage des femmes.

Sources : Évelyne Diebolt, *Les Associations face aux institutions, les femmes dans l'action sanitaire, sociale et culturelle (1900-1965)*, thèse pour le doctorat d'État, université de Jussieu, 1993. Brigitte Bouquet, *Vie sociale*, n° 3-4, 1993. – *Bottin mondain*, 1904 à 1920.

Fanny André (1840-1915)

Née de Coutouly en 1840, elle est décédée le 31 mars 1915. Fille du pasteur Pierre-Charles de Coutouly de Luneray. Elle était apparentée à la famille de Sarah Monod. Elle a épousé le pasteur Armand Louis Dupin de Saint-André,

Journaliste, elle a écrit sous le nom de Fanny André, dans le *Magasin d'éducation et de récréation, Foi et Vie, La Revue chrétienne, La Revue hebdomadaire, La Revue des Deux Mondes, Le Huguenot,* le journal *La Femme* et *Le Temps* où sont parus plusieurs de ses romans. Elle a tenu une rubrique dans *Le Journal de la jeune fille* à partir de 1895. En 1903, elle a été présidente de l'UCJF de Tours. Elle a signé aussi des articles sous le nom de F. Dupin de Saint-André et a publié sous ce nom un livre : *Pasteurs et paroissiens,* vers 1909.

Source : *Le Christianisme au XXe siècle*, 8 avril 1915.

Henriette André-Walther (1807-1886)

Henriette Walther est née le 14 juin 1807 à Paris, elle est décédée le 6 août 1886. Fille de Frédéric-Henri Walther (1761-1813) qui était général de division, fils d'un pasteur luthérien et de Salomé Louise Coulmann. Son père devint comte d'Empire en 1808. Elle était la filleule de Napoléon 1er et de l'impératrice Joséphine. Elle a épousé le banquier Jean André, receveur général et membre du consistoire de Tours.

Femme très pieuse, marquée par le Réveil et les sermons d'Adolphe Monod, elle a consacré une grande partie de sa fortune aux œuvres protestantes. La Société des missions évangéliques de Paris, au sein de laquelle elle a été présidente du comité auxiliaire des femmes, et les diaconesses de Reuilly ont profité de ses largesses. Elle a appuyé la création de la première Union de jeunes gens de Paris en 1852 et a mis Jean-Paul Cook en relation avec les YMCA. Par la suite, elle a financé toutes les Unions chrétiennes de jeunes gens de Paris. En 1856, Caroline Malvesin, sœur supérieure des diaconesses de Reuilly, prenant un congé, elle a assuré son remplacement. En 1857, elle a acquis le domaine des Ombrages près de Versailles qu'elle a ouvert aux organisations de jeunesse protestantes, puis plus tard aux institutions chrétiennes féminines dont elle a accueilli les congrès. Avec sa sœur Louise devenue baronne Bartholdi-Walther, elles ont fait partie du comité directeur du pensionnat protestant de jeunes filles de la rue des Billettes, en 1870, et seront membres du comité de l'Œuvre protestante des prisons. Elle a donné par testament son domaine des Ombrages aux diaconesses.

Son fils, Alfred André, devint banquier et deviendra le bienfaiteur de la Société de l'histoire du protestantisme français. Sa femme, Alice André (1836-1913), était née Joly de Bammerville. Elle a présidé et financé de nombreuses œuvres, dont le pensionnat de jeunes filles de l'Église réformée de Paris, en 1884. Présidente du cercle Amicitia, qu'elle semble avoir financé, en 1900. Présidente de l'Union parisienne des institutions féminines chrétiennes, en 1898. Elle a ouvert ses salons aux 100 déléguées à la 5e Conférence nationale des UCJF de 1900. On lui a proposé la présidence d'honneur des UCJF cette année-là, qu'elle assumera jusqu'à sa mort.

Une de ses filles, Gabrielle, épousa Henry Mallet. Sa petite-fille Suzanne Mallet a épousé le banquier Auguste Thurneyssen et son arrière petite-fille a épousé Marc Boegner.

Sources : André Encrevé, in *Dictionnaire du monde religieux dans la France contemporaine*, tome V, André Encrevé, *Les Protestants*, Éd. Beauchesne, 1993. – L'Espérance, 1886, n°17.

Marie Appia (1872-1956)

Marie Appia était une des filles de Georges Appia (1827-1910). Elle a été membre de l'alliance nationale des UCJF à ses débuts, elle a écrit vers 1896 dans le *World's YWCA Quarterly* en 1903. Présidente de l'Union du Luxembourg à Paris en 1899. À la conférence nationale où l'adhésion à l'Alliance internationale a été décidée, elle a été désignée pour représenter les UCJF. En 1901, secrétaire générale du groupe de la Seine, elle a parlé à la conférence des UCJF de la Seine des congrès de Londres et de Genève auxquels elle avait participé. En 1903, elle s'est fiancée avec Th. Sturge-Moore et est partie habiter l'Angleterre. Elle a quitté ses fonctions de secrétaire du groupe de la Seine, mais a continué à écrire dans le *Journal de la jeune fille* et à commenter les congrès YWCA.

Sources : *Le Journal de la jeune fille*. – Éric Bungener, *Filiations protestantes*, Éditions familiales, vol. I et II, France, 1997.

Blanche Arbousse-Bastide (1870 ?-après 1930)

Est née vers 1870. Épouse du pasteur Frédéric Arbousse-Bastide, pasteur à Hargicourt, puis à la Rochelle. En 1902, à la Conférence internationale des UCJF à Genève, Blanche parle des unions de campagne. Membre actif de la CE des UCJF en 1903. En 1904, elle a transformé la Réunion de jeunes filles d'Hargicourt en Union chrétienne de jeunes filles, elle en est présidente. Vice-présidente du Comité national des UCJF de 1909 à 1920. Présidente du groupe de l'Ouest de 1924 à 1930.

Source : *Le Journal de la jeune fille*.

Rosa Arbousset (1850-1897)

Décédée le 15 avril 1897. Fille du missionnaire Thomas Arbousset (1810-1877). En 1870, durant le siège de Paris, elle a été infirmière à l'ambulance Chaptal avec sa sœur Katherine qui est devenue Mme Autrand. Préside le foyer de l'Ouvrière ouvert en 1893, 60 rue d'Aboukir à Paris, « une idée de quelques jeunes filles des Unions chrétiennes ». Rosa a été la première présidente du groupe de la Seine (1893-1896). Membre du comité de l'Œuvre protestante des prisons.

Sources : Éric Bungener, *Filiations protestantes*, Éditions familiales, vol. I et II, France, 1997. – *Le Journal de la jeune fille*.

Alice Armand-Delille (1870- ?)

Elle était la petite-fille d'Isidore Armand-Delille qui était dans le comité de patronage de l'Union de Paris à sa création en 1852. Elle était fille d'Émile Armand-Delille, artiste peintre (1843-1883), et d'Édith Taylor. Elle a épousé Harold Reeve. Elle était la cousine germaine du Dr Paul Armand-Delille qui a donné des cours à l'école pratique de service social en 1921.

Alice a été secrétaire des UCJF en 1903. Secrétaire du Comité national des UCJF en 1900 (semble avoir été rajoutée après élection), elle était à Paris. Elle a résidé l'Union de Passy, rue Cortembert, de 1900 à 1903. En 1904, elle se retire du Comité national pour se marier.

Source : *Le Journal de la jeune fille.*

G. Avril de Sainte-Croix (1855-1939)

Née Glaisette en 1855, elle est décédée le 21 mars 1939 à Menton. Prénom incertain : Adrienne-Pierrette-Eugénie. Sa mère était une Mlle Savuiz. Elle a épousé François Avril, magistrat. Elle signait de l'initiale G. et sous le pseudonyme de Savioz. Elle écrivait des récits de type jolies légendes valaisannes. Journaliste, elle a débuté au *Figaro*, à *L'Éclair* et au *Siècle*.

En 1896, elle a accompagné une délégation étrangère à la prison Saint-Lazare. En 1898, elle est entrée au Conseil international des femmes et s'occupait de la section unité morale. Elle a fait partie, en 1899, du comité d'organisation qui préparait le Congrès des institutions chrétiennes féminines qui devait avoir lieu en juin 1900, elle en était la cheville ouvrière, comme elle le fut du congrès sur le droit des femmes. Elle avait été à l'origine, en 1901, du Conseil national des femmes françaises (CNFF) avec Sarah Monod, dont elle est devenue secrétaire générale de 1901 à 1922, puis présidente de 1922 à 1932, enfin présidente d'honneur, de 1932 à 1939.

En 1901, elle a fondé l'Œuvre libératrice pour aider au relèvement des femmes et des jeunes filles abandonnées « sans distinction de culte et de nationalité ». Elle en est devenue présidente. Elle a été membre fondateur de l'école d'infirmières de la rue Amyot en 1900 et présidente d'honneur de la Société de prophylaxie sanitaire et morale. En 1904, elle avait été présidente de la commission permanente du Conseil international des femmes de l'Unité morale et de la Traite des femmes. Membre du Comité central de la Ligue des droits de l'homme. Elle a été nommée membre, en 1904, d'une commission extraparlementaire pour étudier la réforme du régime des mœurs : c'est la première femme à accéder à un tel poste. En 1907, elle a publié un ouvrage *Le Féminisme*. En 1913 et 1916, elle a donné des cours à l'école pratique de service social (EPSS) sur « La protection de la jeune fille, relèvement ». En 1916, elle a présidé l'Office de renseignements aux familles dispersées par la guerre. La même année, elle a constitué, avec Julie Siegfried, la section d'études féminines (SEF) du Musée social. Elle a servi de lien entre les secrétaires des unions américaines et les unions françaises pour obtenir des crédits durant la guerre, notamment à Bordeaux pour la création d'un foyer et d'une pouponnière et, pour la maison de santé protestante d'Anna Hamilton. En 1920, elle a été présente au VIIIe Congrès de l'Alliance internationale pour le suffrage des femmes. À partir de 1929, elle représentait les organisations féminines internationales à la Commission consultative contre la traite des femmes, à la SDN. Membre de la loge du Droit humain.

Sources : Françoise Blum et Janet Horne, « Féminisme et Musée social (1916-1939) », *Vie sociale*, 8-9, 1988. – Dossier Mme Avril de Sainte-Croix à la bibliothèque Marguerite-Durand. – Rémy Boyau, *Histoire de la Fédération française de l'Ordre maçonnique mixte international*, Le Droit Humain, 1976.

Charlotte Bach (1863-1925)

Née le 4 mai 1863, décédée à Lyon en juin 1925, fille de Philippe Bach et de Catherine Knipper, sœur du pasteur Henri Bach, de Lyon, chez qui elle habitait. Il était président du groupe régional des UCJG du Rhône, en 1897, et membre de la commission exécutive du Comité national des UCJG, de 1897 à 1907 au moins. Inspecteur ecclésiastique à partir de 1919. Président de la Mission populaire évangélique en 1920. Charlotte, elle, était présidente de l'Union luthérienne de Lyon dès 1893, vice-présidente du Comité national des UCJF en 1896, démissionnaire en 1897, elle a été remplacée par Louise Salmon, de Nîmes.

Sources : Jean Pintard, Généalogie Bach (SHPF). – *Le Journal de la jeune fille.*

Madeleine Barot (1909-1995)

Née le 4 juillet 1909 à Châteauroux (Indre), décédée le 28 décembre 1995 à Paris. Fille d'Alexandre-Auguste Barot, professeur de lettres classiques, et de M. Küss militante féministe. Son grand-père paternel avait fondé une université populaire.

Études secondaires à Clermont-Ferrand et à Versailles où elle a participé aux activités de la Fédération des étudiants protestants : « Fédé » lycéenne. Études universitaires d'histoire à la Sorbonne (licence, DES, diplôme des archives et bibliothèques). Elle a participé à l'animation du Foyer international. Stagiaire à la Bibliothèque nationale (1934), puis archiviste (1935-juin 1940). Elle a présidé l'un des groupes d'études de la Conférence mondiale de la jeunesse chrétienne d'Amsterdam.

Elle a été rapatriée de Rome où elle était archiviste, lors de l'entrée en guerre de l'Italie. Sur proposition du pasteur Marc Boegner, elle assure le secrétariat général du Comité inter-mouvements (CIM) auprès des évacués, qui deviendra la Cimade. Elle s'est introduite avec d'autres équipières dans le camp de Gurs. Elle a multiplié les visites de camps. Elle s'est employée à organiser des centres d'accueil au Chambon-sur-Lignon (Haute-Loire) et a réussi à constituer des filières d'évasion destinées à faire passer en Suisse les juifs les plus menacés.

Après la Libération, elle s'est occupée des détenus suspects de collaboration, notamment à Drancy. Elle a voyagé aux États-Unis et en Allemagne et a participé, en 1947, à la Conférence de la jeunesse chrétienne à Oslo.

En 1951, elle est devenue secrétaire chargée des questions internationales à l'Alliance universelle des Unions chrétiennes de jeunes filles à Genève. Son rayonnement international s'accroît et pendant vingt ans, elle sera attachée au Conseil œcuménique des Églises, à Genève, où elle a travaillé dans deux secteurs : « Coopération entre hommes et femmes dans l'Église et la société » (1953-1967) puis « Éducation au développement » (1968-1973). En 1968, elle a participé aux travaux de la Société développement et paix (SODEPAX) sous l'égide du COE et de l'Église catholique. Sa carrière au Conseil œcuménique coïncide avec l'époque de la décolonisation. Grâce à ses incessants voyages à travers le tiers-monde, elle a été en mesure de jouer un rôle primordial dans la promotion de la condition féminine. Au plan ecclésiastique, elle a plaidé pour l'ordination des femmes. Au cours de ses contacts avec les Églises africaines accédant à l'indépendance, elle a veillé à ce que les femmes participent aux nouvelles structures. Elle a œuvré en faveur de la création des foyers de la jeune fille dans la tradition de la Young Women Christian Alliance (YWCA). Elle a fait inclure les femmes dans les programmes de bourses universitaires, a plaidé sans relâche pour que la femme « accompagne » les changements en cours.

En 1970, elle a été présidente de l'Institut œcuménique pour le développement des peuples (INODEP). Revenue en France, elle s'est associée étroitement aux activités de la Fédération protestante de France et est devenue vice-présidente de l'ACAT en 1980.

Sources : Jacques Poujol *in Dictionnaire des militants, de l'éducation populaire à l'action culturelle*, L'Harmattan, 1996. – André Jacques, *Une indomptable énergie*, Cerf, 1989. – A. Guillemoles et Arlette Dormons, *Aux origines de la Cimade*, numéro spécial de Cimade-Information, juillet-août-septembre 1990. – Jacques Poujol, *Protestants dans la France en guerre (1939-1945)*, Les Éditions de Paris, 2000. – Claude Viguié-Kressman, *Jeunes femmes, au travers de l'histoire de l'Alliance mondiale des Unions chrétiennes féminines, 1994-1995.*

Caroline de Barrau de Muratel (1828-1888)

Née Caroline Coulomb (Lefèvre) en 1828. Elle était la sœur aînée de Marie d'Abbadie d'Arrast. Caroline s'est beaucoup investie dans des œuvres philanthropiques et sociales. Tommy Fallot la considérait comme une « sainte laïque ». Elle partageait les convictions abolitionnistes (de la prostitution) et libérales de son amie Émilie de Morsier, avec qui elle a adhéré à l'Association pour la défense des droits individuels. Elle a adhéré à l'Œuvre des libérées de Saint-Lazare dont elle est devenue présidente. Elle a laïcisé l'œuvre et lui a donné un élan nouveau. Elle a cédé la place à Isabelle Bogelot en 1887 pour aller créer avec Pauline Kergomard l'Union française pour le sauvetage de l'enfance.

Source : Jean-Noël Luc, *L'Invention du jeune enfant au* XIX*e siècle, de la salle d'asile à l'école maternelle*, Belin, 1997.

Suzanne Bastid-Basdevant (1906-1995)

Elle était la fille de Jules Basdevant, professeur de droit international, et de Renée Mallarmé. Son frère, André Basdevant, lui aussi juriste, eut des responsabilités dans le scoutisme EDF et dans la nouvelle administration Jeunesse et Sports. En 1932, Suzanne a été la première femme agrégée de droit public, et a donné des cours à la faculté de droit de Lyon. Elle a épousé en 1933 Paul Bastid, normalien, agrégé de lettres, député radical depuis 1924, plus tard membre de l'Institut. Suzanne devint chef de cabinet de son mari lorsqu'il devint ministre du Commerce en 1934. À cette date, elle a adhéré à l'Association française des femmes diplômées des universités (AFFDU) et devint présidente du groupe de Lyon. Première femme à avoir occupé une chaire dans une faculté de droit, à Lyon en 1943, à Paris en 1946. Elle fut ensuite professeur à l'Institut d'études politiques de Paris. Membre de la délégation française aux Nations unies de la 4e à la 13e session. Elle a appartenu, à partir de 1950, au Tribunal administratif des Nations unies, qu'elle présida de 1953 à 1983. Elle fut la première vice-présidente de l'Institut de droit international. En 1971, elle a été la première femme admise à l'Académie des sciences morales et politiques. Elle en devint vice-présidente en 1981 et présidente en 1982.

Source : Nicole Fouché et Renée Gérard, « Soixante-quinze ans d'histoire de l'AFFDU », *Diplômées*, n° 180, mars 1997.

Jeanne Berger-Levrault (1858-1936)

Née Jeanne Friedel le 28 mai 1858, décédée le 25 février 1936. Elle était la fille de Charles Friedel et d'Émilie Koechlin. Son père était entré le 13 mars 1853 à l'Union de Paris sous le numéro 27. Il était, en 1859, au comité de rédaction du *Bulletin de l'Union chrétienne de jeunes gens*. En 1859, il a été président de l'Union de Paris à la suite de Jean-Paul Cook.

Jeanne a épousé l'éditeur Alfred Berger-Levrault le 2 juin 1881 (sans postérité).

L'Union de jeunes filles de Nancy a vingt ans et 50 membres en 1893, elle l'a dirigée avec sa belle-sœur Jane Berger-Levrault (1856-1912). Elle a fondé une section Croix-Bleue à Nancy. Jeanne a représenté les UCJF en 1906 à la Conférence nationale de Nancy des UCJG. Elle a représenté l'Union chrétienne de Nancy à la réunion du groupe Sud-Ouest à Agen en 1912 et au Comité national des UCJG de 1920. Responsable du groupe de l'Est des UCJF, Jeanne Bertsch lui a succédé en 1923.

Sources : *Le Journal de la jeune fille*. – Éric Bungener, *Filiations protestantes*, Éditions familiales, vol. I et II, France, 1997.

Berthe Bertsch (1904-1988)

Fille de pasteur, elle obtint son diplôme de théologie à Strasbourg en 1928, qu'elle poursuivit par une année de théologie à Genève. Ordonnée pasteur de l'ERAL, fit son vicariat à Mulhouse en 1929-1931. En 1930, elle a l'intention de se marier, mais l'état de mariage est alors incompatible avec l'exercice d'un ministère par une femme dans l'ERAL. Elle semble avoir renoncé à se marier. Elle exerça son ministère à Steinseltz (Bas-Rhin) durant quarante et un ans (avec un intermède en 1939-1940 où elle fut détachée en Haute-Vienne et aida la Résistance).

Sources : Jean-Paul Willaime, « Les femmes pasteurs en France : socio-histoire d'une conquête » in *Ni Ève ni Marie*, Françoise Lautman éd., Labor & Fides, 1997. – *Le Christianisme au XXe siècle*, 3 avril 1930. – Jacques Poujol, *Protestants dans la France en guerre (1939-1945)*, Les Éditions de Paris, 2000.

Jeanne Bertsch (1874-1959)

Décédée en novembre 1959 à Strasbourg. Membre de la « Petite Église », seule Église de langue française à Strasbourg. Secrétaire officielle des Unions chrétiennes d'Alsace. L'Union de Strasbourg a demandé à entrer dans l'Alliance en 1908. En 1909, elle a présidé une réunion de prière des UCJF de la Seine. Elle a travaillé avec Suzanne Bidgrain pour assister Ida Wullschleger en 1909. Secrétaire générale des UCJF, elle a succédé à Ida Wullschleger de 1913 à 1922, avec Lucy Abauzit entre 1913 et 1916, avec Yvonne Delbruck et Jeanne Liotard entre 1919 et 1922 où elle est aussi « voyageuse », avec Jane Pannier et Jeanne Liotard entre 1922 et 1929. Déléguée d'Alsace au VIIe Congrès de Nîmes. À la Conférence universelle de Stockholm en juin 1914, elle traite de « La femme dans la mission intérieure ». Elle est restée en Alsace durant toute la durée de la guerre. Après la guerre, elle a favorisé les relations avec les unions chrétiennes allemandes et le Comité universel des YWCA. Elle a représenté les UCJF au premier Congrès national du mouvement des Éclaireuses en 1920 à Lyon. Elle a été présente au Congrès des Éclaireuses unionistes d'Épinal en 1921. Pour les UCJF, elle a fait son premier voyage (après Odette Bruneton) en Algérie en 1924. Jeanne Bertsch a succédé, en 1923, à Jeanne Berger-Levrault pour le groupe de l'Est des UCJF. Elle a donné sa démission de secrétaire générale des UCJF en 1927, mais elle était toujours membre de la Commission exécutive des UCJF en 1936. Jeanne Bertsch a été équipière Cimade avec Suzanne Aillet-Rennes auprès des Alsaciens en Poitou en 1939, où son action a une portée limitée, puis au camp de Gurs en 1940, avec Jeanne Merle d'Aubigné.

Sources : « Historique (1744-1934) », *Guide unioniste*, Comité national des UCJF, 1934. – *Le Christianisme au XXe siècle*, décembre 1959. – Jacques Poujol, *Protestants dans la France en guerre (1939-1945)*, Les Éditions de Paris, 2000.

Alice Bianquis (1887-1974)

Née le 20 octobre 1887 à Rouen, fille du pasteur Jean Bianquis et de Lucy Dugas, elle était la sœur de Geneviève. Elle est décédée le 5 septembre 1974. Elle a été à la première Conférence des étudiantes le 1er novembre 1908, conférence sur Joséphine Butler en présence de Ruth Rouse. Elle s'oriente d'abord vers la musique en étant l'élève de Vincent d'Indy, puis, après un diplôme de fin d'études secondaires, elle a décidé de devenir garde-malade et a entrepris des études à Bordeaux en 1910. Elle a été élève de l'école hospitalière de gardes-malades de la maison de santé protestante de Bordeaux dirigée par Anna Hamilton et est devenue diplômée de l'école Florence-Nightingale en 1912. Elle a été la condisciple d'Éva Durrleman, de Thérèse Matter et de Marcelle Monod. D'août 1914 à avril 1915, elle a été infirmière dans l'hôpital auxiliaire installé dans les locaux de l'Union de Paris, rue de Trévise. En 1915, elle a été infirmière dans différents hôpitaux militaires en France et a terminé la guerre comme infirmière-major à Thionville en mai 1919. Elle a épousé le pasteur Alfred Escande dont elle a eu sept enfants.

Sources : Jane Pannier, Jean Bianquis, *Société des missions évangéliques*, 1938. – *Le Journal de la jeune fille*. – Correspondance avec Jean-Claude Escande.

Geneviève Bianquis (1886-1972)

Née le 15 septembre 1886 à Rouen, elle est décédée à Antony (Hauts-de-Seine) le 24 mars 1972, âgée de 85 ans. Elle était la fille du pasteur Jean Bianquis et de Lucy Dugas, c'était la sœur d'Alice. Après de brillantes études à Paris et à Berlin, elle a été reçue première à l'agrégation d'allemand en 1908, à 22 ans, événement rapporté par *Le Christianisme au XXe siècle*. Élève d'Andler, elle a obtenu un doctorat de l'université de Paris avec la mention très honorable, en 1910. Geneviève Bianquis était la dixième femme reçue docteur ès lettres à la Sorbonne, mais une des deux seules à utiliser son diplôme dans un but professionnel. Elle a enseigné d'abord à l'université MacGill de Montréal, puis dans des lycées en province et à Paris et a soutenu son doctorat ès lettres, en 1926, avec la plus haute mention, ce qui lui a permis d'accéder à une maîtrise de conférences à la faculté des lettres de Dijon où elle devint professeur de littérature allemande en 1930. À plusieurs reprises, les germanistes craintifs de la Sorbonne lui avaient barré la route du professorat. Militante dans les organisations de gauche, elle défendait des idées proches de celles du Parti communiste. Elle fut membre de l'Association française des femmes diplômées des universités (AFFDU) et responsable du groupe de province de Dijon de 1947 à 1952 au moins. Révoquée par le gouvernement de Vichy, elle retrouva sa chaire à la Libération. Elle était chevalier de la Légion d'honneur.

Sources : *Dictionnaire biographique du mouvement ouvrier français*. – Christophe Charles, *Les Femmes dans l'enseignement supérieur, dynamiques et freins d'une présence in Avenirs et avant-gardes en France, XIXe-XXe siècle*, hommage à Madeleine Rebérioux, La découverte, 1999. – Correspondance avec Jean-Claude Escande.

Suzanne Bidgrain (1879-1961)

Née en 1879 dans une famille normande agnostique, décédée le 17 septembre 1961 à Genève. Elle a découvert la Bible à 25 ans. Elle a assisté Ida Wullschleger en 1909 pour les visites aux unions, elle a été alors reconnue officiellement secrétaire des UCJF. Études de théologie à Marbourg où elle a fondé, en 1912, la branche féminine de l'Association des étudiantes allemandes. Elle a été à l'origine du groupe UCJF de Normandie qu'elle a présidé en 1911 et 1912. Secrétaire générale des UCJF en 1913 avec Jeanne Liotard. Études à Glasgow, Master of Arts en 1916. En 1915, elle a participé à la Fédé universelle où elle a travaillé avec Suzanne de Dietrich, avec qui elle s'est liée d'amitié. Prêtée par la Fédération universelle FUACE, elle a participé, pendant la guerre, au développement de la Fédé étudiante en France. Elle a connu Ruth Rouse à qui elle a succédé en 1920 comme secrétaire itinérante de la FUACE. En 1920, secrétaire itinérante de la branche féminine Fédé, elle a rendu compte des activités des étudiantes et des lycéennes au congrès de la Fédé à Montpellier. Elle a été secrétaire générale pour les étudiantes, et Lucie Pont s'occupe des lycéennes en 1919. Ce fut une pionnière de l'œcuménisme. Claire Jullien, en 1920, lui a succédé comme secrétaire générale des étudiantes de la Fédé.

Sources : Hans Rudi Weber, Suzanne de Dietrich, *La Passion de vivre*, Les Bergers et les Mages-Oberlin, 1995. – *Le Christianisme au XXe siècle*, 27 septembre 1961.

Antoinette de Billy (1877-1943)

Née en 1877, Antoinette de Staël-Holstein est décédée le 13 février 1943. Elle avait épousé William de Billy (1872-1910) commandant au 11e dragon. Trésorière de 1909 à 1929 de la commission exécutive du Comité national des UCJF. En 1909, l'Œuvre des prisons était affiliée au Conseil national des femmes françaises, elle en était la déléguée. Elle a milité à l'Union française pour le suffrage des femmes, entre 1915 et 1918 au moins. C'était la mère d'Edmond de Billy qui a épousé Anne-Marie Couve et qui sera actif au mouvement du Christianisme social.

Sources : *Journal de la jeune fille. – Au service du Maître.*

Madeleine Blocher-Saillens (1881-1971)

Madeleine Saillens est née à Marseille en 1881 dans une famille de cinq enfants. Elle était la fille de Ruben Saillens, pasteur baptiste, qui était à la mission évangélique de Marseille, fondée en 1878 par l'Union des Églises libres, et de Jeanne Crétin. Ruben Saillens a été le fondateur, avec sa femme et une autre fille, Louise Saillens, de l'institut biblique de Nogent-sur-Marne, en 1921. Très active depuis l'âge de seize ans et très probablement unioniste, Madeleine se destinait à la mission en Chine. Elle a renoncé à ce projet pour épouser un collaborateur de son père, Arthur Blocher, en 1903. Ils eurent cinq enfants entre 1904 et 1918. À la mort de son mari, en 1929, à 48 ans, elle fut nommée pasteur et exerça ce ministère à Paris jusqu'en 1952, date à laquelle son fils Jacques Blocher lui succéda. Ce fut la première femme pasteur au sein de la communauté des églises baptistes. Dans son journal tenu pendant la guerre (publié par son arrière-petit-fils), elle a suivi les événements avec beaucoup de précisions et fait front aux difficultés.

Source : Madeleine Blocher-Saillens, *Témoin des années noires, Journal d'une femme pasteur, 1938-1945*, présentation Jacques Blocher, Les Éditions de Paris, 1998.

Isabelle Bogelot (1838-1923)

Elle était née Cottiaux, fille d'une collaboratrice de *La Fronde*. Son mari, Auguste Bogelot a été avocat et philanthrope. Elle s'est occupée de l'Œuvre des libérées de Saint-Lazare dont elle deviendra directrice générale en 1887, à la suite de Marie d'Abbadie d'Arrast. Fondatrice, en 1888, de la Ligue féminine pour la paix et l'union entre les peuples. En 1892, elle a été membre du Comité central de la Ligue pour le droit des femmes et crée, avec Émilie de Morsier, l'Adelphie (société d'aide mutuelle de dames). Elle deviendra présidente d'honneur du comité exécutif du Conseil national des femmes françaises (CNFF) et sera nommée au Conseil supérieur de l'Assistance publique.

Source : Florence Rochefort, « Féminisme et protestantisme au XIXe siècle » *in* « Femmes protestantes au XIXe et au XXe siècles », *BSHPF*, tome 146, janvier-février-mars 2000.

Marie Bonnet (1874-1960)

Marie Bonnet est née le 18 janvier 1874 à Montpellier, elle est décédée le 29 mars 1960. Elle était la petite-fille de deux grands-pères pasteurs. Son père, Max Bonnet, était professeur de langues anciennes. Elle avait vécu dans une famille de cinq enfants. Angliciste et germaniste. Elle a créé une maison des étudiantes en 1908, dont elle devint directrice et qui s'installa plus tard au 214 boulevard Raspail. En 1920, elle a été cofondatrice, avec Marguerite Mespoulet et Marie Octave Monod, de la Société nationale féminine de rapprochement universitaire, ancêtre de l'Association française des femmes diplômées des universités (AFFDU). Elle a mobilisé les soutiens de riches protestants, dont les Siegfried. Ce fut la première secrétaire générale de l'AFFDU dont elle fut longtemps un des piliers. Elle a contribué à la création, avec Louli Sanua, de l'Association des institutrices diplômées. Chevalier de la Légion d'honneur en 1934.

Sources : Nicole Fouché et Renée Gérard, « Soixante-quinze ans d'histoire de l'AFFDU », *Diplômées*, n° 180, mars 1997. – *Femmes diplômées*, 3e trimestre 1960.

Marie Bruneton (1877-1962)

Marie Bruneton est née à Niederbronn le 11 novembre 1877, elle est décédée à Montmorency le 4 août 1962. Elle était la fille de Gaston Bruneton et d'Élisabeth Vernes, la petite-fille du pasteur Louis Vernes.

Elle a présidé l'Union de jeunes filles de Saint-Cloud, qu'elle a rattachée à l'Alliance en 1900. Elle a été présente au IIe Congrès international des œuvres et institutions chrétiennes féminines, en 1900. En 1903, elle a présenté, à la conférence des UCJF du groupe de la Seine, un projet de maison de vacances qui se concrétisera en une « villa des Unions » à Saint-Cloud (elle habitait Saint-Cloud). Présidente du groupe de la Seine des UCJF en 1907, en remplacement de Lydie Creissel, elle restera à ce poste jusqu'en 1923 où elle a cédé la place à J. Jud. Vice-présidente en 1908, puis trésorière en 1912 de la Société de dotation de la jeunesse unioniste, fondée par Roger Merlin. Elle a présidé l'Association chrétienne du travail féminin (secrétaire Mme Gabrielle Sautter) et les Foyers de l'ouvrière qui étaient affiliés au CNFF et elle en était la déléguée avec Lucile Morin. Le 1er février 1911, elle a publié dans *Foi et Vie* un article intitulé « Ouvrières et bourgeoises » où elle décrit la vie difficile et dangereuse des ouvrières et des employées. Elle a fait un appel aux jeunes bourgeoises. Elle a été la présidente de la première commission éclaireuse en 1912. Elle a donné des cours à l'école pratique de service social en 1913 (EPSS). Marie Bruneton, a écrit dans *Le Christianisme au XXe siècle*, en juin 1914, sur le Congrès des diaconats au Havre. Elle a adhéré à l'Association protestante pour l'étude pratique des questions sociales (APEQS) en 1914. Elle s'est rendue à la Conférence universelle de Stockholm en juin 1914 où elle a traité de « La femme dans le commerce et l'industrie ».

Son engagement comme infirmière durant la guerre a été important. Elle a été infirmière à Verdun puis infirmière dans l'armée d'Orient aux Dardanelles. C'est probablement là qu'elle a fait la connaissance de Marguerite Walther. Croix de guerre 1914-1918. À son retour, elle a parlé, à une réunion, du groupe de la Seine qui recevait les

Américaines et a pris la responsabilité du Foyer des alliées, 4 rue de la Vrillère. Vice-présidente des UCJF en 1920, membre de la commission exécutive française des UCJF en 1923. Elle a travaillé alors à la mise en marche de la Commission des œuvres sociales avec Miss Mary Dixon, des Young Women Christian Alliance (YWCA) américaines, sous la présidence de Marguerite Matter. La COS a organisé des camps de vacances des directrices de foyers chez Renée de Montmort à Argeronne.

Sources : Éric Bungener, *Filiations protestantes*, Éditions familiales, vol. I et II, France, 1997. – *Le Journal de la jeune fille*. – *Le Christianisme au XXe siècle*, 27 mars 1919.

Cécile Brunschvicg (1877-1946)

Elle est née Cécile Kahn à Enghien-les-Bains (Seine-et-Oise) le 19 juillet 1877, décédée à Neuilly-sur-Seine le 5 octobre 1946. Elle a été élevée dans un milieu bourgeois juif et républicain, son père était un industriel alsacien, ayant opté pour la France en 1870, chevalier de la Légion d'honneur. Études secondaires au cours Dieterlen. Elle épouse en 1899, Léon Brunschvicg, universitaire, philosophe, et féministe. Jeune femme, elle prend part au mouvement des universités populaires. Dès 1907, elle milite à l'Union française pour le suffrage des femmes (UFSF) puis au Conseil national des femmes françaises (CNFF), recrutée par Jane Misme qu'elle remplacera au secrétariat général. Elle a été secrétaire de la section travail en 1914. Elle succédera à la présidence de l'UFSF à une protestante, Marguerite de Witt-Schlumberger. En 1917, elle a été l'une des cinq fondatrices de l'école des surintendantes. Elle a appartenu, en 1920, au Soroptimist club (Rotary club féminin), où elle aide Marie-Jeanne Bassot à trouver des fonds pour l'établissement des centres sociaux. En 1924, elle est entrée au Parti radical et a été appelée au poste de sous-secrétaire d'État à l'Éducation nationale en 1936, dans le premier ministère de Léon Blum. De 1924 à 1934 et plus, elle a dirigé le journal *La Française*.

Sources : Sylvie Fayet-Scribe *in Dictionnaire des militants, de l'éducation populaire à l'action culturelle*, L'Harmattan, 1996. – Sylvie Chaperon, *Les Années Beauvoir*, Fayard, 2000.

Joséphine Butler (1828-1907)

Née Grey, épouse du directeur du Liverpool Collège et chanoine de Winchester, qui se consacra à la lutte contre la prostitution, mais aussi à l'aide aux prostituées. C'était une aristocrate anglaise, qui s'occupa de la protection des prostituées, fit beaucoup d'adeptes en France où elle se rendait pour faire des conférences. Elle a été *supporter* de la National Union of Suffrage Societies.

Source : *Encyclopédie du protestantisme*, Paris, Cerf / Genève, Labor & Fides, 1995.

Antoinette Butte (1898-1986)

Née le 12 juillet 1898 à Lunéville (Meurthe-et-Moselle), décédée le 30 avril 1986 à Pomeyrol (Bouches-du-Rhône). Née d'un père lieutenant des dragons lorrain catholique, Henri Butte, et de Marie Seltenmeyer, alsacienne luthérienne, Antoinette Butte et ses deux sœurs ont été profondément influencées par le père, officier de cavalerie et pédagogue, s'intéressant aux écoles nouvelles (membre fondateur de l'école des Roches), il avait créé, en Maine-et-Loire, l'école des Chênes-Verts que la guerre a fermée. Sa sœur Hélène Butte a été secrétaire de la FFE.

Elle a fait ses études dans une école privée catholique, mais elle a fait sa confirmation à l'Église réformée du Saint-Esprit avec le pasteur Samuel Diény. Elle a été ensuite élève au lycée Victor-Duruy. Un mois après la déclaration de guerre, son père fut tué. Après son baccalauréat, elle s'est inscrite à la faculté de droit. De 1916 à 1920, elle participait, dans le cadre des missions et foyers protestants, aux premières initiatives de groupes d'éclaireuses. Principalement, elle a pris contact avec la Fédé des lycéens et avec la mission populaire la Maison verte, dirigée par l'évangéliste Camille Savary ; elle connaissait le foyer de la rue de Naples où Élisabeth Fuchs avait créé un groupe informel inspiré du scoutisme masculin. Elle a été en relation avec Georgette Siegrist et son groupe de la Villette. Elle a entrevu ce que le scoutisme pouvait apporter à des vies d'enfants dépourvus de soutien et a proposé d'organiser une section d'éclaireuses à la Maison verte, encouragée par Violette Mouchon responsable des UCJF de la rue Marcadet. Son expérience au sein d'une famille mixte, catholique et protestante, a conforté sa conviction de rassembler les familles spirituelles dans un mouvement œcuménique. Elle a écrit la loi des Éclaireuses et le premier manuel des Éclaireuses, elle a féminisé en quelque sorte le scoutisme. Un secrétariat fut ouvert au foyer YWCA, confié à Georgette Siegrist. En septembre 1918, à Nemours, près de Paris, avec des enfants évacués de la capitale sous la responsabilité de Camille Savary, de Violette Mouchon et de Mireille Cooreman, future Mme André Philip, au cours d'une discussion passionnée, elle a découvert la présence de Dieu. Sa vie était désormais centrée.

Pâques 1920, elle est retournée à Lunéville avec sa famille et a repris ses études de droit ; elle a préparé un doctorat et s'est inscrite comme avocate stagiaire au barreau de Nancy. Elle est sortie déçue de cette expérience ; par contre, dans un bas quartier de la ville elle a fréquenté assidûment l'Armée du salut. Commissaire nationale adjointe du mouvement des Éclaireuses, elle a pris part à la création de la Fédération française des Éclaireuses (FFE) en 1921, au congrès d'Épinal. Elle a créé la section Victor-Duruy à laquelle Violette Mouchon s'est inscrite. Cette section devait fournir de nombreuses cheftaines pour les quartiers populaires. Pendant deux ans, elle a dû interrompre toute vie active pour un repos complet : temps de solitude et de méditation. En 1923, elle est entrée en contact avec le tiers-ordre des Veilleurs du pasteur Wilfred Monod. Elle a pris aussi des contacts avec des instituteurs laïques et plus particulièrement avec Célestin Freinet et Roger Cousinet. Par sa réflexion et ses écrits, elle a été une des théoriciennes de la Fédération française des Éclaireuses et a prolongé son engagement jusqu'à un choix de vie religieuse.

Elle a été vice-présidente de la FFE en 1929 et 1930. De 1924 à 1938, son engagement dans la Fédération a été ponctué de temps de retraite, jusqu'au jour, en 1930, où a commencé l'aventure d'une communauté à Saint-Germain-en-Laye, qui n'était pas étrangère à la vie sobre et fraternelle des éclaireuses.

En 1938, elle a répondu à la demande de l'association des pasteurs de France, d'être la présidente et la responsable d'une maison de retraite et de rencontres qui se créait à Pomeyrol, non loin de Tarascon, lieu où vont se succéder congrès de lycéens, d'étudiants, de mouvements d'adultes, de formation et d'accueil et de refuge pendant la guerre.

En 1950, Antoinette Butte, Grand-Lama chez les éclaireuses, a fondé la communauté religieuse de Pomeyrol, consacrée à la prière, à la retraite et à l'accueil des jeunes. Elle a fait des études de théologie, a écrit et commencé un travail œcuménique. En 1975, elle a laissé la responsabilité de la communauté où elle s'éteindra.

Sources : Marie-Thérèse Cheroutre, *in Dictionnaire des militants, de l'éducation populaire à l'action culturelle*, L'Harmattan, 1996. – *Dictionnaire du monde religieux dans la France contemporaine*, tome V, André Encrevé, *Les Protestants*, Éd. Beauchesne, 1993. – Anne-Sophie Faullimmel, *Les Origines de la Fédération française des Éclaireuses (1912-1927)*, mémoire de maîtrise d'Histoire, université Paris-IV-Sorbonne, octobre 1995. – Geneviève Jourdain-Lamon, *Témoignages sur la Fédération française des Éclaireuses*, multigraphié, 1997. – Jacques Poujol, *Protestants dans la France en guerre (1939-1945)*, Les Éditions de Paris, 2000.

Suzanne Carr (1880-après 1939)

Née Suzanne Nicole, elle a épousé un Américain nommé Carr et connu de Paul Passy. Sa mère, Mme P. Nicole, était morte veuve en 1917. Présente à la Conférence nationale de Valentigney en 1909. Elle a été la cheville ouvrière de l'œuvre de lutte contre l'immoralité l'Étoile blanche, dont un des fondateurs était Aquilas Quiévreux. Elle en était secrétaire déléguée depuis 1910 (secrétaire général, Élie Gounelle). Suzanne a fait un projet d'adaptation des *girls guides*. Elle a été à la première commission éclaireuse, en 1912. Elle a parlé en juin 1912 des éclaireuses à une commission régionale des Unions de la Seine. En octobre de la même année, elle a parlé du projet provisoirement appelé « pionnières » à la réunion du groupe Sud-Ouest des UCJF. En 1914, elle a décrit, dans *L'Éclaireur*, là où en étaient les Éclaireuses unionistes. L'Étoile blanche dérangeait et on ne semblait pas vouloir la lier au destin des futures éclaireuses. À partir de l'Étoile blanche, elle a organisé et promu la Journée de la mère. En 1924, Suzanne Carr dirigeait *L'Ami du foyer*, revue d'éducation familiale, 25 rue Brézin. Le congrès de l'Étoile blanche fut relaté dans le *Journal de la jeune fille*. Julie Siegfried, Ferdinand Buisson, Charles Gide, Mme G. Avril de Sainte-Croix ont participé à ce congrès, dans la bonne tradition de l'Association protestante pour l'étude pratique des questions sociales (APEQS). Suzanne Carr a milité à l'Union française pour le suffrage des femmes et fut membre de son Comité central de 1931 à 1939 au moins.

Sources : *Le Journal de la jeune fille*. – Pierre Poujol, « Socialistes et chrétiens », *Le Cep*, 1957.

Jeanne Chauvin (1862-1926)

Elle est née le 22 avril 1862 à Jargeau, fille d'un notaire du Loiret qui meurt jeune. Son frère Émile était plus jeune qu'elle ; il deviendra avocat comme elle, et aussi député. Elle a passé son baccalauréat en 1884, une licence de philosophie en 1890, un doctorat en droit en 1892. Elle a prêté serment en 1900 et est devenue avocate. Elle a plaidé peu, mais enseigna beaucoup, notamment dans les lycées de jeunes filles. Elle habitait avec son frère, rue de l'Arbalète.

Sources : *La Femme – Bottin mondain*, 1904.

Lucie Chevalley (1882-1979)

Née le 21 juillet 1882 au Petit-Quevilly, décédée le 1er octobre 1979, fille du théologien Auguste Sabatier et de Frankline Groult. Lucie Sabatier était présente à la Conférence nationale des UCJF en 1900. Elle a épousé Élie Chevalley, professeur de droit au Caire. Lucie Chevalley s'intéressant au travail de son mari, est devenue docteur en droit, mais ne put présenter l'agrégation parce que femme. Elle est revenue en France en 1920, et a entamé une vie militante.

Elle a fait partie du premier comité de la section française du Service social international d'aide aux migrants créé à l'instigation des Young Women Christian Alliance (YWCA). La section française avait pour but de porter secours aux réfugiés retenus en France par manque de ressources. Ce service fut déclaré en association en 1932 puis reconnu d'utilité publique sous le nom de Service social d'aide aux émigrants (SSAE), dont elle fut présidente de 1932 à 1964. En 1924, elle a été rapporteur au CNFF de la section unité de la morale, répression de la traite et a parlé de la « suppression de la réglementation de la prostitution ». En 1927, elle a présidé la section émigration au CNFF. En 1928, à la demande du ministère de l'Agriculture, elle a créé un service de protection des femmes étrangères, polonaises ou tchèques employées dans l'agriculture. Elle a contribué à promouvoir une collaboration réelle et efficace entre organismes privés et pouvoirs publics pour l'aide aux réfugiés. Elle a fait partie du comité d'organisation des États généraux du féminisme en 1929. Membre du Comité central de l'Union pour le suffrage des femmes en 1931. À partir de 1942, elle a animé un service parallèle et clandestin, l'Entraide temporaire, qui travaillait au sauvetage d'enfants juifs (dont ceux de la Clairière à Paris). Présidente du Conseil national des femmes françaises de 1964 à 1970, présidente d'honneur à partir de 1970. Plusieurs décorations dont, en 1965, l'anneau Nansen et Yad Vashem.

Sources : Brigitte Bouquet, « Lucie Chevalley 1882-1979 », *Vie sociale* n° 3, 4, 1993. – Jacques Poujol, *Protestants dans la France en guerre (1939-1945)*, Les Éditions de Paris, 2000.

Marguerite Cornet-Auquier (1887-après 1957)

Née le 1er octobre 1887, fille du pasteur Arthur Cornet-Auquier et de Frieda Walbaum. Études secondaires, élève en 1909 de la maison protestante de Bordeaux (MSP). Elle a été diplômée en 1911. Elle s'est enrôlée en 1914 au service de la Croix-Rouge puis elle a été infirmière-major sur le front de l'Est. À son retour, elle a été assistante de chirurgie jusqu'en 1924, puis directrice de la Montagne, école protestante d'infirmières. Parallèlement à ses activités professionnelles, elle a été chargée de la préparation des monitrices de la paroisse de l'Étoile. En 1930, elle a été sous-directrice de Bagatelle (nouveau nom de la MSP) où elle assistait Anna Hamilton. Elle est partie aux USA en 1933 pour parfaire sa formation. En 1934, elle est devenue directrice de Bagatelle, poste qu'elle occupera jusqu'en 1957. Durant la guerre, elle a accueilli à Bagatelle des élèves juives sous une fausse identité pour les protéger. Elle a formé plusieurs infirmières protestantes des maquis du Vercors

Sources : Simone Crapuchet, *Bagatelle (1930-1958)*. – André Encrevé et Jacques Poujol, *Les Protestants pendant la Seconde Guerre mondiale*, SHPF, 1994.

R. Coste-Henriquet (1848-1935)

R. Coste est née Henriquet, elle est décédée à Saint-Étienne en septembre 1935, probablement la fille du pasteur réformé dissident de Saint-Étienne, Alexandre Henriquet (1799-1885). Épouse de Nestor Coste, pasteur de l'Église évangélique libre de Saint-Étienne jusqu'en 1916 et décédé le 31 janvier 1931. Présidente fondatrice en France des Amies de la jeune fille en 1884 (la secrétaire était Mme Perrochon, de Lyon, la présidente du comité régional de la région parisienne était Mme Georges Fuch, la trésorière était Mlle Louise Sautter). En 1899, elle a été présidente d'une Union chrétienne (non rattachée) à Saint-Étienne. Présidente des Amies de la jeune fille jusqu'en 1903 où elle a passé la main à Mme Eynard de Montricher, présidente du comité marseillais. Elle est restée présidente d'honneur jusqu'à sa mort. Elle avait le projet d'une Fédération protestante des œuvres féminines, qui n'aboutira pas.

Sources : *Le Journal de la jeune fille*. – *Le Christianisme au XXe siècle*, 26 septembre 1935.

Lydie Creissel (1846-1937)

Née Lydie René, elle est décédée le 21 janvier 1937 dans sa 92e année. Épouse du pasteur Édouard Creissel (1845-1918).

Elle avait écrit un petit conte moral dans *Le Journal de la jeune fille* en 1894 et fut une collaboratrice du journal *La Femme*. Adhère à l'Association protestante pour l'étude pratique des questions sociales (APEQS) vers 1896. De 1898 à 1903, présidente de l'UCJF de la chapelle Saint-Maur. Présidente du groupe régional UCJF de la Seine et des départements limitrophes en 1898, présidence qu'elle a quittée en 1908 quand son mari a pris sa retraite à Vincennes, et a été remplacée par Marie Bruneton. Vice-présidente des UCJF de 1900 à 1905 au moins. Elle a refusé la présidence au moment de la succession de Louise Rourin en 1905. Elle a été présente au IIe Congrès international des œuvres et institutions chrétiennes féminines en 1900. Au moment de la Conférence nationale des Unions chrétiennes de Paris, elle a reçu les déléguées chez elle, 4 place Voltaire. Membre du Comité national jusqu'en 1909. En 1909, les Unions chrétiennes de Paris étaient affiliées au Conseil national des femmes françaises, elle en était la déléguée. Elle a collaboré avec Marie d'Abbadie d'Arrast « l'inspiratrice des visites aux prisons et aux hôpitaux ».

Sa fille, Anna Creissel (1872-avril 1937), a épousé, en 1895, Jules Jézéquel. Anna

Jézéquel qui était une admiratrice de Marguerite de Witt-Schlumberger, sera vice-présidente du groupe de Paris de l'Union française pour le suffrage des femmes, secrétaire générale de l'Union française contre l'alcool et, dans les années 1920, au Comité central de la Ligue pour le droit des femmes. Leur fils Roger a fait du cinéma avec Roger Leenhardt dont il deviendra le beau-frère ; il est, sous le nom de Roger Breuil, l'auteur de *Brutus*.

Sources : *Le Journal de la jeune fille*. – *Le Christianisme au* XX*e siècle*, 28 janvier 1937. – Éric Bungener, *Filiations protestantes*, Éditions familiales, vol. I et II, France, 1997. – *Bottin mondain*.

Justine Dalencourt (1838-1928)

Née Bellot en 1838, elle est décédée le 22 mars 1928. Son frère était le lieutenant Bellot, mort dans une expédition polaire. De famille nombreuse catholique, elle a fait des études d'institutrice et a appris l'anglais. Elle a été élève-maîtresse à Londres et se convertit au protestantisme. Elle a épousé en 1860 Eugène Dalencourt, employé à la sous-préfecture de Rochefort et qui deviendra inspecteur de la ville de Paris ; il meurt en 1893. Leur fils a probablement fait ses études à l'École alsacienne, il est mort prématurément en 1892.

Durant la guerre de 1870, elle avait fait la connaissance, à Londres, de Christine Aslop qui lui fit connaître la spiritualité quaker. De retour en France, elle a créé des ouvroirs chrétiens pour femmes qui sont passés à la mission Mac All, lorsqu'avec son mari elle s'est installée à Paris, en 1876. Trois salles de la mission Mac All (dont la salle des Ternes) furent mises à sa disposition. En 1878, elle a créé une œuvre nouvelle dans le quartier Mouffetard, où elle a travaillé avec sa nièce, Mme Reverdy. Elle a fondé, en 1888, une école pratique d'évangélistes gardes-malades qui formait des évangélistes aptes à diriger des œuvres (les élèves préparaient le certificat de la Croix-Rouge). Les candidates ont été nombreuses et venaient de France, en particulier des Unions chrétiennes de jeunes filles, et d'Angleterre. En 1889, elle a présenté son œuvre au premier Congrès des institutions chrétiennes féminines et, en 1894, dans *Le Journal de la jeune fille*. En 1898, elle avait déjà formé 36 élèves (150 élèves inscrites en 1927). Adhérente à l'Association protestante pour l'étude pratique des questions sociales (APEQS) en 1890. Elle s'est affiliée à la Croix-Bleue et fera partie de son comité. En 1898, elle a créé une union de jeunes filles et s'est intéressée aux sections cadettes de l'Espoir et est entrée en relation avec Bénoni Poujol pour trouver un animateur. Directrice fondatrice de la Mission évangélique auprès des femmes de la classe ouvrière créée en 1871, elle était présente au IIe Congrès international des œuvres et institutions chrétiennes féminines en 1900 où elle a présenté son œuvre. Elle était présente à la Conférence nationale des UCJF en 1900. Elle a écrit plusieurs articles dans *Le Christianisme au* XIX*e siècle* ainsi que dans *L'Évangéliste*. Membre du Comité national de la Croix-Bleue dès 1896 et en 1901. Ayant reçu un héritage, elle a acquis un domaine en 1902 où elle a résidé, mais a continué à parcourir la France pour encourager la création d'œuvres et la formation d'évangélistes femmes qui anticipaient sur un ministère féminin. Elle était présidente de l'UCJF de Boulogne en 1903.

Sources : R.-C. Morgan, *Justine Dalencourt, pionnière du ministère féminin*, Fischbacher et Société des Amis, 1929. – Georges Liens, in *Dictionnaire du monde religieux dans la France contemporaine*, tome V, André Encrevé, *Les Protestants*, Éd. Beauchesne, 1993. – Frank Puaux (direction), *Les Œuvres du protestantisme français au XIXe siècle*, Exposition universelle de Chicago, 1893. – *Le Christianisme au XIXe siècle*, 16 février 1898. – *Le Christianisme au XXe siècle*, mars 1928. – *Bottin mondain* 1904 à 1920.

Juliette Delagrange (1880-1936)

Née le 31 mai 1880 à Beaumont (Haut-Rhin), dans une famille protestante, de Charles Delagrange et de Marie-Louise Louys, elle est décédée le 12 Septembre 1936 dans la clinique de la rue Boileau à Paris. Son père était imprimeur mais gérait mal ses affaires.

Elle a fait des études secondaires, mais a été amenée à travailler très tôt, elle a été préceptrice dans la famille d'un industriel de l'Est, tout en fréquentant les unions chrétiennes. En 1917, elle est entrée à l'école des surintendantes et a fait un stage à l'arsenal de Puteaux. Elle a été envoyée à Bourges dans une usine de pyrotechnie. En 1919, elle a été nommée inspectrice déléguée pour créer dans le département du Nord les services d'hygiène et de protection de l'enfance. Elle a monté un service social de 22 infirmières. Elle a pris le poste laissé vacant par Mme Hélène Gervais-Courtellemont et s'est occupée de l'hygiène dans neuf départements. Elle a été secrétaire générale du premier organisme professionnel des travailleuses sociales : l'Association des travailleuses sociales. Elle a été au centre de perfectionnement des écoles d'infirmières, créé en 1922, et qui institua le diplôme d'État d'infirmières. Elle y restera jusqu'à sa mort. Madeleine Hardouin l'a remplacée. En 1923, elle a été au conseil d'administration de l'Association d'hygiène sociale de l'Aisne (ASHA) au titre de surintendante des infirmières au ministère des Régions libérées. Dès 1927, elle a participé à la première Conférence internationale du service social à Paris que présidait Paul Strauss. Elle a été aussi membre du Comité central de l'Union française pour le suffrage des femmes et membre fondateur du Soroptimist-club. Elle a terminé sa carrière comme directrice du bureau central des infirmières au ministère de la Santé de 1926 à sa mort. Elle a participé à donner un statut au service social.

Sources : Brigitte Bouquet, *Vie sociale*, n° 3-4, 1993. – Dossier à la bibliothèque Marguerite-Durand. – *Le Christianisme au XXe siècle*, 4 mars 1937.

Yvonne Delbruck (1884-1965)

Née en 1884, décédée le 1er avril 1965 à Genève. Fille de Gaston Delbruck, sa mère était née Dunner. Yvonne Delbruck a épousé, le 12 janvier 1937, Adolphe Kaltenbach (1872-1948) en deuxième noce (pour lui), sans postérité. Présidente d'une Union à Versailles qui fut admise dans l'Alliance en 1915. Elle a organisé en 1916, à la demande d'Eugène Kiès mobilisé, le marrainage et le « ravitaillement moral et spirituel » des soldats unionistes (envois de colis, du *Journal du soldat*, de correspondances...). Secrétaire générale des UCJF avec Jeanne Liotard de 1919 à 1922. Elle a représenté les UCJF à la Conférence nationale de 1920 des UCJG. Secrétaire puis présidente de la commission exécutive des UCJF, en 1922, à la suite d'Anne de Védrines (vice-présidente Mathilde Anne). Jane Pannier lui a succédé à la présidence des UCJF en 1931. Secrétaire du Comité national, en 1931. Membre de la commission exécutive en 1936.

Sources : *Le Journal de la jeune fille* et *Au service du Maître*. – *Le Christianisme au XXe siècle*, 27 mai 1965.

Louise Dentan (1873-1961)

Née Louise Laporte en 1873, décédée le 26 mai 1961. Elle était la fille de Félix Laporte et d'Aline Chazel. Elle a été secrétaire des UCJF (Le Vigan) en 1896. Elle a épousé Charles Dentan en 1892, ingénieur civil très actif auprès des UCJG, membre de l'Union de Paris en 1890, membre de l'Association protestante pour l'étude pratique des questions sociales (APEQS) depuis 1900, président de l'Union du Vigan de 1897 à 1906 au moins. Il a réorganisé l'Union du Vigan en 1893. Il a été délégué du Gard et du Midi à la Conférence nationale des UCJG en 1906.

Source : *Le Journal de la jeune fille*.

Maria Deraismes (1825-1894)

Née en 1835, elle est décédée le 6 février 1894. Ce fut une des premières à prôner le suffrage féminin. Elle fut initiée en 1882 par l'Atelier des libres-penseurs du Pecq. Fondatrice avec Georges Martin, en 1883, de l'obédience maçonnique mixte Le Droit humain, dont elle est devenue la première vénérable. Elle a mis toute sa fortune à la disposition du combat des femmes. Georges Martin lu a succédé au poste de vénérable.

Sources : *Dictionnaire biographique du mouvement ouvrier français*. – Rémy Boyau, *Histoire de la Fédération française de l'ordre maçonnique mixte international*, Le Droit Humain, 1976.

Jeanne Deroin (1805-1894)

Jeanne est née à Paris le 31 décembre 1805, elle est décédée le 2 avril 1894 à Londres. On sait peu de chose sur ses origines, elle était proche de femmes protestantes.

D'un milieu modeste, elle apprend à lire tardivement et a du mal à obtenir les diplômes d'accès à l'enseignement. Elle peut ouvrir une école destinée aux enfants des pauvres. Elle rêvait « d'allier au mariage l'état de chasteté » (H. Wild). En 1832, elle a épousé civilement M. Desroches, économe de métier, dont elle ne porte pas le nom, afin de ne pas l'impliquer dans ses activités politiques. Elle en a trois enfants. À la suite de Flora Tristan, elle était acquise à l'idée de l'affranchissement des femmes dans les domaines juridique, social et politique. Mêlée au mouvement révolutionnaire de 1848 et fréquentant les clubs, elle a fondé des clubs de femmes, tel le club de l'Émancipation des femmes, a collaboré à *La Voix des femmes* d'Eugénie Niboyet et a créé en 1849 *L'Opinion des femmes* (qui parut de janvier à août 1849) dans lequel elle réclamait l'égalité avec les hommes. La même année, soutenue par quelques socialistes d'orientation différente, elle a exigé – sans succès, mais non sans scandale – le droit d'être candidate aux élections législatives du 13 mai. En 1892, elle était membre du Comité central de la Ligue pour le droit des femmes avec la doctoresse Blanche Edwards-Pilliet et d'autres protestantes.

Sources : *Dictionnaire biographique du mouvement ouvrier français.* – Mireille Caveing in *Dictionnaire des militants, de l'éducation populaire à l'action culturelle*, L'Harmattan, 1996. – H. Wild, *Jeanne Deroin et Julie Daubié*, Librairie universelle, 1889.

Cathe Descroix (1883-1950)

En 1906, étudiante à la Sorbonne, elle a participé aux équipes du Sillon de Marc Sangnier. Elle a arrêté ses études pour ouvrir Chez nous, une maison de jeunes avant la lettre dans un quartier de Paris durement touché par la pauvreté. Elle a loué un magasin rue de l'Épée-de-Bois et, pour gagner de l'argent, prend un dépôt de chaussures fabriquées par une coopérative ouvrière sillonniste. Elle a été assistée bénévolement par une jeune fille, Marthe Levasseur, qui jouera un rôle important dans les années suivantes. En 1910, elle a commencé à faire des caravanes pour adolescents ou des colonies de vacances pour enfants, qui ont l'originalité pour l'époque d'être mixtes. Autre originalité, Cathe Descroix ne voulait pas faire de Chez nous, « une œuvre sociale catholique, mais une œuvre sociale tout court ». Cette année-là, elle institua un règlement très strict pour les « volontaires », qu'elle a calqué sur celui des jeunes gardes du Sillon. Ayant accumulé des dettes pour faire fonctionner les colonies de vacances, elle est partie au lycée d'Alexandrie pour travailler et rembourser. Elle a laissé la responsabilité de Chez nous à André Lefèvre. Elle reste en relation épistolaire avec le groupe dont elle restait l'âme. Elle ne savait pas qu'elle ne reviendrait qu'au bout de onze ans.

En 1913, à Alexandrie, elle a créé les Éclaireurs internationaux. Pendant la guerre, elle est devenue infirmière dans l'armée d'Orient. En 1917, elle a rencontré, à Salonique, Marguerite Walther. qui viendra renforcer le groupe des Volontaires de Chez nous. À son retour, fin 1921, elle désapprouve l'évolution d'esprit qui préside au fonctionnement de Chez nous qui a été rejoint par plusieurs protestants et par des libres-penseurs. André Lefèvre lui succède comme responsable de l'œuvre qui prend dès lors le titre de Maison pour tous.

Sources : Geneviève Poujol *in Dictionnaire des militants, de l'éducation populaire à l'action culturelle*, L'Harmattan, 1996. – *Hommage à Marthe Levasseur.*

Marie Diémer (1877-1938)

Née le 11 septembre 1877 à Épinal (Vosges), décédée le 3 juin 1938 à Fontainebleau (Seine-et-Marne). Marie Diémer a vu le jour dans une famille protestante originaire de Wengen qui a émigré d'Alsace après 1871. Jusqu'à seize ans, elle a habité Épinal et se sent lorraine de cœur, son père était notaire à Épinal, puis administrateur de l'Agence Fournier à Paris. Sa mère née Suzanne Thorens, était apparentée à Daniel Dollfus fondateur en 1802 de Dollfus-Mieg et Cie de Mulhouse et aux Koechlin. Marie Diémer a eu une sœur Marguerite.

Dès son enfance, elle s'est interrogée sur la religion. Passionnée par les questions religieuses, elle s'est consacrée pendant sept ans à l'étude des religions anciennes, des philosophies, des mystiques et de l'ethnologie. C'est à cette période de sa vie qu'elle a accompli une œuvre littéraire. Elle a écrit : *La légende dorée de l'Alsace*, pièce jouée à Lyon et couronnée par l'Académie française ; puis deux romans : *Maître Josias* et *Anne-Marie*. Elle a collaboré à plusieurs revues, publiant poèmes et articles d'histoire, et a voyagé en Angleterre et en Italie. Cette pratique de l'écrit et de la poésie lui servit par la suite pour diverses activités comme mettre au point les règlements et manuels des Éclaireuses, ainsi *Le livre de la forêt bleue* ou *Le carnet de la cheftaine* ; ou encore pour préparer des rapports, rédiger des articles dans les revues scoutes ou répondre au courrier du lecteur.

En 1913, elle a participé au Conseil international des femmes et a constaté le retard en France en matière d'hygiène et de prophylaxie. Dorénavant, elle s'est consacrée à l'action et l'éducation sociale. En 1913-1914, elle a participé à la création de l'Association des infirmières visiteuses de France (AIV) avec Mme de Ganay et Renée de Montmort. En 1916, elle a été à la fondation des logements Sanatoria puis des premiers cours antituberculeux à Laennec. De 1914 à 1918, elle a été membre du Comité central de *L'Effort féminin*. Elle a donné une part de son activité à la Fraternité franco-américaine et a collaboré ensuite avec la Croix-Rouge américaine qui lui a demandé d'organiser des cours pour former les visiteuses de l'enfance. En 1917, elle conçoit les surintendantes d'usines avec Renée de Montmort, Marie Routtier, Mme Édouard Henriette Viollet et Cécile Brunschvicg dont elle était devenue Secrétaire adjointe en 1925. En 1918, elle s'est occupée de la fondation d'une des premières écoles sociales en France : Pro Gallia, qui devint l'école d'action sociale de la Résidence de Levallois-Perret en 1929. À cette date, elle dirigeait l'école avec Apolline de Gourlet.

En 1920-1922, elle a découvert le scoutisme, d'abord à l'Union de la rue de Naples avec Renée de Montmort. Au *jamboree* de 1922, elle a parlé des Gardiennes de la France, une association fondée un an auparavant et qui était en quelque sorte un ordre chevaleresque pour les femmes de toutes confessions. Elle a participé aussi à l'équipe de fondation des Guides de France avec Albertine Duhamel et Renée de Montmort. Peu après en 1924, elle se convertit au catholicisme. En 1934, elle a reçu la Légion d'honneur en qualité de vice-présidente du conseil d'administration de l'école d'action sociale, école dont elle s'occupait à la Résidence sociale de Levallois-Perret. L'événement est rapporté dans *Le Christianisme au* XX*e siècle*. Au décès de Marie-Jeanne Bassot, Marie Diémer a assumé le secrétariat général de la Résidence sociale à Levallois-Perret jusqu'en 1937. Dix ans plus tôt, elles avaient ensemble présenté un rapport sur les centres sociaux au congrès du mouvement du Redressement français. Marie Diémer était membre du Conseil supérieur de l'éducation physique.

Sources : Sylvie Fayet-Scribe, *in Dictionnaire des militants, de l'éducation populaire à l'action culturelle*, L'Harmattan, 1996. – Archives de la FFE, le château d'Argeronne, bibliothèque Marguerite-Durand. – Anne-Sophie Faullimmel, *Les Origines de la Fédération française des Éclaireuses (1912-1927)*, mémoire de maîtrise d'histoire, université Paris-IV-Sorbonne, octobre 1995. – Éric Bungener, *Filiations protestantes*, Éditions familiales, vol. I et II, France, 1997.

Suzanne de Dietrich (1891-1981)

Née à Niederbronn (Bas-Rhin) le 29 janvier 1891, décédée à Strasbourg le 24 janvier 1981. Fille du baron Charles de Dietrich et d'Anne Van Tuke. Issue d'une célèbre famille protestante de maîtres de forges alsaciens. Le baron Philippe de Dietrich (1748-1793), minéralogiste et homme politique, portait le titre de comte du Ban de la Roche. Sa tante Octavie a épousé Léon de Joannis (1835-1892), directeur de l'usine de Dietrich à Mouterhouse. Elle était la cousine germaine de Jeanne de Joannis.

Suzanne de Dietrich, orpheline, a connu la souffrance d'une infirmité congénitale. Elle a été en 1913 une des premières femmes à obtenir le diplôme d'ingénieur, préparé à l'école d'ingénieurs de Lausanne (Suisse). Elle n'exercera cependant pas son métier. Dès 1914, répondant à l'appel de Charles Grauss, elle était entrée au service de la Fédération française des associations chrétiennes d'étudiants et restera dans la sphère de l'animation des mouvements de jeunesse jusqu'au lendemain de la Deuxième Guerre mondiale. En juin 1914, à la Conférence universelle des UCJF, elle traitait des « devoirs civiques des femmes ». Elle a succédé, en octobre 1918, à C. Kellermann au poste de secrétaire générale de la Fédé étudiante.

En 1914-1918, elle a joué un rôle essentiel de soutien aux fédératifs combattants, exprimant dans sa correspondance et dans divers articles l'état d'esprit de la génération du feu. En 1919, Ruth Rouse a demandé son concours pour un séminaire de trois mois sur le service social pour responsables des UCJF à Paris. Membre de la commission exécutive des UCJF de 1920 à 1936. Engagée aussi dans le scoutisme féminin, elle a été vice-présidente de la FFE de 1929 à 1933. En 1931, elle a adhéré à l'Association française des femmes diplômées des universités (AFFDU).

Quand Charles Grauss a lancé l'appel en faveur des Volontaires du Christ, dont le but était de provoquer parmi les étudiants laïques des vocations chrétiennes, elle s'est proposée pour créer la branche féminine. C'est au sein des mouvements de jeunesse que, faute de poste pastoral auquel elle pensait que les femmes pouvaient aspirer, elle pourra réaliser sa vocation et exercer ses talents de guide et de penseur. Responsable de la Fédé française pendant les années 20, elle a été vice-présidente, avec Albert Dartigue, de la Fédération universelle des étudiants chrétiens de 1929 à 1932, sous la présidence de Marc Boegner, organisation dont elle a assuré ensuite à Genève le secrétariat pour les questions liturgiques et œcuméniques de 1935 à 1946. En 1937, avec Charles Westphal, secrétaire général de la Fédé, elle réunit les cinq mouvements d'inspiration protestante au sein du Comité inter-mouvements (CIM). Ce comité participa à une meilleure connaissance des responsables de mouvements de jeunesse. Anti-munichoise en 1938, elle a appelé, dès l'été 1940, à la résistance spirituelle avec une grande fermeté. Circulant entre Genève et la France occupée, elle a contribué pendant toute la guerre à conforter les mouvements de jeunesse d'inspiration protestante dans cette orientation.

Avec Madeleine Barot, elle a été à l'origine de la création de la Cimade (Comité inter-mouvements auprès des évacués), conçue par elle en septembre 1939 pour venir en aide aux Alsaciens-Lorrains, et dont on connaît l'action d'aide aux internés et persécutés pendant la Deuxième Guerre mondiale. Elle a fait tout de suite appel à Jane Pannier présidente des UCJF et de la CIM.

Sur le plan culturel, Suzanne de Dietrich a été surtout une figure de l'œcuménisme. Elle s'est consacrée à plein temps, après 1946, au rapprochement des Églises chrétiennes selon une perspective qu'elle avait tracée dès les années 1920, se fondant en particulier sur l'étude commune de la Bible. On lui doit plusieurs ouvrages religieux comme *Le Dessein de Dieu* (1943) et *Le Renouveau biblique* (1945).

Sources : Rémi Fabre, *in Dictionnaire des militants...* – P. Bolle, *in Dictionnaire du monde religieux...* tome V, André Encrevé, *Les Protestants,* Éd. Beauchesne, 1993. – André Encrevé et Jacques Poujol, *Les Protestants pendant la Seconde Guerre mondiale*, SHPF, 1994. – Hans Rudi Weber, *Suzanne de Dietrich, la passion de vivre*, Les Bergers et les Mages-Oberlin, 1995.

Suzette Duflo (1910-1983)

Suzette Dégremont née au Cateau (Nord) le 22 juillet 1910, est décédée le 2 juillet 1983 à Paris. Fille d'un industriel, d'origine protestante. Elle a préparé l'école normale d'institutrices de Fontenay, membre des Unions chrétiennes de jeunes filles, membre de la Fédération des associations des étudiants chrétiens (Fédé), elle a épousé un fédératif, Pierre Duflo, en 1934. En 1939, elle a été équipière Cimade.

Elle a créé en 1945 à Paris l'Association des groupes jeunes femmes avec Jeanne Lebrun et Francine Dumas, anciennes fédératives, et a animé un premier groupe à Saint-Cloud. Elle a été présidente des UCJF de 1956 à 1961 et a fait partie, durant huit ans, du Conseil exécutif mondial des YWCA dont elle a été la représentante à Paris auprès de l'UNESCO. Elle a transformé l'Association des groupes jeunes femmes en mouvement, avec une équipe nationale qui se voulait collégiale. Elle a été présidente du Mouvement jusqu'en 1966. Elle a accompagné le Mouvement, lieu de rencontre entre femmes croyantes, pour la plupart protestantes et non-croyantes, dans sa recherche sur la place de la femme dans la société et aussi dans l'Église. La lutte pour la contraception a représenté l'engagement le plus important du Mouvement qui délégua Madeleine Tric au conseil d'administration de la Maternité heureuse à sa constitution en 1957. Suzette Duflo devint alors membre du comité d'honneur du Planning. En 1961, elle a été membre du conseil de la Fédération protestante de France, puis, en 1963, membre du bureau. De 1968 à 1977, elle a été la seule femme membre de la commission des ministères de l'Église réformée de France.

Sources : *Dictionnaire du monde religieux dans la France contemporaine*, André Encrevé, *Les Protestants*, tome V, Éd. Beauchesne, 1993. – Archives de la SHPF. – Sylvie Chaperon, *Les Années Beauvoir*, Fayard, 2000.

Francine Dumas (1917-1998)

Francine Buss est née au Havre le 4 mai 1917 dans une famille athée, elle est décédée le 8 février 1998. Elle a fait des études secondaires au Havre. Elle se convertit au protestantisme et quitta sa famille pour entreprendre des études d'assistante sociale à Paris. À partir de 1938, elle a préparé le diplôme d'assistante sociale, puis un diplôme de psychologie de l'enfant ainsi que le diplôme de l'École du Louvre. Elle a été assistante sociale jusqu'en 1943. En 1940, elle s'est rendue à l'hôpital Tenon où elle a accueilli les réfugiés du Nord. Elle s'est occupée de cacher ceux qui étaient juifs. Le 16 juillet 1942 elle s'est rendue volontairement au Vel'd'Hiv lors de la rafle des juifs et a pris des notes pour prévenir d'autres juifs non encore arrêtés, elle a été, dès lors, intégrée dans une filière de la Résistance. Parallèlement, elle s'est occupée des étudiants protestants et était la secrétaire nationale de la branche C (étudiante) de la jeunesse protestante en zone occupée. Certains étudiants rejoindront la Résistance à ses côtés. Elle a épousé, en 1944, le pasteur André Dumas.

Elle a animé un groupe jeunes femmes à Pau où son mari était pasteur de 1949 à 1956, Elle a été membre de l'équipe nationale de Jeunes Femmes jusqu'en 1968, elle en sera vice-présidente en 1955. Parallèlement, elle a été directrice des études à l'école pratique de service social (EPSS) de 1960 à 1968. Très engagée, elle a été aussi membre de l'équipe féminine du contre-gouvernement socialiste. Elle est intervenue, au nom de Jeunes Femmes, en 1965, aux Semaines de la pensée marxiste consacrées aux « Femmes dans la nation ». Elle s'est particulièrement intéressée à la situation de la femme dans la société et dans l'Église. Elle a publié, en 1967, *L'Autre semblable,* et, avec André Dumas, *L'Amour et la mort au cinéma,* en 1983, *et Marie de Nazareth,* en 1989.

Sources : Pierre Bolle *in Dictionnaire du monde religieux dans la France contemporaine*, André Encrevé, *Les Protestants,* tome V, Éd. Beauchesne, 1993. – André Encrevé et Jacques Poujol, *Les Protestants pendant la Seconde Guerre mondiale*, SHPF, 1994. – Jacques Poujol, *Protestants dans la France en guerre (1939-1945),* Les Éditions de Paris, 2000. – Sylvie Chaperon, *Les Années Beauvoir*, Fayard, 2000.

Rolande Dupont (1927-1985)

Rolande Terlutte est née le 23 novembre 1927 à Arras (Pas-de-Calais), sa sœur jumelle deviendra Janine Grière. Elle est décédée le 7 août 1985 à Boisset-et-Gaujac (Gard). Sa mère, protestante, était sans profession. Son père, inspecteur des domaines à la préfecture d'Arras, se convertit lorsqu'elle était adolescente. Résistant, il a été arrêté et déporté, sa nomination de commissaire de la République était prévue, mais il est mort à la veille de la capitulation de l'Allemagne.

Études secondaires à Arras. Fréquente les UCJF. Études d'assistante sociale interrompues par son mariage avec Jean-André Dupont en 1948. Trois enfants. Sa conviction religieuse l'a conduite dès 1951 à s'engager dans le groupe paroissial féminin qui deviendra bientôt groupe local, adhérent au Mouvement jeunes femmes (MJF). Elle est devenue responsable régionale du mouvement puis membre de l'équipe centrale à Paris. De 1957 à 1973, elle a milité au sein de la Maternité heureuse, puis du Planning familial, et a créé, en 1962 à Lens, un centre de planning d'où sortira un centre de conseil conjugal et familial. Elle a publié en 1972 *Le Conseil conjugal et familial.* Elle a participé aussi activement aux Équipes ouvrières protestantes du bassin minier et, avec son mari, a milité au sein du Centre de recherches et de rencontres du Nord. Très engagée dans le protestantisme, elle sera membre du Conseil national de l'Église réformée de France de 1966 à 1974.

Depuis 1963 elle était, à titre bénévole, secrétaire de rédaction du *Bulletin du Mouvement jeunes femmes* (avec Françoise Muckenstrum), fonction qu'elle a quittée en

1973 pour devenir rédactrice en chef de *Pour*, revue du Groupe de recherche pour l'éducation permanente (GREP). Elle a été alors salariée jusqu'en 1984, date à laquelle elle cesse ses fonctions pour licenciement économique. Elle a été partie prenante de la création du Groupe Orsay créé à partir de la commission recherches chrétiennes du Mouvement jeunes femmes (MJF). Sa facilité d'écriture l'a conduite à une collaboration à l'hebdomadaire *Réforme,* de 1973 à 1985.

Sources : *Parcours de femme : Rolande Dupont*, Les Bergers et les Mages, 1988. – Marlise Scartazzini, *in Dictionnaire des militants, de l'éducation populaire à l'action culturelle*, L'Harmattan, 1996.

Blanche Edwards-Pilliet (1858-1941)

Blanche Edwards née le 24 novembre 1858 à Milly (Seine-et-Marne) est décédée en janvier 1941 à Paris. Elle était dans une lignée de médecins naturalistes. Son père, d'origine anglaise et protestante, était médecin, sa mère Amanda Froc était issue d'une famille terrienne aisée. Blanche Edwards n'est jamais allée à l'école, ce sont ses parents qui l'ont instruite jusqu'au baccalauréat. En 1878, elle a entrepris des études de médecine. Première femme à présenter l'externat, elle a été externe dans le service du professeur Jean-Martin Charcot. En 1886, elle s'est présentée au concours de l'internat, ce qui a déclenché un scandale auprès de ses condisciples masculins. Admissible, elle a été refusée à l'oral. En 1889, elle a ouvert un cabinet de consultations rue Saint-Honoré à Paris. Elle a épousé en 1891 un médecin, Henri Pilliet. En marge de son activité médicale, elle a donné des cours à l'association polytechnique où son père, avant elle, avait donné des cours d'anglais. À partir de 1891, à l'exemple de son mari, elle a donné des cours dans les écoles d'infirmières de l'Assistance publique. Veuve en 1898, elle a assumé seule la charge de ses trois enfants. Elle a été présente au Congrès international de la condition et des droits de la femme en 1900.

Elle rêvait de créer une « école des mères » où serait donnée une éducation sexuelle, et a fondé, en 1901, la Ligue des mères de famille, où son activité se poursuivra jusqu'en 1940. En 1906, elle a été élue vice-présidente de la Libre pensée, où elle s'est liée d'amitié avec Ferdinand Buisson. Elle a adhéré à la Ligue de l'enseignement où elle a fait partie du comité des dames et a participé à de nombreux congrès. Elle a été partisane de cours de puériculture à l'école qui seraient donnés par des femmes médecins. En 1909, elle a fait circuler une pétition contre le port du corset. Durant la guerre de 1914, elle a formé des secouristes. Elle a donné aussi des cours de première urgence en anglais dans le cadre des YWCA. De 1917 à 1919 elle a été médecin du personnel féminin de l'arsenal de Puteaux. Par la suite elle n'a cessé de donner des cours du soir aux infirmières et a continué jusqu'en 1927 ses visites médicales au lycée Victor-Duruy. En 1920, elle a été vice-présidente de la Ligue pour le droit des femmes. Elle s'est présentée aux élections municipales de 1925. Elle a poursuivi ses activités médicales et militantes jusqu'à la fin de sa vie. Pionnière de la médecine, elle a travaillé toute sa vie à la promotion et à l'éducation des femmes.

Sa fille Georgette Barbizet, licenciée en droit, a été secrétaire générale de l'Œuvre libératrice et de la Ligue des mères de famille, elle a été présidente de la section enfance au CNFF, et elle a créé le corps des assistantes de police chargées de la rééducation des prostituées mineures. Elle était membre du Comité de liaison des associations féminines (CLAF)

Sources : *Dictionnaire des militants, de l'éducation populaire à l'action culturelle*, L'Harmattan, 1996. – *Blanche Edwards-Pilliet, Femme et médecin (1858-1941)*, Françoise Leguay et C. Barbizet, Cénomane, 1988. – *Bottin mondain* 1904. Sylvie Chaperon, *Les Années Beauvoir*, Fayard, 2000.

Élise Fallot (1860 ?-1936)

Elle est décédée le 4 mai 1936 à Marseille. Probablement la sœur d'Ernest Fallot (1855-1929) qui était entré dans l'administration coloniale. Il avait été délégué de l'Union chrétienne de jeunes gens de Marseille en 1874, il fit un rapport sur la liberté religieuse dans l'armée qui fut apprécié à la Conférence générale des UCJG de 1879.

Élise Fallot a traité de l'œuvre auprès des disséminées à la Conférence du Creusot, en 1897. De 1899 à 1903 au moins, elle a été présidente de l'UCJF de Marseille. Elle a partagé ses activités avec L. Dubus, qui était probablement la fille du pasteur Dubus qui a assisté Ruben Saillens à la Mission évangélique de Marseille, fondée en 1878 par l'Union des Églises libres. L. Dubus était au Comité national des UCJF dès la conférence de Montmeyran, en 1893. Elle a été au Comité national en 1896, puis vice-présidente du Comité national des UCJF, de 1899 à 1909. L. Dubus a refusé la présidence au moment de la succession de Louise Rourin, en 1905. Membre du Comité national jusqu'en 1909. En 1909 les Unions chrétiennes de Marseille étaient affiliées au Conseil national des femmes françaises, elle en était la déléguée avec Élise Fallot.

Élise était secrétaire des UCJF de 1897 à 1900 (elle était à Marseille) avec É. Giraud (à Valence). En 1904, elle s'est retirée du Comité national. Vice-présidente du Comité national des UCJF de 1906 à 1909 avec L. Dubus. Élise a écrit sous la signature d'Insième dès le premier numéro du *Journal de la jeune fille*, puis dans *L'Almanach des bons conseils, Le Huguenot* et *Le Christianisme au XXe siècle*. Insième a assuré les chroniques missionnaires dans le *Journal de la jeune fille,* en alternance avec Suzanne Allégret. En 1900, Élise Fallot a écrit aussi un roman, *Un trio,* chez Fischbacher, « un livre tout indiqué pour les jeunes filles des UCJF », commente Élisa Sabatier dans le journal *La Femme*. Dans le faire-part de décès d'Élise, Mlle Dubus fait allusion au fait qu'Élise Fallot signait Insième. Mais on peut supposer que Mlle Dubus aussi signait parfois avec elle.

Sources : *Le Christianisme au XXe siècle*, 21 mai 1936. – *Le Journal de la jeune fille*.

Julie Favre (1834-1916)

Julie Velten est née en 1834 à Wissembourg (Bas-Rhin), elle est décédée le 16 janvier 1916, fille du pasteur Michel Velten qui fut président du consistoire. Elle a commencé des études secondaires, elle se destinait à l'enseignement et passa les examens d'institutrice. Puis elle apprit les langues étrangères. Elle partit pour Paris et devint sous-maîtresse dans un pensionnat protestant évangélique qui fut transféré à Versailles. Julie succéda à la directrice. La guerre de 1870 amena à la dispersion des élèves. Julie se lança alors dans la traduction et c'est ainsi qu'elle rencontra Jules Favre, avocat et homme politique qui fut ministre des Affaires étrangères. Ils se marièrent, mais Jules Favre mourut en 1880. Julie fut alors appelée à la direction de l'École normale supérieure de Sèvres qui venait d'être fondée. Elle a laissé une réputation de pédagogue et a publié plusieurs ouvrages : *La Morale de Socrate, La Morale d'Aristote, La Morale de Plutarque*...

Source : *Dictionnaire du monde religieux dans la France contemporaine*, tome II, *L'Alsace*, Paris, Beauchesne, 1987.

Eugénie Ferry (1850-1920)

Mathilde-Eugénie Risler est née le 11 mai 1850 à Thann (Haut-Rhin), décédée le 26 juillet 1920 à Saint-Dié (Vosges). Elle appartenait à une famille d'industriels alsaciens protestants, elle était la fille de Ferdinand Risler et d'Eugénie Kestner, petite-fille par sa mère de Charles Kestner, représentant du Haut-Rhin à l'Assemblée constituante de 1848. Tous les membres de sa famille étaient opposants à Napoléon III et ardents patriotes qui n'acceptaient pas la perte de l'Alsace en 1870.

Elle s'était consacrée à la peinture et exposait sous le nom de Friseler. Elle quitta l'Alsace après la guerre de 1870. Dès son arrivée à Paris, elle s'est occupée de l'association Alsace-Lorraine, une œuvre d'assistance pour les Alsaciens-Lorrains exilés. Elle a épousé civilement Jules Ferry le 23 octobre 1875 à Paris, avec comme témoins Clemenceau pour elle et Gambetta pour le marié. Après la mort de Jules Ferry, en 1893, elle continua à défendre l'importance de l'éducation féminine. Son militantisme s'est toujours exercé dans un cadre laïque car elle s'était éloignée du protestantisme. Elle a présidé le comité des dames de la Ligue française de l'enseignement de sa création en 1901 jusqu'en 1906, puis de 1909 à 1911. Le comité encourageait les œuvres auxiliaires de l'école en faveur des jeunes filles, et les comités de dames de province distribuaient des subventions, élaboraient des rapports pour la Ligue et ils étaient en relation avec différentes personnalités et diverses associations féminines ou masculines. Pendant la guerre de 1914-1918, elle créa notamment les Dépôts et Éclopés, centre de repos pour les soldats blessés.

Source : Arlette Boulogne *in Dictionnaire des militants, de l'éducation populaire à l'action culturelle*, L'Harmattan, 1996.

Élisabeth Fry (1780-1845)

Anglaise, Élisabeth Gurney est née en 1780, son père était banquier, philanthrope. Mariée à M. Fry, elle a huit enfants quand son intérêt se porte sur le sort des détenues dans les prisons. Quakeresse, elle a organisé des écoles pour les enfants des détenues de Newgate, où ces détenues faisaient elles-mêmes la classe. Son entreprise s'est étendue ensuite à de nombreuses prisons britanniques, puis en France, Allemagne et Russie, grâce au soutien financier de ses frères. Louise Dumas fut la première secrétaire du comité créé à Paris. En France où elle poursuivit son action, elle devint l'amie d'Émilie Mallet, philanthrope, femme de banquier et protestante.

« Ne parlez pas d'elles-mêmes aux prisonnières, ne leur demandez pas leur histoire ; parlez-leur du Sauveur, et de la vie nouvelle qu'elles peuvent mener par sa grâce :

le passé est le passé », rapportait Louise Dumas comme formant l'essentiel des simples préceptes d'Élisabeth Fry.

Les visites aux prisonnières furent autorisées à la suite d'une pétition signée de protestantes (Mmes Cuvier, Matter, Adèle Monod, baronne Mallet, Émilie Mallet et Louise Dumas, auxquelles se joindront en 1841, Mme Henriette André-Walther et la baronne Bartholdi) et adressée au préfet de police Gabriel Delessert, un coreligionnaire, le 15 juin 1839.

Sources : Jean-Noël Luc, « Madame Jules Mallet née Émilie Oberkampf », *in* « Femmes protestantes au XIXe et au XXe siècles », *BSHPF*, tome 146, janvier-février-mars 2000. – Madame de Witt, *Les Femmes dans l'histoire*, Hachette, 1888.

Élisabeth Fuchs (1866-1946)

Décédée le 6 février 1946 dans sa 80e année. Fille d'Edmond Fuchs (1837-1889), géologue, ingénieur des mines, et d'Henriette Ledoux. Sa mère, Henriette Fuchs, chantait et a fait de la musique dans des œuvres protestantes et autres manifestations publiques. Elle a reçu dans ses salons Debussy, Massenet, Gounod... et a créé, en 1880, la société chorale La Concordia. En 1889, elle a présenté cette œuvre au premier Congrès des institutions chrétiennes féminines. Elle a été membre de l'Association protestante pour l'étude pratique des questions sociales (APEQS) en 1890. Elle habitait avec sa fille 45 rue de Courcelles.

Élisabeth Fuchs a renoncé à faire de la musique comme sa mère et a consacré sa vie aux Unions. La musique sera très présente à l'Union de la rue de Naples. Le foyer de la rue de Naples, en 1890, a été créé à partir d'une Union de jeunes filles qui recevait les anciennes catéchumènes de la paroisse du Saint-Esprit qui avaient fait leur première communion. Pour la construction de ce foyer, Élisabeth Fuchs a déployé une intense activité afin de récolter de l'argent auprès de ses proches ou de paroissiens fortunés. En 1910, elle a rencontré Marguerite de Pourtalès qui rassemble autour d'elle des membres de sa famille et ses amies pour constituer le comité de l'Union de jeunes filles de la rue de Naples. Elle a été présidente de l'UCJF de la rue de Naples de 1911 à 1922. Le foyer de la rue de Naples a été inauguré à grand renfort de publicité le 10 mars 1912, il pouvait loger 85 jeunes filles, et il existait aussi une section cadettes, une section de l'Étoile blanche et une section de la Ligue pour le suffrage des femmes. Le foyer comportait en outre, d'importantes annexes, rue Boulard notamment. Il semble que la notoriété de cette Union ait été mal perçue par le groupe de la Seine auquel elle appartenait.

À l'Union de la rue de Naples, Élisabeth Fuchs a créé, en 1912, un groupe informel inspiré du scoutisme masculin. Elle aurait inspiré Violette Mouchon. Elle a été secrétaire générale des éclaireuses de la rue de Naples vers 1916, mais le scoutisme de ces éclaireuses était assez contesté, et elle ne seront intégrées à la FFE que tardivement. Élisabeth Fuchs est partie aux États-Unis dans une école unioniste. Elle a fait une série de conférences sur la femme et la jeune fille françaises. À son retour, elle a parlé à une réunion du groupe de la Seine qui recevait des Américaines à Concordia. Secrétaire générale et administrateur délégué de la rue de Naples de 1922 à 1929. Élisabeth Fuchs était officier de l'Instruction publique, chevalier de la Légion d'honneur. À titre posthume, elle a reçu le prix Marie-Laurent de l'Académie des sciences morales et politiques.

Le foyer de la rue de Naples existe toujours en 2002, et se réclame encore des Unions chrétiennes.

Elle était la cousine germaine de Marguerite Matter qui était au comité de la rue de Naples. Robert Ledoux (1883-1971), ingénieur, commissaire éclaireur totémisé Nœud-de-Chaise, frère, sans alliance, de Marguerite Ledoux-Matter, était son cousin germain.

Sources : Archives de la rue de Naples. – Éric Bungener, *Filiations protestantes*, Éditions familiales, vol. I et II, France, 1997. – *Dictionnaire national des Contemporains*. – *Le Christianisme au XXe siècle*, 27 mars 1919. – *Bottin mondain*, 1904 à 1920. – *Le Christianisme au XXe siècle*.

Louise Garaix (1819-1895)

Née à Dieulefit, décédée à 76 ans à Montmeyran le 4 novembre 1895. Elle a été repasseuse jusqu'à 28 ans et a préparé son brevet de capacité à Annonay. Elle a été institutrice à Montmeyran durant quarante ans. En 1849 dans la Drôme, elle a créé la première Union chrétienne sous le ministère du pasteur Louis Fermaud à Montmeyran, berceau de l'Alliance des UCJF. Elle en fut présidente pendant quarante ans. Elle a reçu la première Conférence des Unions chrétiennes de jeunes filles, le 11 mai 1893 à Montmeyran. Elle était le bras droit du pasteur et a été inhumée dans le caveau des pasteurs.

Sources : « Historique (1744-1934) », *Guide unioniste*, Comité national des UCJF, 1934. – *Le Christianisme au XIXe siècle*, novembre 1895.

Valérie de Gasparin (1813-1894)

Née le 15 septembre 1813 à Valleyres (Suisse), décédée à Valleyres le 16 juin 1894, Valérie Boissier, était la fille d'Edmond Boissier, botaniste suisse renommé et de Lucile Batini. Son grand-père Boissier était médecin. Suisse de naissance, elle a épousé en 1837 Agénor de Gasparin, maître des requêtes au Conseil d'État, puis député de Corse.

À la fois musicienne et douée pour la littérature, elle a, comme son mari, de très fermes convictions évangéliques. Lorsqu'elle a résidé à Paris, elle s'est occupée de plusieurs sociétés religieuses. Les époux se sont fixés en Suisse en 1850. Elle a publié de nombreux livres sur les questions morales et religieuses qu'elle ne signe à peu près jamais de son nom. En 1859, elle a reçu une lettre d'Henry Dunant qui a assisté à la bataille de Solférino où la situation des blessés était horrible. Elle a écrit au *Journal de Genève* pour alerter ses concitoyens. Elle a invité Henry Dunant à former sur place un comité, à Castiglione ou à Brescia, pour qu'on sache à qui envoyer les dons en espèces ou en nature. Avec son mari, elle s'est associée à l'action du Comité pour les blessés formé par la Société évangélique et présidé par Adrien Naville, son cousin. De ce Comité devait sortir la Croix-Rouge. C'est dans ce contexte que Valérie de Gasparin a créé une des écoles laïques d'infirmières – si ce n'est la première – à Lausanne. Les Gasparin assurent entièrement la charge financière de cette école. Ils veulent que les élèves formées soient pénétrées d'un esprit évangélique, tout en se distinguant par leur laïcité, leur indépendance financière et personnelle : les gardes-malades peuvent se marier et exiger un salaire. Les Gasparin ont mis en pratique les principes qu'ils énonçaient quelques années auparavant dans des articles incendiaires concernant l'institution des diaconesses à Paris ou les diaconesses vaudoises. Des pasteurs se succéderont à la tête de l'école de La Source jusqu'en 1891 où un médecin assurera la direction. Valérie a légué à La Source la somme de 80 000 F.

Sources : André Encrevé *in Dictionnaire du monde religieux dans la France contemporaine*, tome V, André Encrevé, *Les Protestants*, Éd. Beauchesne, 1993. – « Histoire de La Source, plus d'un siècle d'expérience », < http://www.lasource.ch >.

Janine Grière (1927-1993)

Née Janine Terlutte le 23 novembre 1927 à Arras (Somme), elle est décédée le 14 novembre 1993 à Paris. Sa sœur jumelle deviendra Rolande Dupont. Sa mère, sans profession, était protestante. Son père, inspecteur des Domaines à la préfecture d'Arras, se convertit au protestantisme lorsqu'elle était adolescente. Résistant, il a été arrêté et déporté, sa nomination de commissaire de la République était prévue, mais il est mort à la veille de la capitulation de l'Allemagne. Elle ne peut, de ce fait, faire des études de droit et devient institutrice de 1946 à 1950 pour subvenir aux besoins de sa famille. Elle a été sensibilisée à l'action sociale en participant à l'œuvre du pasteur Henri Nick. Elle se marie en 1947 et doit renoncer à travailler pour élever ses enfants.

En 1953, elle a participé au Mouvement jeunes femmes (MJF) et devint rapidement responsable bénévole du groupe local de Rouen, puis de la région et enfin du bureau en 1957 et de l'équipe centrale en 1959. Elle a entrepris alors des études de psychologie sociale, parallèlement à son engagement dans le mouvement. Elle a été secrétaire générale de Jeunes femmes de 1965 à 1972 et a obtenu le diplôme d'état de conseiller d'éducation populaire (DECEP) en 1970, puis le diplôme supérieur de travail social (DSTS) en 1985. C'est sous sa responsabilité que le Mouvement jeunes femmes orientera ses priorités d'action vers l'éducation permanente.

Elle a été ensuite responsable du service formation du GREP jusqu'en 1974. Formateur d'adultes au CNAM de 1975 à 1980, elle a mis au point un enseignement original et approfondit sa réflexion pédagogique auprès d'Henri Desroches. Conseillère technique à la direction de l'Action sociale (sous-direction des professions sociales et du travail social). De là elle établit des relations entre les écoles de service social et les universités. Après quelque temps passé à l'INFREP, elle a participé à créer, dans le cadre de l'université Paris-III à partir de 1980, le réseau des hautes études des pratiques sociales. Avec Henri Desroches, elle a mis au point le diplôme des hautes études en pratiques sociales (DHEPS) dans le cadre du collège coopératif. Elle implante le nouveau diplôme dans l'université Paris-III.

Source : SHPF et archives privées.

Marguerite Gruny (1903-1993)

Née 9 juillet 1903 à Paris, décédée le 26 mars 1993. Son père était bibliothécaire à la Bibliothèque nationale et protestant pratiquant, sa mère était la belle-sœur d'Eugène Morel qui fut un des promoteurs de la Lecture publique. Elle s'est formée à l'école américaine de bibliothécaires de la rue de l'Élysée. Eugène Morel l'a initiée à la lecture publique et l'a présentée à Mrs Griffiths, présidente de la Book Ccommette on Children's Libraries qui offre l'Heure joyeuse à la ville de Paris, en 1923. Après avoir enseigné le français pendant un an à Londres, Marguerite Gruny a été recrutée par Claire Huchet. Lorsque celle-ci est partie pour les États-Unis en 1929, elle lui a confié la direction de l'Heure joyeuse, direction qu'elle assurera jusqu'à son départ à la retraite en 1968. Pour l'équipe de l'Heure joyeuse, il s'agit d'épanouir les enfants et de leur apprendre à se renseigner. Chaque livre était soigneusement analysé avant d'être proposé au jeune lecteur. En outre, le jeune lecteur était initié aux méthodes du traitement du livre.

On a fait souvent appel à elle pour la création de sections enfantines. En 1951, Julien Cain, directeur des bibliothèques de France lui a confié l'organisation et la direction de l'option jeunesse du certificat d'aptitude aux fonctions de bibliothécaire, qui a été créé par le ministère de l'Éducation nationale. Par ailleurs, au sein de l'Heure joyeuse, elle a développé avec Claire Huchet, un type d'animation nouveau en France : l'heure du conte. Elle a réuni ses expériences de conteuse dans l'*ABC de l'apprenti conteur.*

Une de ses premières stagiaires, Geneviève Patte, créatrice de La Joie par les livres, souligne l'authenticité de cette pionnière pour qui l'enfant doit être traité comme une personne, ce qui n'était pas toujours le cas dans les années vingt.

Mathilde Leriche et Marguerite Gruny ont joué, à travers la création de l'Heure joyeuse, un rôle important dans la renaissance de l'édition pour la jeunesse des années trente.

Marguerite Gruny n'était pas pratiquante mais avait demandé qu'un pasteur soit présent à ses obsèques.

Source : Claire Guinchat *in Dictionnaire des militants, de l'éducation populaire à l'action culturelle*, L'Harmattan, 1996.

Anna Hamilton (1864-1935)

Née le 11 mai 1864 à Fiesole en Italie, décédée à Bordeaux le 19 octobre 1935. Sa mère était une Française, Zulma Pilatte, sœur du pasteur Léon Pilatte, membre de l'Association protestante pour l'étude pratique des questions sociales (APEQS) depuis 1890. Son père était issu d'une riche famille aristocratique anglaise, Frédéric Hamilton. Anna a trois sœurs. La famille a vécu des rentes des Hamilton jusqu'à ce qu'elle se trouve ruinée à la suite de mauvais placements.

Elle a interrompu ses études avec des préceptrices quand elle avait 12 ans. Elle accomplit des tâches domestiques dans sa famille. Elle a lu *Notes on Nursing* de Florence Nightingale, lecture qui la marque beaucoup. À 21 ans, elle est devenue dame de compagnie d'une amie genevoise de sa mère, Mlle de Marcillac, qui lui a fait reprendre ses études. En 1890, elle a passé l'équivalent du baccalauréat et est devenue la première étudiante de la faculté de médecine de Marseille. Elle a dû interrompre ses études faute d'argent. Elle les a recommencées et a soutenu une thèse de médecine à l'université de Montpellier en 1899 qui a été publiée sous le titre : *Considérations sur les infirmières des hôpitaux*, première enquête sur le personnel soignant des hôpitaux. En 1904, elle a été membre assesseur de l'APEQS. À cette date, elle a écrit dans *Le Journal de la jeune fille* sur l'hygiène et a présenté son école de gardes-malades. Elle a été présente à la Conférence nationale des UCJF en 1904. En 1909, l'école hospitalière était affiliée au Conseil national des femmes françaises et elle en était la déléguée.

Elle a pris la direction d'une institution : la maison de santé protestante de Bordeaux qu'elle a réformée selon les principes des hôpitaux-écoles fondés par Florence Nightingale. Elle a essayé, sans succès, de fonder une profession de soignantes qui adapte les savoirs féminins à la gestion et à la direction d'un hôpital. Elle a créé une association professionnelle et une revue professionnelle *La Garde-malade hospitalière* qui paraît de 1906 à 1914. Le personnel qu'elle a formé va à domicile donner des principes d'hygiène aux familles. Ses élèves, une fois diplômées, enseignent aux jeunes filles des principes d'hygiène et de soins de secours, dans les écoles privées et publiques de Bordeaux. Elles ont participé à la laïcisation des hôpitaux dans certaines villes de France (Le Havre, Elbeuf, Brest, etc.). Ce sont ses élèves qui en assuraient la direction et la gestion. Parmi ses élèves, il y eut entre 1912 et 1914, Éva Durrleman, Alice Bianquis, Thérèse Matter et Marcelle Monod.

Mme G. Avril de Sainte-Croix qui a servi de lien entre les secrétaires des unions américaines et les unions françaises pour obtenir des crédits durant la guerre, c'est ainsi qu'elle a obtenu des crédits pour la création d'un foyer et d'une pouponnière pour la maison de santé protestante. Anna Hamilton a participé à de nombreux congrès. Elle a été déléguée pour la France de l'International Council of Nurses jusqu'en 1923. Étant très malade elle ne peut se rendre aux réunions. Léonie Chaptal, qui a des conceptions très différentes, lui a succédé en 1924. Anna Hamilton a consacré les dernières années de sa vie à agrandir et à améliorer la maison de santé protestante de Bordeaux. Ses réalisations sont connues aux États-Unis. Aussi, quand Anne Morgan est arrivée en France c'est à elle qu'elle s'est adressée pour avoir des collaboratrices. Marguerite Cornet-Auquier lui a succédé en 1934.

Sources : Évelyne Diebolt, *La Maison de santé protestante de Bordeaux (1863-1934), vers une conception novatrice des soins et de l'hôpital*, Érès 1990. – *Le Christianisme au XXe siècle*, octobre 1935.

Claire Huchet (1898-1993)

Née le 30 décembre 1898, décédée 11 mars 1993 à Paris. Issue de parents français d'origine bretonne, épris de contes celtiques. Son père, pasteur, était un pionnier de l'action sociale internationale. Tandis qu'elle prépare une licence d'anglais, Claire est traductrice et secrétaire de Mrs Griffiths, présidente du Book Committe on Children's Libraries, désirant offrir à la ville de Paris sa première bibliothèque pour enfants, en 1923. Pour en prendre la direction, elle a obtenu le diplôme de l'université de Londres, section bibliothèques et a fait un stage à la bibliothèque pour enfants de Croydon. L'Heure joyeuse a ouvert en 1924 dans le quartier latin, avec le concours de deux autres jeunes bibliothécaires : Marguerite Gruny qui lui succédera en 1929 et Mathilde Leriche.

Le fonctionnement de ce lieu de culture et de recherche d'un type nouveau, offert aux garçons et aux filles, était inspiré des bibliothèques américaines, mais Claire Huchet a fait participer les enfants à la bonne marche de l'organisation selon les méthodes de l'Éducation nouvelle. Diverses animations ont été expérimentées : expositions, théâtre, fêtes, mais surtout l' « heure du conte » pour laquelle Claire Huchet possède un don particulier. La bibliothèque est devenue aussi un lieu de rencontre pour les auteurs, les illustrateurs et éditeurs de livres pour la jeunesse. En 1929, laissant la bibliothèque en plein essor, elle a épousé un pianiste américain Frank Bishop et le couple s'est installé aux États-Unis. Après avoir travaillé un certain temps dans une bibliothèque pour enfants à New-York, elle a abandonné la profession et a écrit des livres pour la jeunesse, plus de vingt-cinq ont été publiés dont cinq traduits en français. Elle avait traduit en anglais l'ouvrage de l'historien Jules Isaac « Jésus et Israël ».

Après la mort de son mari en 1944, et à la fin de la guerre, elle a consacré toute sa vie de catholique convertie à la lutte contre l'antisémitisme. Son rayonnement était tel, qu'à sa mort, l'association Amitié judéo-chrétienne, dont elle a été présidente de 1976 à 1981, a consacré un numéro de sa revue *Sens* (7/8, 1993) à sa mémoire.

Source : Renée Lemaître *in Dictionnaire des militants, de l'éducation populaire à l'action culturelle*, L'Harmattan, 1996.

Simone Iff (1924)

Née Simone Balfet le 4 septembre 1924 à Vabre (Tarn). Son père était pasteur, sa mère normalienne. Élevée dans une éthique protestante ouverte à autrui, sa vie était vouée à un militantisme sans concession. De 1951 à 1965, elle a animé un foyer de détenus en liberté conditionnelle, devenu en 1955 un foyer de semi-liberté pour adolescents, dirigé par son mari Werner Iff. De 1958 à 1966, elle a été responsable du Mouvement jeunes femmes (MJF). À partir de 1963 elle a été au Mouvement français pour le planning familial (MFPF). En 1965, elle a représenté le Planning aux Semaines de la pensée marxiste consacrées aux « Femmes dans la nation ». Elle est devenue secrétaire générale de la région parisienne de 1970 à 1973. Après le départ du professeur Wolff, Simone Iff était présidente du MFPF (1973-1980). Entre temps, elle a entrepris des études de psychologie à la Sorbonne. Dès 1971 elle a participé aux commissions de travail sur l'élaboration des textes d'application des lois sur la contraception, puis sur l'interruption volontaire de grossesse, et en 1972, à l'INRP, aux travaux concernant l'information sexuelle en milieu scolaire. De 1974 à 1981, elle a représenté le MFPF au Conseil supérieur de l'information sexuelle, de la régulation des naissances et de l'éducation familiale. Elle a été cofondatrice avec Jeannette Laot et M. Antoine du Mouvement pour la libération de l'avortement et de la contraception (MLAC). De 1975 à 1981, elle a animé un collectif de défense des femmes prostituées et a organisé la marche du 6 octobre 1979 pour la liberté de l'avortement et de la contraception.

Simone Iff est devenue membre du cabinet d'Yvette Roudy, ministre aux Droits des femmes (1980-1983) et conseillère technique en 1983 sur les questions de santé, sexualité, viol, violences et prostitution. Depuis 1984, Simone Iff était membre du Conseil économique et social (section affaires sociales) et a participé à l'animation, depuis 1986, d'un collectif féministe contre le viol.

Sources : Jean Gondonneau *in Dictionnaire des militants, de l'éducation populaire à l'action culturelle*, L'Harmattan, 1996. – *Contraception, avortement : le droit des femmes*, Édition Tierce, 1979. – *D'une révolte à la lutte, 25 ans d'histoire du Planning familial*, Édition Tierce, 1982. – Sylvie Chaperon, *Les Années Beauvoir*, Fayard, 2000.

Jeanne de Joannis (1877-1961)

Née le 7 août 1877 à Bilbao, décédée dans sa 84e année le 28 mai 1961 à Montrouge. Elle était la fille du marquis Léon de Joannis, directeur de l'usine de Dietrich à Mouterhouse, et d'Octavie de Dietrich ; elle était donc la cousine germaine de Suzanne de Dietrich.

Elle a obtenu le brevet élémentaire et a acquis, en voyageant, la langue anglaise et la langue allemande. En 1903, elle a obtenu le diplôme supérieur de la Croix-Rouge. Elle est entrée à l'école professionnelle d'assistance aux malades et a fait deux ans de scolarité. Elle loge au foyer des Unions chrétiennes de la rue de Naples où elle a été admise en 1912. Elle deviendra, en 1913, directrice de l'école de l'Association pour le développement de l'assistance aux malades (ADAM), sous la présidence de Gabrielle Alphen-Salvador. Elle a continué à se perfectionner en visitant les hôpitaux de Londres, Zurich, Casablanca, Berlin et Lausanne. Jeanne de Joannis rendit de grands services durant la guerre. En 1914, elle a pris la direction d'un hôpital militaire à Gerardmer, et en 1915 elle a rejoint l'armée d'Orient avec sa sœur et une amie. Elle y est restée jusqu'en 1918. Sa sœur a épousé le général Sarrail à Salonique.

À la fin de la guerre, elle a repris son poste rue Amyot. Grâce à l'aide américaine d'Anne Morgan et d'Anne Murray-Dick, philanthrope qui a impulsé de nombreuses associations culturelles, surtout dans l'Aisne, l'école était choisie parmi d'autres pour devenir une école pilote. Elle a suivi alors des cours de *nursing* aux USA. Elle a été au conseil de perfectionnement de l'EPSS en 1922. L'école de Montrouge fut inaugurée en 1932. Sous la présidence de Léonie Chaptal elle fut secrétaire de l'Association nationale des infirmières diplômées d'État (ANIDEF) de 1923 à 1936, puis présidente jusqu'en 1948.

Elle a participé à des congrès internationaux et des réunions d'infirmières au Danemark, en Finlande, au Canada, en Italie. Médaille Florence-Nightingale en 1949, chevalier de la Légion d'honneur, Croix de guerre avec palmes, chevalier de la Santé publique.

Ses obsèques ont eu lieu à l'Oratoire.

Sources : Évelyne Diebolt, *Les Associations face aux institutions, les femmes dans l'action sanitaire, sociale et culturelle (1900-1965)*, thèse pour le doctorat d'État, université de Jussieu, 1993. – Brigitte Bouquet, « Jeanne de Joannis », *Vie sociale*, n° 3-4, 1993.

Claire Jullien (1897-1986)

Née le 16 août 1897, décédée le 28 mars 1986. Petite-fille de pasteur, fille du général de division Louis Jullien, Claire Jullien appartenait à une famille protestante de six enfants. (Décès annoncé par les familles Baccuet et Seignobos.) Études supérieures d'histoire à Montpellier, de géographie à Grenoble. En 1914, elle a rejoint le groupe lycéen de la Fédération des étudiants protestants (Fédé). En 1920, elle a succédé à Suzanne Bidgrain comme secrétaire générale de la Fédé, fonction qu'elle a exercée jusqu'en 1939 où Jeanne Lebrun lui a succédé. En 1928, congé sabbatique en Angleterre. En 1929, elle a été vice-présidente du Conseil européen de la Fédération universelle des étudiants chrétiens. En 1932, elle s'est consacrée à Paris au Foyer international des jeunes filles. À la Fédé, elle s'est occupée plus particulièrement de la Fédé lycéenne. Elle est devenue responsable du foyer de la Roche-Dieu à Bièvres, inauguré le 7 juin 1936.

Durant la guerre, elle a été déléguée au centre de Charmeuse, puis fin 1940, elle a été directrice du foyer de la rue d'Anjou pour veiller sur les biens des résidentes anglaises. À partir de 1942, membre de la commission exécutive de la Fédé. En 1942, secrétaire générale du Conseil protestant de la jeunesse (CPJ) où elle a été responsable du centre de documentation. Sous l'impulsion de Jean Bosc et d'Henri Bruston, le centre de documentation est devenu le Centre protestant d'études et de documentation (CPED), qui sera officiellement reconnu en novembre 1947.

Aux UCJF en 1946, elle a collaboré avec le mouvement naissant Jeunes femmes hébergé dans les mêmes locaux de la rue des Saints-Pères. Jusqu'en 1959, Claire Jullien s'est consacrée au développement du CPED, Marie-Louise Fabre lui a succédé. Claire Jullien retourne alors au foyer international comme directrice. Elle a pris sa retraite en 1966 et a travaillé bénévolement au CPED.

Source : Geneviève Poujol et Madeleine Romer, *Dictionnaire des militants, de l'éducation populaire à l'action culturelle*, L'Harmattan, 1996.

Pauline Kergomard (1838-1925)

Pauline Reclus est née à Bordeaux le 24 avril 1838, décédée le 13 février 1925 à Lyon. Son père Jean Reclus, inspecteur des écoles de la Gironde, était l'oncle des géographes Élisée Reclus et Onésime Reclus. Sa mère, Pauline, née à Bordeaux, tint une librairie pendant quelques années. Ses parents, tous deux protestants, eurent sept enfants, dont elle était la plus jeune. En 1851-1852, elle a fait un séjour chez son oncle Jacques Reclus, pasteur à Orthez, dont la femme, Zéline, a ouvert d'abord une école puis une pension de jeunes filles. Ce séjour a fait une forte impression sur l'enfant, qui observe les leçons qui sont données dans « cette école sans programme ».

Puis, Pauline Kergomard est entrée dans une institution privée laïque, qui devint le cours normal d'institutrices de la Gironde. Dès sa sortie de l'école, elle a exercé comme institutrice privée et a donné des leçons dans des familles protestantes. C'est là qu'elle a rencontré le pasteur Charles Pellissier, venu du catholicisme et du barreau, qu'elle considérera comme son père spirituel. Elle est montée à Paris en 1861, accueillie par sa sœur Suzanne. C'est chez ses cousins Reclus qu'elle a rencontré son futur mari : Jules Kergomard, originaire de Morlaix. Leur premier fils est mort à un an, deux autres survivront. La famille a connu quelques difficultés matérielles, Jules, son mari restant plutôt inactif. Elle a essayé alors de vivre de sa plume.

Elle a collaboré au *Dictionnaire de pédagogie* de Ferdinand Buisson, puis a publié quelques biographies pour la librairie Hachette. C'est à cette période qu'elle a rencontré Caroline de Barrau, qui s'investit beaucoup dans des œuvres philanthropiques et sociales.

En 1879, Pauline Kergomard a ouvert le cours Kergomardet Mérel. En même temps, sur les conseils de Ferdinand Buisson, elle a passé, à quarante ans, l'examen d'aptitude à la direction, puis à l'inspection des salles d'asile. Le 1er mai 1879, elle a été nommée déléguée à l'inspection générale des salles d'asile par Jules Ferry.

Son action s'exerce sur la presse pédagogique, et surtout dans L'*Ami de l'enfance*, elle en tire les deux volumes de *L'Éducation maternelle dans l'école* où elle expose sa doctrine pédagogique (publiés en 1886 et 1895).

Elle a été élue au Conseil supérieur de l'Instruction publique en 1886 et réélue en 1888, c'est la première femme qui est entrée dans cette institution. Avec Caroline de Barrau, elle a créé l'œuvre de sauvetage de l'enfance, présidée par Jules Simon.

Pauline Kergomard était depuis longtemps féministe, bien qu'ayant parfois tenu ses distances par rapport aux féministes de la première heure. Et, lorsque des femmes comme Julie Siegfried, Sarah Monod, Mme G. Avril de Sainte-Croix, etc. fondèrent le Conseil national des femmes françaises, elle y adhéra d'enthousiasme et en fut une collaboratrice active. En 1892, elle a écrit dans le journal *La Femme* sur l'Union française pour le sauvetage de l'enfance dont elle a été vice-présidente.

En 1898, elle a créé une université populaire dans le 14e arr. mais elle a montré des réticences quand l'UP chercha à se rapprocher du socialisme. Elle a fait partie, en 1899, du comité d'organisation qui a préparé le Congrès des institutions chrétiennes féminines qui devait avoir lieu en juin 1900. Elle a été présente au Congrès international de la condition et des droits de la femme en 1900. En 1905, elle remplaça Gabrielle Alphen-Salvador à la présidence de la section éducation du Conseil national des femmes françaises et revendiqua la coéducation.

Ses fils ont épousé deux filles de Jules Steeg. « Indépendante avec éclat » disait-on d'elle dans les notations à l'école normale. Elle a innové dans le domaine de la pédagogie, elle s'est imposée dans des lieux politiques et intellectuels avec une assurance dont elle ne s'est pas départie.

Sources : Françoise Tétard, *in Dictionnaire des militants, de l'éducation populaire à l'action culturelle*, L'Harmattan, 1996. – Jean-Noël Luc, *L'Invention du jeune enfant au XIXe siècle, De la salle d'asile à l'école maternelle*, Belin, 1997. – *Bottin mondain* 1904.

Thérèse Klipffel (1920)

Thérèse Jacqueline est née le 8 novembre 1920 à Strasbourg. Elle était la fille de Lucien-Henri-Ernest Klipffel, d'origine catholique, militaire et un des meilleurs spécialistes de l'histoire militaire de l'Est, et d'Alice Jeanne Kiener, de religion protestante. Elle est restée célibataire.

Thérèse a fait ses études secondaires aux lycées de Metz et de Strasbourg. Enfin elle a entrepris des études supérieures de physique et chimie à l'université de Strasbourg puis de Clermont-Ferrand. À la fin de ses études en 1943, elle a été immédiatement engagée comme commissaire à la Fédération française des Éclaireuses (FFE). Elle est revenue à Strasbourg en 1944 et est entrée au service de la Jeunesse et des sports jusqu'au mois d'avril suivant, date à laquelle elle est devenue, de 1944 à 1954, commissaire provinciale de l'Alsace pour les trois branches : petites ailes, éclaireuses, éclaireuses aînées à Strasbourg, pour enfin devenir commissaire nationale pour les petites ailes.

En 1954, elle a commencé des études de théologie à la faculté de Strasbourg et a soutenu un mémoire de maîtrise. Officiellement vicaire, elle a été à la disposition du président de l'Église réformée. Elle a assuré, de 1957 à 1969, la formation des institutrices de l'école normale protestante de Strasbourg, tout en mettant sur pied un Centre de documentation pédagogique. Consacrée pasteur en 1965, elle a été alors nommée secrétaire générale de la commission de l'enseignement religieux, devenue en 1969 commission régionale de la catéchèse des Églises protestantes d'Alsace et de Lorraine. Elle a été membre du conseil synodal de l'Église réformée d'Alsace et de Lorraine de 1977 à 1982. Activité qu'elle a quittée lorsqu'elle a été élue présidente du conseil synodal. Elle a été réélue en 1986 seule femme pasteur par ses pairs. Le 9 octobre 1988, alors qu'elle venait juste de prendre sa retraite, elle a accueilli le pape au temple luthérien Saint-Thomas, lors d'une célébration œcuménique. Elle prononce une prière qu'elle a composée.

Retraitée depuis 1989, Thérèse a continué de participer à des équipes de recherches bibliques, faisant suite au travail de Suzanne de Dietrich. Son cadeau pour sa retraite fut une voiture pleine d'archives de cette dernière. Thérèse en a entrepris le classement dans la tradition de son père et de son grand-père. Elle a travaillé, et travaille encore en 2000, à classer un des fonds d'archives de la FFE, elle a travaillé aux biographies de la cousine de sa grand-mère Marie Jaëll Trautmann et à celle de Suzanne de Dietrich.

Sources : *Encyclopédie de l'Alsace*, Éditions Publiotal, 1982 – *Destins de femmes, 100 portraits de femmes alsaciennes célèbres.* – Gabrielle Cadier-Rey, « 9 octobre 1988 : quand une femme accueillait le pape à Strasbourg », *in* « Femmes protestantes au XIXe et au XXe siècles », *BSHPF*, tome 146, janvier-février-mars 2000.

Gabrielle Julien Koechlin (1860-1935)

Gabrielle-Sophie Koechlin est née 31 octobre 1860 à Mulhouse, elle est décédée en 1935. Elle était la fille d'Auguste-Jacques Koechlin et d'Élise Cuvier, elle a épousé en 1885, Julien Koechlin, ingénieur ECP à la Compagnie des chemins de fer du Nord. Ils ont eu trois enfants.

Elle a été engagée dans la ligue d'origine américaine du Ruban blanc avec Dorina Monod et Jeanne Merle d'Aubigné. Elle en sera vice-présidente en 1909, présidente en 1921, puis présidente d'honneur en 1927. Elle a créé un dispensaire antialcoolique en 1911 et a organisé des cours d'hygiène sociale que donnait le Dr Paul-Maurice Legrain à la Clairière, rue Greneta, œuvre qui dépendait de l'Oratoire et était dirigée par Wilfred Monod et Mme Eugène Guy. Elle a été la fondatrice des Volontaires de service social. L'association était née en 1913 et les premières réalisations dataient de 1914. Cette association avait pour but de « suppléer par un service social rapide et efficace aux lenteurs du Service public ». À plusieurs reprises, elle a présenté cette œuvre dans la revue du *Christianisme social.* En 1928, le service social à l'hôpital Bretonneau assurait des consultations prénatales et s'occupait en priorité des accouchées. Gabrielle a été membre de l'Union pour l'organisation du travail en direction des femmes. En 1916, elle a créé un Comité de défense de la main-d'œuvre féminine de Paris et de la banlieue. En 1919, elle a créé une coopérative ouvrière de production ou Union coopérative pour l'organisation du travail féminin.

Sources : Éric Bungener, *Filiations protestantes*, Éditions familiales, vol. I et II, France, 1997. – *Christianisme social*, n° 7, juillet 1921 et n° 4, juin 1925. – *Le Christianisme au XXe siècle*, 7 mars 1935.

Emma Koechlin-Schwartz (1838-1911)

Emma Schwartz est née le 25 mars 1838 à Mulhouse, elle est décédée le 20 mai 1911 à Paris. Elle avait épousé Alfred Koechlin (1829-1895), manufacturier, commandant des sapeurs pompiers, membre de la commission municipale de Mulhouse durant la guerre de 1870. Membre du conseil général du Nord. Maire du 8e arr. de Paris. Ils ont eu trois enfants Raymond, Florence et Jean-Léonard.

Sous le régime prussien de l'Alsace, Emma a participé à l'œuvre du Sou des chaumières. Ils vivaient à Belfort lorsque son mari fut chassé de Mulhouse pour faits de résistance aux Allemands. Alfred et Emma financent la création d'un lycée. Ils ont vécu séparés à partir de 1878, à Paris. Emma mène une intense activité philanthropique liée à la cause des femmes. Sa position d'épouse de maire de 1879 à 1888 l'a amenée à s'interroger sur les besoins en matière d'enseignement pour les jeunes filles. En 1880, elle est devenue présidente de la Société pour la propagation de l'instruction parmi les femmes, et la même année, le collège Sévigné fut créé avec un don des Koechlin de 100 livres-or. Emma souhaitait réunir les femmes de France et d'Alsace sous une même bannière, dans l'esprit de la Société de secours aux blessés militaires, et voulait y assortir la création de dispensaires et d'hôpitaux-écoles. Elle a donc fondé, en 1881, l'Union des femmes de France et a passé, pour donner l'exemple, son « certificat d'études » de l'UFF en 1883. En 1882, elle avait été nommée par le ministre de la Guerre, membre de la Commission des sociétés des armées de terre et de mer. Elle s'est démarquée des deux institutions d'assistance médicale de femmes, la Société de secours aux blessés militaires et l'Association des dames françaises, auxquelles elle reprochait leur acceptation d'une tutelle masculine et leur manque de professionnalisme. Elle serait ainsi à l'origine de la Croix-Rouge française, née du regroupement des trois associations (UFF, ADF et SSBM). En 1897, elle a été désignée pour faire partie du comité d'admission à l'Exposition universelle de Paris en 1900, dans la section hygiène et matériel sanitaire.

Elle a été honorée à plusieurs titres, en 1883, elle est nommée officier d'Académie par Jules Ferry pour la création du collège Sévigné. Elle a reçu des mains du Sadi Carnot la Légion d'honneur au titre du ministère de la Guerre en 1894, elle a aussi reçu des décorations émanant du tsar de Russie, en 1908, et de l'empereur du Japon, en 1907.

Source : < http://www.koechlin.net >, *Les Koechlin vous parlent*, bulletin n° 25, janvier 1991.

Marguerite Korn (1865-1938)

Marguerite Korn est décédée dans sa 74e année, le 6 septembre 1938. Elle a commencé sa vie professionnelle comme employée des postes à 16 ans. Elle a présidé, de

1900 à 1909 au moins, l'Union de jeunes filles de Pentemont. Elle a cherché les moyens dès 1896, pour permettre à ses collègues de partir en vacances. Grâce aux Siegfried et à d'autres riches protestants, l'association deviendra propriétaire de plusieurs villas. Elle est devenue présidente de l'Association fraternelle des dames employées de la Caisse d'épargne postale en 1900. Elle a été présente, à ce titre au IIe Congrès international des œuvres et institutions chrétiennes féminines en 1900. En 1902, dans *Le Journal de la jeune fille*, elle a présenté l'ouvrage de Turmann *Au sortir de l'école*. Membre du comité exécutif du CNFF à sa création en 1901.

Plus tard, elle deviendra professionnellement surveillante principale aux PTT. Membre du conseil presbytéral de Pentemont. Elle a été secrétaire générale de l'Association des villégiatures du travail féminin (reconnue d'utilité publique en 1905, 11 maisons ouvertes en 1918, présidée par Julie Siegfried jusqu'à sa mort), sise 9 villa Cœur-de-Vey en 1930 (qui deviendra le siège social du *Christianisme au XXe siècle*). En 1909, elle a représenté l'Association fraternelle des dames employées à la Caisse nationale d'épargne au CNFF. Mlle Korn était en 1913 aux côtés du pasteur Paul Doumergue dans le cadre de *Foi et Vie*. Elle a ouvert le secrétariat de service social en 1913. Elle a participé à la création de l'Association des infirmières visiteuses en 1914. Elle donnera des cours portant sur les œuvres d'assistance dans la formation mise en place par l'AIV. Membre de la section des études féminines au Musée social, dès sa fondation en 1916. Elle a pris sa retraite de fonctionnaire en 1918 et a assisté Paul Doumergue dans la création de l'école pratique de service social, membre du conseil d'administration de l'EPSS en 1928. Secrétaire générale du service social de *Foi et Vie* jusqu'en 1928 au moins. Assure l'administration du *Christianisme au XXe siècle* de 1918 à 1938. Officier de la Légion d'honneur.

Sources : *Le Christianisme au XXe siècle*, 8 septembre 1938. – *Foi et Vie*. – *Le Journal de la jeune fille*.

Suzanne Laune (1880- ?)

Est née le 13 mars 1880, fille d'Alfred Laune négociant en vin et de Sophie Brunet. Entre en 1908 à l'école de gardes-malades d'Anna Hamilton et en sort diplômée. Elle a travaillé à l'œuvre de relèvement moral de Bordeaux jusqu'en 1936, puis est devenue la cheftaine générale de Bagatelle (école Florence-Nightingale).

Source : Évelyne Diebolt, *La Maison de santé protestante de Bordeaux (1863-1934), vers une conception novatrice des soins et de l'hôpital*, Érès 1990.

Jeanne Lebrun (1903-1996)

Née en 1903, décédée le 11 mars 1996 à Saint-Cloud. Issue d'une lignée d'enseignants, toutefois son père était horloger dans les Ardennes. Institutrice, elle s'est préparée à entrer à l'école normale d'institutrices de Fontenay-aux-Roses, quand elle a rencontré le pasteur Nick. Membre de la Fédération française des étudiants chrétiens (Fédé), elle se convertit au protestantisme en 1930. En 1932, secrétaire nationale lycéenne de la Fédé, en remplacement de Claire Jullien. Elle a visité des associations de lycéennes de province et redresse l'activité lycéenne. Au congrès de Strasbourg de la Fédé, en 1933, elle a préconisé l'encadrement des groupes lycéennes par des aînées étudiantes. Elle a succédé en 1939 à Claire Jullien au secrétariat national de la Fédé, pour s'occuper des associations d'étudiantes.

En 1939, elle a quitté la Fédé qui n'avait plus les moyens de la payer et est devenue secrétaire nationale de la branche aînée des Unions chrétiennes de jeunes filles (UCJF), elle a été aussi équipière de la Cimade en 1939-1940. Elle a succédé à Geneviève Cramer-Rivière comme secrétaire nationale des UCJF. En 1944, elle a animé un camp du CPJ aux Grangettes. Membre du groupe Charles-Gide en 1945. En 1945, alors qu'elle était secrétaire des aînées, elle eut l'idée de faire appel à des jeunes femmes mariées, pour la plupart issues des UCJF ou de la Fédé, pour conseiller des jeunes filles des UCJF au sortir de la guerre. À la conférence nationale des UCJF, en avril 1946, un appel a été lancé en direction des jeunes femmes issues des mouvements de jeunesse. Ce regroupement suscitera l'intérêt de ces femmes à s'interroger sur leur rôle en tant que femmes, en tant que chrétiennes et en tant que citoyennes, et sera l'amorce du Mouvement jeunes femmes. Son salaire sera, un temps, assuré par les YWCA américaines. Avec Suzette Duflo, qui a été présidente de l'Alliance française de la jeunesse chrétienne féminine, elle animera le mouvement naissant qui fonctionnait de manière peu formalisée et qui se déclarera en association seulement en 1957. Jeanne Lebrun partageait son temps de travail entre Jeunes femmes au niveau national, jusqu'en 1951, et l'équipe régionale de la Drôme, en participant à tout ce qui s'organisait à partir de la maison de Loriol. Elle fera partie de l'équipe centrale du Mouvement jeunes femmes (MJF) jusqu'en 1957.

Auteur de « Mouvement de jeunesse et jeunesse d'Église », *in Église et jeunesse*, Je sers, 1943.

Sources : Archives de la SHPF. – Geneviève Poujol et Madeleine Romer, *Dictionnaire des militants, de l'éducation populaire à l'action culturelle*, L'Harmattan, 1996. – Sylvie Chaperon, *Les Années Beauvoir*, Fayard, 2000. – Jacques Poujol, *Protestants dans la France en guerre (1939-1945)*, Les Éditions de Paris, 2000.

Élisa Lemonnier (1805-1865)

Née Élisa Grimailh le 25 mars 1805 à Sorrèze (Tarn), elle est décédée le 5 juin 1865 à Paris. Elle a passé sa jeunesse à Sorrèze où se trouve une école célèbre dirigée par le R.P. Lacordaire et a reçu une éducation protestante. Elle a épousé Charles Lemonnier, qui était alors professeur au cours du R.P. Lacordaire puis devint directeur du contentieux de la Compagnie des chemins de fer du Nord.

Inspirée dans un premier temps par la pensée de Saint-Simon, son engagement pour la cause des femmes lui a fait rencontrer les grandes féministes de l'époque. Elle a collaboré au journal d'Eugénie Niboyet *La Voix des femmes*. En 1836, elle a signé avec son amie Flora Tristan une pétition collective contre la peine de mort. En 1844, c'est chez elle, à Bordeaux, que meurt Flora Tristan. En 1845, elle a perdu sa fille et a consacré désormais toute son énergie à la condition féminine. En 1848, elle a été aux côtés de Jeanne Deroin qui a proposé, en 1849, la création d'une Union fraternellement solidaire des associations ouvrières issues de la Révolution de 1848. En 1856, professant que les femmes doivent s'aider elles-mêmes pour que les hommes les prennent au sérieux, elle a créé une Société de protection maternelle qui envoie les jeunes filles apprendre la couture dans un établissement situé en Allemagne. En 1862, elle a ouvert rue de la Perle, dans le Marais à Paris, le premier cours d'enseignement professionnel féminin : la Société pour l'enseignement professionnel des femmes. Ce cours a connu une extension rapide et a essaimé, la ville de Paris s'en est inspirée pour ouvrir d'autres écoles. Bon marché et laïque, il fonctionnait en externat. On y a donné, en dehors d'un enseignement général, des enseignements spécialisés en couture, gravure, commerce... L'école préparait au brevet élémentaire et au brevet supérieur et s'efforçait de trouver des emplois aux élèves. Sa première directrice, Mlle Marchef-Girard, deviendra, en 1880, la première directrice du collège Sévigné.

Sources : Mireille Caveing *in Dictionnaire des militants, de l'éducation populaire à l'action culturelle,* L'Harmattan, 1996. – S. Michaud, *Flora Tristan, Lettres,* Seuil, 1980. – J. Rabaut, *Histoire des féminismes français,* Stock, 1978. – *Dictionnaire des femmes célèbres.*

Marthe Levasseur (1895-1987)

Fille d'un commissaire de police du 5e arr. Études primaires, catholique qui devint sillonniste à l'âge de 14 ans, elle fréquenta l'association Chez nous, rue Mouffetard à Paris, qui deviendra La Maison pour tous. Elle fera partie du groupe de responsables de Cathe Descroix dans lequel elle va militer avec ses deux sœurs comme « volontaire ». En 1910, elle a 15 ans, Cathe Descroix, lui confie la direction d'une colonie de vacances. Couturière en chambre, elle travaille bénévolement à mi-temps à l'association Chez nous.

Elle a créé la première meute de louveteaux EDF, en 1919, au sein de Chez nous. Totémisée Mère-Louve elle a participé à la première rencontre des responsables louveteaux EDF en 1920. Cette année-là, à la suite d'un conflit avec Cathe Descroix, Chez nous devient La Maison pour tous. André Lefèvre qui était catholique et Marguerite Walther qui était protestante ont fait avec elle le choix de la neutralité religieuse pour animer cette institution originale. André Lefèvre et Marguerite Walther étant pris par le scoutisme, toute la charge matérielle de La Maison pour tous reposait sur elle. Ses revenus dépendaient des circonstances. Pendant douze ans elle a touché une bourse des USA que le recteur Charlety lui avait obtenue. Elle devint commissaire nationale adjointe des louveteaux EDF, puis membre du comité directeur des EDF. En 1937, elle a participé à la création des CEMEA (Centres d'entraînement aux méthodes d'éducation active) avec André Lefèvre et Gisèle de Failly. Pendant la guerre elle a été payée par les Éclaireurs de France pour s'occuper de la zone nord avec Ronald Seydoux, Pierre Dejean et Pierre Kergomard. Par la suite, elle a été prise en charge avec sa sœur Marguerite par la Caisse d'allocations familiales. Entre 1942 et 1944, elle a apporté son concours à tous les stages de directeurs des CEMEA qui se tiennent à Soucy, près de Paris.

Durant la guerre, l'action sociale sur le quartier est particulièrement développée. Marthe Levasseur a pris la direction de La Mouffe en 1946, après la mort d'André Lefèvre. En 1948, une nouvelle direction dans le cadre de la Fédération française des maisons des jeunes et de la culture (FFMJC) va la reléguer à une place seconde. L'action culturelle a pris le pas sur l'action sociale. Elle a reçu la rosette de la Légion d'honneur des mains de François Bloch-Lainé au titre du ministère de la Culture. Elle s'était consacrée à cette œuvre durant 60 ans.

Source : Geneviève Poujol *in Dictionnaire des militants, de l'éducation populaire à l'action culturelle*, L'Harmattan, 1996.

Jeanne Liotard (1889-1965)

Décédée le 6 avril 1965 à Paris à 75 ans. Probablement la fille d'Étienne Liotard, pasteur de l'Église réformée à Orpierre (Hautes-Alpes). Quand il meurt, le 20 juillet 1905 à Freissinnières dans sa 77e année, il est fait allusion à Mlle Liotard fondatrice de l'UCJF de Mérindol. Sa fille a présidé une UC à Pallons-de-Freissinières de 1899 à 1903 et a épousé en 1929 le missionnaire Émile Vincent, ce qui l'amène à quitter la place qu'elle occupait à la commission exécutive des UCJF.

En 1912 et 1913, Jeanne est partie à New York pour suivre l'école des secrétaires des YWCA. Avec sa sœur Edmée Liotard elles œuvraient en 1915 pour les unions et les blessés. Jeanne Liotard est secrétaire générale adjointe des UCJF en 1918, « voyageuse » en 1919 avec Jeanne Bertsch et Soline de Richemond, « secrétaire voyageuse » avec Soline de Richemond de 1920 à 1938.

Elle a présidé la commission des œuvres sociales des UCJF. Secrétaire générale des UCJF de 1929 à 1935. Au printemps 1932, avec Mlle Bénézech elle a fait une enquête en Afrique du Nord. Membre de la commission exécutive des UCJF dans les années trente. Elle a aidé les pasteurs des paroisses de Montmartre, Bourg (Ain) et de Sanary (Var). Elle était atteinte de cécité et de surdité.

Sources : *Le Journal de la jeune fille*. – *Le Christianisme au XXe siècle*, 29 avril et 6 mai 1965.

Simée Lorriaux (1845-1924)

Née Simée Poulain à Bertry (Nord), décédée en juin 1924 dans sa 79e année. Son mari, Théophile Lorriaux (1835-1910), a été agent général de la Société évangélique de France jusqu'en 1884. En 1880, il avait fait une tournée de conférences aux États-Unis et a eu connaissance des œuvres de vacances de Parsons. À l'automne, il a entendu parler de l'œuvre des colonies de vacances du pasteur Wilhem Bion de Zurich. L'œuvre des Trois Semaines a été la première initiative française de placement d'enfants. L'œuvre s'est développée et a ouvert la voie à d'autres initiatives, notamment celle de Mme Élise de Pressensé : l'Œuvre de la rue des Fourneaux (située rue des Fourneaux), qui devint la branche colonies de vacances de l'Œuvre de la chaussée du Maine. Adhérent à l'Association protestante pour l'étude pratique des questions sociales (APEQS) en 1890. En 1904, l'œuvre des Trois Semaines avait envoyé près de 2 000 enfants en vacances et possédait trois maisons.

Simée a été quarante-trois ans présidente de l'œuvre des Trois Semaines qu'elle avait créée avec son mari. En 1889, elle a présenté son œuvre au premier Congrès des institutions chrétiennes féminines. Cette œuvre sera présentée aux lectrices du *Journal de la jeune fille* par Jeanne Sequestra, en mai 1895. Simée a été Secrétaire du comité de patronage de l'orphelinat évangélique des Batignolles, en 1893. En 1900, les Unions de Paris se réunissent à l'Oratoire sous sa présidence.

Son fils Robert Lorriaux continuera l'œuvre de ses parents.

Sources : *Le Journal de la jeune fille*. – *Bottin mondain* 1904.

Émilie Mallet (1794-1856)

Émilie Oberkampf est née le 29 mai 1794 à Jouy-en-Josas, décédée à Cauterets le 11 septembre 1856. Émilie était la fille de Christophe Oberkampf, qui a épousé en secondes noces Anne-Michelle Massieu. Son père était le fondateur de l'industrie des toiles peintes de Jouy. Elle a épousé en 1812 le baron Jules Mallet, fils du baron Guillaume Mallet, banquier et régent de la banque de France. Elle était la mère d'Henry Mallet et la belle-mère de Gabrielle Mallet.

Touchée par l'expérience du Réveil, Émilie a assisté aux réunions spirituelles privées organisées par certains membres de l'aristocratie et de la haute bourgeoisie évangéliques, qui se rassembleront, en 1830, dans la chapelle Taitbout. En 1825, elle a fondé les premières salles d'asile parisiennes pour les enfants de 2 à 7 ans, avec un comité de dames présidé par la marquise Adélaïde de Pastoret et le catholique social Jean-Denys Cochin, maire du 12e arr. En 1826, elle a travaillé pour la Société de charité maternelle, elle a fondé alors avec Mme Gautier née Delessert, un comité des salles d'asile. Quand les salles d'asile passent sous la tutelle du ministère de l'Instruction publique, elle a fait alors partie de la commission supérieure et de la commission d'examen des maîtres. Elle était l'auteur d'un volume de chants pour salles d'asile, souvent réédité.

En 1832, elle a organisé et a dirigé un hôpital provisoire, avenue de Clichy, pendant la première épidémie de choléra à Paris. En 1835, après avoir vendu ses diamants, elle installe à Jouy-en-Josas une salle d'asile et une école. En 1838 et en 1839, elle a accueilli Élisabeth Fry, et a fondé une association de dames autorisées à assister les détenues de Saint-Lazare. En 1841, en vue de la protection des délinquantes sorties de prison et souhaitant la création de sœurs de charité protestantes, elle aide à la fondation de la maison des diaconesses qu'organise le pasteur Antoine Vermeil. En 1848, elle a créé l'Œuvre des faubourgs qui a organisé des visites et a assisté les pauvres à domicile. Après les journées de février 1848, elle a aidé Mme Lechevallier, l'inspectrice générale des prisons, à convaincre le gouvernement provisoire d'ouvrir des ateliers nationaux de femmes et elle a soutenu l'œuvre du Bon Secours, créée par la républicaine Eugénie Foa pour procurer du travail à des ouvrières au chômage. En 1849, elle a organisé, avec ses propres deniers (et des avances de la banque Mallet), des salles d'asile privées avec la sœur Rosalie, des Filles de Saint-Vincent-de-Paul. Cette même année, elle a ouvert un orphelinat pour recevoir les survivants de l'épidémie de choléra. En 1853, avec les pasteurs Louis Meyer et Louis Vallette, elle a ouvert les écoles Saint-Marcel (salles d'asile et école normale) avec l'appui moral et matériel de la Société pour l'encouragement de l'instruction primaire parmi les protestants. Elle est restée toujours en relation avec la sœur Rosalie, qui a travaillé aussi dans le quartier Saint-Marcel.

Sources : Dossier Mme Jules Mallet à la SHPF. – Daniel Robert *in Dictionnaire du monde reli-*

gieux dans la France contemporaine, tome V, André Encrevé, *Les Protestants,* Éd. Beauchesne, 1993. – Jean-Noël Luc, *L'Invention du jeune enfant au* XIX*e siècle, de la salle d'asile à l'école maternelle*, Belin, 1997. – Jean-Noël Luc, « Madame Jules Mallet née Émilie Oberkampf » *in* « Femmes protestantes au XIXe et au XXe siècles », *BSHPF*, tome 146, janvier-février-mars 2000. – Henriette de Witt-Guizot, *Une belle vie, Mme Jules Mallet, 1794-1856*, Hachette, 1881.

Gabrielle Mallet (1833-1907)

Née le 27 mai 1833, décédée le 19 octobre 1907 à Jouy-en-Josas, à 74 ans. Née Gabrielle André, fille d'Henriette André-Walther et de Jean André. Elle a épousé, en 1852, Henry Mallet, banquier membre du comité de la colonie agricole de Sainte-Foy en 1853. Ils auront quatre enfants.

Gabrielle a été présidente fondatrice de l'Œuvre protestante des enfants en danger moral (Petites familles). Elle s'est occupée de l'œuvre du Refuge dont une Mlle Appia était directrice. Elle a présenté cette œuvre au IIe Congrès des institutions chrétiennes féminines, en 1900. Membre du comité de l'Œuvre protestante des prisons. Vice-présidente, en 1893, du Patronage des détenues et libérées quelle a fondé en 1891 avec Henriette de Witt-Guizot. Mme d'Abbadie d'Arrast a présenté le rapport de cette œuvre en 1893. Gabrielle Mallet s'est occupée aussi de l'Œuvre de Clichy et du comité féminin de la Société des missions.

Sources : Frank Puaux (direction), *Les Œuvres du protestantisme français au* XIX*e siècle*, Exposition universelle de Chicago, 1893. – *Le Christianisme au* XX*e siècle*, 25 octobre 1907.

Caroline Malvesin (1806-1889)

Marie-Françoise-Caroline Malvesin est née le 27 août 1806 à Marseille, elle est décédée aux Diaconesses le 26 août 1889. Elle était la fille d'un négociant. Elle a eu deux sœurs et trois frères. Elle a perdu sa mère à 13 ans. En 1824, elle a été préceptrice dans une famille puis en 1832, elle a aidé sa sœur à diriger un pensionnat de jeunes filles. Cette même sœur devenue Mme Gérard viendra l'assister aux Diaconesses de Reuilly en 1854. Caroline était « dévorée du besoin de se consacrer ». À Bordeaux, elle avait été la paroissienne du pasteur Antoine Vermeil. Ce dernier lui a écrit de Paris où il avait été nommé, pour l'enjoindre de venir créer à Paris une communauté de femmes qui se consacrerait à la charité. Cette idée lui avait été fortement inspirée par Émilie Mallet. Caroline, refusant une proposition de mariage, a vu là l'occasion de se consacrer et est partie accueillir à Reuilly les premières postulantes. Un conseil de direction a été formé. La communauté des sœurs et le comité dirigeront le refuge destiné aux femmes sorties de la prison de Saint-Lazare, ouvert en 1841. 5 diaconesses s'en occupaient, elles seront 18 en 1845 et l'œuvre s'est alors diversifiée. Une infirmerie pour enfants tuberculeux, un foyer éducatif pour jeunes filles de 9 à 13 ans, une école du dimanche, une maison de santé pour femmes à laquelle fut rattachée, plus tard, une école de gardes-malades et une maison pour jeunes filles délinquantes ont été constitués dès 1843. Caroline a fait elle-même des cours sur les devoirs et les fonctions des diaconesses aux élèves gardes-malades dont l'école s'est ouverte en 1854. Elle s'est retirée en 1867 après vingt-six ans d'activité. Sœur Waller lui succéda et Sarah Monod devint directrice laïque.

Sources : Frank Puaux (direction), *Les Œuvres du protestantisme français au XIXe siècle*, Exposition universelle de Chicago, 1893. – Henri Dubief *in Dictionnaire du monde religieux dans la France contemporaine*, tome V, André Encrevé, *Les Protestants*, Éd. Beauchesne, 1993. – Gustave Gagny, *Une page d'histoire protestante, les origines des diaconesses de Reuilly*, 1958. – Gérit Messie, *Les Diaconesses de Reuilly*, Cerf, 1992.

Maria Martin (1839-1910)

Anglaise de naissance, française par mariage. Elle a participé à créer la Solidarité des femmes, le groupe français d'études féministes et l'Adelphie (société d'aide mutuelle de dames). Elle a dirigé le journal *La Citoyenne,* fondé par Hubertine Auclert, de 1888 à 1891. Membre de la loge maçonnique mixte Le Droit humain. Elle a fondé *Le Journal des Femmes,* qui sera publié de 1891 à 1911. Elle écrivait aussi dans *La Fronde*. En 1893, elle fut secrétaire recordeur du Conseil international des femmes.

Sources : Dossier à la bibliothèque Marguerite-Durand. – Rémy Boyau, *Histoire de la Fédération française de l'ordre maçonnique mixte international,* Le Droit Humain, 1976.

Marie Georges Martin (1850-1914)

Irma-Marie-Eugénie Lainé était fille et sœur de soldat, elle avait épousé en premières noces Émile Champion qui, tombé malade, fut soigné par le Dr Georges Martin qui n'arriva pas à le sauver. Elle a ensuite épousé Georges Martin, fondateur de la loge maçonnique Le Droit humain. Elle a présidé le grand conseil du Droit humain à partir de 1903. Elle fut présidente de la section du suffrage du CNFF en 1909, secrétaire du comité de dames de l'œuvre des prisons en 1925.

Source : Rémy Boyau, *Histoire de la Fédération française de l'ordre maçonnique mixte international,* Le Droit Humain, 1976.

Marguerite Matter (1869-1962)

Décédée le 14 septembre 1962 à 93 ans. Marguerite Ledoux fille de Charles Ledoux, ingénieur en chef des mines, et de Louise Levat. Elle était la sœur de Robert Ledoux qui fut commissaire éclaireur, totémisé Nœud-de-Chaise. Elle était la nièce d'Henriette Ledoux, donc la cousine germaine d'Élisabeth Fuchs. Elle a épousé en premières noces Louis Couve, neveu de Benjamin Couve, agrégé de lettres maître de conférences de littérature et d'archéologie. Devenue veuve, elle a rencontré au cours des campagnes en faveur de l'œuvre de l'Espoir, qui protège les enfants de l'alcoolisme, Étienne Matter qu'elle a épousé en 1896.

Membre en 1913 du Patronage des détenues, des libérées et pupilles de l'administration pénitentiaire. Membre du comité de l'UCJF de la rue de Naples de 1919 à 1927. Présidente du foyer UCJF de la rue Boulard en 1922. Présidente de la commission des œuvres sociales (COS) des UCJF françaises, qu'ont mises en place Marie Bruneton et

Miss Mary Dixon des YWCA américaines, de 1923 à 1927. La COS a organisé des camps de vacances des directrices de foyers chez Renée de Montmort à Argeronne.

Dans le salon de M. et Mme Étienne Matter, rue de Vaugirard, naquit le Comité français de l'Alliance universelle pour la paix par le moyen des Églises et l'œuvre des Délégués auprès des tribunaux pour enfants. Là aussi, furent engagées les campagnes de la Croix-Bleue dont Étienne Matter fut président presque sans interruption entre 1901 et 1927.

Son deuxième mari, Étienne Matter (1859-1934), était luthérien, ingénieur sorti de Centrale. Il a été « converti » par les salutistes. Paroissien de Jean Bianquis à Rouen, il a émigré presque en même temps que lui à Paris en 1897, appelé par l'œuvre de Belleville (jeunes délinquants du pasteur Robin) et à la Croix-Bleue. Étienne Matter a adhéré à l'Association protestante pour l'étude pratique des questions sociales (APEQS) en 1902. Président de la Croix-Bleue en 1901. Secrétaire général du Patronage des prisonniers libérés protestants en 1925, secrétaire général de l'Œuvre de la Guyane pour les forçats protestants. On doit à Étienne Matter la concentration des sièges des Églises et des œuvres protestantes dans la Maison du protestantisme, au 47 rue de Clichy, en 1922.

Paul Matter (1865-1938) était le plus jeune frère d'Étienne Matter. Il fut magistrat, membre de l'Institut, sera membre du comité d'honneur du Service social de l'enfance en danger moral (SSEDM). Il a été aussi très actif à l'école des surintendantes.

Sa belle-sœur, Marguerite Matter (1855-1936), a épousé Robert Fallot, industriel à Tourcoing. Marguerite Fallot-Matter s'est occupée des Amies de la jeune fille dès 1902. Elle a été présidente de l'Union des femmes contre l'alcool, association qu'elle a créée après la guerre de1914, elle a passé la main à Lucie Schlœsing. Membre du conseil d'administration de l'Œuvre des détenues libérées de Saint-Lazare en 1913.

La fille du premier mariage de son mari était Thérèse Matter (1887-1973), une des deux directrices fondatrices de l'école Ambroise-Paré à Lille.

Sources : Archives du foyer de la rue de Naples. – *Témoignages et souvenirs réunis par Jean Cadier, Étienne Matter, (1859-1934)*, Nouvelle Société d'éditions de Toulouse, 1936. – Claude Viguié-Kressman, *Jeunes femmes, au travers de l'histoire de l'Alliance mondiale des Unions chrétiennes féminines*, 1994-1995. – Suzanne Carr, « Mme Fallot-Matter », *La Française*, 7 novembre 1936.

Jeanne Merle d'Aubigné (1889-1975)

Née le 22 octobre 1889, elle est décédée le 27 février 1975. Fille d'Henry Merle d'Aubigné, pasteur à Jumel (1885), Bruxelles (1887), Paris (1892), directeur de la mission Mac All, et d'Émilie Von Gœthem. Elle a habité boulevard des Invalides chez son père. Sa tante était Julia Merle d'Aubigné (1866-1935), qui fut fondatrice de l'Espoir en Suisse en 1893.

Elle a fait des études secondaires au cours Hattemer, et a obtenu un diplôme Croix-Rouge. Elle s'est intéressée à la société de tempérance l'Espoir en 1899. À la conférence du groupe de la Seine des UCJF, en 1907, elle a incité à lutter contre l'alcoolisme. Elle s'est engagée en 1908 dans la ligue américaine du Ruban blanc. Elle a présidé une union au Foyer populaire de la rue Nationale dans le 13e arr. de Paris, en 1912. Après la guerre de 1914, elle a aidé son père qui a créé le foyer de la rue Daunou. Secrétaire adjointe du Comité national des UCJF en 1918.

Elle est partie aux États-Unis grâce à une bourse des UCJF. À son retour elle a préparé l'ècole des surintendantes d'usine, mais n'a pu exercer car elle a dû soigner ses parents. Elle a présenté l'école des surintendantes dans la revue du *Christianisme social* en 1924. En 1927, elle a présenté un plan d'étude sociale sur les femmes et le travail. Jeanne Merle d'Aubigné était secrétaire de 1924 à 1929 du Secours aux mères de famille, œuvre fondée par Mme Félix Vernes. À la demande de Madeleine Barot elle devint équipière Cimade au camp de Gurs fin 1940, puis à Naillat (Creuse) et à Douadie (Indre-et-Loire). Elle fut enfin directrice du refuge pour les internées rescapées des camps de concentration en Allemagne à Bellevue.

Sources : Pierre Bolle, *in Dictionnaire du monde religieux dans la France contemporaine*, tome V, André Encrevé, *Les Protestants*, Éd. Beauchesne, 1993. – Éric Bungener, *Filiations protestantes*, Éditions familiales, vol. I et II, France, 1997. – André Encrevé et Jacques Poujol, *Les Protestants pendant la Seconde Guerre mondiale*, SHPF, 1994. – *Bottin mondain* 1904 à 1920.

Marguerite Mespoulet (1876-1965)

Née en 1876 dans une famille protestante, décédée en 1965 à New York. Première femme reçue à l'agrégation d'anglais, elle fut boursière Albert-Kahn « Autour du monde ». En 1918, elle a rencontré Virginia Crocheron Gildersleeve. Elle fut l'instigatrice de la Société nationale féminine de rapprochement universitaire, ancêtre de l'Association française des femmes diplômées des universités (AFFDU). Elle a gagné à cette cause Marie Bonnet et Mme Marie Octave Monod. En 1926, elle est devenue vice-présidente de la Fédération internationale des femmes diplômées des universités (FIFDU). Elle a enseigné à Barnard Collège et Wellesley. Elle fut professeur au lycée Victor-Hugo en 1929 et, cette même année, membre du comité de l'AFFDU.

Source : Nicole Fouché et Renée Gérard, « Soixante-quinze ans d'histoire de l'AFFDU », *Diplômées*, n° 180, mars 1997.

Blanchette Momméja (1896-1991)

Née à Paris le 27 février 1896, décédée à Paris le 26 avril 1991. Fille de René Momméja, courtier en valeurs mobilières qui a été membre de l'Union chrétienne de Paris à partir de 1889, et de Marie Perey. Elle a fait ses études secondaires au lycée Racine. Elle est entrée aux UCJF en 1920, puis a été secrétaire du groupe de la Seine, de 1922 à 1928. Elle a remplacé Camille Savary à la présidence des Éclaireuses en 1923. Elle a été Secrétaire nationale des UCJF de 1928 à 1938 avec Jeanne Liotard, responsable des aînées. En septembre 1939, elle a reçu des jeunes filles évacuées dans le foyer des UCJF de Saint-Palais. Ensuite elle a dirigé le chalet des Grangettes où elle aidera des maquisards à la fin de la guerre. En 1946 elle a pris la direction de la Roche-Dieu, à Bièvres, à la suite de Claire Jullien, jusqu'en 1964 où Marguerite Mörch lui a succédé.

Source : Pierre Bolle *in Dictionnaire du monde religieux dans la France contemporaine*, tome V, André Encrevé, *Les Protestants*, Éd. Beauchesne, 1993.

Estelle Monod (1863-1914)

Née le 30 août 1863, décédée le 7 décembre 1914. Sœur de Marguerite et de Gabrielle, toutes deux unionistes, et d'Édouard, fille de Gustave Monod et de Charlotte Brown. Gustave Monod (1831-1904) était le fils de Frédéric, Estelle était donc la petite nièce du Dr Gustave Monod, membre du comité de la Mission de Paris qui a pris en charge la construction de l'immeuble du 102 boulevard Arago, en 1885.

En 1892, Estelle a dirigé une association de jeunes filles pour la Mission. En 1895, elle a fondé l'Union pour la prière pour les missions. Membre de l'UCJF de Boulogne. En 1897, Estelle a présenté son Œuvre des jeunes filles pour la Mission aux déléguées UCJF présentes à la Conférence nationale du Creusot. Trésorière en 1898. En 1899 elle s'en occupe avec Marie Bruneton. En 1901, l'association était en relation avec 12 unions de jeunes filles. À son décès, elle a été remplacéepar Mina Viénot à l'Union de Boulogne.

Sources : Deux cents ans, 1793-1993, Descendance en février 1993 de Jean Monod & Louise de Coninck. – Jean-François Zorn, *Le Grand Siècle d'une mission protestante, La Mission de Paris de 1822 à 1914*, Karthala / Les Bergers et les Mages, 1993.

Marcelle Monod (1892-1953)

Née le 24 septembre 1892, décédée le 14 octobre 1953. Fille de Paul Monod et d'Hélène Monod, nièce d'Estelle Monod et de Marguerite qui fut une des secrétaires du Comité national des UCJF en 1901.

Marcelle a fait ses études d'infirmière à la maison de santé protestante de Bordeaux sous la direction d'Anna Hamilton. Elle a été la condisciple en 1912 d'Éva Durrleman, de Thérèse Matter et d'Alice Bianquis. Elle a travaillé en 1920 pour le Comité américain pour les régions dévastées (CARD) et a été à la tête d'un service hospitalier qui emploie 18 infirmières. En 1936, elle est devenue directrice de la maison de santé de Nîmes, poste qu'elle occupe jusqu'en 1947. Elle recueille deux élèves-infirmières juives en 1944, dans la maison de santé. Elles étaient parfois affectées aux interventions chirurgicales clandestines. Elle abrite aussi des enfants juifs avec la complicité du Dr Cabouat.

Sources : Simone Crapuchet, *Bagatelle (1930-1958)*. – André Encrevé et Jacques Poujol, *Les Protestants pendant la Seconde Guerre mondiale*, SHPF, 1994.

Marie Monod (1839-1910)

Marie Vallette est née le 19 février 1839 à Naples, décédée le 30 janvier 1910 à Saint-Denis. Fille aînée du pasteur Louis Vallette et de Pauline Appia, Georges Appia était son oncle. Elle a épousé le pasteur William Monod (1834-1916). Elle était la belle-sœur de Sarah Monod et de Camille Vernes.

Marie Monod a écrit des ouvrages de morale et d'éducation. C'est ainsi qu'elle a écrit un livre sur Florence Nightingale en 1873. Elle a reçu la médaille d'honneur de la Société nationale d'encouragement au bien, pour son livre *La Mission des femmes en temps de guerre,* le 28 mai 1876. Publiciste, elle a écrit dans *Le Christianisme au XIX*e *siècle* en 1898 et dans le *Christianisme social* dans le numéro spécial sur les jeunes filles.

Elle a écrit la biographie de Julie Régia-Jolbert chez Fischbacher et ce livre est recensé dans le journal *La Femme,* en 1892. Elle est présente à la Conférence nationale d'avril 1899 de la branche française de L'Union internationale des Amies de la jeune fille. Elle a présenté dans *Le Journal de la jeune fille* en janvier 1900, l'Institut français des infirmières à domicile. Elle a été présente au IIe Congrès des œuvres et Institutions chrétiennes féminines en 1900. Vice-présidente des UCJF en 1905.

Sa fille, Dorina Monod, a épousé en 1891 le pasteur Wilfred Monod.

Sources : Deux cents ans, 1793-1993, Descendance en février 1993 de Jean Monod & Louise de Coninck. – *Le Christianisme au XIXe siècle*, 23 juin 1876. – *Le Christianisme au XIXe siècle*, 19 mai 1899.

Marie Octave Monod (1876-1961)

Marie Chavanne est née à Lyon le 23 novembre 1876, elle est décédée le 31 décembre 1961. Sa mère était issue d'une grande famille protestante de « soyeux ». Son père, Émile Chavanne, était ingénieur. Elle a épousé le 25 avril 1902 le Dr Octave Monod. Ils auront deux enfants, un fils et une fille, Marie-Laure, qui a épousé Jean-Marcel Jeanneney.

Elle fit ses études dans un cours privé, puis au lycée Edgar-Quinet. Elle entra à la faculté des lettres de Lyon et suivit les cours d'histoire, toujours accompagnée d'un chaperon. Historienne, elle était spécialiste de la comtesse d'Agoult. En 1919, nouvellement installée à Paris elle se joignit à Marie Bonnet et Marguerite Mespoulet et devint cofondatrice du Rassemblement universitaire féminin français, future Association française des femmes diplômées des universités (AFFDU), dont elle devint présidente en 1923, seconde vice-présidente de 1929 à 1932, première vice-présidente de 1932 à 1936. Elle assura jusqu'à la guerre de 1939 la responsabilité du *Bulletin* des diplômées françaises. Elle a représenté l'AFFDU, en 1924, au IIIe Congrès de la FIFDU et assista ensuite à la plupart des congrès internationaux. Parmi ses publications, on remarque en 1939 *Le Lexique analytique des termes universitaires internationaux.* Chevalier de la Légion d'Honneur en 1958.

Sources : Deux cents ans, 1793-1993, Descendance en février 1993 de Jean Monod & Louise de Coninck. – Nicole Fouché, « Des Américaines protestantes à l'origine des "University Women" françaises » *in BSHPF*, janvier-février-mars 2000. – *Femmes diplômées*, n° 62, 2e trimestre 1967. – Nicole Fouché et Renée Gérard, « Soixante-quinze ans d'histoire de l'AFFDU », *Diplômées*, n° 180, mars 1997.

Sarah Monod (1836-1912)

Née le 24 juin 1836, décédée le 13 décembre 1912 à Paris. Fille du pasteur Adolphe Monod, alors professeur à la faculté de Montauban et dont elle a mis au point les œuvres posthumes, et de Hannah Honyman d'origine écossaise. Elle était la cousine germaine du pasteur Charles Babut de Nîmes.

À partir de 1867, à la mort de sa mère, elle a été directrice laïque des Diaconesses de Reuilly. Elle a dirigé aussi la section française de l'Union internationale des Amies de la jeune fille. Pendant la guerre de 1870, elle est partie sur le front comme ambulancière avec deux diaconesses ; les étudiants en théologie servaient de brancardiers, son oncle, le Dr Gustave Monod, a dirigé l'unité mobile. Par la suite, grâce à des fonds qu'elle était allée récolter en Angleterre, elle a continué à aider les populations sinistrées. En 1873, elle a été responsable de la rédaction de *L'Ami de la jeunesse* avec le pasteur Frédéric Arbousse-Bastide. C'est le seul journal protestant illustré pour la jeunesse. En 1879, elle a fondé un journal, *La Femme*, organe des institutions féminines chrétiennes et sociales.

À partir de 1889, le deuxième jeudi du mois de juin, elle a organisé les conférences de Versailles destinées aux femmes responsables d'œuvres sociales ou éducatives. Il en sortira le Conseil national des femmes françaises, dont elle a été à l'origine avec Mme G. Avril de Sainte-Croix. Elle est devenue la présidente du CNFF en 1901, elle a quitté alors ses fonctions aux Diaconesses. Elle restera présidente jusqu'à sa mort, Julie Siegfried lui succédera. En 1905, le CNFF comptait 73 000 adhérentes.

Entre-temps, elle s'est mobilisée avec sa sœur Camille Vernes, l'épouse du pasteur Charles Vernes, pour la création des Unions chrétiennes de jeunes filles (UCJF), en 1892. Sa nièce, Lucile Morin, en deviendra présidente en 1903. En 1900, elle s'est rendue à la Conférence nationale des UCJF (les déléguées ont été reçues par les diaconesses) et y a parlé de la solidarité. Son intervention a été publiée dans *Le Journal de la jeune fille*. Elle a reçu les déléguées au cercle Amicitia. Elle est une des premières femmes à avoir reçu la Légion d'honneur. Ses obsèques ont été célébrées au temple des Batignolles.

Sources : Deux cents ans, 1793-1993, Descendance en février 1993 de Jean Monod & Louise de Coninck. – *Dictionnaire des militants, de l'éducation populaire à l'action culturelle*, L'Harmattan, 1996. – *Le Journal de la jeune fille*.

Renée de Montmort (1881-1960)

Renée Loppin de Montmort est née le 2 août 1881 à Paris, décédée le 30 novembre 1960 au hameau de la Haye-Malherbe près du village d'Argeronne (Eure). Elle était la fille d'un noble français protestant qui avait fait fortune en Afrique du Sud et d'une mère suédoise. Sa mère était propriétaire d'un beau château à Argeronne, en Normandie, où une vaste bibliothèque permit à Renée de Montmort de se cultiver en dehors des diplômes universitaires. Elle a partagé avec son frère Jean le château d'Argeronne.

Renée parlait plusieurs langues et a effectué de nombreux séjours à l'étranger, aux États-Unis notamment où elle a étudié des organisations sociales encore inconnues en France. En 1912, elle a rencontré Marie Diémer, elles vont ensemble créer, en 1913, les infirmières visiteuses, en 1914, les logements Sanatoria et les visiteuses de l'enfance, puis, en 1917, avec Mmes Henriette Édouard Viollet et Cécile Brunschvicg, les surintendantes d'usines, et enfin, en 1919, l'une des premières écoles de travail social : Pro Gallia. Elle a été membre du comité central de *l'Effort féminin* entre 1914 et 1918. Elle a été membre du comité des éclaireuses de l'Union chrétienne de la rue de Naples, dès 1916. Après guerre, Renée de Montmort a mis à la disposition des éclaireuses son château d'Argeronne. Elle souhaitait la création d'un scoutisme féminin sans clivage par familles de pensée. La création de la FFE ne la satisfera pas, puisque les catholiques en ont été absentes. À plusieurs occasions, les responsables de la FFE se plaindront d'être ainsi « doublées » par quelqu'un qui n'est pas vraiment des leurs.

Un premier camp international de scouts s'est tenu à Argeronne en 1922 : des patrouilles américaines, anglaises, belges, tchécoslovaques et la Fédération française des Éclaireuses se rencontrent. Renée de Montmort s'est convertie au catholicisme vers 1923. Un second camp international a lieu à Argeronne en 1923, cette fois-ci l'association des Guides de France était officiellement fondée, notamment par Albertine Duhamel et Marie Diémer. À partir de cette date, les premières unités guides et la formation des cheftaines se faisaient à Argeronne. Mais les Unionistes continuent à fréquenter les lieux : la commission des œuvres sociales des UCJF, en 1927, a organisé des camps de vacances pour les directrices de foyers à Argeronne.

En 1925, elle a été vice-présidente de l'École des surintendantes. Jusqu'en 1938, Renée de Montmort a été commissaire internationale aux Guides de France. Elle a adopté Madeleine Caron (Reinette), une responsable éclaireuse de Rouen avec laquelle elle a eu une intense activité en faveur des réfugiés et des prisonniers durant la guerre de 1939-1945. D'abord auprès des « exilés » belges à Paris, puis des réfugiés français. Ensuite elles ont parcouru la Champagne, la Normandie, la Bretagne et l'Anjou où elles ont recensé les prisonniers militaires. Enfin, après l'arrestation de Jane Sivadon, Madeleine Caron a mis à la disposition de l'école des surintendantes les bureaux dont elle avait disposé avant la guerre. En 1945, elles se sont rendues à Francfort avec les Américains et c'est là que Renée de Montmort devint paralysée. Elles ont alors rejoint alors Argeronne.

Sources : Sylvie Fayet-Scribe, *in Dictionnaire des militants, de l'éducation populaire à l'action culturelle*, L'Harmattan, 1996. – Anne-Sophie Faullimmel, *Les Origines de la Fédération française des Éclaireuses (1912-1927)*, mémoire de maîtrise d'Histoire, université Paris IV-Sorbonne, octobre 1995. – *DT 70*, n° 4, été 1998.

Anne Morgan (1873-1952)

Anne Morgan est américaine, née le 25 juillet à Highland Falls dans l'État de New York, elle est décédée le 29 janvier 1952 à Mount Crisco dans l'état de New York (USA). Elle était la plus jeune des quatre enfants du banquier John Pierpont Morgan et de Frances Louis Tracy.

Anne Morgan a fait ses études au Russel Sage College. Elle a participé aux œuvres de l'église épiscopale Saint George de New York. Elle avait mené une vie retirée jusqu'à 28 ans où elle a commencé à participer à la vie mondaine new-yorkaise. En 1913, à la mort de son père, elle est devenue une des plus riches héritières du monde (elle hérite de trois millions de dollars). Elle a séjourné fréquemment en France. Elle est présente lors de la déclaration de guerre en août 1914, elle est rentrée aux États-Unis et a décidé de créer un organisme de secours aux blessés militaires : the French Wounded Emergency Fund. En 1917, après l'entrée en guerre des États-Unis, avec Miss Murray-Dick elle a constitué le Comité américain pour les régions dévastées de France (CARD), où seules des femmes sont employées. De 1917 à 1924, ce comité a travaillé pour reconstruire les régions particulièrement touchées de l'Aisne. Elle a porté une grande attention aux activités d'éducation populaire : écoles ménagères, jardins d'enfants, ouvroirs, foyers ou clubs pour la jeunesse, bibliothèques. Le comité a favorisé l'organisation de fêtes : celles de Noël, celle de la Victoire (1919), ainsi que le scoutisme. En 1920, le comité a invité des boy-scouts américains à visiter la France pour le *jamboree*. Dès 1921, ils organisent des camps scouts pour les jeunes Français. Les Américains essayent de faire fédérer les trois mouvements s'inspirant du scoutisme : les Scouts de France, catholiques, les Éclaireurs unionistes, protestants, et les Éclaireurs de France, sans confession précise. C'est un échec. Anne Morgan a acheté le château de Cappy dans l'Oise où elle a accueilli, à partir de 1923, les Éclaireurs de France et les Éclaireurs unionistes. Mais chaque mouvement, tout en collaborant, garde sa spécificité. Anne Morgan a donné alors aux Éclaireurs unionistes son château de Cappy.

Elle a financé également une association protestante de Paris « l'École de la rue Amyot » pour qu'elle se transforme en une école de formation de personnel médico-social : l'institut de service social de Montrouge a ouvert en 1932.

Les bibliothèques fondées par le Comité américain pour les régions dévastées (CARD) prospérèrent sous la direction de Françaises comme Victorine Vérine. En 1939, Anne Morgan s'est préoccupée du sort des populations de l'Aisne, une fois encore envahies. Elle a financé des centres d'hébergement en France pour les populations sinistrées, faisant ainsi revivre les structures qu'elle avait créées après la Première Guerre mondiale.

Source : Évelyne Diebolt *in Dictionnaire des militants, de l'éducation populaire à l'action culturelle*, L'Harmattan, 1996.

Lucile Morin (1864-1924)

Née le 8 août 1864, décédée le 19 avril 1924. Fille de Mary-Sarah Monod et du docteur Paul Morin, le médecin des diaconesses, petite-fille d'Adolphe Monod, nièce de Sarah Monod. Elle a eu neuf frères, dont les médecins André et Jean Morin, tous deux fidèles aux œuvres protestantes.

Elle avait envisagé de devenir diaconesse mais la mort de sa mère lui a donné la charge de ses trois jeunes frères. Elle a été animée toute sa vie d'un grand esprit d'entreprise. Elle a été la fondatrice d'un foyer-restaurant pour les jeunes filles, en 1890, avec plusieurs unions de jeunes filles de la Seine, ce qui a été en quelque sorte la création du groupe de la Seine des UCJF. À l'Union chrétienne de La chapelle du Nord, elle a soutenu les efforts de Tommy Fallot et d'Eugène de Faye qui auront sur sa pensée une grande influence.

Membre en 1895 des Amies de la jeune fille et des UCJF à Paris. Elle a ouvert, en 1900, le Foyer de l'ouvrière, 35 boulevard des Capucines, dont elle a été présidente, « seul restaurant qui ait été créé par des ouvrières ». Elle a été présente au IIe Congrès international des œuvres et institutions chrétiennes féminines en 1900. Vice-présidente des UCJF avec Louise Salmon et L. Dubus de 1902 à 1905, en même temps qu'elle était membre du comité exécutif du CNFF. À la conférence internationale de Genève, en 1902, elle a plaidé la cause des diaconesses. En 1903, présidente de l'UCJF de la chapelle du Nord. Trésorière générale du groupe de la Seine de 1895 à 1903. En 1909, le Foyer de l'ouvrière a été affilié au Conseil national des femmes françaises et elle en a été la déléguée avec Marie Bruneton. Elle s'est occupée de l'Œuvre des foyers féminins de Paris avec Mlle Lebaigue.

Lucile a remplacé Louise Rourin en 1905 au Comité national à Lyon et a été nommée, en 1906, présidente de la commission exécutive des UCJF, présidence qu'elle a assumée durant quinze ans jusqu'en 1919. Anne de Védrines lui a succédé, puis un an plus tard, Yvonne Delbruck. Elle cumule la fonction de présidente des UCJF avec la fonction de membre du comité exécutif du Conseil national des femmes françaises de 1905 jusqu'à 1913 au moins, ainsi que celle de présidente du Foyer de l'ouvrière jusqu'à sa mort.

Sources : Deux cents ans, 1793-1993, Descendance en février 1993 de Jean Monod & Louise de Coninck. – Françoise Blum et Janet Horne, « Féminisme et Musée social (1916-1939) », *Vie sociale*, 8-9, 1988. – Jane Pannier, *In memoriam*, UCJF, 1927. – *Au service du Maître*, n° 5, mai 1924.

Émilie de Morsier (1843-1896)

Émilie Naville (Todd) née en 1843, a épousé Gustave de Morsier (1842-1924) en 1864, membre de la Fédération abolitionniste internationale. Un de leurs trois fils, Auguste de Morsier (1864-1923), ingénieur, devint le premier président de l'Association nationale pour le suffrage féminin en Suisse, branche de la Fédération abolitionniste internationale. Il a été l'inspirateur de la charte du Christianisme social.

Émilie a tenté de convertir au féminisme les femmes protestantes qui s'occupaient des œuvres et institutions chrétiennes féminines autour de Sarah Monod. Elle a partagé les convictions abolitionnistes et libérales de son amie avec qui elle a adhéré à l'Association pour la défense des droits individuels. En 1889, elle s'est rendue au premier Congrès international des œuvres et institutions chrétiennes féminines qui rassemble la plupart des femmes responsables des œuvres sociales. En 1892, elle a été membre du Comité central de la Ligue pour le droit des femmes et a créé avec Isabelle Bogelot l'Adelphie (société d'aide mutuelle de dames). À sa mort, en 1896, Gabrielle Mallet prendra la relève.

Source : Laurence Klejman et Florence Rochefort, *L'Égalité en marche, Le féminisme sous la Troisième République*, Presses des la fondation nationale des Sciences politiques, 1989, (Des Femmes).

Violette Mouchon (1893-1985)

Née en 1893, décédée le 2 juillet 1985, dans une famille bourgeoise protestante parisienne. Elle a habité 135 avenue de Suffren en 1920. Son père, militaire de carrière, est devenu général. Très proche de sa mère, née Hélène Chantrel, avec qui elle a partagé sa vie avec beaucoup de tendresse.

Profondément croyante, sa rencontre avec la mission populaire de la Maison verte de Camille Savary semble avoir été déterminante pour son orientation de vie. En 1916, Violette a accepté d'y assurer la surveillance d'études, sans aucune pratique pédagogique. Elle y a fait la connaissance d'Antoinette Butte, de cinq ans sa cadette, mais très entreprenante. Leur collaboration et leurs discussions ont posé les premières bases du scoutisme féminin en France. Son sens de la rigueur des mots, son esprit ouvert et humoristique bénéficient aux journaux de la FFE. Elle a fait partie de l'équipe fondatrice : la Main. Elle a été totémisée Cactus-Épineux. En 1918, elle a suppléé Anne Donnedieu de Vabre, alors secrétaire de la commission exécutive des UCJF.

En 1920, elle a été choisie comme commissaire régionale EU de la Seine, dont les quatorze sections étaient loin d'être homogènes. Elle a rédigé les statuts de la FFE. Violette Mouchon semble avoir été le porte-voix officiel des Éclaireuses unionistes, après plusieurs articles dans diverses publications, c'est elle qui a présenté le scoutisme féminin aux Journées des œuvres sociales organisées par le CNFF en juin 1923.

Jusqu'à la guerre, Violette Mouchon a participé à toutes les recherches et réalisations de la FFE : congrès d'Épinal, camp international de Foxlease (1924), mission Rolland en Kabylie, fondation des Éclaireuses aînées (1925), camps de formation, etc. Elle a établi les contacts avec les Éclaireuses israélites. Violette Mouchon a été à l'origine de l'accord entre la FFE et les Éclaireurs israélites. Après discussions avec Robert Gamzon, il fut entendu que les troupes d'éclaireuses israélites feraient partie intégrante de la FFE, mais seraient en relation étroite avec les EI pour leur formation juive. Violette a eu une influence considérable sur la section unioniste par son rayonnement spirituel. Commissaire nationale adjointe en 1928, Cactus a été chargée des questions protestantes.

En 1939, révoltée par l'attitude du préfet du Gard qui a accepté l'expulsion des juifs français vers le camp de Gurs, elle a été dans les premières équipes sollicitées par Suzanne de Dietrich qui ont donné naissance à la Cimade et dont elle est devenue présidente de 1940 à 1944 à Nîmes, puis à Valence, à la suite de Jane Pannier. Membre du groupe Charles-Gide en 1945.

Elle a quitté la FFE en 1948. Mais ses activités durant sa longue vie (voyages en Israël, nombreux séjours dans la communauté de Pomeyrol, présence à l'hospice de Nanterre...) ont sans doute été influencées par son expérience à la FFE. Violette Mouchon a rejoint la fondation John-Bost où elle a fini ses jours.

Sources : Marie-Thérèse Cheroutre, in *Dictionnaire des militants, de l'éducation populaire à l'action culturelle*, L'Harmattan, 1996. – *Les Clandestins de Dieu (1939-1944)*, Fayard. – André Encrevé et Jacques Poujol, *Les Protestants pendant la Seconde Guerre mondiale*, SHPF, 1994. – Geneviève Jourdain-Lamon, *Témoignages sur la Fédération française des Éclaireuses*, 1997. – Anne-Sophie Faullimmel, *Les Origines de la Fédération française des Éclaireuses (1912-1927)*, mémoire de maîtrise d'histoire, université Paris-IV-Sorbonne, octobre 1995.

Anne Murray-Dick (1875-1929)

Elle est née en Écosse le 8 juin 1875, décédée à Blérancourt (Aisne) le 8 février 1929. Citoyenne américaine, veuve sans enfant.

Anne a fondé avec Anne Morgan, en 1917, la section civile du Comité américain pour les blessés français, qui est devenu le Comité américain pour les régions dévastées (CARD). Elle a été présidente de ce comité. Ce comité apporte aide et assistance aux populations de l'Aisne touchées par la guerre (distribution de vivre, de vêtements, de semences). Après l'armistice, le CARD a décidé de poursuivre son action sur Soissons et sa région. Les activités culturelles prennent alors vraiment leur essor : des foyers de réunions s'ouvrent, des fêtes populaires ont été organisées. Des terrains de sport ont été construits, des cours professionnels débutent, le scoutisme a été encouragé. Le comité a organisé aussi des bibliothèques publiques dans lesquelles a travaillé Victorine Vérine. Anne Murray-Dick a séjourné de façon permanente dans l'Aisne ou à Paris. C'est elle qui s'est renseignée et a rencontré les personnes concernées par les activités du comité. Elle condense ces informations dans des rapports pour Anne Morgan, ensuite elles décident ensemble des actions à mener. Elle a été décorée de la Croix de guerre (1918), nommée chevalier de la Légion d'honneur en 1919, puis officier en 1924.

Source : Évelyne Diebolt *in Dictionnaire des militants, de l'éducation populaire à l'action culturelle*, L'Harmattan, 1996.

Eugénie Niboyet (1796-1883)

Née Eugénie Mouchon à Montpellier (Hérault) le 11 septembre 1796, elle est décédée le 6 janvier 1883 à Paris. Née dans une famille de six enfants de la bourgeoisie intellectuelle de province. Son père, G-L. Mouchon, médecin d'origine suisse, diplômé de l'université de Montpellier, avait épousé la fille d'un pasteur d'une Église protestante du Gard ; partisan de la République, rallié au Premier Empire, qui fut, après Waterloo, victime de la répression « ultra » et connut la ruine. Venue vivre à Lyon avec ses parents, Eugénie Mouchon épousa, le 8 octobre 1822, Paul-Louis Niboyet, issu comme elle d'une famille protestante et « impérialiste », avocat de 30 ans, exerçant à Montélimar. Ils ont eu un fils.

Eugénie Mouchon a reçu une instruction assez poussée, à la fois littéraire et scientifique. Son intérêt pour les questions politiques et sociales s'est très tôt éveillé dans le milieu familial. En 1829, Eugénie Niboyet a découvert, à Paris, la pensée de Saint-Simon et est devenue responsable de la propagande de l'école auprès des ouvriers, jusqu'à la scission du mouvement sur la question féminine, à la fin de 1831. Devenue fouriériste en 1832, elle est revenue à Lyon où elle a fondé, en 1834, *Le Conseiller des femmes*, journal promis rapidement à l'échec. En 1836, elle rencontra Flora Tristan. En 1837, trois de ses livres ont été couronnés par la Société pour la morale chrétienne dont elle faisait partie. En 1838, sur sa proposition, un comité de dames fut fondé au sein de cette société en faveur des prisonnières. Sous son impulsion, une école de détenues était créée à Saint-Lazare. En 1848, elle était à Paris et a présidé, en mai, le Club des femmes fondé par Jeanne Deroin, tandis que celle-ci a collaboré au journal qu'elle a créé : *La Voix des femmes*. La même année, elle a créé aussi, à Lyon, l'Association lyonnaise fraternelle des femmes (coopérative ouvrière dans laquelle la solidarité était un devoir) et l'Athénée des femmes, institution dont le but était de parfaire la formation et de développer les qualités morales et intellectuelles des femmes, qui « sont les premières éducatrices des hommes ». En 1850, elle a défendu le droit pour les ouvriers et les industriels de s'associer, comme déjà en 1834 elle appelait à la paix et à la fraternité entre riches et pauvres, et a adhéré à l'Union fraternelle des travailleurs, créée à l'initiative de Jeanne Deroin.

De 1849 à 1863, en raison des circonstances, elle ne put guère publier que deux études sur les questions sociales. En revanche, dès que s'est produite l'ouverture dite de l'Empire libéral, elle a publié, en 1863, *Le Vrai Livre des femmes*, une étude critique de la condition féminine à l'époque, sans distinction de conditions sociales, et en 1864, *Le Journal pour toutes*, qui pendant deux ans s'est consacré à la défense des intérêts féminins.

Après la Commune, Eugénie Niboyet a pétitionné pour soutenir les recours en grâce introduits par les familles des communards. Elle s'est consacrée désormais à des associations philanthropiques et au militantisme chrétien, aux visites auprès des femmes incarcérées, en qui elle voyait les victimes de la société, pour les soutenir au nom de la morale chrétienne.

Très marquée par son éducation et son milieu d'origine, elle prôna toujours la réconciliation sociale, dans le respect des valeurs de son époque. De même, lorsqu'elle revendiquait les droits des femmes, elle était opposée à la violence et à la révolution (dont elle avait mesuré les funestes effets pour le peuple en 1848).

Bien qu'elle ait connu de nombreux échecs dans ses entreprises, jusqu'à sa mort, elle ne manqua jamais de la générosité et de l'énergie nécessaires pour se lancer dans les actions militantes qui lui donnèrent sa place dans le mouvement féministe du XIXe siècle.

Sources : *Dictionnaire biographique du mouvement ouvrier français.* – Mireille Caveing *in Dictionnaire des militants, de l'éducation populaire à l'action culturelle*, L'Harmattan, 1996. – E. Lejeune-Resnick, *Femmes et associations 1830-1880 : vraies démocrates ou dames patronnesses ?*, PubliSud, 1991. – M. Riot-Sarcey, *La Démocratie à l'épreuve des femmes : trois figures critiques du pouvoir 1830-1848*, A. Michel, 1994. – Florence Rochefort, « Féminisme et protestantisme au XIXe siècle » *in* « Femmes protestantes au XIXe et au XXe siècles », *BSHPF*, tome 146, janvier-février-mars 2000. – Duprat Catherine, *Usage et pratiques de la philanthropie*, Comité d'histoire de la Sécurité sociale, 1996.

Hélène Nick (1870-1917)

Hélène Lèques était originaire du Vigan, sa mère était une Chante ; Hélène est décédée à Marseille en janvier 1917 à 46 ans. Élevée au Vigan, elle a créé et est devenue présidente d'une union de jeunes filles à 20 ans. Hélène avait fait ses études au lycée de Montpellier avec Jeanne Baumier qui deviendra Mme Sequestra, et au mariage de laquelle elle a rencontré son futur mari le pasteur Henri Nick, qu'elle a épousé en 1895, et dont elle a eu quatre enfants. Elle a fondé avec Jeanne Sequestra *Le Journal de la jeune fille* dont elle s'est occupée sur le plan administratif et financier (son père a aidé aux premiers financements). Elle a rédigé les premiers statuts des UCJF. Blanche Peyron aurait bien aimé faire d'elle une salutiste. Elle fut la première collaboratrice de Berthe Minault et de Paul Minault. Elle a été présidente de l'Union de Lille en 1899, présidente du groupe de la région du Nord en 1903. Hélène a été active à l'Étoile blanche depuis au moins 1904. Elle a été très associée à l'œuvre sociale et religieuse de son mari qu'elle présentera dans *Le Journal de la jeune fille,* en 1903. Ensemble, ils s'étaient mis au service de la Mission populaire dans les faubourgs de Fives en 1887 où, dans un baraquement, Henri avait mis sur pied des consultations médicales, des patronages, des colonies de vacances, une coopérative de consommation et a organisé de nombreuses manifestations religieuses et des fêtes populaires ; il restera jusqu'à sa mort à la mission. Durant la guerre, elle a pris la relève tandis que son mari était au front. On dit qu'Hélène est morte d'épuisement.

Sa fille Jeanne Nick sera présidente, en 1923, du groupe du Nord, présidente de l'Union chrétienne de jeunes filles de Fives.

Son mari Henri Nick (1868-1954) était devenu suffragant à Saint-Christol, puis pasteur à Mialet en 1890. Il a été à l'origine de l'institution de manifestations en plein air, comme celle de la Can de l'Hospitalet (en 1893 avec Jean Sequestra) ou de l'assemblée du musée du Désert, à Mialet, en 1891. En 1922, il a été le promoteur de la Fédération française des Fraternités avec Emmanuel Chastand. Il poursuivra son œuvre durant la Seconde Guerre et protégera de nombreux juifs (Yad Vashem 1992). Plusieurs protestantes se réclameront de lui pour dater leur éveil au militantisme. Parmi celles-ci, Jeanne Lebrun et Janine Grière.

Sources : *Le Christianisme au XIXe siècle*, 7 janvier 1917. – Raoul Gout, *Une victorieuse Blanche Peyron (1867-1933)*, Éditions Altis, s.d. – *Le Journal de la jeune fille*. – Geneviève Poujol et Madeleine Romer, *Dictionnaire des militants, de l'éducation populaire à l'action culturelle*, L'Harmattan, 1996. – Marguerite de Witt-Schlumberger, *Le Rôle des femmes de pasteur en France pendant la guerre*, Fischbacher, s.d., probablement 1917.

Florence Nightingale (1820-1910)

Anglaise, dès 17 ans elle a voulu vouer sa vie au « service de Dieu » et aux malades. Elle fut une amie de jeunesse d'Henriette de Witt-Guizot. En 1851, elle avait visité l'établissement des diaconesses de Kaiserswerth. En 1853, elle a dirigé, à Londres, une institution de vieilles dames. Elle fut invitée en Crimée et y organisa le service de santé militaire, en 1854. Henry Dunant la présentait ainsi : « Miss Florence Nightingale avait visité les hôpitaux de l'Angleterre et les principaux établissements de charité et de bienfaisance sur le continent, et s'était vouée à faire le bien en renonçant aux douceurs de l'opulence, reçut un appel pressant de lord Sidney Herbert, secrétaire de la Guerre de l'empire britannique, l'invitant à aller soigner les soldats anglais en Orient. Miss Nightingale, dont le nom est devenu populaire, n'hésita pas à entreprendre cette belle œuvre, qu'elle savait sympathique aussi au cœur de sa Souveraine, et elle partit pour Constantinople et Scutari, en novembre 1854, avec trente-sept dames anglaises, qui, dès leur arrivée, donnèrent des soins aux nombreux blessés d'Inkermann ; en 1855, Miss Stanley vint la rejoindre avec cinquante nouvelles compagnes, ce qui permit à Miss Nightingale de se rendre à Balaklava pour en inspecter les hôpitaux. On sait tout ce que lui a fait accomplir, durant ce long et sublime sacrifice, son ardent amour pour l'humanité souffrante. » Elle a élaboré les principes du *nursing* qui seront repris par la suite, notamment par Anna Hamilton à l'école des gardes-malades de la maison de santé de Bordeaux qui portera le nom de Florence-Nightingale. Elle a été ainsi pionnière an matière de formation du personnel hospitalier.

Sources : Henry Dunant, *Un souvenir de Solférino*, 1862. – *Encyclopédie du protestantisme*, Paris-Cerf, Genève. – Évelyne Diebolt, *La Maison de santé protestante de Bordeaux (1863-1934), vers une conception novatrice des soins et de l'hôpital*, Érès 1990. – Madame de Witt, *Les Femmes dans l'histoire*, Hachette, 1888.

Yolande Oberkampf (1874-1954)

Elle était la fille du baron Oberkampf (1845-1923), négociant en vins, et d'Emma Clossmann (1844-1880). Ses parents figuraient dans le *Bottin mondain* de 1904 à 1915.

Elle a fait des études d'infirmières à la Croix-Rouge en 1903 avec Marguerite de Pourtalès. En 1913, elle a proposé ses services à Paul Doumergue qui a mis en place l'école pratique de service social. Elle a été au comité de direction de cette école en

1922, elle en deviendra présidente en 1928. À l'Union de la rue de Naples, elle a été, en 1916, trésorière des éclaireuses. En 1917, à Salonique, elle a été surveillante générale de 104 infirmières en service dans l'armée d'Orient sous l'autorité de M. de Monicault, délégué de la Société française de secours aux blessés militaires.

Sources : *Bulletin de la Société française de secours aux blessés militaires*, juillet 1917. – *Foi et Vie.*

Yvonne Oddon (1902-1982)

Née le 18 juin 1902 à Gap (Hautes-Alpes) dans une famille protestante, décédée en 1982. Son père était officier de carrière. Fait ses études au lycée de Gap. Après une première supérieure à Versailles, elle est entrée à l'école américaine de bibliothécaires de la rue de l'Élysée où elle a été jugée « sujet d'élite ». Après un séjour de deux ans aux États-Unis, notamment à l'université du Michigan, elle a été recrutée en 1929 par Georges-Henri Rivière au musée d'ethnographie. En 1934, la fondation Rockefeller l'envoie aux États-Unis où elle établira des contacts avec la Smithsonian Institution. À son retour, elle a suivi la construction du musée de l'Homme. Pour la bibliothèque du musée, elle adopte une classification des ouvrages inspirée de celle de la Bibliothèque du Congrès. Par ailleurs elle apporte son concours à l'organisation des bibliothèques de prêt de l'Aisne, dirigées par Victorine Vérine à qui elle suggérera l'usage de bibliobus et surtout adapta un *Guide du bibliothécaire amateur* rédigé pour les bibliothèques paroissiales protestantes par Charles-Henri Bach. Le « Bach et Oddon » a eu six éditions de 1931 à 1964 et a formé les praticiens français de la lecture publique de deux générations professionnelles, jusque vers 1975 environ. Yvonne était présidente de l'Association des anciens élèves de l'école des bibliothécaires et membre assidue du conseil de l'Association pour le développement de la lecture publique (ADLP).

Dès octobre 1940, elle s'est engagée dans le mouvement de résistance du musée de l'Homme, aux côtés d'A. Lewitski rédacteur en chef du *Bulletin du musée de l'Homme*. Elle lui a suggéré comme titre et thème d'article le mot « Résister », le slogan de Marie Durand, prisonnière de la tour de Constance pendant la guerre des camisards. En février 1942, elle a été arrêtée avec une vingtaine de membres du réseau et déportée à Ravensbrück.

À son retour en 1945, elle a repris ses activités au musée de l'Homme et ses voyages aux États-Unis. Elle a commencé des missions pour l'UNESCO. Son apport a été essentiel en matière de classification muséologique.

Sources : *Dictionnaire des militants, de l'éducation populaire à l'action culturelle*, L'Harmattan, 1996. – Jacques Poujol, *Protestants dans la France en guerre (1939-1945)*, Les Éditions de Paris, 2000.

Jane Pannier (1875-1944)

Née Jane Schlœsing, en 1875, elle est décédée le 17 juillet 1944 à Parthes, en Gatinais. Elle était la fille d'Henry Schlœsing, membre du conseil presbytéral de l'Église réformée évangélique de Marseille et de la commission administrative du bureau de bienfaisance de Marseille, et d'Ernestine Schlœsing qui fut vice-présidente du Conseil national des femmes françaises jusqu'à sa mort en 1930. Sœur de Renée Keller qui a fondé et dirigé trois hôpitaux à Marseille durant la guerre.

Jane a épousé le pasteur Jacques Pannier en 1897. Pas d'enfants. Jacques Pannier, unioniste rue de Trévise dès 1888, a succédé à Raoul Patry en 1905 aux étudiants protestants de la rue de Vaugirard où il est resté jusqu'en 1909.

Jane Pannier a présenté un groupement d'étudiantes fondé avec C. Kellermann en 1906 (installé 103 rue Nollet) à la première Conférence des étudiantes, le 1er novembre 1908. La Fédé des étudiantes s'est installée rue Jean-de-Beauvais en novembre 1909 et un Foyer d'étudiantes a été ouvert 67 rue Saint-Jacques en 1911. En 1916, elle a participé à la mise sur pied d'une école supérieure d'enseignement religieux pour les femmes.

Vice-présidente avec Madeleine Berton de la commission exécutive du Comité national des UCJF de 1923 à 1931, sous la présidence d'Yvonne Delbruck de 1922 à 1929 au moins. Elle a été membre du Comité national de la Fédé en 1927, elle a donné sa démission en juin 1930. Présidente des UCJF à la suite d'Yvonne Delbruck de 1931 à 1944. Elle a été aussi visiteuse dans les hôpitaux, elle a fait partie du comité directeur de la Maison des diaconesses. Membre du tiers-ordre des Veilleurs, et de la ligue de moralité du Ruban blanc. Durant les années qui précédèrent la guerre, elle siégea au comité de l'Alliance universelle, ce qui l'obligea à d'incessants voyages. Elle a été la présidente du Comité inter-mouvements qui se transforme en octobre 1939 en Comité inter-mouvements d'aide aux évacués (CIMADE). Elle a été la première secrétaire de la Cimade qu'elle avait fondée avec Suzanne de Dietrich. Malade les deux dernières années de sa vie, elle a lancé une campagne en faveur de l'aide spirituelle aux malades, grâce à l'appui de la Fédération protestante. Elle a demandé et obtenu des cultes spéciaux à la radio.

Sources : Éric Bungener, *Filiations protestantes*, Éditions familiales, vol. I et II, France, 1997. – André Encrevé et Jacques Poujol, *Les Protestants pendant la Seconde Guerre mondiale*, SHPF, 1994. – *La Française*, 22 mars 1930.

Lucy Peugeot (1852-1928)

Née le 20 mai 1852 à Valentigney, décédée en septembre 1928. Fille d'Émile Peugeot manufacturier à Valentigney et de Mina Ehrmann. Ses parents ont créé en 1869 l'Asile du Rocher, hôpital destiné en premier lieu aux ouvriers de l'usine. Elle y fait des pansements durant la guerre de 1870. Elle a introduit en France la société de tempérance La Croix-Bleue avec Pierre Barbier, un ancien buveur, et Pierre Dieterlen, en créant un café de tempérance, puis une section en 1883. Dans ce café de tempérance se réunit aussi l'UCJG. Dans la chapelle de l'Asile, elle a reçu en 1880 la première conférence internationale des Amies de la jeune fille. C'est là aussi que se réunit l'Union chrétienne de jeunes filles de Valentigney dont elle a été la présidente durant cinquante et un ans. En 1897, elle a reçu chez elle, à Valentigney, la troisième assemblée générale des Amies de la jeune fille. En 1898, s'est intéressée aux sections cadettes de l'Espoir, société de tempérance pour les enfants. Le groupe de Montbéliard, après beaucoup d'hésitations s'est rattaché à l'Alliance française, en 1900. Présidente du groupe de la région de Montbéliard et membre active de la commission exécutive des UCJF en 1903. Membre du Comité national de la Croix-Bleue en 1901. Elle a été l'amie de Hildy Rappard. En 1927, elle a été directrice de l'Asile du Rocher.

Sources : « Historique (1744-1934) », *Guide unioniste*, Comité national des UCJF, 1934. – *Le Journal de la jeune fille*. – *Au service du Maître*, n° 9, novembre 1928.

Marguerite Pichon-Landry (1877-1972)

Née Pichon, épouse d'Adolphe Landry, professeur de lettres et député. Elle était docteur en droit. Elle s'est ouverte aux questions féminines en 1909. Présidente de la section législation au Conseil national des femmes françaises, de 1913 1927, puis secrétaire du CNFF, secrétaire générale de cette organisation en 1929, pour enfin en être la présidente durant vingt ans, à partir de 1932. Elle fut aussi membre de la section d'études féminines du Musée social. Entre temps, Georgette Siegrist avait fait appel à elle pour présider la Fédération française des Éclaireuses, présidence qu'elle assumera jusqu'à la dissolution de la FFE en 1964. Elle était aussi membre de l'Union pour le suffrage des femmes, dont elle fut la secrétaire dès 1909 et cofondatrice de la Maison des étudiantes.

Source : Brigitte Bouquet, Jeanne de Joannis, *Vie sociale*, n° 3-4, 1993.

Maria Pognon (1844-1925)

Née en 1844, veuve d'un architecte, elle fut une collaboratrice de *La Fronde*, présidente de la Ligue française pour le droit des femmes, fondée en 1870 par Léon Richer, vice-présidente en 1903 du Conseil national des femmes françaises (CNFF).

Elle était membre de la loge maçonnique mixte Le Droit humain depuis 1893.

Source : Rémy Boyau, *Histoire de la Fédération française de l'ordre maçonnique mixte international*, Le Droit Humain, 1976.

Marie Poujol (1852-1934)

Marie Roux est née le 26 août 1852 à Vébron (Lozère). Elle est décédée à Toulon (Var) le 18 avril 1934. Fille de Jean-Pierre Roux propriétaire agricole, conducteur de travaux routiers et de Louise Atger.

Elle avait suivi son instruction religieuse avec le pasteur Benjamin Couve. Elle a fait des études à l'école normale d'institutrices de Nîmes. Elle a épousé Bénoni Poujol (1854-1904), cévenol lui aussi. Il était bachelier ès sciences et devint conducteur des ponts et chaussées, il entra aux chemins de fer de l'État à Tours, puis à Paris. Il avait adhéré à 17 ans à l'Union chrétienne de jeunes gens de Nîmes. Il a milité pour la Croix-Bleue dont il fut membre du Comité national en 1901. Le couple était très lié à Maria Legrain et Paul-Maurice Legrain qui avait créé l'Espoir, une association antialcoolique pour les enfants à laquelle Marie a collaboré activement tout en poursuivant ses visites aux malades. Marie et Bénoni avaient eu quatre enfants dont deux sont morts en bas âge et une autre à 7 ans. Marie a des activités bénévoles autonomes et visite régulièrement les malades protestants dans les hôpitaux. Intéressée à la prévention de l'alcoolisme chez les enfants, elle rencontre fréquemment Maria Legrain. Devenue veuve en 1904, elle a été seule pour élever son fils Pierre Poujol (1889-1969). Celui-ci a pris ses fonctions de professeur de lettres à Marseille en 1919. En 1921, il fut nommé au lycée de Toulon où Marie s'est établie. Elle est restée très active dans ses paroisses toulonnaise et vébronnaise, à la Croix-Bleue et auprès de ses quatre petits enfants, jusqu'à sa mort des suites d'un accident de la circulation, en 1934.

Source : Archives familiales.

Marguerite de Pourtalès (1864-1935)

Marguerite Cottier est née en 1864, elle a épousé le comte Paul de Pourtalès. Elle est décédée le 23 mai 1935. Pianiste, elle a donné des concerts à l'Union de Paris en 1901. Ce goût pour la musique a pu la rapprocher de la famille Fuchs, très musicienne. En 1903, elle a fait des études de Croix-Rouge avec Yolande Oberkampf. En 1910, elle a rencontré Élisabeth Fuchs et a rassemblé autour d'elle des membres de sa famille et des amies pour constituer le comité de l'Union de jeunes filles de la rue de Naples et réunir les fonds nécessaires. Présidente de l'UCJF de la rue de Naples de 1911 à sa mort.

En 1909, l'œuvre des Diaconesses était affiliée au Conseil national des femmes françaises, elle en était la déléguée. Pendant la guerre, elle a pris la direction de la Société de secours aux blessés militaires et a dirigé l'hôpital de La Bretèche. En 1918 et 1920, membre de la commission exécutive du Comité national des UCJF. Fin 1918, elle a présidé une réunion du groupe de la Seine qui a accueilli une déléguée américaine des YWCA, Miss Taylor. Membre du comité exécutif du CNFF, puis vice-présidente en 1928 (responsable de la branche Indre-et-Loire). Membre des conseil d'administration des Foyers féminins, des Diaconesses et de la Croix-Rouge. Cofondatrice du sanatorium Bel-Air créé avec son mari et avec l'aide de la Croix-Rouge américaine.

Sa fille Louise-Jacqueline (1885-1979) a épousé Roger Amboix de Larbont et sera membre du comité des UCJF de la rue de Naples.

Sources : Yolande Oberkampf, *Le Rayon unioniste*, 1935, n° 3. – Éric Bungener, *Filiations protestantes*, Éditions familiales, vol. I et II, France, 1997. – *Le Christianisme au XXe siècle*, 30 mai 1935. – *Bottin mondain*, 1904.

Élise de Pressensé (1826-1901)

Élise du Plessis-Gouret est née à Nyon (Suisse) le 22 décembre 1826, décédée à Paris le 11 avril 1901. Issue de milieux fortunés, elle a été surtout marquée par une stricte éducation protestante inspirée par le Réveil. Elle a épousé en 1847 le pasteur Edmond de Pressensé et a vécu avec lui à Paris où il a exercé son ministère. Vivant dans un milieu privilégié, Élise de Pressensé s'y singularise par ses idées avancées, tant sur le plan religieux que politique. L'influence de Charles Secrétan a été prédominante sur elle.

Son action se situe sur deux plans : elle est l'auteur de nombreux « romans éducatifs » qui obtiennent un vif succès, au-delà même des familles protestantes qui sont son premier public. Les ouvrages, surtout destinés aux enfants et aux adolescents, développent une conception de l'éducation fondée sur le naturel et le refus des préjugés, en même temps qu'ils sont inspirés par l'esprit évangélique.

Sur le plan de l'action sociale, Élise de Pressensé a été la créatrice, au lendemain de la Commune, de l'Œuvre de la chaussée du Maine. Cette œuvre destinée aux femmes et aux enfants déshérités se voulait inspirée par un esprit de solidarité plutôt que de charité. Elle associe aux secours matériels (ouvroir, foyer-asile) des entreprises éducatives (atelier-école, école enfantine et maternelle) ainsi qu'une œuvre d'assistance par le travail. Élise de Pressensé a créé en particulier, au début des années 1880, une colonie de vacances de la chaussée du Maine. Elle a été ainsi, avec le pasteur Théophile Lorriaux, avec qui elle a collaboré, une des créatrices françaises des colonies de vacances. En 1889, elle a présenté son œuvre au premier Congrès des institutions chrétiennes féminines. Avec son mari, elle s'est intéressée aux œuvres de Mac All. Elle a écrit dans le journal *La Femme* en 1892. Élise de Pressensé apparaît comme une pionnière du christianisme social protestant, mais aussi de l'action sociale et de l'éducation populaire telles qu'elles se développeront au XXe siècle.

Son fils, Francis de Pressensé, fut proche de l'Union française pour le suffrage des femmes. Alfred Boegner était son gendre.

Sources : Rémi Fabre, *in Dictionnaire des militants, de l'éducation populaire à l'action culturelle*, L'Harmattan, 1996. – Élise de Pressensé, « L'Œuvre de la chaussée du Maine », *in* Frank Puaux (direction), *Les Œuvres du protestantisme français au XIXe siècle*, Exposition universelle de Chicago, 1893.

Gabrielle Puaux (1850 ?-1919)

Elle est née Mallet, et a épousé le pasteur Frank Puaux qui fut historien du protestantisme. Elle a été au comité du journal *La Femme* en 1891. Elle a signé la notice de l'Association protestante de bienfaisance de Paris dans l'ouvrage de Frank Puaux sur les œuvres protestantes, en 1893. Elle a été secrétaire adjointe du conseil d'administration de l'Œuvre de la chaussée du Maine en 1892. Elle fut Présidente de l'Œuvre des colonies de vacances de la chaussée du Maine jusqu'à sa mort le 30 décembre 1919.

Source : Frank Puaux (direction), *Les Œuvres du protestantisme français au XIXe siècle*, Exposition universelle de Chicago, 1893.

Marie-Louise Puech (1876-1966)

Épouse du professeur Jules Puech qui fut secrétaire du Centre européen de la fondation Carnegie, puis attaché au ministère des Affaires étrangères. Née à Castres (Tarn), elle a obtenu une licence d'allemand, puis un certificat d'aptitude à l'enseignement. Angliciste, elle a enseigné à l'université McGill (Montréal) de 1900 à 1908. Elle a écrit dans la revue *La Paix par le droit*. Elle fut membre du comité de l'Association française des femmes diplômées des universités (AFFDU) depuis son origine et coordonnatrice des relations internationales pendant vingt ans. Durant la guerre de 1939-1945, son appartement parisien fut un lieu de rencontre et de résistance. Depuis Paris, puis à partir de sa maison située en zone libre, elle a réparti des fonds quakers entre les universitaires réfugiées étrangères ou juives et les a aidées à fuir en Suisse.

Sources : Nicole Fouché et René Gérard, « Soixante-quinze ans d'histoire de l'AFFDU vus de Paris », *Diplômées*, n° 180, mars 1997. – Nicole Dabernat, *La France du repli, L'Europe de la défaite*, Privat, 2001.

Hildy Rappard (*1850*-1921)

Décédée le 27 février 1921 à Valentigney. Ancienne diaconesse, connue des UCJF. Elle était l'amie de Lucy Peugeot. En 1903, elle a été présidente de l'UCJF de Beaulieu. À la conférence des Amies de la jeune fille, en 1903, elle a lu un rapport de Lucy Peugeot sur le côté spirituel de l'œuvre des Amies. Vers 1911, elle a publié, avec Émile Vurpillot et Gédéon Jaulmes, une brochure destinée aux moniteurs d'école du dimanche. Elle a été vice-présidente du Comité national des UCJF de 1912 à 1920, avec Blanche Arbousse-Bastide.

Elle semble avoir créé une des premières sections d'Éclaireuses à Valentigney en 1912, section qui a avorté rapidement. Elle a été alors membre active du Comité universel, elle a été en relation avec Miss Spencer, secrétaire générale de l'Alliance mondiale des YWCA.

Sources : *Le Christianisme au XXe siècle*, mars 1921. – *Le Journal de la jeune fille.*

Esther Robin (1830-1901)

Esther Thaurier a épousé Élie Robin en 1864, elle est décédée à 72 ans, vers juillet 1901. Enseignante, puis fondatrice de l'Asile maternel pour les jeunes filles moralement abandonnées, à Paris en 1882. Cette œuvre était dirigée en 1884 par Mlle Delpech. En 1889, Esther Robin a présenté son œuvre au premier Congrès des Institutions chrétiennes féminines. En 1878, elle a participé à la création du journal *La Femme,* dont elle a pris la direction vers 1891, succédant à Mme de Courteville.

Son mari, Élie Robin (1825-1907), a été aumônier de la maison centrale d'Eysses. Pasteur de Belleville durant 38 ans, il a fait appel à la générosité protestante pour fonder, en 1869, la Société de patronage des prisonniers protestants libérés. En 1878, il a fondé l'école industrielle et la Société d'éducation et de patronage des enfants protestants insoumis et prit la direction de l'école. Il a fondé dans sa paroisse de Belleville une œuvre pour la jeunesse délinquante. Il a été précurseur parmi les pasteurs du mouvement du Christianisme social par ses réalisations sociales. En 1897, il avait recruté comme agent général du Comité des œuvres de Belleville, Étienne Matter. Élie Robin a été le premier à avoir créé une œuvre d'assistance par le travail (auprès des détenus). Il a créé le premier asile pour buveurs : La Ruche du Pré-Saint-Gervais. Étienne Matter poursuivra cette œuvre avec beaucoup d'énergie.

C'est probablement la sœur d'Élie, donc la belle-sœur d'Esther, Mlle Robin qui s'est occupée de la première Union de jeunes filles de Paris à Belleville en 1875.

Sources : Édouard Borel, *Les Associations protestantes religieuses et charitables de France, résumés de leurs rapports et budgets, statistiques, etc.*, Fischbacher, 1884 (nouvelle édition). – Frank Puaux (direction), *Les Œuvres du protestantisme français au XIXe siècle*, Exposition universelle de Chicago, 1893. – *Le Christianisme au XXe siècle*, 21 juin 1901. – *Bottin mondain* 1904.

Louise Rourin (1860-1934)

Décédée le 23 mars 1934 à Nîmes. Vice-présidente de l'amorce du Comité national des UCJF qui se réunit en 1891 ; première présidente de l'Alliance française en 1893, après Mrs Gardner James, elle a présidé aussi l'Union de Privas et a créé un ouvroir en 1903.

C'est sous sa présidence, de 1893 à 1905, que les Unions chrétiennes de jeunes filles ont connu l'accroissement régulier des groupes et des jeunes filles. De 1900 à 1903 elle a résidé à Privas. Elle a démissionné en 1905 de sa responsabilité aux UCJF pour diriger un foyer de la jeune fille qu'elle avait fondé à Lyon. Lucile Morin l'a remplacée. Louise Rourin fut présidente honoraire des UCJF de 1906 jusqu'à sa mort en 1934.

Sources : « Historique (1744-1934) », *Guide unioniste*, Comité national des UCJF, 1934. – *Le Journal de la jeune fille.*

Renée Sainte-Claire Deville (1889-1968)

Née en février 1889, décédée le 7 juillet 1968 à Paris. Issue d'une famille assez exceptionnelle de savants et de militaires originaire des Antilles, tous respectueux de traditions où le service de la France et de l'Église était primordial. Sa mère était une demoiselle Gauthier-Villars, sœur du premier mari de Colette. Son père, inventeur du frein du canon de 75, supervise l'artillerie de toute l'armée française en 1914. Son enfance s'était passée de garnison en garnison, où elle suivait des cours privés (un de ses professeurs a participé au mouvement du Sillon).

Durant la Grande Guerre, elle a travaillé dans un hôpital à Chambéry avec une de ses sœurs. À la fin de la guerre, elle est rentrée à Paris avec la volonté de participer à une activité sociale. Un prêtre, ancien du Sillon, lui a parlé d'André Lefèvre, de la Maison pour tous de la rue Mouffetard. De cette visite datent l'engagement de Renée à la Maison pour tous et les aides apportées par sa famille à ce groupe. En 1922, elle a été présidente de la Maison pour tous. C'est surtout son apport à la Fédération française des éclaireuses (FFE) qui fut marquant et, en collaboration avec Marguerite Walther, son invention de la branche cadette : les petites ailes (PA). La pédagogie pour cet âge a été marquée par les idées de Pierre Bovet, de Piaget et de Maria Montessori. Elle a voyagé en province pour faire découvrir la méthode PA.

Au Congrès d'Épinal de 1921, d'où est née la Fédération française des Éclaireuses, elle a contribué à renforcer le choix d'une direction unique. Elle a créé « l'équipe du verbe » pour aider les responsables catholiques à assumer leur rôle dans les camps, à répondre aux questions que cette rencontre de confessions et de spiritualité ne manquait pas de poser à des adolescentes. En 1928, Renée (Coq-Noir) était spécialisée à la FFE pour les PA et les questions catholiques.

En 1942, seule responsable présente en zone sud, Renée Sainte-Claire Deville a assumé la fonction de commissaire nationale jusqu'en 1945, date où elle a abandonné sa charge, tout en s'occupant encore de « La Mouffe ». En 1946, elle a épousé Georges Bertier, ancien directeur de l'école des Roches et président des Éclaireurs de France (EDF).

Source : Marie-Thérèse Cheroutre, *in Dictionnaire des militants, de l'éducation populaire à l'action culturelle*, L'Harmattan, 1996.

Louise Salmon (1868-1954)

Décédée le 27 juillet 1954. Elle a été au Comité national des UCJF en 1894, présidente de l'Union de Nîmes de 1896 à 1915, date à laquelle elle a épousé Léon Sablier. Vice-présidente élue à la Conférence du Creusot en 1897 où elle remplace Charlotte Bach démissionnaire. Elle a été aussi présidente du groupe du Gard. Vice-présidente du Comité national (elle était à Nîmes) de 1900 à 1903. En 1904, elle s'est retirée du Comité national. Au VIIIe Congrès national des UCJF à Nîmes, elle a retracé les origines de l'Union chrétienne de Nîmes dont elle a été dix-neuf ans présidente, succédant à Marguerite Dumas-Faucher. Sous sa présidence, un local a été inauguré en 1899 et agrandi en 1910. En 1905, ce fut la création de l'œuvre du Trousseau et en 1907 celle du Foyer féminin. Suzanne Laune l'a remplacée en 1915 à la présidence de l'Union de Nîmes.

Sources : *Le Journal de la jeune fille*. – *Le Christianisme au* XXe *siècle*, avril 1915.

Camille Savary (1863-1951)

Camille Savary est décédée à la maison des diaconesses à Paris le 8 novembre 1951, à 88 ans. Elle avait une sœur prénommée Alice dont elle a annoncé le décès en 1943. Camille a été une unioniste de la première heure. Membre active des unions chrétiennes de jeunes filles depuis la création de l'Alliance française, présidente de l'UCJF boulevard Barbès (mission populaire) en 1898 et 1900. En 1897, elle a été la secrétaire de la Conférence du Creusot et s'est rendue à la Conférence nationale des UCJF de 1900 et à Valentigney en 1909. Directrice de l'UCJF de la mission populaire de la rue Marcadet La Maison verte. En 1903, présidente de l'UCJF de la rue Clignancourt. Membre active de la ligue de l'Étoile blanche, c'est elle qui a présenté le rapport sur les sections féminines au Congrès national de 1903 et de 1906. Elle demandait un engagement unique pour les deux sexes en 1903. En 1904, elle a incité les Unions chrétiennes à entrer dans la ligue. En 1909, l'Étoile blanche était affiliée au Conseil national des femmes françaises et elle en était la déléguée.

En 1911, elle a été la première femme à prendre la parole à la fête de la jeunesse à l'Oratoire. En 1913, elle s'est rendue au congrès UCJF à Nîmes. Au VIe Congrès national de l'Étoile blanche, en novembre 1913, Camille Savary a traité du « Sou mensuel des mères ». Elle a été présente à la Conférence universelle de Stockholm en juin 1914. En 1916, elle a donné des cours à l'école pratique de service social sur « La jeune ouvrière : apprentissage, placement ».

Vers 1916, elle a demandé à Antoinette Butte de fonder une des premières sections éclaireuses à la Maison verte. Elle a été au premier Congrès national à Lyon, en 1920, présidente de la Commission nationale du mouvement des Éclaireuses.

Membre active du Comité national des UCJF en 1922. Elle a été remplacée par Blanchette Momméja en 1923. En 1922, elle a été la directrice du foyer des jeunes filles où séjournaient les élèves de l'école de service chrétien (20 rue du Sergent-Bauchat). En 1928, elle a été à la Mission populaire évangélique rue Pierre-Levée (le directeur était Robert Lorriaux).

Sources : Anne-Sophie Faullimmel, *Les Origines de la Fédération française des Éclaireuses*

(1912-1927), mémoire de maîtrise d'histoire, université Paris-IV-Sorbonne, octobre 1995. – *Le Journal de la jeune fille.*

Louise Scheppler (1763-1837)

Née le 4 novembre 1763 à Bellefosse, décédée le 25 juillet 1837 au Ban-de-la-Roche. Fille de J. Scheppler et de Catherine Anne, cultivateurs et tisserands. Elle était entrée au service de Jean-Frédéric Oberlin et de sa femme, Salomée Witter, en 1778 et devint « conductrice de la tendre jeunesse » en 1779, après sa confirmation. Oberlin, en effet, pensait que le développement de l'intelligence et de la sensibilité dans les premières années de la vie appartenait avant tout aux femmes, il souhaitait que les conductrices, grâce à leur conscience professionnelle, puissent servir de référent aux parents en matière d'éducation. L'observation était le point de départ de tout enseignement, particulièrement en matière de botanique, mais l'histoire, la géographie et l'éducation civique et bien sûr le tricot, tiennent une grande place. Louise se déplaçait d'un village à l'autre pour s'occuper des jeunes enfants. Elle a contribué personnellement au perfectionnement des méthodes éducatives mises en œuvre par Oberlin lui-même, dans les « poêles à tricoter », sortes d'« écoles maternelles » avant la lettre et dans la tradition piétiste morave. Elle est devenue conseillère pédagogique auprès des conductrices débutantes. À la mort de Mme Oberlin, elle s'est occupée aussi des enfants Oberlin. Le modèle pédagogique préscolaire, né au Ban-de-la-Roche, a été discuté par le pédagogue suisse Jean-Henri Pestalozzi.

Sources : Loïc Chalmel, *La Petite École dans l'école*, Peter Lang, 1996. – Une collaboratrice de J.-F. Oberlin, Louise Scheppler, *L'Alsace française*, 29 mai 1926.

Ernestine Schlœsing (1854-1930)

Née le 14 décembre 1854 à Nîmes, décédée le 26 février 1930. Fille de Jeanne Amélie Ausset et de Gaston Gory. Son père meurt un mois avant sa naissance et sa mère a repris alors le commerce de vins et spiritueux. Elle a épousé, en 1875, Henry Schlœsing membre du conseil presbytéral de l'Église réformée évangélique de Marseille et de la Commission administrative du bureau de bienfaisance de Marseille, maire-adjoint de la ville de Marseille. Il a fondé la section locale de la Ligue des droits de l'homme. Son mari étant un Dreyfusard convaincu, ils reçurent à leur table Jean Jaurès et Francis de Pressensé. Ils auront six enfants.

Ernestine devint veuve en 1904, elle avait cinquante ans. Elle a participé à la création de l'Union pour le suffrage des femmes en 1910. Elle a adhéré à l'Entraide féminine, un des plus importants groupements féminins de Marseille, créé en 1915 pour porter assistance aux femmes seules. Elle a organisé une école féminine d'initiation civique et sociale pour assurer l'avenir professionnel des jeunes filles. En 1916, elle a présidé la section de lutte contre l'alcoolisme de l'Entraide féminine. Elle a créé la Maison de la jeune fille destinée à venir en aide aux prostituées. Elle a fondé la section marseillaise du Conseil national des femmes françaises et fut présidente de la branche départementale des Bouches-du-Rhône du CNFF, puis vice-présidente jusqu'à sa mort en 1930. Ses démarches ont abouti en 1928 à la création d'un Comité d'entente suffragiste. Elle a été le relais essentiel entre les instances parisiennes et le féminisme marseillais. Elle a été aussi membre du consistoire de l'Église évangélique. Elle aurait été la première femme membre d'un conseil municipal, mais ce fait n'a pu être vérifié. À son décès, elle était membre du conseil presbytéral de l'Église évangélique de Marseille et membre de la commission administrative du bureau de bienfaisance de la ville de Marseille.

Sa fille Jane a épousé le pasteur Jacques Pannier et deviendra présidente des UCJF de 1931 à 1944. Sa fille Renée a épousé l'industriel Gustave Keller, infirmière Croix-Rouge, elle a fondé et dirigé trois hôpitaux à Marseille pendant la guerre 1914-1918.

Son beau-père, Émile Schlœsing, membre de l'Église de Marseille, était apôtre de la Ligue pour le relèvement de la moralité, au comité de patronage des UCJG de Marseille, à la Mission populaire évangélique et fondateur de la Société protestante de prévoyance et de secours mutuel en 1877. Adhérent à l'Association protestante pour l'étude pratique des questions sociales (APEQS) en 1890.

Sources : Éric Bungener, *Filiations protestantes*, Éditions familiales, vol. I et II, France, 1997. – Arnaud Masson *in Les Marseillaises*, Édisud, 1999. – Correspondance avec le pasteur Franck Keller et Mme Arlette Roy.

Lucie Schlœsing (1875-1946)

Née Lucie Dunal, sa mère était née Boudon. Lucie est décédée le 15 avril 1946, à 71 ans. Présidente de l'Union de Montpellier en 1896. Elle a épousé, en 1901, Alphonse Schlœsing (1876-1965), pasteur à Calvisson, à Avignon, à Lunel en 1919, puis à Avignon à partir de 1924. Alphonse Schlœsing avait été responsable unioniste à Toulon en 1894.

Lucie était membre active du Comité national des UCJF en 1925. Elle a été présidente du groupe du Vaucluse et des Hautes-Alpes, de 1923 à 1928 au moins. Mlle Castelneau lui a succédé dans l'Hérault en 1923.

Source : *Le Journal de la jeune fille.*

Jeanne Schmahl (1847-1916)

D'origine anglaise, ancienne étudiante en médecine, membre des groupes de Maria Deraismes et du pasteur Fallot. Assistante d'accouchement, publiciste, elle a collaboré au *Journal des Femmes* avec Maria Martin, Clotilde Dissard et Maria Pognon. Elle fut à l'origine de la loi sur la protection du salaire de l'ouvrière. Elle faisait partie de la Ligue pour le relèvement de la moralité publique de Tommy Fallot. Présidente fondatrice de l'Avant-courrière, association qui avait adopté une stratégie réformiste par rapport au féminisme. Elle a fondé, avec Marguerite de Witt-Schlumberger, l'Union pour le suffrage des femmes en 1909.

Source : Laurence Klejman et Florence Rochefort, *L'Égalité en marche, Le féminisme sous la Troisième République*, Presses de la fondation nationale des Sciences politiques, 1989, (Des Femmes). – *Bottin mondain* 1914.

Élisabeth Schmidt (1908-1986)

Née le 31 mai 1908 à Paris, décédée le 14 mars 1986 à Castres. Elle était la fille d'Henri Schmidt, député radical-socialiste des Vosges, et d'Angèle Kilbourg, professeur d'allemand. Elle fut élève au lycée de Sèvres, elle se convertit à la religion protestante à Leysin, en 1918, et fit son instruction religieuse. Elle poursuivit des études supérieures de philosophie à la Sorbonne, tout en participant aux activités de la Fédé. Elle est devenue responsable du groupe de Paris. Elle a découvert la théologie barthienne au congrès de la Fédé et a décidé d'abandonner la philosophie au profit de la théologie. Elle a fait ses études à la faculté de théologie de Genève où elle recevra un prix de prédication. En 1935, elle a été pasteur-proposant à Sainte-Croix-Vallée-Française. De 1942 à 1958, elle a été nommée à Sète, le Conseil presbytéral de sa paroisse écrivit en 1945 au président de l'ERF, Marc Boegner, pour qu'une décision intervienne et que Mlle Schmidt soit consacrée. Elle fut consacrée en octobre 1949. Entre- temps elle agit au nom de la Cimade et a fait équipe avec Jeanne Merle d'Aubigné. En 1958, elle est partie comme pasteur à Blida-Médéa et a exercé son ministère durant la guerre d'Algérie. Elle a terminé sa carrière à Nancy. Ce fut la première femme-pasteur de l'ERF.

Sources : Pierre Bolle *in Dictionnaire du monde religieux dans la France contemporaine*, tome V, André Encrevé, *Les Protestants*, Éd. Beauchesne, 1993. – Jean-Paul Willaime, « Les femmes pasteurs en France : socio-histoire d'une conquête » in *Ni Ève ni Marie*, Françoise Lautman éd., Labor & Fides, 1997. – Jacques Poujol, *Protestants dans la France en guerre (1939-1945)*, Les Éditions de Paris, 2000.

Jeanne Sequestra (1871-1936)

Jeanne Baumier, décédée le 4 janvier 1936, a fait ses études au lycée de Montpellier avec Hélène Lèques, qui deviendra Mme Nick et avec laquelle elle a créé *Le Journal de la jeune fille*, périodique qu'elles avaient proposé aux unions chrétiennes qui ont accepté. Elle s'est occupée de la rédaction du *Journal de la jeune fille* (journal bleu) à partir de 1892. D'abord au Vigan (1892), elle a été secrétaire des UCJF en 1893 (Louise Rourin présidente). Elle s'est fixée à Saint-Étienne. Elle a épousé le pasteur Jean Sequestra le 29 novembre 1894. Elle a présidé la conférence du Creusot en 1897. Épouse de pasteur très active, il lui arrivait de présider le culte à la place de son mari quand celui-ci était souffrant. En 1907, au IVe Congrès de l'Étoile blanche, elle a fait un rapport sur l'éducation. Elle a promu l'adaptation du scoutisme dans les unions cadettes. En 1924, elle a fondé une œuvre de solidarité pour permettre, grâce à des bourses, à des jeunes filles de partir en vacances. En 1931, elle a été présidente du groupe du Rhône. À la fin de sa vie, elle assurait la rubrique « Sœur aînée » dans le journal bleu. À sa mort, Madeleine Gouth la remplaçait à la rédaction du *Journal de la jeune fille*. Ses obsèques ont été présidées par Élie Gounelle.

Son mari, fils de catholiques convertis, a été pasteur de l'Église réformée de Saint-Étienne à partir de 1894. En 1914, il fut aumônier de corps d'armée. Il écrivait des articles de fond pour le journal que dirigeait sa femme. Leur fils, Frank Sequestra (1895-1987), blessé durant la guerre de 1914, s'était engagé dans la Résistance.

Sources : *Le Christianisme au XXe siècle*, 9 janvier 1936. – *Le Journal de la jeune fille*, janvier 1936.

Julie Siegfried (1848-1922)

Julie Puaux est née le 18 février 1848 à Luneray (Seine-Inférieure), elle est décédée le 28 mai 1922 à Paris. Son père, François Puaux, a abandonné le notariat pour devenir pasteur à Luneray, puis à Mulhouse et enfin à Alès. Elle aura trois frères. En 1869, elle a épousé Jules Siegfried, alors industriel en Alsace. Ils auront quatre enfants. Tous deux faisaient partie de la haute société protestante.

Comme Élise de Pressensé, qu'elle a connue, la guerre de 1870 lui a fait prendre conscience de la nécessité des activités sociales et du rôle que les femmes peuvent y prendre. Activités sociales qu'elle entreprendra au Havre à travers l'organisation d'écoles d'apprentissage, d'écoles et de lycées de jeunes filles et d'œuvres d'assistance. En 1875, naît son fils André Siegfried qui deviendra un des fondateurs de la sociologie religieuse. De retour à Paris en 1885, avec son frère le pasteur Frank Puaux et sa belle-sœur Gabrielle, elle a repris l'Œuvre de la chaussée du Maine qu'avait créée Élise de Pressensé. En 1884, elle a pris en charge l'œuvre des Demoiselles de magasin qui instaurera une bibliothèque, des cours d'anglais et de solfège. En 1889, avec Sarah Monod, elle a participé à la fondation des Conférences de Versailles, œuvre qui a fait se rencontrer des femmes de milieux et de confessions différentes et d'où devait sortir le Conseil national des femmes françaises (CNFF). En 1889, elle a présenté son œuvre des Demoiselles de magasin au premier Congrès des institutions chrétiennes féminines.

En 1891, elle a été présidente du journal *La Femme*. Elle a présidé une séance du comité du groupe de la Seine des UCJF le 17 novembre 1901. Elle a fait partie, en 1899, du comité d'organisation qui a préparé le Congrès des institutions chrétiennes féminines qui devait avoir lieu en juin 1900.

En 1906, elle a présidé un comité qui a dirigé l'Union parisienne des institutions féminines chrétiennes et le cercle Amicitia. Grâce à la fortune de son mari et à sa ténacité, l'activité philanthropique de Julie Siegfried a été débordante. Son salon était accueillant aux femmes de la bonne société, parmi lesquelles elle a recruté des volontaires pour l'activité sociale auprès des autres femmes.

Elle était acquise aux idées du Christianisme social, comme Marguerite de Witt-Schlumberger vice-présidente de l'Union française pour le suffrage des femmes (UFSF), organisation forte en 1914, de 13 000 membres.

Julie Siegfried était proche d'Élie Gounelle, et de Wilfred Monod, animateurs du Christianisme social. Elle a été au comité directeur de l'Association protestante pour l'étude pratique des questions sociales de 1910 à 1914.

Vice-présidente du Conseil national des femmes française de 1901 à 1912. En 1913, elle a succédé à Sarah Monod à la présidence du Conseil national des femmes françaises jusqu'à sa mort. En 1916, elle a présidé l'Office de renseignements aux familles dispersées par la guerre. La même année, elle a constitué, avec Mme G. Avril de Sainte-Croix, la section d'études féminines (SEF) du Musée social dont son mari Jules Siegfried était alors président. Elle a été présidente d'honneur des éclaireuses de l'UCJF de la rue de Naples. En 1917, Julie Siegfried a présenté à la SEF un rapport à propos d'une entente entre l'Assistance publique et la bienfaisance privée, réclamant dans chaque commune une Union des œuvres privées. Après la guerre, son féminisme devient plus offensif. En avril 1919, Julie Siegfried faisait afficher des placards en faveur du suffrage des femmes dans les rues du Havre. De 1920 à 1921, elle a été présidente de l'Association pour le développement de l'assistance aux malades (ADAM) à la suite de Gabrielle Alphen-Salvador. Elle a été décorée de la Légion d'honneur.

Sources : *Dictionnaire des militants, de l'éducation populaire à l'action culturelle*, L'Harmattan, 1996. – Anne-Sophie Faullimmel, *Les Origines de la Fédération française des Éclaireuses (1912-1927)*, mémoire de maîtrise d'histoire, université Paris-IV-Sorbonne, octobre 1995. – *Bottin mondain* 1904.

Georgette Siegrist (1897-1981)

Née le 16 février 1897 à Meaux (Seine-et-Marne), décédée le 31 mars 1981 dans la Drôme. Son père, Charles Siegrist, employé des Chemins de fer de l'Est, était protestant (un Théodore Siegrist était membre de l'Union chrétienne de Paris au début des années 90), sa mère Marthe Maillard avait été élevée chez des religieuses.

Une monitrice de l'école biblique lui laisse une empreinte profonde. À 6 ans, elle voulait être missionnaire (comme son oncle Gustave Siegrist). Quand elle a eu 13 ans, ses parents sont venus habiter à Paris, dans le 18e arr. Elle a fait son instruction religieuse à l'Église luthérienne Saint-Paul où elle a été monitrice à l'école du dimanche en 1912 et membre de l'Union chrétienne. En 1915, elle a suivi le cours complémentaire manuel et ménager et a passé son brevet élémentaire. Les difficultés financières de ses parents du fait de la santé de sa mère l'ont obligée à travailler comme secrétaire à la SNCF, tout en continuant son action éducative auprès des fillettes du quartier. Elle a cependant passé le brevet supérieur pour être institutrice missionnaire et a travaillé souvent la nuit.

En 1914, elle fit fonction de cheftaine adjointe dans un petit groupe d'éclaireuses qui se réunissait boulevard Barbès. En 1917, elle a lancé la section des éclaireuses unionistes de Paris-La Villette au recrutement très populaire. Elle a rencontré Antoinette Butte et Violette Mouchon. Antoinette Butte admire chez elle sa sagesse précoce, son autorité naturelle, l'ordre et la méthode qui régnaient à la Villette. Violette admirait l'aisance, les qualités intellectuelles, l'imagination d'Antoinette Butte. Georgette a été un peu effrayée par le désordre et l'anarchie de la Maison verte... En 1919, elle est tombée malade, ce qui mit fin à son espoir de partir en mission à Madagascar.

Totémisée Hibou-Japonais, elle a donné alors la plus grande partie de son temps aux éclaireuses. Commissaire nationale du mouvement des Éclaireuses en 1920 elle est élue au congrès de Lyon. Marguerite Walther a pris contact avec elle et a abordé le sujet de l'ouverture des éclaireuses à d'autres courants spirituels. En 1921, Georgette Siegrist a été élue commissaire nationale, lors d'une rencontre de cheftaines unionistes à Épinal d'où devait sortir la Fédération française des Éclaireuses. C'est de cette époque que date l'équipe de responsables nationales appelée « la Main », réunissant Violette Mouchon, Marguerite Walther, Renée Sainte-Claire Deville, Madeleine Beley et elle-même. Ses qualités en faisaient la véritable réalisatrice. Elle a mis sur pied l'administration de la FFE. C'est elle qui a sollicité Marguerite Pichon-Landry, présidente du Conseil national des femmes françaises pour qu'elle devienne présidente du mouvement des Éclaireuses. À la mort de sa mère, en 1923, elle s'est consacrée à plein temps au développement de la FFE comme commissaire nationale. Elle est devenue, en 1928, commissaire nationale adjointe. En 1931, son état de santé l'a obligée à renoncer à ce mode de vie trop fatigant. Marguerite Walther lui a succédé. Pendant son immobilité forcée, elle a créé le mouvement des Éclaireuses disséminées (malades). De 1937 à 1939, elle a dirigé un centre professionnel de jeunes chômeuses à la demande du ministère du Travail et par délégation de la FFE.

En 1939, Suzanne de Dietrich, représentant le Conseil protestant de la jeunesse a fait appel à elle pour créer avec Suzanne Aillet-Rennes des équipes chargées de s'occuper des Alsaciens-Lorrains évacués en Périgord et en Limousin. Elle s'y est employée avec quelques responsables des mouvements de jeunesse protestants. C'étaient les débuts de la Cimade dont elle est devenue la première secrétaire générale, sous la présidence de Jane Pannier. En 1941, elle a ouvert, pour l'UCJF, la maison rurale de Loriol pour l'éducation des jeunes filles de la campagne. Obligée de renoncer à ce type d'activité en 1943, elle s'est retirée dans la Drôme où elle a rendu des services orientés vers la formation de la jeunesse, mettant ses dons variés et sa force de persuasion dans ce que sa santé lui permettait encore de réaliser.

Sources : Marie-Thérèse Cheroutre, in *Dictionnaire des militants, de l'éducation populaire à l'action culturelle*, L'Harmattan, 1996. – Geneviève Jourdain-Lamon, *Témoignages sur la Fédération française des Éclaireuses*, 1997. – André Encrevé et Jacques Poujol, *Les Protestants pendant la Seconde Guerre mondiale*, SHPF, 1994. – Anne-Sophie Faullimmel, *Les Origines de la Fédération française des Éclaireuses (1912-1927)*, mémoire de maîtrise d'histoire, université Paris-IV-Sorbonne, octobre 1995.

Jane Sivadon (1901-1995)

Née le 26 juin 1901, décédée 11 août 1995 au Mas d'Azil. Elle était la fille de Daniel Sivadon, pasteur de l'Église libre de Clermont-Ferrand et de Leïla de Verbizier. Elle a eu trois frères, Frank, André, médecin, que l'on retrouvera au conseil d'administration de l'école des surintendantes, et Paul, qui deviendra médecin-chef à Ville-Évrard. C'est elle qui l'a sensibilisé au rôle des services sociaux dans le bon fonctionnement du monde hospitalier.

Elle a fait ses études à l'école primaire, puis au lycée à Clermont-Ferrand où elle a obtenu le diplôme de fin d'études. Elle faisait par ailleurs de la harpe et du piano. Elle a créé une section neutre d'éclaireuses avec son amie Simone, devenue Simone Joli à la suite de son mariage avec Ferdinand Joli, qui a été alors chef éclaireur EDF. Jane s'est rendue en 1923 au camp national de cheftaines FFE à Voiron. Elle a été totémisée Perce-Neige. Simone a repris la section quand Jane est partie installer ses parents dans le Tarn. Jane est entrée à l'École pratique de service social en 1926. En 1934, elle était devenue sous-directrice de l'école des surintendantes, et en 1939, directrice. Elle s'est engagée en 1941, dans la Résistance auprès d'Henry Frenay, à la demande de Berty Albrecht, son élève aux surintendantes en 1936. Avec eux et Robert Guédon elle va participer au mouvement Combat en zone nord. Elle avait mis son appartement de l'école des surintendantes à la disposition du groupe Combat. Elle a été arrêtée avec Denise Lauvergnat dans les locaux de l'école des surintendantes, rue Princesse à Paris. Condamnée à mort, sa peine fut commuée en travaux forcés. Elle a été alors envoyée dans le camp de concentration de Ravensbrück. En février 1945, elle a été transférée au camp de Mauthausen où elle verra mourir Odile Klenen, la secrétaire de l'école, et le Dr Anne Nouary, médecin des surintendantes.

À son retour de Ravensbrück, elle a été recueillie par son frère Paul à l'hôpital de Ville-Évrard. Il semble qu'elle ait été très déçue de ne pouvoir reprendre son poste aux surintendantes. Appelée au ministère du Travail en 1946, elle a créé l'école des conseillères du travail, et élaboré le programme d'enseignement. L'aspect bureaucratique de son activité lui déplaisait et elle a démissionné. Elle est devenue alors inspectrice générale du Service social des forces armées. Elle a pris sa retraite au Mas d'Azil où elle a développé une intense activité avec ses cousins en animant une association La Réveillée, destinée à regrouper les descendants des familles Verbizier, Robert et Grenier qui étaient gentilshommes verriers. Ses obsèques furent célébrées au temple du Mas d'Azil sous la présidence du pasteur Philippe de Robert.

Sources : Dossier à la bibliothèque Marguerite-Durand. – Évelyne Diebolt, *De la quarantaine au quarantenaire, histoire du foyer de postcure psychiatrique de l'Élan*, 1997. – Hommages de Denise Cassegrain et du Dr Jean de Verbizier à l'occasion d'une cérémonie organisée par l'Association des surintendantes d'usines et de services sociaux, le 7 novembre 1995. – André Encrevé et Jacques Poujol, *Les Protestants pendant la Seconde Guerre mondiale*, SHPF, 1994.

Évelyne Sullerot (1924)

Évelyne-Annie-Henriette Hammel est née le 10 octobre 1924 à Montrouge, fille de Georgette Roustain et du pasteur et neuropsychiatre André Hammel, qui fut unioniste, secrétaire général du groupe de la Seine et promoteur des EU. Évelyne a fait des études secondaires au collège de Compiègne, de Royan et d'Uzès. En 1941, elle a été emprisonnée, pour « propos antinationaux », après avoir refusé de lever le drapeau lors d'une cérémonie en l'honneur du maréchal Pétain. Elle donc a passé son baccalauréat en prison. Libérée peu après, elle a participé à plusieurs actions dans la Résistance.

Elle a poursuivi alors des études supérieures : école libre des sciences politiques, faculté des lettres de Paris et d'Aix. Licenciée ès lettres, elle est diplômée de l'Institut français de presse. Mariée, elle a été un moment enseignante, mais s'est arrêtée pour s'occuper de ses quatre enfants. Elle s'est engagée ensuite en faveur de la contraception. Elle a été fondatrice (1955), secrétaire générale (1955-1958) de l'association la Maternité heureuse, qu'elle a créée avec Marie-Andrée Lagroua-Weill-Hallé. Cette organisation est l'ancêtre du Mouvement français pour le planning familial. Durant la guerre d'Algérie, elle était entrée au réseau Jeanson en 1957, cette activité étant incompatible avec une responsabilité au sein de la Maternité heureuse, c'est Catherine Vallabrègue qui lui a succédé au secrétariat général. En 1962, elle a fait partie, avec Colette Audry, du Mouvement démocratique féminin (MDF) qui réunit des femmes de la gauche non-communiste. Elle est intervenue fréquemment dans les débats du Mouvement jeunes femmes (MJF).

Chercheur au Centre d'études et de communication de masse de l'EPHE. Professeur à l'Institut français de presse. Professeur à l'université libre de Bruxelles (à partir de 1966). Membre du Centre d'études des littératures d'expression graphique. À la fin des années soixante elle a mis sur pied l'organisation Retravailler, destinée à remettre à niveau les femmes qui ont interrompu leur activité professionnelle pour élever leurs enfants. Elle a participé, en mai 1971, avec le Pr. Milliez à une séance du Club de l'*Obs* sur le féminisme. Elle a été au comité d'orientation de la revue *Faire* lancée en 1975 et dont le rédacteur en chef était Patrick Viveret. Elle a été à l'origine du Colloque de Royaumont sur le « Fait féminin », qu'elle avait organisé avec Jacques Monod en 1976 (actes publiés en 1978). Elle a fait partie du comité de soutien de la liste socialiste aux élections européennes en 1979.

Écrivain prolixe sur les femmes, la famille et le couple, elle a publié en 1963, *La Presse féminine*, en 1965, *Demain les femmes*, puis *Histoire et sociologie du travail féminin, Le fait féminin, La Crise de la famille, Pour le meilleur et pour le pire, Quels pères, quels fils ?, Le grand remue-ménage*.

Sources : Sylvie Chaperon, *Les Années Beauvoir*, Fayard, 2000. – Rémy Rieffel, *La Tribu des clercs*, Calmann-Lévy, 1993.

Marthe de Védrines (1885-1928)

Marthe est née le 8 janvier 1885, elle est décédée en septembre 1928. Elle était la fille d'Étienne de Védrines, officier de cavalerie et de Jeanne de Maleprade.

Marthe a été élève de l'école hospitalière de gardes-malades de la maison de santé protestante de Bordeaux, dirigée par Anna Hamilton entre 1907 et 1910. Elle est intervenue à la Conférence nationale de 1913 sur les unions cadettes. En 1919, Marthe de Védrines avec son amie Madeleine Ythier ont pris énergiquement en mains les cadettes. De 1922 à 1926 elle a été présidente du groupe du Sud-Ouest, (elle a habité à Lanagrand), elle a été remplacée par Mlle de Lafreygère en 1926. Secrétaire générale des unions cadettes en 1924, elle a été remplacée par Madeleine Ythier.

Madeleine Ythier (1892-1928) était la fille d'Édouard Ythier, industriel, et de Berthe Lespinasse. Membre de la commission exécutive des UCJF en 1924 et secrétaire générale des unions cadettes de 1919 à 1927, elle a été remplacée par Esther Monnier. En 1927, elle a épousé Louis Roger et meurt à la naissance de son premier enfant.

Sources : « Historique (1744-1934) », *Guide unioniste*, Comité national des UCJF, 1934. – Annuaire protestant Fischbacher. – *Le Journal de la jeune fille*.

Victorine Vérine (1892-1985)

Née le 18 septembre 1892 à Antibes (Alpes-Maritimes), décédée le 6 mai 1985 à Antibes. Elle était la fille de Lazare Vérine, commerçant, et de Juliette Vassaux, tous deux protestants. Victorine Vérine a quitté Antibes pour venir travailler dans l'Aisne auprès de sa cousine Thérèse Mertillo, infirmière diplômée de l'école Florence-Nightingale de Bordeaux. Elle a été engagée, en 1919, par le Comité américain pour les régions dévastées (CARD) fondé par deux Américaines, Anne Morgan et Anne Murray-Dick.

De 1917 à 1924, pour le CARD de France, Victorine Vérine a ouvert des bibliothèques. La première était une bibliothèque pour enfants dans un centre d'hébergement à

Boullay-Thierry, en 1917. Un personnel français formé manquait pour animer ces bibliothèques. Des bibliothécaires américaines sont venues former des bibliothécaires françaises. Victorine Vérine a suivi ces cours en 1923. Elle a travaillé d'abord à Anisy-le-Château puis à Blérancourt, enfin à la bibliothèque de Soissons. Elle a commencé à organiser des centres de distribution de livres dans des petits villages : les bibliothèques circulantes. En 1931, au Congrès de la lecture publique à Alger, elle a présenté un rapport sur les bibliothèques circulantes de l'Aisne. En 1933, elle a inauguré avec Henri Vendel, un bibliobus qui lui a permis de circuler dans toute la région. En 1936, elle a été membre du conseil de l'Association pour le développement de la lecture publique (ADLP). En 1937, elle a ouvert à Soissons une bibliothèque pour enfants dans le grenier de la bibliothèque municipale. Jusqu'à la fin de sa vie, elle a été active dans les bibliothèques de l'Aisne.

Source : Évelyne Diebolt *in Dictionnaire des militants, de l'éducation populaire à l'action culturelle*, L'Harmattan, 1996.

Camille Vernes (1843-1910)

Née le 20 octobre 1843, décédée le 23 mai 1910. Fille d'Adolphe Monod et de Hannah Honyman d'origine écossaise. Épouse de Charles Vernes, qui était le fils du polytechnicien devenu pasteur Louis Vernes, à qui il a succédé en 1878 dans la paroisse des Batignolles, où il présidait l'UCJG et où il est resté quarante-sept ans, soit jusqu'en 1925. Ils ont eu sept enfants dont deux filles et ont perdu deux garçons en bas âge. Dans la tradition familiale Vernes, les épouses participaient activement aux œuvres charitables. Ce fut le cas de la grand-mère Anne-Louise Vernes, épouse du banquier Charles Vernes et de l'arrière-grand-mère Mme Grivel, épouse elle aussi de banquier. Dans la tradition familiale Monod, les femmes s'investissent beaucoup dans les œuvres féminines. Sa sœur Sarah Monod, a été une des fondatrices du Conseil national des femmes françaises (CNFF). Sa nièce Lucile Morin a été présidente des UCJF de 1903 à 1919.

Aux Batignolles, paroisse de Camille Vernes, existait depuis 1862 une Société des demoiselles destinée aux catéchumènes de la paroisse. On y confectionnait des vêtements pour les indigents. En 1884, les réunions se tenaient chez elle. En 1889, elle a présenté cette œuvre au premier Congrès des institutions chrétiennes féminines. Son mari, quant à lui, dirigeait en 1884 le comité de dames de la Maison pour les ouvrières sans famille, fondée en 1878. Camille a été présidente en 1893 de l'Asile chrétien des domestiques femmes (24 rue Salneuve).

Avec le pasteur Adolphe Maillet, elle a été à l'origine de la constitution des Unions chrétiennes de jeunes filles en Alliance, après avoir participé au congrès constitutif de l'Alliance universelle de 1892, à Londres. Sa position de femme de pasteur de tradition évangélique, son expérience des œuvres féminines et sa proximité avec la banque Vernes ont certainement contribué à convaincre les pasteurs de laisser aux groupes de jeunes filles un peu d'autonomie. Elle a certainement participé à orienter les unions chrétiennes de jeunes filles vers une action sociale s'adressant en priorité aux domestiques. En incitant les unions de jeunes filles à s'organiser, elle participait à leur donner plus de visibilité et de crédibilité pour attirer l'attention des financeurs.

Sources : Deux cents ans, 1793-1993, Descendance en février 1993 de Jean Monod & Louise de Coninck. – *Le Journal de la jeune fille*.

Léonie Viguier (1880 ?-1941)

Elle est décédée le 20 avril 1941 à Paris. Elle avait fait la connaissance de Samuel Williamson, alors secrétaire général des UCJG conjointement avec Charles Grauss, en 1910. En 1914, sténographe du Comité national des UCJG, elle a pris en charge le secrétariat général en l'absence de Charles Grauss. Elle a organisé notamment le congrès de la Fédé à Lyon. En 1917, elle a tout centralisé au foyer du soldat de l'Union franco-américaine. Elle s'est occupée des abonnements de *L'Espérance*, organe des Éclaireurs unionistes en 1919.

Elle a été déléguée de la Fédération française des associations chrétiennes d'étudiants (FFACE ou Fédé) à la Conférence nationale des UCJG en 1920. Elle a assuré, avec Raoul Allier, la correspondance fédérative aux armées. Secrétaire générale administrative du Comité national des UCJG de 1919 à 1923, elle a été secrétaire générale honoraire en 1927. Léonie Viguier, à côté de ses fonctions de secrétaire aux foyers du soldat, prit sur elle une grande partie du travail d'organisation de la Fédé. Elle a été secrétaire de la Fédé au début des années vingt, puis, en 1935, secrétaire de la Société des foyers du soldat. Elle a été, jusqu'à son décès en 1941, directrice adjointe des foyers de l'Union franco-américaine. Sa meilleure amie était Léonie des Essarts, major de l'Armée du salut.

Source : *Le Christianisme au XX*[e] *siècle*, 5 juin 1941.

Marguerite Walther (1882-1942)

Née le 4 décembre 1882 à Mulhouse (en Alsace annexée), décédée le 29 avril 1942 à Vichy, du typhus contracté en Tunisie lors d'une mission. Elle était la fille d'Hermann Walther (plus souvent orthographié Walter) et d'Irma Meunier, sœur de Charles Meunier-Dollfus. Elle avait une sœur, Alice Walther-Meunier, qui a épousé Georges Randon, et un frère, Marcel.

Profondément attachée à la patrie lointaine, elle appartenait à un milieu de la grande bourgeoisie alsacienne auquel elle devait sa forte culture. Elle a été baptisée au temple réformé de Saint-Jean à Mulhouse. Elle ne s'est pas réclamée de cette origine protestante. Son tempérament d'artiste (elle aimait beaucoup la musique) restera marqué par la tension entre les fréquentations d'un milieu au rationalisme sceptique et sa soif d'idéal et d'absolu. Elle s'est mariée avec Charles Stehlin, et après quelque temps, elle a rendu sa liberté à son mari et ils ont divorcé. En 1912, elle s'est engagée comme infirmière au Maroc dans l'armée de Lyautey. De 1914 à 1918 elle a servi comme infirmière à Verdun, puis dans l'armée d'Orient où elle a rencontré, à Salonique, Marie Bruneton des UCJF. Elle a rencontré aussi Cathe Descroix qui avait commencé en 1908, avec un groupe de trois étudiantes sillonnistes, dénommé Chez nous, une action auprès des enfants et des femmes de la rue Mouffetard dont les conditions de vie avaient été bouleversées. Dès janvier 1918, elle a pris contact avec ce groupe et s'occupa, dans un premier temps, du cinéma.

De 1918 à 1930, elle a été engagée bénévolement dans ce travail social centré autour de la Maison pour tous qui deviendra La Mouffe. Elle travaillait avec trois catholiques : Marthe Levasseur, la cheville ouvrière, André Lefèvre, qui a remplacé Cathe Descroix lorsqu'elle est partie réunir des fonds à l'étranger, et Renée Sainte-Claire Deville, la présidente. L'action éducative de ce centre social avant la lettre s'exerçait auprès des enfants pendant les vacances et dans le quartier. Marguerite Walther a élargi le champ d'action à la lutte contre les taudis et en faveur des logements HBM et la mise en œuvre d'initiatives pionnières autour de quatre objectifs : refaire la santé, donner un métier par des bourses d'apprentissage, faire acquérir le sens des responsabilités et le goût de l'aventure. Mais des difficultés sont apparues au retour de Cathe Descroix après dix ans d'absence. Celle-ci voulut reprendre en mains l'organisation qui, à son point de vue, s'écartait de sa vocation catholique et politique dans l'esprit de Marc Sangnier, même si elle avait toujours favorisé l'ouverture à tous les publics. André Lefèvre, catholique fervent lui aussi, quant à lui, a prôné une attitude plus neutre et Marguerite Walther s'est ralliée à cette idée, avec un enthousiasme dont elle ne se départira pas dans son action en faveur de la création de la Fédération française des éclaireuses (FFE). La Mouffe a bien été bien un centre social avant la lettre et il n'est pas étonnant de trouver Marguerite Walther dans le premier conseil d'administration de la Fédération nationale des centres sociaux en 1923.

Après ce coup de force qui devait amener au départ de Cathe Descroix, Marguerite Walther a mené un autre combat au congrès unioniste des éclaireuses.

Grâce à son neveu Jacques Randon, éclaireur unioniste aux Batignolles, elle était entrée en contact avec Jean Beigbeder et une troupe non-confessionnelle d'éclaireurs fut créée. Le soutien apporté par André Lefèvre, qui bientôt prit des responsabilités aux Éclaireurs de France, et par Jean Beigbeder des Éclaireurs unionistes, permit l'ouverture d'une meute de Louveteaux pour les petits garçons du quartier dès 1920. En vue de proposer du scoutisme aux filles de ce même quartier, elle prit contact avec Georgette Siegrist qui avait lancé des éclaireuses en milieu protestant, pour étudier les possibilités d'adapter la formule du scoutisme sans références confessionnelles. C'est ainsi qu'elle a participé, dans les coulisses, en 1921, au congrès unioniste d'Épinal où est née la Fédération française des Éclaireuses, création originale dans le scoutisme, qui unit, sans les fusionner, trois sections : unioniste, neutre et israélite. La vision spiritualiste de Marguerite Walther contribuera jusqu'à la guerre à créer « l'esprit FFE », fait de respect et d'enrichissement mutuel et à lui apporter le soutien de riches personnalités.

Son engagement dans le scoutisme féminin avait commencé et son influence se fera sentir bien après sa mort en 1942. Elle a campé pour la première fois à Argeronne, elle avait alors une quarantaine d'années. Elle a fondé la première envolée des petites ailes (PA) en collaboration avec Renée Sainte-Claire Deville, elle aussi de La Mouffe et a fait partie de la Commission permanente qui dirigeait alors le mouvement. Aux journées sur les œuvres sociales organisées par le CNFF en juin 1923, c'est elle qui avait présenté Chez nous. Elle fut successivement cheftaine d'éclaireuses, cheftaine d'éclaireuses aînées, commissaire nationale adjointe des petites ailes en 1928, commissaire régionale de la Seine en 1929 où elle a succédé à Georgette Siegrist de 1931 à 1940. En 1940, elle a demandé à être relevée de ses fonctions de commissaire nationale pour se consacrer entièrement comme CNA à la formation des cheftaines et au travail du comité technique. Elle a habité rue Boulard, probablement à l'annexe de l'Union de la rue de Naples, 40 rue Boulard.

Elle a eu la responsabilité de rencontres internationales dans le cadre de l'Association mondiale des guides et éclaireuses de 1934 à 1935. En 1937, elle a acquis pour l'association le domaine Les Courmettes dont elle a fait un haut lieu de la FFE. Campeuse confirmée, on lui doit la « marmite Walther » présentée dans le catalogue de la Maison de l'Éclaireuse en 1937-1938.

Renée Sainte-Claire Deville dira d'elle : « Jamais je n'ai approché un être plus pétri de spiritualité, une âme plus foncièrement religieuse » (*In memoriam*).

Sources : Marie-Thérèse Cheroutre, *in Dictionnaire des militants, de l'éducation populaire à l'action culturelle*, L'Harmattan, 1996. – Anne-Sophie Faullimmel, *Les Origines de la Fédération française des Éclaireuses (1912-1927)*, mémoire de maîtrise d'histoire, université Paris-IV-Sorbonne, octobre 1995. – Geneviève Jourdain-Lamon, *Témoignages sur la Fédération française des Éclaireuses*, 1997. – Entretien téléphonique avec son filleul, M. Benner.

Henriette de Witt-Guizot (1829-1908)

Née Henriette Guizot, le 6 août 1829, décédée le 6 mai 1908. Fille aînée de François Guizot et d'Élisa Dillon. Henriette a épousé en 1850, Conrad de Witt, agronome, député du Calvados, de la paroisse du Saint-Esprit. C'était la mère de Marguerite de Witt-Schlumberger, la tante de François de Witt-Guizot, qu'elle a élevé et l'arrière-arrière-grand-mère de Sylvina Boissonnas.

Elle a été, dans un premier temps, la secrétaire de son père. Femme de lettres reconnue, elle a écrit et traduit des livres. Son œuvre a commencé en 1860 par des traductions entreprises pour pallier les difficultés financières de son mari. En 1881, elle a publié un livre sur Mme Jules Mallet et, en 1888, *Femmes dans l'histoire* chez Hachette.

Elle a fondé rue Dareau une œuvre pour les détenues libérées de Saint-Lazare en 1882, c'est un atelier de pliage pour les éditions Hachette. En 1891 avec Gabrielle Mallet et Mlle Joffrès, elle a fondé le Patronage des détenues et libérées. Un nouvel atelier était ouvert en juin 1899, Sarah Monod était présente à l'inauguration.

Sources : Frank Storne, *in Dictionnaire du monde religieux dans la France contemporaine*, tome V, André Encrevé, *Les Protestants*, Éd. Beauchesne, 1993. – Nécrologie, Imprimerie Paul Audebert, 1908. – Entretien avec Madame Coste.

Marguerite de Witt-Schlumberger (1855-1924)

Elle est décédée le 23 octobre 1924. C'est la petite-fille de Guizot et la fille de Conrad de Witt et d'Henriette Guizot. Elle a épousé en 1876 Paul Schlumberger. Ils ont cinq fils, dont Jean Schlumberger, fondateur de la NRF et une fille Pauline.

Marguerite s'est intéressée aux œuvres de relèvement. Elle a poursuivi et développé l'œuvre de sa mère, l'Atelier, destiné aux détenues libérées de Saint-Lazare. Plus féministe que sa mère, elle a été vice-présidente de l'Alliance internationale pour le suffrage des femmes. Elle a publié, en 1907, un ouvrage intitulé *Féminisme*. Elle a été présidente jusqu'à sa mort, après Jeanne Schmahl, de l'Union française pour le suffrage des femmes qu'elles avaient fondée en 1909, avec comme secrétaire générale Cécile Brunschvicg et comme secrétaire Marguerite Pichon-Landry. Cette même année, elle a représenté la Fédération abolitionniste internationale au CNFF. Elle fut Présidente, en 1913, du Patronage des détenues, des libérées et pupilles de l'administration pénitentiaire. Pendant la guerre, avec l'œuvre de l'Aide fraternelle aux Alsaciens-Lorrains, elle a adouci le sort des réfugiés. Elle a présidé la délégation française au VIIIe Congrès de l'Alliance internationale pour le suffrage des femmes en 1920 dont elle a été vice-présidente. Présidente de la section de l'unité de la morale et de la répression de la traite des femmes du Conseil national des femmes françaises, elle a publié après la guerre, dans le cadre de cette section, un opuscule *Aux mères, aux éducatrices*, où elle traitait des tares héréditaires de l'alcoolisme et des maladies vénériennes. En 1916, elle a fait une enquête sur le rôle des femmes de pasteurs partis à la guerre. Elle fut membre du Conseil supérieur de la natalité en 1920, présidente de l'Union féminine pour la Société des Nations.

Sa petite fille Sylvie (1912-1999) a épousé en 1935 Éric Boissonnas. Leur fille Sylvina Boissonnas fut très active dans le mouvement féministe des années 1970, en soutenant notamment la Librairie des femmes.

Sources : Marc Boegner, *Le Christianisme social*, n° 8, novembre 1924. – Dossier à la bibliothèque Marguerite-Durand. – Éric Bungener, *Filiations protestantes*, Éditions familiales, vol. I et II, France, 1997. – *Bottin mondain* 1904. Entretien avec Catherine Coste.

Ida Wullschleger (1874-1946)

Née le 4 décembre 1874 à Aarburg, décédée le 29 septembre 1946. Secrétaire du groupe du Rhône des UCJF en 1900. Membre active de la commission exécutive des UCJF en 1903. Elle a représenté les UCJF en 1906 à la Conférence nationale des UCJG à Nancy. En 1907, ce fut la première secrétaire générale des UCJF. Elle a été assistée par Jeanne Bertsch, Lucy Abauzit et Suzanne Bidgrain entre 1909 et 1912, et par Suzanne Bidgrain, Jeanne Liotard, Lucy Abauzit et Jeanne Bertsch entre 1912 et 1913. En 1909, elle a représenté les UCJF au congrès des UCJG à Nîmes. Jeanne Bertsch lui a succédé le 14 mai 1913, date à laquelle elle se marie avec Ernest Juteau de Thaon-les-Vosges. Ida Juteau était trésorière adjointe des UCJF en 1919.

Son mari était assureur. Il a été président de l'Union d'Épinal et a organisé une troupe EU à Nancy, dès 1913. La blanchisserie qu'il dirigeait à Thaon-les-Vosges (fondée par Christophe Dieterlen) avait une caisse de secours mutuel, une participation aux bénéfices, des soins gratuits, des habitations ouvrières et une section de tempérance Croix-Bleue. Il a été le champion de la cause unioniste dans le Nord-Est, vice-président du groupe Nord-Est des UCJG de 1920 à 1923 et commissaire régional des EU en 1925.

Leur fils, René Juteau (1915-1945), avait fait des études de théologie à Paris et à Strasbourg. Il fut commissaire national des Éclaireurs unionistes, secrétaire général du scoutisme français jusqu'en septembre 1943. Il était directeur de l'institut Glay. Résistant, il a été arrêté par les Allemands en 1943 et est mort en déportation.

Sources : *Le Journal de la jeune fille*. – Robert Goguel, *Les Goguel et leurs alliés*, Éditions Christian, 1984.

BIBLIOGRAPHIE

« Aux origines du Service social professionnel : quelques figures féminines » (notices biographiques), *Vie sociale,* n° 3-4, 1993.

Avenirs et avant-gardes en France, XIXe-XXe siècles, Hommage à Madeleine Rebérioux, La Découverte, 1999.

BARD (Christiane), *Les Féministes en France, vers l'intégration des femmes dans la cité, 1914-1940,* thèse de doctorat en histoire, université Paris-VII, 1993.

– *Les Filles de Marianne, Histoire des féminismes (1914-1940),* Fayard, 1995.

BARZMANN (John), *Mouvements sociaux et cultures militantes au Havre (1912-1923),* publications des universités de Rouen n° 230 et du Havre n° 4, 1997.

BAUBÉROT (Jean), notice « Femme », *Encyclopédie du protestantisme,* Paris-Cerf, Genève-Labor & Fides, 1995.

– « L'évangélisation protestante et la classe ouvrière, christianisme et monde ouvrier », *Cahier du mouvement social* n° 1, Les Éditions ouvrières, 1975.

BOREL (Édouard), *Les Associations protestantes religieuses et charitables de France, résumés de leurs rapports et budgets, statistiques, etc.*, Fischbacher, 1884 (nouvelle édition).

CABANEL (Patrick), (sous la direction de), *Itinéraires protestants en Languedoc. 1. Cévennes,* Les Presses du Languedoc, 1998.

CABANEL (Patrick), *Protestantisme, République et laïcité, (1860-1910),* mémoire d'habilitation à la direction de recherche, université Paris-IV-Sorbonne, 1998.

– *Les Protestants et la République,* éditions Complexe, 2000.

CHAPERON (Sylvie), *Les Années Beauvoir, 1945-1970,* Fayard, 2000.

CHEVALLEY (Geneviève), « Missions et mouvements de jeunesse, Autour de la Fédé étudiante, La fondation de la Fédé » *in* « Depuis cent ans, la Fédé », *Libre Sens,* hors série 1998.

CHOLVY (Gérard), *Le Patronage, ghetto ou vivier,* Nouvelle cité, 1988.

CHOLVY (Gérard), COMTE (Bernard), FEROLDI (Vincent), *Jeunesses chrétiennes au XXe siècle,* Les Éditions ouvrières, 1991 (Églises/Sociétés).

CRESPIN (Raoul), *Des protestants engagés, Le Christianisme social,* Les Bergers et les Mages, 1993.

CRÉTÉ (Liliane), *Le Protestantisme et les femmes, Aux origines de l'émancipation,* Labor et Fides, 1999.

DIEBOLT (Évelyne), *Les Associations face aux institutions les femmes dans l'action sanitaire, sociale et culturelle (1900-1965),* thèse pour le doctorat d'État, université de Jussieu, 1993.

– « Les femmes engagées dans le monde associatif et la naissance de l'État providence », *Matériaux pour l'histoire de notre temps,* n° 53, janvier-mars 1999.

DIEBOLT (Évelyne), LAURANT (Jean-Pierre), « Anne Morgan, une Américaine en Soissonnais (1917-1952) », *La Femme,* 15 août 1900.

DUBY (Georges), PERROT (Michelle), *Femmes et Histoire,* Plon, 1993.

DUCROS (A.), *Le Mouvement social actuel dans le protestantisme français,* thèse présentée devant la faculté de théologie protestante de l'université de Paris, 1901.

DUMAS (Francine), *L'Autre semblable, hommes et femmes,* Delachaux et Niestlé, 1967.

DUPRAT (Catherine), *Usage et pratiques de la philanthropie,* Comité d'histoire de la Sécurité sociale, 1996.

Encyclopédie du protestantisme, Paris-Cerf, Genève-Labor & Fides, 1995.

ENCREVÉ (André), *Protestants français au milieu du XIXe siècle,* Labor & Fides, 1986.

ENCREVÉ (André) (sous la direction de), *Dictionnaire du monde religieux dans la France contemporaine,* tome V, *Les Protestants,* Éd. Beauchesne, 1993.

ENCREVÉ (André) et POUJOL (Jacques), *Les Protestants pendant la Seconde Guerre mondiale,* SHPF, 1994.

FABRE (Rémi), *La Fédération française des associations des étudiants chrétiens (1898-1914)*, thèse de troisième cycle, université Paris-I, 1985.

FAULLIMMEL (Anne-Sophie), *Les Origines de la Fédération française des Éclaireuses (1912-1927)*, mémoire de maîtrise d'histoire, université Paris IV-Sorbonne, octobre 1995.

« Femmes protestantes au XIXe et au XXe siècles », *Bulletin de la société de l'histoire du protestantisme français (BSHPF)*, (études réunies par Gabrielle CADIER-REY), tome 146, janvier-février-mars 2000.

Formation de la personnalité et formation religieuse chez les Éclaireurs unionistes (1911-1939), Quel type d'hommes, quel type de femmes, Le Scoutisme, Cerf, 1954.

GALTIER (Sylvie), *Contribution à l'étude de la Fédération française des Éclaireuses, Les Éclaireuses unionistes (1917-1966)*, maîtrise d'histoire, dir. Gérard Cholvy, université de Montpellier, 1987.

GROUPE ORSAY, *En souvenir d'elles... à celles d'aujourd'hui, 1894-1994/95*, 1995.

Itinéraires de femmes issues de mouvements protestants féminins, Mouvement Jeunes Femmes, 1995.

« Histoire des premières écoles de service social en France (1908-1938) », *Vie sociale*, n° 1-2, 1005.

KERGOMARD (Pierre) et FRANÇOIS (Pierre), *Les Éclaireurs de France de 1911 à 1951*, Éclaireuses et Éclaireurs de France, 1983.

KLEJMAN (Laurence) et ROCHEFORT (Florence), *L'Égalité en marche, Le féminisme sous la Troisième République*, Presses de la fondation nationale des Sciences politiques, 1989, (Des Femmes).

LAUTMAN (Françoise) éd, *Ni Ève ni Marie*, Labor & Fides, 1997.

LÉONARD (Émile-Guillaume), *Histoire générale du protestantisme*, tome III, *Déclin et renouveau*, Paris, Presses universitaires de France, 1964.

MERLIN (Roger), *Histoire des cinquante premières années des Unions chrétiennes de jeunes gens*, Éditions du Comité national des UCJG, 1903.

– *Guide social de Paris*, Arthur Rousseau, 1906.

MONOD (Sarah), *Le Conseil national des femmes françaises, Première assemblée générale publique*, Dole, Girardi et Audebert, 1903.

MORLEY (Alain), *L'Aventure du scoutisme unioniste : 1909-1970*, éditions Les Tisons, 1999.

MORLEY (Jean-Paul), *La Mission populaire évangélique*, 1871-1984, Les Bergers et les Mages, 1993.

« Mouvements de jeunesse », *BSHPF*, (études réunies par Gabrielle CADIER-REY), tome 143, juillet-août-septembre, 1997.

OZOUF (Mona), *Les Mots des femmes, Essai sur la singularité française*, Fayard, 1995.

PARMENTIER (Élisabeth), *Les Filles prodigues, défis des théologies féministes*, Labor & Fides, 1998.

POUJOL (Geneviève), « Le journal d'une bénévole », *Vie sociale*, mai 1989.

– *Des élites de société pour demain*, Érès, 1996.

– *Éducation populaire, Histoires et pouvoirs*, Les Éditions ouvrières, 1981.

POUJOL (Geneviève) et ROMER (Madeleine), *Dictionnaire biographique des militants, XIXe-XXe siècles, De l'Éducation populaire à l'Action culturelle*, L'Harmattan, 1996.

POUJOL (Jacques), « Réalité et fiction dans *L'Évangéliste* d'Alphonse Daudet », *BSHPF*, avril-mai-juin, 1984.

– *Protestants dans la France en guerre (1939-1945)*, Les Éditions de Paris, 2000.

POUJOL (Pierre), Série de 7 articles intitulée « Les mouvements de jeunesse d'inspiration protestante » et parue dans l'*Impartial protestant* en 1924.

– *Les Mouvements de jeunesse d'inspiration protestante*, doc. ronéo, 1927.

– « Notes pour une histoire sociale du protestantisme dans la France moderne depuis 1870 », Paris, *Revue du Christianisme social*, 1960-1961, (2 brochures).

– *Socialistes et chrétiens (depuis 1924)*, Le Cep, Paris, 1957.

– *Paroisses protestantes de Paris*, ronéo, 1960.

– *Protestantisme français moderne (1914-1931)*, s.d.

PUAUX (Frank) (direction), *Les Œuvres du protestantisme français au XIX*e *siècle*, Exposition universelle de Chicago, Librairie Fischbacher, in fol. 480 p., 1893.

REY (Anna), *Augustine Rouvière, cévenole*, Seghers, 1997.

ROCHEFORT (Florence), « Féminisme et protestantisme au XIXe siècle » *in* « Femmes protestantes au XIXe et au XXe siècles », *BSHPF,* (études réunies par Gabrielle Cadier-Rey), tome 146, janvier-février-mars 2000.

TURMANN (Max), *L'Éducation populaire, les œuvres complémentaires de l'École*, 3e édition revue et augmentée, Paris, Librairie Victor Lecoffre, 1907.

– *Au sortir de l'École, les patronages*, Paris, Librairie Victor Lecoffre, 1899.

– *Initiatives féminines*, Librairie Victor Lecoffre, 1898.

« Historique (1744-1934) », *Guide unioniste*, Comité national des UCJF, 1934.

VIGUIÉ-KRESSMANN (Claude), *Au travers de l'histoire de l'Alliance mondiale des Unions chrétiennes féminines,* Jeunes femmes, 1994-1995.

VON BUELTZINGSLOEWEN (Isabelle) et PELLETIER (Denis), *La Charité en pratique, Chrétiens français et allemands sur le terrain social : XIXe-XXe siècles*, Presses universitaires de Strasbourg, 1999.

WAGNER (Charles), *Jeunesse,* Fischbacher, 1891.

WILLAIME (Jean-Paul), notice « Femme », *Encyclopédie du protestantisme,* Paris-Cerf, Genève-Labor & Fides, 1995.

– « L'accès des femmes au pastorat et la sécularisation du rôle du clerc dans le protestantisme », *Archives des Sciences sociales des religions,* 1996 (juillet-septembre) 29-45.

WITT (de), née Guizot (Mme), *Les Femmes dans l'histoire,* Hachette, 1889.

WITT-SCHLUMBERGER (Marguerite de), *Le Rôle des femmes de pasteur en France pendant la guerre,* Fischbacher, s.d, probablement 1917.

ZORN (Jean-François), *Le Grand Siècle d'une mission protestante, La Mission de Paris de 1822 à 1914,* Karthala - Les Bergers et les Mages, 1993.

INDEX DES NOMS CITÉS

Les folios **gras** renvoient au répertoire biographique.
Les folios en *italique* renvoient à une citation de la personne en tant qu'auteur.

ORIGINE DES ILLUSTRATIONS

P. 13 : *Élise de Pressensé.* Marie Dutoit, *Mme Edmond de Pressensé, sa vie d'après sa correspondance*, Paris, Fischbacher, 1904.
P. 17 : *Henriette de Witt-Guizot.* Archives privées : collection Coste.
P. 23 : *Louise Dumas.* Frank Puaux, *Les Œuvres du Protestantisme français*, Paris, Fischbacher, in fol., 1893.
P. 24 : *Émilie Mallet.* Collection de portraits SHPF. Bibliothèque du protestantisme.
P. 27 : *Henriette André-Walther. Madame André-Walther, 1807-1886*, [par son fils Alfred André], Librairie Fischbacher, 1889.
P. 29 : *Caroline Malvesin.* Frank Puaux, *op. cit.*
P. 31 : *Marie Poujol.* Archives privées : collection Poujol.
P. 63 : *Jane Pannier.* Archives privées : fonds Schlœsing.
P. 77 : *Sarah Monod.* Archives Wilfred Monod déposées à la SHPF.
P. 82 : *Julie Siegfried.* Collection de portraits SHPF. Bibliothèque du protestantisme.
P. 86 : *Ernestine Schlœsing.* Archives privées : fonds Schlœsing.
P. 87 : *Justine Dalencourt.* R. C. Morgan, *Mme Dalancourt, pionnière du ministère féminin*, Fischbacher et Soc. des Amis, 1929.
P. 95 : *Marie Monod née Valette.* Fonds Wilfred Monod déposé à la SHPF.
P. 97 : *Marie Octave Monod née Chavannes.* Archives privées : fonds Jacques Soubeyran.
P. 98 : *Yvonne Oddon.* Collection de l'hebdomadaire *Réforme.*
P. 101 : *Madeleine Blocher-Saillens.* Archives des Éditions de Paris.
P. 103 : *Anna Hamilton.* Archives de la Maison de santé protestante de Bordeaux.
P. 105 : *Berty Albrecht.* Archives du Comité de la Seconde Guerre mondiale de la SHPF.
P. 112 : *Georgette Siegrist.* Archives DT de la Fédération française des Éclaireuses.
P. 113 : *Marguerite Walther.* Archives DT de la Fédération française des Éclaireuses.
P. 120 : *Violette Mouchon.* Archives DT de la Fédération française des Éclaireuses.
P. 121 : *Marguerite Walther. In Memoriam.* Archives Fédération française des Éclaireuses.
P. 138 : *Renée Sainte-Claire Deville.* Archives DT de la Fédération française des Éclaireuses.
P. 139 : *Antoinette Butte.* Archives DT de la Fédération française des Éclaireuses.
P. 140 : *Suzanne de Dietrich.* Archives Cimade.
P. 140 : *Madeleine Barot et le pasteur Marc Boegner.* Archives Cimade.
P. 145 : *Janine Grière.* Archives privées.
P. 146 : *Francine Dumas et son mari, le pasteur André Dumas.* Archives privées : collection Dumas.
P. 147 : *Rolande Dupont.* Archives privées.

TABLE DES MATIÈRES

Achevé d'imprimer en février 2003
par l'imprimerie France Quercy à Cahors
pour le compte des Éditions de Paris.

N° d'impression : 30 361 FF
Dépôt légal : février 2003